국제 안보환경의 도전과 한반도

국제 안보환경의 도전과 한반도

2023년 2월 9일 초판 1쇄 인쇄
2023년 2월 15일 초판 1쇄 발행

엮은이 신범식
지은이 신범식·전재성·김한권·서동주·이정환·박원곤·부형욱·조동준·장기영·조은정

편집 김천희
디자인 김진운
마케팅 정하연·김현주

펴낸이 권현준
펴낸곳 (주)사회평론아카데미
등록번호 2013-000247(2013년 8월 23일)
전화 02-326-1545
팩스 02-326-1626
주소 03993 서울특별시 마포구 월드컵북로6길 56
ISBN 979-11-6707-097-5 93340

국제 안보환경의 도전과 한반도

신범식 엮음

신범식·전재성·김한권·서동주·이정환

박원곤·부형욱·조동준·장기영·조은정 지음

사회평론아카데미

머리말

국제정세 변동 및 그와 관련된 한반도 안보환경의 변화는 복잡하고 역동적인 안보지형을 만들어내고 있으며, 국제사회의 신중하고 섬세한 대응이 요구되는 상황이다. 코로나19 팬데믹으로 인한 지구적 상호작용의 경색과 변화는 미중 전략경쟁으로 인한 국제정치적 변동을 가속화하고 있으며, 2022년 불거진 우크라이나 전쟁은 국제질서의 변화를 본격적으로 추동하고 있는 것으로 보인다. 증가하는 분쟁의 위협, 대량살상무기의 확산, 기후변화에 따른 신흥안보 도전의 심화 등 새로운 안보적 도전 과제의 출현은 한반도를 둘러싼 동북아 지역의 안보에 중대한 위협으로 작용하고 있으며, 이에 효과적으로 대응하고 해결하기 위한 지속적이고 지난한 노력이 필요한 시기에 접어들고 있다.

　한반도와 관련하여 북한의 핵무기 개발 추구와 지속적인 탄도미사일 개발은 안보환경에 매우 부정적인 영향을 미쳤다. 북한의 핵무기 프로그램으로 인한 위협은 한반도의 긴장과 분쟁의 위험을 고조시켰을 뿐만 아니라 동북아 지역의 전략적 힘의 균형을 무너뜨릴 수 있는 위협으로 작동하고 있다. 결국 이러한 역내 세력균형 변동은 글로벌 안보 및 비확산 노력에 큰 영향을 미치게 될 것으로 보인다. 북한의 핵무기 프로그램은 한반도의 주요 안보 도전이며, 이 도전을 효과적으로 해결하고 지역의 안정과 안보를 증진하기 위해 국제사회의 긴밀한 협력도 요청되고 있다.

게다가 우크라이나 전쟁 이후 한반도의 안보환경은 더욱 불확실하고 불안정해지고 있는 것이 현실이다. 따라서 한반도의 안보 조건을 검토하고, 이에 대해 한국이 적절히 대응하기 위한 유의점들이 무엇인지 새롭게 검토할 필요성이 고조되고 있다. 또한 새로운 안보적 조건과 그에 대한 대응이 안보 및 국방의 논리를 넘어 경제안보 논리가 제기하는바 산업과 기술이 국방과 연결되는 고리에 대해서도 본격적으로 연구될 필요가 있다.

이런 문제의식 하에 서울대학교 국제문제연구소 복합안보센터는 연구팀을 꾸려 공동 학술연구를 기획하였다. 국제 안보환경 변동이 한반도에 제기하는 도전 및 한국의 대응에 대한 연구를 우선 진행하여 그 결과를 펴내게 되었고, 후속 작업으로 국제 안보환경의 변화가 국내 산업과 경제안보에 대해 지니는 의미를 한국의 항공우주산업과 관련성 속에서 탐구하는 연구 프로젝트를 진행하였고, 연구 성과를 두 권의 책으로 내놓게 되었다.

이 연구 결과물이 세상에 나오기까지 많은 분들의 도움과 수고가 있었다. 우선 본 주제의 시의성과 엄중함이 주는 부담을 마다하지 않고 최선을 다해 준 모든 집필진 여러분의 노고에 무한한 존경과 감사를 표한다. 또한 본 연구 프로젝트의 기획과 진행, 그리고 출간에 이르는 1년 반 동안 물심양면으로 지원하며 인내심을 갖고 기다려준 한국항공우주산업(KAI)에 특별한 감사의 말을 전한다. 아울러 본 연구 프로젝트를 진행하고 집담회와 학술회의 등 많은 행사들을 추진하는 데 헌신적으로 노력한 서울대학교 정치외교학부 외교학전공 박사과정생 이준석 군과 정민기 군에게 심심한 감사의 마음을 전한다. 끝으로 갈수록 어려워지는 출판업계의 환경 속에서 꿋꿋이 학술 연구에 대한 출판을 위해 애쓰는 사회평론아카데미와 이 연구서를 훌륭한 모습으로 세상에 선보이게 해주신 김천희 소장님께 깊이 감사드린다.

2023년 1월
필진을 대표하여
신범식

8

차례

제2부 안보환경 변동에 대한 한국의 대응

제7장 동북아지역 관련 주변 4강의 전략의 충돌과 한반도 군사안보
부형욱

제8장 공격방어균형으로 본 미러 전략무기 경쟁과 한국   조동준

제9장 전통안보 차원에서 본 한국의 군사안보적 대응과 전망: '전쟁거래이론'을 중심으로   장기영

제1장 국제정세 변동과 한반도 안보환경의 도전

신범식(서울대학교)

I. 머리말

탈냉전 이후 30년 가까이 유지되어 온 미국 패권의 기초가 되었던 자유주의 국제질서가 흔들리고 있다(Mearsheimer 2018; Blackwill and Wright 2020). 중국의 부상에 따른 미중 전략경쟁의 심화는 기후변화 및 코로나19 팬데믹과 같은 신흥안보의 도전과 맞물리면서 심대한 안보환경의 변화를 추동하고 있다(신범식 2019). 게다가 2022년 발발한 우크라이나 전쟁은 이같은 변화에 가속을 더하면서 새로운 국제질서의 도래를 앞당기고 있다는 관측이 제기되고 있다(신범식 2022). 이러한 상황 속에서 미래 안보환경은 중대한 변화를 겪고 있으며 전 세계 국가들에게 새롭고도 복잡한 도전 과제를 제기하고 있다. 따라서 미래 안보는 매일매일 새로운 위협과 도전 과제가 등장하는 빠르게 진화하는 조건 속에서 고려되어야 할 것이다.

한반도도 예외는 아니다. 안보환경의 변화가 한반도에 미치는 영향은 동아시아의 교차로라는 전략적 위치와 이 지역의 핵심 주체로서의 역할을 고려할 때 동아시아 지역 안보와 연관된 국제 안보에 대해 가지는 의미가 크다(Woo 2019; He 2019). 이러한 변화의 영향은 한반도에 위치한 한국은 물론이고 북한의 사회·경제적 변동을 야기할 수 있으며, 이는 지역 내 전략적 위치와 세력관계에 광범위한 영향을 미치게 될 수 있다. 동아시아의 핵심 국가이면서 빠르게 발전해 온 산업의 중심지가 된 한국은 미래 안보환경의 변화가 동아시아 및 한반도에 대해 미칠 영향을 예의 주시하면서 이에 대비하여야 한다.

그리고 이러한 전략적 요청은 최근 미중 간 경쟁이 고조되고 있는 과학기술 및 첨단산업에서의 주도권을 두고 벌이는 경쟁에 대한 심각한 고려와 함께 숙고되어야 한다(Kuo 2022; Patil and Mishra 2022). 미래 안보환경은 급변하는 기술 환경, 대량살상무기의 확산, 새롭고 비전통적인 위협의 출현으로 특징지어진다. 이는 국가가 안보와 방위에 대해 생각하는 방식을 변화시키고 있으며 세계 질서에 지대한 영향을 미치고 있다. 이러한 맥락에서 전통적으로 산업적이며 과학기술적인 강점으로서의 제조업 분야, 특히 반도체 산업과 자동차 산업, 조선 산업 등의 의미가 새롭게 조망될 필요가 있으며, 최근 들어 항공우주산업도 한반도와 지역 전체의 안보를 보장하는 데 점점 더 중요한 역할을 하게 될 것이 분명해 보인다.

　이런 문제의식 하에 이 책의 서장에 해당하는 1장에서는 국제적 안보환경의 변화와 동학 그리고 그것이 한반도에 미치는 영향을 고찰함으로써 안보환경의 변화가 한국의 미래에 대해 어떤 도전을 구성하는지를 개괄한다. 또한 그러한 도전에 대응하기 위해 어떤 안보정책의 지향이 필요한지, 그리고 다양한 안보적 도전에 따른 산업적 소요는 어떤 것인지에 관한 후속 장들에서 논의할 주제들을 위한 기본적인 이해를 도모해 볼 것이다.

II. 탈냉전기 국제질서의 축 미국 패권과 그에 대한 도전

냉전의 종식으로 소련이 붕괴하고 미국이 유일한 초강대국으로 등장한 것은 세계사 대전환의 계기가 되었으며, 국제적 세력관계에 중대한 변화를 가져왔다(Fukuyama 1989; Mastanduno 2019). 미국은 군사력, 경제력, 문화적 영향력으로 국제적 지형을 형성·주도하는 독보적인 우위를 점하게 되었다. 하지만 이 같은 미국의 헤게모니적 위상은 불과 30년이 되지 않아 커다란 도전에 직면하게 되었다. 미국의 군사적 우위가 점차 쇠퇴하고 주요 경제 및 군사 강국으로서 중국의 부상은 미국 패권적 지위에 대한 중대한 도전을 제기하면서 미국 지배의 장기적 지속가능성에 의문이 제기되고 있다.

　미국의 군사력 약화는 냉전 이후 미국이 직면한 핵심적 과제 중 하나다(Wood 2022; The Wall Street Journal 2022). 미군은 냉전시대 세계에서 가장 기술적으로 진보하고 장비를 잘 갖춘 군대였으며, 그 지배력은 미국의 세계적 영향력을 유지하는 핵심 요소로 여겨졌다. 그러나 탈냉전 시기를 거치며 세계의 다른 주요국들은 군사력 확충에 상당한 투자를 하여 미국 군사력의 상대적 우위는 점차 하락했다. 이것은 중국이 최근 몇 년 동안 상당한 발전을 이룬 항공·우주 기술 분야에서 특히 그러했으며, 하늘에서 미군의 지배력에 대한 중대한 도전이 제기되었다. 미군이 가지고 있었던 군사적 우위의 점진적 침식은 전 세계적으로 자신의 힘을 투사하는 미국의 능력에 영향을 미쳤을 뿐만 아니라 더욱 불확실하고 불안정한 안보환경을 조성하여 전 지구적 범위에서 광범위한 불안정성을 초래하고 있다. 2014년 러시아의 크림반도 합병과 2022년 우크라이나 전쟁은 이 같은 지정학적 도전의 단면을 보여준다고 할 수 있다.

　냉전 이후 미국이 직면한 또 다른 도전은 중국이 주요 경제 및 군사 강국으로 부상한 것이다. 중국의 급속한 경제성장과 세계적 영향력 확대는 중국이 국제무대에서 중요한 역할을 하게 했고, 지역 및 국제질서와 관련된 경제적·정치적 영향력을 놓고 미국과의 경쟁을 심화시켰다. 아시아, 유럽 및 아프리카 국가를 연결하는 것을 목표로 하는 대규모 인프라 프로젝트인 중국의 일대일로구상(BRI: Belt and Road Intiative)는 중국의 야망과 성장하는 힘에 대한 증거로 볼 수 있을 것이다(Goldstein 2020; Cheng 2016). BRI를 통해 중국은 그 영향력 범위를 확장할 수 있었고, 이는 각 지역에서 미국과의 경쟁을 심화시켰고, 전 세계적으로 미국의 지배력에 도전할 수 있는 잠재력을 갖게 된 것으로 평가된다(Zhao 2021).

또한, 미국은 중국 이외의 다른 국가, 특히 신흥 경제국들의 부상에 따른 다면적인 경쟁에도 신경을 써야 하는 상황에 놓이게 되었다. 인도, 브라질, 남아프리카공화국 등과 같은 국가의 부상은 세계적 힘의 균형에 변화를 가져왔고, 이 국가들의 경제적, 정치적 영향력에 대한 적적한 대응은 미국에게 숙제가 되고 있다. 특히 러시아의 대미 저항은 우크라이나 전쟁을 통해 급속히 악화되고 있으며, 서아시아의 이란, 튀르키예 그리고 사우디아라비아 등의 도전은 미국의 더욱 불확실하고 불안정한 국제 환경으로 이어져 미국의 세계적 영향력에 적지 않은 타격을 줄 수 있다.

미국은 세계에서 지배적인 군사 및 경제 강국으로서의 지위를 유지하기 위해 이러한 도전에 대응해야 한다. 이를 위해서는 군사적 혁신, 경제성장, 동맹 및 전략적 협력관계의 개발에 대한 상당한 투자가 필요해 보인다. 이와 관련하여 최근 미국은 중국에 대해 보다 적극적으로 대응하는 방향으로 접근 방식을 전환하고 있으며(박원곤 2021), 이는 향후 미국이 다루어야 할 가장 중요한 도전 과제로 남게 될 것이다. 이를 해결하는 과정에서 세계적 영향력을 유지하려는 열망과 중국이 제기한 도전 과제를 해결해야 할 필요성 사이의 균형을 맞추는 것은 매우 중요하며, 미국의 중국에 대한 대응 조치가 가져올 잠재적 결과에 대해서도 신중하게 고려하며 응대하여야 할 것이다.

가장 중요한 직접적인 중국의 도전이라는 요인 이외에도 미국이 고민해야 할 분야는 훨씬 복잡한데, 그 대표적인 분야가 세계경제에서의 역할이다. 탈냉전 이후 세계경제의 지형은 상당한 변화를 겪었고,

이는 패권국으로서의 미국의 위치에 상당한 영향을 미쳤다. 경제대국 중국의 부상은 서방에서 동방으로 경제력의 중심 이동을 수반했으며, 이는 미국의 경제적 영향력의 상대적 하락을 가져왔다. 이러한 변화는 세계화, 신흥 시장의 성장, 많은 국가의 주요 무역 파트너로서 중국의 부상 등 여러 요인에 의해 영향을 받았다.

첨단과학기술 분야도 주목해야 한다. 기술 발전은 패권국으로서의 미국의 위치에 상당한 영향을 미칠 수밖에 없는데, 특히 이 분야는 디지털 기술의 부상과 첨단 군사 기술의 확산으로 인해 갈수록 그 중요성이 더해가고 있다(김상배 2022). 위로부터의 강력한 추진력과 규모의 경제라는 조건을 갖춘 중국은 다양한 실험을 통해 첨단기술의 발전을 신속히 이룰 수 있었고, 미국의 기술적 지배에 도전할 수 있는 새로운 기회를 창출할 수 있었다. 예를 들어, 중국은 극초음속 미사일과 같은 첨단 군사 기술에 상당한 투자를 했으며, 이는 많은 미국 군사 시스템을 쓸모없게 만들 가능성을 가진 심각한 도전이 될 수 있다.

외교 무대에서 부상하는 중국과 그로 인한 국제적 영향력의 침식도 무시할 수 없다. 냉전 종식 이후 국제 체제도 크게 바뀌었고, 이는 미국의 패권국 지위에도 영향을 미쳤다. UN과 같은 국제기구는 점차 그 영향력의 한계를 노정하고 있는 반면, 유럽연합과 같은 지역기구의 영향력은 더욱 커가고 있다. 동시에 미국이 주도하는 자유주의 국제 질서에 완전히 동조하지 않는 여러 지역기구들, 가령 상하이협력기구 (SCO: Shanghai Cooperation Organization)와 같은 새로운 국제기구들이 등장하면서 미국의 지역 외교는 상당히 위축되고 있는 것이 사실이다. 이런 기구들은 국제협력을 위한 대안적 플랫폼을 제공함으로써 미국의 지배에 매우 효과적으로 도전하고 있는 것이 사실이다(Yuan 2022).

　탈냉전기의 중요한 특성 중 하나가 비국가행위자들의 존재감이 증대하고, 국제무대에서 이들의 영향력이 증대되고 있다는 것인데, 전반적으로 다국적기업 및 비정부기구와 같은 비국가행위자의 활동이 냉전 종식 이후 국제 문제에 대해 미치는 영향은 크게 증가하였다 (Taylor 2019). 문제는 이러한 행위자들은 대체적으로 미국의 이익과 일치하지 않는 방식으로 세계 정치 및 경제 지형을 형성하기 위해 노력함으로써 미국의 지배력에 도전할 잠재력을 가지고 있다는 점이다.

　미국은 가까운 미래에도 지배적인 군사 및 경제 강국으로 남을 가능성이 높지만, 분명한 것은 최근 몇 년간 미국의 상대적 지위는 하락했으며 다른 주요 강국, 특히 중국과의 경쟁이 심화되면서 패권적 지위는 상당히 침식되고 있음을 부정하기는 어렵다. 결국 미국 패권의 미래를 전망하기 위해서는 미국이 패권국의 지위에 대해 제기되는 상기한 도전들에 대하여 어떻게 대응하고 있는지를 살피는 것이 필요하다.

III. 미중 전략경쟁과 국제안보

미국과 중국 간의 경쟁은 최근 몇 년 동안 상당히 심화되었으며, 양국은 전 세계적으로 다양한 영역에서 영향력, 권력 및 통제권을 놓고 경쟁하고 있다. 이러한 경쟁은 경제, 정치, 군사력 영역에서 더욱 심화되었고, 그 결과 한반도의 안보환경은 점점 더 복잡해지고 있다.　미국은 중국을 견제하기 위해 3차 상쇄전략 및 '다영역작전(Multidomain Operations)' 혹은 '전영역작전(Crossdomain Operations)' 개념을 바탕으로 첨단무기 개발에 나서고 있으며, '태평양방어구상(Pacific Deterrence Initiative)'을 제시하였다(전재성 2021). 다영역작전이란 미국과 동맹국이 2025-2040년 기간에, '경쟁-무력분쟁-경쟁으로의 회귀'라는 패턴을 띠는 국제분쟁 상황에서 어떻게 승리할 것인가를 구상한 육군의 작전개념이라고 할 수 있다. 이 작전을 통해 미국은 전쟁 상황이 도래하였을 때 중국의 군사·안보전략을 격퇴하고 유리한 조건에서 경쟁 상태로 회귀하여 패권적인 지위를 계속 향유하고자 한다(허광환 2019).

이와 같은 미국의 전략이 성공적으로 작동하기 위해서는 우선 자국의 군사력 투사의 범위에 해당하는 인도·태평양 지역에서 중국에 비해 확실한 전략적 우위를 지닐 필요가 있다. 이에 따라, 미국은 이 지역을 중요한 지역으로 상정하되 지리적으로 원거리라는 한계를 극복하기 위해 동맹국 네트워크를 적극적으로 활용하는 모습을 보이고 있다.

이를 보다 자세히 살펴보면 다음과 같다. 미국은 2018 국가안보전략(2018 National Security Strategy)의 '지역 차원에서의 전략대응(The Strategy in a Regional Context)'에서 미국은 이미 인도·태평양 지역을 자국의 이익에 가장 중요한 최우선 지역으로 강조하고, 중국을 자유롭고 열린 본 질서에 대한 최대의 도전 국가로 규정하였다. 이러한 것은 자유주의 질서와 이에 대해 도전을 제기하는 억압적인 국가 간 지정학적 경쟁에서 우위를 유지하기 위해 미국의 군사력을 극대화하고, 동맹 및 파트너 국가들과 긴밀한 협력을 강화할 것임을 예고한 것으로 이해될 필요가 있다. 그 일환으로 미국은 자신의 동맹네트워크를 적극적으로 활용하고 있는데, 일본, 인도, 호주를 구성원으로 전략다자안보협의체인 '4자안보대화(QUAD)'가 대표적인 예시라고 할 수 있다(김경숙 2021). 또한 미국, 영국, 호주가 인도·태평양 지역에서 결성한 새로운 군사동맹인 오커스(AUKUS) 역시 지역적 수준에서 이뤄지는 미중 경쟁의 예시라고 할 수 있다(Zhang 2022).

　이러한 미국의 전략에 대해 중국 역시 적극적으로, 그리고 공세적으로 대응하고 있다. 중국은 2015년 군사전략에서 기존의 방어 위주 전략에서 탈피하고 공격-방어 겸비로 선회하여 인도-태평양 지역에서 미국에 적극적으로 대응하겠다는 의지를 보였다. 이러한 의지의 일환으로 중국은 반(反)접근·지역거부(A2/AD: Anti-Access/Area Denial) 전략을 내세우고 있다. 구체적으로 A2/AD 전략은 중국 동남부 해안선을 기준으로 200해리 이내의 해역인 제1 도련선(島鏈線)을 대상으로 하는 '지역거부'와 200에서 600해리 이내의 제2 도련선을 대상으로 하는 '반접근' 전략으로 구분될 수 있다. 여기에서 지역거부란 작전공간 내에 배치되어 활동하는 상대방 군사력이 자유롭게 작전을 수행하는 것을 저지하고 교란하는 것을 의미하며, 지역거부는 특정한 작전 공간에 상대방의 군사력이 투사되어 활동하는 것을 원거리에서 예방 및 차단하는 개념이라고 할 수 있다. 이처럼 중국은 제1 도련선 및 제2 도련선을 기준 삼아 지역적 수준에서 미국을 거부할 수 있는 군사력 확장에 힘쓰고 있다(전재성 2019).

　이와 더불어 중국은 남중국해에 인공섬을 건설하고 그것을 군사화하여 군사 무기 투사능력의 부족이라는 한계를 일정 수준 보완하고자 노력하고 있다. 지난 2022년 3월 미국의 존 아퀼리노 인도·태평양 사령관은 중국이 남중국해에 건설한 인공섬 중 최소 3곳에 대해 군사화 작업을 마쳤다고 밝히기도 하였다(한겨레 2022/03/21). 이러한 인공섬의 군사화는 중국의 해양력을 보완하는 데에 기여할 수 있다는 점에서 중요한 의미를 가진다. 중국은 하이난(海南)성의 최남단 항구인 위린(楡林)에 아시아 최대 잠수함 기지를 구축하고 있는데, 최근 들어 인공섬에 건설되고 있는 군사용 시설은 이러한 중국의 해군기지와 핵

잠수함 기지의 위력을 강화시킬 수 있기 때문이다. 또한, 인공섬 내의 방어 시설과 해저 채널이 중국 해군의 남중국해 통제력을 강화시켜줄 수 있다는 점에서 중요한 역할을 하고 있다(연합뉴스 2016/07/24).

이런 측면에서 미국은 군사력의 아시아 전개에 대하여 특별히 유의하고 있으며, 특히 군사력 측면에서 역량을 강화하는 다양한 조치를 통해 역내 안보적 주도권을 유지하기 위한 노력을 기울이고 있다(Grahm 2021). 이런 역량의 효과적인 운용을 위해서 한국 및 일본 등 아시아 내 우방국과 합동군사훈련을 강화하고 있으며, 한미일 연합작전 능력을 강화하기 위한 노력을 기울이고 있다. 비록 이러한 노력이 문재인 정부 시기 '한일 군사정보보호협정(GSOMIA)' 파기 문제로 대변되는 한일 간 갈등으로 인하여 큰 성과를 거두지는 못하였으나, 최근 윤석열 정부 들어 이러한 갈등이 어느 정도 봉합되고 세 국가 간 공조가 다시 강화되고 있다(연합뉴스 2022/03/10).

중국의 군사력 강화와 북한의 핵 및 미사일 실험발사의 위협에 대응하여 미국은 스텔스 전투기, 항공모함, 미사일방어체계 등 첨단 군사장비를 배치하고 전략 자산의 순환배치를 넘어 상시 배치를 강화하는 추세를 보이고 있다. 또한 미국은 역내 해군력 확대, 첨단무기 개발, 역내 군사기지 건설 등 중국의 군사력 증대에 대한 직접적인 대응 가능 역량을 강화함으로써 중국 측의 강한 반발을 사고 있는 것도 사실이다(Embassy of the People's Republic of China in the United States of America 2022/06/19). 그렇지만 이와 같은 반발에도 불구하고 미국은 군사력 현대화와 첨단전략 개발을 통해 중국에 상대적인 우세를 지속적으로 보장하고자 노력하고 있다. 이에 대한 일환으로 미국은 △포드급 항공모함 추가 확보, △오하이오급 잠수함(SSBN)을 대체하기 위한 콜롬비아급 잠수함(SSBN) 개발, △차세대 전폭기 B-21 개발, △F-35

스텔스기를 2030년대 중반까지 2,000여 대 이상 확보할 계획을 세우고 있다. 이러한 것뿐 아니라 미국은 신기술이 적극적으로 활용된 무기 개발 역시 지속하고 있는데, 대표적으로 △수상무인정, △무인잠수정, △무인전투기, △극초음속 무기, △전자기포인 레일건, △고에너지 레이저무기에 초점을 맞추어 2020년대 후반 전력화를 목표로 하고 있다(이성훈 2022).

이에 중국은 군 개혁과 첨단무기의 개발을 통해 미국의 군사적 우위에 대한 대응을 위해 노력하고 있다. 중국은 2049년까지 세계 일류의 강군을 꿈꾸는 '강군몽(強軍夢)'을 달성하겠다는 목표 아래 2027년까지 군현대화 달성으로 영토분쟁 관련 외부 세력의 개입을 차단하는 능력을 강화하고자 한다(이성훈 2022). 특히 중국은 2020년 이후 2년 연속 국방비를 증액함으로써 이와 같은 목표의 실현을 위한 의지를 나타내고 있다. 이로써 중국의 국방비는 미국에 이어 세계 2위가 되었으며 한국의 5배, 일본의 4배에 해당하는 규모가 되었다(중앙일보 2022/11/28). 구체적으로 중국은 △스텔스 전폭기인 H-20 개발, △5세대 전투기인 J-20의 실전배치와 추가 생산, △차세대 스텔스기인 J-31의 2020년대 중반 실전배치를 목표로 하고 있다. 또한, 중국은 수상함과 잠수함의 규모를 증강하며 대미 양적 우위를 확보하고 성능이 발전된 제3의 항공모함 개발 등 질적 능력의 열세도 만회하기 위해 노력하고 있다. 이뿐 아니라 대함 탄도미사일의 수량을 확충하고, 극초음속무기를 전력화하며 ICBM 기술의 추가 건설을 추진하며 미사일 능력의 장기적인 현대화 계획을 추진중에 있다(이성훈 2022; USC US-China Institute 2021/11/02).

이 같은 미국과 중국의 군사력 강화를 위한 경쟁은 역내 긴장을 고조시키는 주요 요인이 되고 있으며, 두 초강대국 간의 충돌 위협이 고조되고 있는 것이 사실이다. 특히 북한의 선군정치와 그 이후 지속되고 있는 핵을 앞세운 군사력 우선의 안보정책은 한반도에서 불안을 가중시키고 있으며, 대만을 둘러싼 위기가 시시때때로 재연되고 있다 (Sacks 2022; Kim 2022). 동중국해뿐만 아니라 남중국해의 분쟁 가능성도 매우 높아진 것이 사실이다. 이런 안보적 민감성이 높아지는 가운데 오판이나 우발적 충돌 가능성 또한 높아지면서 지역 안보와 안정에 심각한 결과를 초래할 수 있는 환경이 조성된 것이다. 예를 들어, 두 세력 간의 무력 충돌의 경우 광범위한 파괴와 인명 손실을 초래할 수 있으며 세계경제에 파국적 영향을 미칠 수 있다.

더 나아가 미국과 중국의 경쟁은 핵무기 위협이라는 측면에서 한반도 안보환경에도 영향을 미치고 있다. 북한의 핵무기 프로그램은 미국과 그 동맹국들에게 우려의 대상이 되어 왔으며, 미국과 중국 간의 경쟁 심화는 한반도에 대한 압박을 가중시킬 뿐이다. 미국은 북한의 비핵화를 추진해 왔고, 중국은 북한의 핵무기 보유권을 수용하는 듯한 모습을 보이고 있다. 양국의 입장 차이는 한반도 핵문제 해결을 위한 노력에 교착상태를 초래했다.

이처럼 미국과 중국 간의 전략경쟁은 이 지역의 정치적 역학에 큰 영향을 미치고 있다. 미국은 역내 유일 초강대국으로서의 지배적 지위를 유지하려 하고 있으며, 중국은 강대국으로 자리매김하며 미국의 패권에 도전하고 있다. 최소한 아시아 내에서 미국에 대해 우위를 확보하는 것이 중단기적인 목표인 것으로 보인다. 이로 인해 두 나라는 역내 동맹과 파트너들의 지지를 확보하려는 노력을 기울이고 있으며, 한반도와 대만 등의 지정학적 단층대에 대한 세력 투사력을 높이면서 총체적인 권력 투쟁을 벌이고 있는 것이다. 정리해 보면 최근 몇 년간 미국과 중국의 경쟁이 심화되었고, 이는 갈등의 위협과 긴장 고조, 핵무기와 지역 안정에 대한 우려를 고조시키는 등 한반도를 비롯한 동아시아 안보환경을 불안정하게 만드는 영향을 미치고 있다. 두 강대국 간의 경쟁은 이 지역의 정치적 역학에도 영향을 미치고 있으며, 이 같은 불안정한 지역 내 안보환경은 앞으로도 계속해서 한반도 안보환경을 형성하는 기본 조건이 될 것으로 보인다.

IV. 한반도의 안보환경

최근 국제정세와 안보환경의 변화에 따라 동북아 및 한반도의 안보환경 또한 중대한 변화를 겪고 있다. 갈등의 위협이 증가하고 새로운 보안 문제가 등장하면서 복잡하고 역동적인 안보환경이 조성되고 있는 상황에서 신중하고 미묘한 대응이 필요해 보인다.

　동북아 안보환경에서 가장 눈에 띄는 변화 중 하나는 갈등의 위험이 증대하고 있다는 점이다. 이런 위험 중 가장 주목해야 할 문제는 역시 북한의 핵·미사일 프로그램의 지속이다. 김정일 정권 이후 북한이 지속적으로 추구해 온 핵무기 프로그램은 국제사회와 긴장을 고조시키고 한반도에서 군사적 충돌 가능성을 증대시키고 있다는 평가가 지배적이다. 게다가 최근 북한은 탄도미사일 및 다양한 수준의 미사일을 연속적으로 시험 발사하면서 한반도의 긴장 수위를 최고조로 끌어올리고 있다(연합뉴스 2022/11/19). 또한 북한의 핵개발은 대량살상무기(WMD)의 확산이라는 지구적 안보의 중요한 도전을 구성하는 요인으로 작동하고 있다.

　이처럼 북한의 핵·미사일 프로그램이 한반도와 동북아시아뿐 아니라 국제사회 전반에 심각한 우려를 제기하는 상황에서, 북한 김정일

정권 이후 지속되고 있는 북한의 핵무기 개발에 대해 국제사회는 북한에 경제적 제재를 단행하였고, 기타 다양한 외교적 노력을 경주해 왔다. 하지만 이 같은 노력에도 불구하고 국제사회는 북한이 핵·미사일 프로그램을 포기하도록 만드는 데 실패했다. 이제 북한에 의한 핵 프로그램의 지속적 발전은 한반도의 긴장을 고조시키고 갈등의 위험을 높이는 상수(常數)가 되는 수준에 이르렀다. 더욱 심각한 문제는 이런 북한의 핵 무력을 앞세운 도발과 위협에 대해 미국의 전략자산의 역내 전개와 배치가 증대되고 있으며(BBC 코리아 2023/02/03; MBC 2022/11/05), 한국에서는 핵무기 개발의 필요성에 대한 논의가 고조될 수 있다는 점이다(서울경제 2023/01/12). 이는 동북아 지역발 새로운 핵확산 및 군비경쟁을 초래할 수 있다는 점에서 보다 신중한 대응책을 모색할 필요가 있어 보인다.

이런 필요에 따라 한국과 미국 그리고 일본은 지속되는 북한 핵·미사일 프로그램이 고조시키는 역내 불안정성을 관리하고 한반도 및 지역 안보 상황을 개선하기 위해 국제적 협력을 통한 다양한 조치들을 강구하고 있다. 한국과 미국, 일본은 북한의 미사일 개발에 대응하여 한미일 공조체제를 강화하고, 북한의 가능한 미사일 공격에 대응하기 위한 효과적인 방어체제 구축을 위한 조치들을 모색하고 있다. 또한 한미일 3국은 북한의 도발에 대한 대응은 물론 역내에서 발생할 수도 있는 국제적 테러와 관련된 정보 등을 공유하며 유사시 공동대응 계획을 수립하는 등 포괄적 안보협력을 위한 체제 구축에도 공동의 노력을 기울이고 있다(성기영 2022; Klinck 2022).

그러나 이러한 노력에도 불구하고 한반도의 안보 상황은 많이 개선되고 있다고 보기는 어렵다. 한반도 주변 정세는 여전히 매우 불안정하고 예측 가능성 또한 낮다고 할 수 있다. 북한 정권의 지속적인 핵무기 발전을 위한 노력은 핵무기 소형화 프로그램 등으로 지속되고 있는 것으로 알려지고 있으며(동아일보 2022/05/06), 미사일 개발 및 시험발사 등 북한의 핵탄두 운반체 고도화 노력은 지역 안보의 수준을 넘어 국제 안보의 심각한 위험 요인으로 부상하고 있으며, 핵을 비롯한 대량살상무기 확산의 압력이 여전히 해소되지 않고 있다. 이런 도전들은 모두 지역의 안정에 중대한 위험을 초래하고 있으며 이를 해결하기 위한 국제사회의 신중하면서도 지속적인 주의와 노력을 요청하고 있다.

이처럼 한반도의 안보환경을 위협하는 주된 요인들 이외에도 역내 안보에 영향을 미치는 다양한 변수들도 고려할 필요가 있다. 한반도를 둘러싼 미중 전략경쟁의 고조가 기본적인 지역 안보의 대립구도를 결정하는 것이 사실이지만, 한반도를 둘러싼 다른 지역 세력의 역할에 대한 고려도 중요하다. 특히 한반도 안보 역학관계에서 중국과 일본 및 러시아 등 역내 강대국의 역할도 갈수록 중요해지고 있다는 점에 유의할 필요가 있다. 이 국가들은 이 지역에서 상당한 경제적, 안보적 이익을 가지고 있으며 안보환경을 형성하는 데 중요한 역할을 하고 있다.

미국과 전략적 경쟁을 벌이고 있는 중국은 북한의 핵심 경제 파트너이며 북한에 대한 심대한 영향력을 유지하고 있는 국가로서 지역 안보를 위한 중요한 행위자임에 재론의 필요가 없다. 북한 핵 프로그램에 대한 국제사회의 대응에서 중국의 역할은 필수적이라 할 수 있을 것이다. 경제적 수단을 통한 대북 제재 조치에서 중국의 참여가 없으면 거의 효과를 볼 수 없는 것이 사실이다(BBC 코리아 2022/01/21; VOA 2022/10/25)). 중국은 북한의 핵 프로그램으로 인한 위협을 해결하기 위한 국제사회의 노력에 꾸준히 참여해 왔으나, 미중 경쟁이 고조되는 상황에서 북학에 대한 압력을 고조시키는 데 대해 점점 더 신중해지고 있는 상황이다. 따라서 역내 비확산의 원칙을 확인하고 이를 위한 역내 주요국들의 공동 노력을 다시 결집하기 위한 노력을 재개할 필요가 있다.

일본 또한 역내 주요국으로서 지역 안보환경의 개선을 위한 노력에서 중요한 위치를 차지하고 있는 것은 사실이다. 일본은 이 지역에서 미국의 핵심 동맹국이며 인도·태평양 전략의 중심적 국가로서 지역내 미국의 영향력 확산에서 중요한 파트너 역할을 수행하고 있다. 일본은 북한의 미사일 발사와 핵 개발이 자국 안보에 미치는 악영향에 대응하기 위한 적극적 노력을 경주하고 있다. 특히 평화헌법의 개정을 통한 일본 자위대 무장력의 강화를 추진함으로써 역내 일본 군사력의 역할을 확대하기 위한 노력을 조심스럽게 경주하고 있다. 이런 일본의 노력은 이미 지적한 바와 같이 한미일 군사협력 체제를 통해 자국의 지역 안보를 위한 역할을 강화하는 노력과도 연결되는데, 한국도 최근 이런 노력에 동조하면서 새로운 인도·태평양 전략에 대한 한국의 입장을 정리해 협력 방안을 모색하고 있다(대한민국 외교부 2022/12/28; 대한민국 정책브리핑 2022/11/11).

한편 탈냉전기 약화된 동북아시아의 이해당사자로서의 위상을 회복하기 위한 노력을 지속해 온 러시아는 이 지역에서 강대국 간 세력 균형을 위한 중요한 역할을 할 수 있는 강대국이다. 우크라이나 전쟁이후 국제적 영향력과 입지가 좁아지고 있기는 하지만, 여전히 중국의 동해 진출을 견제하고 역내 국가들과의 실질협력을 강화하여 극동·시베리아 지역의 개발을 위한 협력을 추구하고 있으며, 지역의 안정에 주의를 기울이고 있다. 우크라이나 전쟁 이후 중러관계가 더 밀착되면서 그동안 중국의 동해 진출에 대해 방어적 입장을 견지하던 러시아가 전쟁 이후 약화되는 국력으로 인해 동북아에서 자국의 중요 이익 축선이라고 생각하던 극동에서 한반도 동해로 연결되는 축을 보호하려는 정책을 포기할 경우, 중국 동북 지방으로부터 동해로의 진출이 실현되면서 한반도 전역에 대한 중국의 영향력이 강화될 수 있다는 것은 크게 주의해 볼 지점이다. 이에 한국과 일본은 러시아와 함께 환동해 협력을 일정 수준에서 모색하려는 노력을 포기해서는 안 될 것으로 보인다. 일본은 우크라이나 전쟁 중에도 사할린 가스사업과 북극 제2가스전 개발사업을 포기하지 않고 있다는 점은 경제적 이익뿐만 아니라 안보적 견지에서도 중요한 함의를 가진 조치로 이해될 수 있다.

결국 한반도를 둘러싼 동북아 안보지형의 안정적 관리를 위해서 역내 주요 강대국들 간의 소통과 세력균형을 위한 노력은 매우 중요하다. 지역 강대국의 개입은 한반도 안보에 긍정적인 영향과 부정적인 영향을 모두 가질 수 있는데, 이들 세력의 적극적 역할의 확장 노력은 역내 세력균형을 변화시키면서 불안정성을 심화시킬 수도 있다. 따라서 지역 강대국들의 동북아의 안정과 세력균형을 지키기 위한 세심한 노력이 요청된다고 할 수 있을 것이다.

또한 북미관계가 한반도에 미치는 영향에 대해서도 유의할 필요가 있다. 미국과 북한의 관계는 한반도 안보환경의 변화에 큰 영향을 미칠 수 있는 변수이다. 사실 미국과 북한은 길고 복잡한 역사를 가지고 있으며, 양국 관계는 긴장이 고조된 기간과 이러한 긴장을 완화하기 위한 외교적 노력으로 점철되어 왔다. 최근 몇 년 동안 미국과 북한은 협상 및 기타 외교적 노력을 포함하여 북한의 핵무기 프로그램으로 인한 위협을 해결하기 위해 일련의 외교적 노력을 기울여 왔지만 큰 성과를 거두지는 못했다(전재성 2019; World Economic Forum 2017). 최근에는 북미 정상 간 회담을 통한 관계 개선의 노력이 있었으며, 결정적인 돌파구를 찾는 데는 실패했다(박휘락 2019). 트럼프-김정은 회담이 결렬된 이후 북미관계는 소강상태를 보이고 있다.

대체적으로 미국은 북한의 핵무기 프로그램이 제기하는 위협을 해결하기 위한 노력의 중심 역할을 감당해 왔지만, 최근 국제정세의 변화는 미국이 북핵문제에 집중하기 어려운 조건을 조성하고 있는 것도 사실이다. 문재인 정부 시절 한국 정부의 노력이 북미관계 개선을 통한 한반도 안보환경 개선이라는 목표를 시도해 보았지만, 성공하지 못했다. 그럼에도 불구하고 북미관계가 긴장과 대립의 구도 일색으로만 치닫는 것은 한반도와 동북아 안보를 위해 이롭지만은 않을 것이 분명하다. 따라서 한국은 북미 간의 건설적인 대화가 재개될 수 있는 여건을 지속적으로 모색해 보아야 할 것이다.

결국 북미관계는 한반도 안보환경에 적지 않은 영향을 미칠 수 있는 변수로 작용하고 있으며 그 성공과 실패에 따른 영향이 극적이며 예측 불가능한 영역에 속한다고 할 수 있다. 북한의 계속되는 핵·미사일 프로그램의 추구와 그것이 미국 및 역내 동맹국들에게 가하는 위협은 당분간 북미관계를 제약하는 핵심 요소로 남을 것이다. 결국 북미관계는 한반도 안보환경을 규정하는 데 계속해서 중요한 변수가 될 것이기 때문에 국제사회는 북한의 핵·미사일 프로그램이 가하는 위협에 효과적으로 대응하고 그를 관리하기 위해서 북한에 대한 면밀한 관찰과 신속한 대응 체제를 구축하기 위한 노력을 기울일 필요가 있다.

한편 최근 들어 그 중요성이 더해 가고 있는 변수로 정보통신기술(ICT)과 사이버 공간의 동북아 및 한반도 안보에 미치는 영향에 대해서 주목할 필요도 있다. 빠른 기술 발전 속도와 이 지역에서 사이버 기술을 활용한 테러 및 절취 그리고 경제적 타격 등이 급격히 증가함에 따라 기술 및 사이버 보안이 동북아와 한반도에 미치는 영향은 점점 더 중요해지고 있다. 사이버 기술 사용이 계속 증가함에 따라 해킹, 사이버 스파이 및 기타 형태의 사이버 공격을 포함한 사이버 보안 위협의 가능성도 증가하고 있다(연합뉴스 2022/02/08). 이러한 사이버 안보와 관련된 위협은 전력망, 교통 시스템, 금융 시스템과 같은 핵심 인프라에 큰 영향을 미칠 수 있기 때문에 한반도 안보에 중대한 영향을 미칠 수 있으며, 향후 그 중요성은 더욱 커질 수 있을 것이다. 또한 군사작전을 방해하고 기밀 정보를 손상시키며 대중의 신뢰를 약화시킬 수 있기 때문에 앞으로 사이버 안보는 핵심적인 전쟁의 요소가 될 것이 분명하다. 이미 우크라이나 전쟁을 통해 나타난 러시아의 사이버 공격과 이를 방어한 우크라이나의 대응 그리고 격화되고 있는 인지전의 양상은 사이버 안보 관련 기술과 전술이 얼마나 전쟁에 큰 영향을 미치는지 잘 보여주었다. 이러한 도전에 대응하여 동북아 지역 국가들은 한반도에서의 남북 사이버 충돌이 격화되거나 그로 인한 우발적 충돌이 발생하는 것을 방지하기 위하여 강력한 사이버 보안 정책 및 규정 개발 및 구현, 사이버 보안 기술 및 인프라에 대한 투자 증대, 사이버 보안 위협에 효과적으로 대응하기 위한 국제협력에 노력을 기울여야 할 것으로 보인다. 정보통신기술과 사이버 안보 이슈는 동북아 및 한반도에 커다란 영향을 미치는 문제로 최근 들어 더욱 빠르게 진화하고 있는 문제이며 역내 국가들은 개별적 노력뿐만 아니라 이러한 문제를 효과적으로 해결하기 위한 역내 국가들의 집단적 노력을 강화해 갈 필요가 있다.

동북아와 한반도를 둘러싼 안보적 도전은 이미 살펴본 것처럼 다면적이고 다층적인 구조로 엮여 있으며, 이에 대한 대응 또한 복잡한 이해관계를 내포하고 있다. 그럼에도 불구하고 한반도의 평화를 지키고 안보를 개선할 숙제는 결국 한국이 중심적 역할을 감당하며 풀어가야 할 것으로 보인다. 한국이 북한과 국경을 접하고 있고 이 지역에서 미국의 핵심적 동맹국이라는 점을 감안할 때 한반도의 안보 역학에서 가지는 중요성은 충분히 설명된다. 하지만 그런 자산에 더해 한국은 일본, 중국, 러시아 등 역내 주요국들과 우호적 관계를 가지고 있으며, 나아가 이들 국가들의 우려를 고려한 지역 안보질서의 구축을 위한 협력 촉진자로서의 역할을 감당할 수 있는 의지와 역량을 가진 국가이다. 물론 북한의 핵·미사일 프로그램으로 인한 위협의 일선에 서서 이 문제를 시급히 해결해야 할 처지이기는 하지만, 이 과제를 풀어가는 방법이 남북 당사자 간의 직접적인 해법 모색으로만 풀리기 어렵다는 점을 고려해 볼 때에 한국 정부는 한반도 문제를 해결하기 위한 남북관계 개선을 위한 노력을 적극적으로 기울이는 한편, 한반도 안보에 대한 국제적 노력이 조직화될 수 있도록 고도의 외교술을 구사해야 하는 처지에 놓여 있다. 그래서 한반도 및 동북아의 안보를 위한 한국의 역할은 복잡하고 역동적이며 국제사회의 신중한 지지가 결합될 필요가 있는 것이다.

결국 한국은 자국 안보의 핵심적 도전인 북한의 핵·미사일 프로그램으로 인한 위협을 해결하기 위한 노력의 핵심 주체이지만, 동시에 지역 안보에 결정적인 영향을 미칠 한반도 문제의 당사자로서 국제적 협력을 조직해내는 중개자로서의 역할을 동시에 감당할 필요가 있다. 다만 한국의 이런 가능성은 북한과의 관계 악화와 미국과의 동맹관계가 가진 연루의 문제 등으로 인해 지역의 긴장을 악화시킬 수 있는 가능성과도 연결되어 있다는 점을 고려할 때에 신중한 처신이 요청되는 입장에 한국이 처해 있다는 사실과 함께 고려될 필요가 있다. 결국 한반도 안보에서 한국의 역할은 중요한 고려사항이며, 북한이 제기하는 안보 도전에 효과적으로 대처하기 위해서는 국제사회가 한국과 긴밀히 협력해야 한다.

V. 책의 구성

한국이 직면하고 있는 국제적 및 지역적 안보환경에 대해 진단하고자 하는 목적으로 기획된 이 책은 크게 두 부분으로 구성되어 있다. 1부는 한국 주변국들의 안보환경 변화에 대한 인식과 대응 전략의 방향을 파악하려는 목적으로 미국, 중국, 러시아, 일본, 북한의 안보인식과 정책을 살피고, 2부에서는 이런 주변국들의 안보 관련 인식과 정책에 대하여 한국은 어떤 대응을 준비할 필요가 있는지를 검토해 보고 있다. 그런데 이 책이 다른 일반적인 안보 전략서들과 차별되는 특징은 이 책의 필자들이 안보환경 변동에 대한 대응을 고민함에 있어서 최근 들어 그 중요성을 더해가고 있는 항공우주산업에서의 성과와 연관되는 지점들에 대해서 사료하고 있다는 점이다. 거시적 안보환경의 변동과 그에 대한 한국의 대응을 궁구해 봄에 있어서 최근 안보·국방의 차원에서 그 중요성이 더해가고 있는 항공우주산업에 대한 연구는 이 책에 이어 발간될 다음 연구서에서 본격적으로 다룰 예정이며, 이 책의 필자들 또한 그러한 문제의식이 본격적으로 토론될 수 있는 기반으로서 한반도의 안보환경 변동과 그에 대한 대응에 관한 논의를 전개하고 있다는 점을 사전에 밝혀둘 필요가 있겠다.

우선, 1부의 첫 주제인 2장 "미국의 국제안보·국방환경 변화에 대한 인식과 한반도"에서 전재성은 미국이 중국의 위협으로 인한 미국 이익의 침해를 가장 중요한 국가안보의 문제로 인식하고 있다는 점을 강조하면서, 이러한 미국의 인식은 그간의 미중 무역 불균형, 코로나 사태로 명확해진 공급망 취약성, 우크라이나 사태로 더욱 명확해진 중러 간 전략적 협력, 더 나아가 민주주의 연대에 대항하는 권위주의 연대의 형성 등에 주목하는 정책적 판단으로 연결되고 있음을 보여주고 있다. 물론 이 외에도 국내, 국제 문제와 더불어 초국가적 문제 또한 중요한 위협으로 미국이 계속 인식하고 있음은 물론이다. 9.11 테러 이후 국제 테러리즘의 도전은 약화된 추세이지만, 이란과 북한의 핵 개발로 인한 핵확산의 위험은 여전하고 핵확산이 핵 테러로 이어질 수 있다는 점에서 지구적 안보 위협에 대한 미국의 안보 우려는 지속되고 있다고 볼 수 있을 것이다. 그 외에도 보건, 기후, 환경, 인권, 마약 등 초국가 위협, 혹은 신흥안보 이슈의 중요성은 더욱 커지고 있기에, 자유주의 국제질서의 보존과 강화를 위한 공공재의 공급이라는 미국의 부담은 더욱 커가고 있는 것으로 이해해 볼 수 있을 것이다.

한편 미국의 안보, 국방 인식 중 지구적 차원의 인식과 초국가적 신흥안보 위협도 중요하지만, 지역적으로 인도-태평양에서 대중 전략이 핵심을 이루는 만큼 한미동맹과 소다자 협력을 둘러싼 한국의 전략 비전 마련이 중요한 상황이다. 한국은 한편으로는 군비증강과 같은 군사적 수단 축적과 함께 미국과 공유된 국가이익을 정확히 판별하여 한미 간 안보협력의 방향 설정을 숙고해나가야 한다는 필자의 주장은 한국의 안보정책에서 우선적으로 고려되어야 할 과제라고 볼 수 있다.

3장 "중국의 국제안보·국방환경 변화에 대한 인식과 한반도"에서 김한권은 중국의 안보인식과 정책을 검토하였다. 1970년대 말 개혁·개방 정책을 공식적으로 실행했던 중국은 1990년대 들어 '중국의 부상'으로 불린 눈부신 경제성장을 이루었다. 21세기를 맞이한 중국은 2008년부터 시작된 미국의 금융위기와 2010년에 국민총생산(GDP) 지표에서 일본을 따라잡으며 세계 2위의 경제 강국이자 국제사회로부터 G2의 한 축으로 인정받게 된다. 중국 공산당 지도부는 21세기 초의 시기를 '100년에 없던 대변국의 시기'이자 '전략 기회기'로 부르며 중국 발전에 긍정적인 시기로 바라보았던 것으로 보인다.

하지만 미중 전략적 경쟁을 포함한 국제안보·국방환경의 변화에 따라 '전략 기회기'는 점차 불안정한 시기로 인식되어가고 있다. 이에 대응해 시진핑 지도부는 '중국몽'을 기반으로 군내 반부패 및 지휘체계, 부대, 전력, 병력 구조의 군 개혁 및 '강군몽'을 실현해 2017년 창군 100주년까지 우주전, 사이버전, 그리고 전자전의 역량을 보유한 지능화군으로서 세계 일류의 군사력 보유를 추구하고 있다. 또한 중국은 국제사회의 리더 국가이자 '책임대국'으로서 미국과 대등하게 국제규범과 질서를 논의하고, 내부적으로는 타이완과의 통일을 목표로 하고 있는 것으로 필자는 분석하고 있다.

한편 중국의 국제안보·국방환경의 변화에 따라 중국에 대한 한반도의 전략적 가치는 상승한 것으로 평가된다. 반면 애국·민족주의와 사상교육 강화 및 미중 전략적 경쟁의 심화는 한국과 다양한 영역에서 도전요인의 지속적인 발생이 전망되는 만큼, 한국의 정교한 대응이 요청된다는 필자의 제언은 충분히 숙고되어야 할 것이다.

4장 "러시아의 국제안보·국방환경 변화에 대한 인식과 한반도"에서 서동주는 "국제정세 변동과 안보환경, 한반도 그리고 항공우주산업의 미래"와 연계해 러시아의 국제정세와 대내외 위협인식 그리고 이에 대한 대응을 탐구하였다. 푸틴 정부는 2000년 출범 이후 현재까지 '강대국 러시아 재건', '강대국 러시아 부활'을 내세우면서 '실용적 신(新)전방위 강대국 노선'을 지속적으로 견지해 왔다. 푸틴 정부는 NATO의 동진과 EU 회원국 확대를 비롯해 미국-서방의 글로벌 MD 구축, 접경 내 외국 군사기지 출현 및 강화, CIS 통합과정 약화, 글로벌 타격 개념 도입 및 우주에의 무기 배치, 색깔혁명(Color Revolution)이나 정부 전복 등 국내 정치에 대한 개입 그리고 기후변화·사이버 안보와 정보전·전염병 등 신흥안보 사안 등을 군사안보적 위협으로 인식하고 있다. 특히 우크라이나의 나토(NATO) 가입 여부는 러시아가 설정한 최후의 한계선이었으며, 러시아의 우크라이나 침공은 이 사안을 매우 심각한 현실적 위협으로 여겼음을 보여주고 있다.

푸틴 정부는 국제정세 변화 움직임을 미국·서방 측의 쇠퇴와 다극화 추이로 파악하고 새로운 '도전과 기회'로 인식하고 있다. 또한 핵보유국을 포함한 무력 충돌이 국지전으로 확대될 위험이 있으며, 우주및 정보 공간이 새로운 전쟁 영역으로 부각되고 있다고 본다. 러시아는 국제질서 재편에 적극적으로 나서는 한편 미래 국가발전을 위한 전략수립과 실천, 첨단기술 신무기 개발과 군 현대화, 미래전 대비와 미디어 관리·통제, 러중 전략 연대 강화와 국제 분쟁지역에 대한 군사 개입등으로 대응해 나가고 있다. 필자는 한국이 유라시아 전략 공간 재편에 대한 관심과 그 중요성에 대해 좀더 주의를 기울이고, 디지털 대전환 시대 군사안보환경 변화에의 조응 및 미래전에 대한 대비 등의 정책 시사점에 주목하면서, 우크라이나 전쟁의 부정적 파급영향을 제어하는 등 새로운 도전적 외교 과제를 극복해 나갈 것을 주문하고 있다.

5장 "일본 국방정책의 변화와 우주 정책의 안보화"에서 이정환은 2010년 이후 일본이 '적극적 평화주의' 슬로건 하에서 보통군사국가화를 지향하는 국방정책을 추진하고 있음을 보여준다. 이러한 일본 국방정책의 변화는 북한의 핵미사일 개발, 그리고 무엇보다 중국의 부상과연계된 안보환경에 대한 인식의 변화와 밀접한 상관성을 지니고 있는 것으로 보이는데, 냉전기 일본 위협인식의 제약성과는 달리, 탈냉전기에 북한 핵미사일 개발은 일본에 안보 위협인식을 크게 제고시켰고, 국방정책 변화에 중요한 영향을 주었기 때문이다. 한편 중국의 부상이 야기한 일본의 위협인식은 2010년과 2012년 동중국해의 영토분쟁을 계기로 강화되어, 국방정책 변화에 결정적 영향을 준 것으로 필자는 분석하였다. 이 같은 안보인식의 변화와 연동하여 일본 국방정책의 기조는 '비군사'에서 '비침략'으로, 그리고 '보통국가'로 그 중심이 이동한 것으로 볼 수 있다.

이러한 국방정책의 기조 변화는 일본 우주정책의 성격 변화에도 동일하게 나타나고 있다. 2010년대 일본 국방정책의 진화는 일본 우주개발 정책과 큰 연관성을 가진다. 적극적 국방정책의 핵심 부분에 우주개발 분야의 안보화가 존재하고 있기 때문이다. 냉전기에 '비군사'적 성격을 지니고 있던 일본의 국방정책과 우주정책은 이제는 다른 나라들과 큰 차이점이 없게 되었다. 우주개발 분야에서 과거 비군사 문화의 터부와 연계된 제도적 여건을 바꾸고, 우주 상황 감시 능력 향상에 노력하는 양상이 발견된다. 또한 일본의 국방 능력 제고에 대한 방법론은 역사적으로 자주와 미일 협력에 기반을 둔 국제협조 사이에서 오가는 모습을 보였다. 일본 우주정책의 역사에서도 자주 노선과 국제협조 노선은 그 성격을 판단하는 중심적 요인으로 기능해왔다. 2010년대 국방정책의 보통군사국가화 속에서 국방 능력 제고의 방법론이 국제협조 노선으로 기우는 가운데, 우주정책에서도 국제협조 방향성은 선명하게 드러나고 있다. 우주개발 분야의 협력은 미일 안보협력의 핵심적 부분으로 발전하고 있으며, 대중국 국방정책에서 차지하는 의미가 증가하고 있다. 보통국가화한 일본의 국방정책과 우주정책은 공히 미일동맹 강화 방향으로 전개되고 있다. 냉전기에 비해 볼 때 자주 노선은 최근 일본 국방정책과 우주정책에서 유력한 선택지가 아니다. 일본의 정책결정자들에게는 미일안보동맹 강화 속에서 미국에 대한 연루의 위험을 무릅쓰면서, 미국을 일본에 연루시키려는 기저 심리가 있는 것으로 보인다. 이 같은 필자의 진단은 향후 한미일 삼각 군사협력을 추진함에 있어서 숙고해야 할 전략적 난제를 제기하고 있다.

6장 "북한의 대외 인식과 전략: 김정은의 '정면돌파'"에서 박원곤은 북한의 안보인식 변화와 정책적 특성을 분석하였다. 북한은 지난 기간 동안 '자주'를 대외 인식과 전략의 핵심 기조로 유지했으며, 주체사상 자체가 당시 중국과 소련 간 갈등이 심화하면서 북한의 대외전략 기조를 구성하는 과정에서 발전하였다. 자주와 주체는 반제국주의론으로 재단되면서 지금도 북한의 대외 인식과 전략을 좌우한다.

김정은 시기 10년 동안 표출된 대외 인식은 기본적으로 이전 시기와 크게 다르지 않다. 제국주의 국가로 규정된 미국을 상대로 한 투쟁은 지속된다. 특히 핵 개발에 박차를 가하면서 불가피하게 발생하는 미국 및 국제사회와의 갈등을 자주 개념에 기반하여 미국 주도의 국제사회 규범과 원칙이 불공정함을 최대한 부각한다. 2018년 잠시 경험했던 한반도 평화에 대한 기대는 2019년 2월 하노이 정상회담이 결렬되고 그해 말 북한이 '정면돌파'를 선포하면서 다시금 대결 국면으로 전환하였다. 그 결과 2022년 6월 현재 북한은 미국과 대결을 고도화하는 양상을 표출한다. 특히 공세적 핵전략, 이중기준 등을 연이어 선포하면서 타협을 위한 공간보다는 일방적 수용을 강압하는 전략을 지속하고 있는 것으로 보인다.

이처럼 한반도를 둘러싼 주변국들의 국제안보환경 및 지역안보 상황에 대한 인식과 대응 전략에 대한 검토를 마치고 2부에서는 한국이 동북아 및 한반도의 안보적 도전에 대응하여 어떤 정책적 고민과 전략적 지향을 검토해야 하는지에 대한 논의를 살펴보고 있다.

7장 "동북아지역 관련 주변 4강의 전략의 충돌과 한반도 군사안보"에서 부형욱은 이런 한반도 주변 주요국들의 전략이 구성하는 한반도를 둘러싼 갈등적 구조에 집중해 그에 대한 한국의 군사안보 전략의 중요한 요건을 도출하고 있다. 최근 우크라이나 전쟁으로 글로벌 안보

상황이 긴박하게 변화하면서 인도-태평양 지역에서 신냉전이 진행되고 있다는 평가가 나오고 있는데, 그것은 현재 인도-태평양 지역에서 미국과 중국은 자신을 중심으로 한 군사 네트워크를 구성하려 하고, 새로운 무기 개발 등에서 극심한 경쟁 상태에 있다고 보기 때문이다. 역내에서 미사일 네트워크를 구축하려는 구상과 미사일 방어의 확장, 그리고 이를 극복하려는 극초음속 미사일 개발 경쟁은 필연적으로 북방 3각과 남방 3각, 그리고 그로부터 확장되는 네트워크의 형성을 의미하게 된다. 한편 북한은 이러한 전략 상황을 십분 활용하여 도발적인 움직임을 취할 것으로 예상된다. 이것이 북한이 원하는 상황 조성, 예를 들자면, 핵보유국 지위 확보, 제재 완화, 협상 재개를 강제하는 데 특효약이라고 보기 때문이다.

향후 미국은 북한의 도발적 행동에 대응하여 동맹에 대한 안보 공약 이행을 명분으로 한반도에 새로운 무기체계를 배치하려는 움직임을 보일 것으로 필자는 예상하고 있는데, 이들 무기체계는 북한만을 사정권에 넣는 것이 아니라 중국 또한 겨냥하는 효과를 내게 될 것이므로, 중국은 이에 필연적으로 반응할 것이라는 추론이 가능하다. 여기서 중요한 것은 중국이 압력을 행사하면 한국도 이에 반응하지 않을 수 없게 될 것이며, 이는 결국 한국이 한미일 안보협력 강화, 군비증강, 미국에 밀착하는 길을 걷게 할 것이라는 예측은 우리가 숙고해야 할 지점으로 보인다. 이러한 연쇄반응에 대한 예측은 점차 현실이 될 가능성이 높아지고 있으며, 그 결과는 자명하다. 신냉전적 전략 상황의 공고화, 역내 신북방 3각 대 신남방 3각 구도의 형성, 한반도에서의 군비경쟁 심화가 그것이다.

부형욱은 이 같은 안보적 도전 하에서 한국 정부에게는 이러한 안보 상황을 역으로 이용할 수 있는 정책적 대응이 필요하다고 주장한다. 과거 냉전기 한반도에서 전면전이 발생하지 않았던 것처럼 신냉전이 심화되는 상황에서도 군사적 분쟁은 억제하고, 적대적 관계 하에서도 안정을 이룰 수 있는 정책을 펴야 한다는 것이다. 이를 위해서는 남북한 간 군비경쟁을 적정 수준에서 잘 관리할 필요가 있다. 남북은 협상을 통해 전쟁 가능성을 한반도에서 낮추고 군사적 예측 가능성을 높이는 데 주력해야 한다. 그래야 파괴적인 전쟁과 군비경쟁의 질주를 막을 수 있다. 지금은 적대적 공존이라도 추구해야 하는 엄중한 상황이라는 것이다.

8장 "공격방어균형으로 본 미러 전략무기 경쟁과 한국"에서 조동준은 한반도를 둘러싼 핵 균형에 대한 분석을 통하여 핵억지의 지형을 파악하려 한다. 코로나-19 국면 아래 세계 핵전력의 두 선두주자인 미국과 러시아 간 전략무기 경쟁이 심화되고 있다. 미국은 지상 발사 장거리 핵미사일, 장거리 전략폭격기, 탄도미사일 발사용 잠수함 등 3대 핵전략의 증강을 동시에 검토하고 있으며, 러시아는 중단거리 미사일과 순항미사일 분야에서 현재 미국보다 우위에 있다고 볼 수 있다. 양대 핵전력 강국 간 전략무기 경쟁은 중국, 영국, 프랑스 등 핵전력에서 가운데 위치하는 국가들의 핵전력 현대화로 이어지고 있다. 이러한 최근의 전략무기경쟁은 1980년대 중반 이후 미소 그리고 미러 양국이 주도해 온 전통적 핵 통제 관행에 부합하지 않는다. 이와 같은 문제의식을 바탕으로 필자는 2022년 현재 세계적으로 전략균형은 어떤 상태에 있는가, 왜 미국과 러시아는 핵 통제에서 벗어나려는 징후를 보이는가, 왜 중국은 핵전략을 강화하려고 하는가라는 세 질문에 대한 해답을 구하고 있다.

우선, 세계적 전략 균형은 2021년 2월 3일부로 5년 연장된 미러 간 신전략무기감축협정에 따라 외형적으로는 안정성을 보이지만, 그

물밑에서는 양국이 추진하는 전략무기 체계 현대화로 인한 불안정성이 증대되고 있으며, 이는 특히 장거리 전략무기 분야에서 두드러지고 있다. 특히 러시아가 최근 개발한 아방가르드(Avangard)나 킨잘(Kinzal) 등 극초음속 활공체는 현존하는 미국의 미사일 방어체계로 요격이 불가능한 것으로 여겨지며, 향후 미러 간 전략균형에 심각한 변화를 초래할 수 있다. 이와 더불어 최근 장거리 전략폭격기 개발에 열중하며 핵 공격 대응능력 향상을 꾀하는 중국의 움직임 또한 전략균형 불안정성을 증대시키는 또 다른 요인이다. 다음으로 필자는 공격에 대한 보복 수단으로서 전면전을 억제할 수 있는 핵전력의 역할("핵 억제론")이 정의된 이래 미러 양국은 1960년대 이후 상호확증파괴 상태를 유지하는 '공포의 균형(balance of terror)' 상태를 유지해 왔는데, 1991년 이후 자국의 안보를 위한 미국의 급격한 미사일방어체계와 정밀타격능력의 개발은 냉전기 전략균형에 변화를 가져왔으며 러시아와 중국에 자국이 미국의 향상된 핵전력에 고스란히 노출될 수 있다는 안보 불안을 일으켰음에 주목한다. 기술의 발전은 이와 같은 안보모순(security dilemma) 상황을 더욱 심화시켰고, 러시아와 중국은 기존 핵전력의 파괴력 증강과 상대 핵 공격에 대한 방어력 증대를 동시에 추진하는 방향으로 핵전력 개발에 나섰다. 이러한 핵 강대국 간 공격방어 균형 불안정성의 증대는 핵전력 후발주자인 북한이 2020년 이후 "전략무력"을 즉시발사상태로 대기하고, 그 사용 범위를 보다 포괄적으로 정의하는 등 한반도 안보에도 영향을 미치고 있다고 볼 수 있다. 결국 이 같은 핵 경쟁의 가속화 가능성에 대한 전망은 한국의 안보정책을 위한 중요한 고려사항으로 숙고될 필요가 있다.

9장 "전통안보 차원에서 본 한국의 군사안보적 대응과 전망"에서 장기영은 '전쟁거래이론(bargaining theory of war)'에서 '거래결렬(bargaining failure)'의 세 가지 주요 요소로 간주하는 정보 문제 (information problem), 약속이행 문제(commitment problem), 이슈 불가분성 문제(issue indivisibility problem)를 중심으로 한반도 안보를 위협하는 원인을 규명하고, 이러한 문제들을 완화할 수 있는 군사안보적 방안이 무엇인지에 대하여 검토하였다. 전쟁거래이론에서는 일반적으로 거래범위(bargaining range)가 넓을 때 전쟁을 피할 수 있는 확률이 높아진다고 하고 거래범위가 협소할 때 반대로 군사적인 긴장이나 전쟁이 일어날 가능성이 높아진다고 주장한다.

이런 기준으로 한반도를 둘러싼 안보환경을 분석해 볼 때에, 여러 가지 논쟁적인 판단이 제기될 수 있겠지만, 현재 한반도의 주요 당사자인 한국과 북한 간에는 거래의 범위가 좁아지고 있다는 판단이 우세해 보인다. 한국 정부는 북한 정권의 의도와 핵심 군사력에 대한 신뢰할 만한 평가와 정보의 부족, 즉 "심각한 정보 문제"를 겪고 있으며, 남북 양측 간에는 상호 합의한 사항에 대한 이행의 불안정성, 즉 "약속이행 문제"가 심화되고 있다. 게다가 북한의 핵·미사일 개발 프로그램 등은 북한의 체제 안정성에 깊이 착종된 성격을 가지고 있기에 "이슈 불가분성 문제" 또한 심각한 것이 현실이다. 이런 조건들은 남북 간에 거래 결렬을 초래할 수 있는 조건으로 작동할 수밖에 없으며, 따라서 한국은 이 세 가지 문제들에 대한 선제적 해법을 구상하고 여건을 조성하기 위한 노력을 기울여야 한다는 것이 필자의 주장이다. 또한 한국 정부는 남북 간 거래범위의 크기가 협소해지지 않도록 유지하려는 노력을 기울여야 할 뿐만 아니라 거래범위가 한국에 유리하게 형성될 수 있는 환경, 즉 평화 체제를 구축하기 위한 노력을 기울임으로써 상기한 여건들의 개선에 힘쓸 필요가 있다는 주장은 남북관계에 대한 정부 정책에서 깊이 고려되어야 할 과제로 볼 수 있겠다.

마지막으로 10장 "복합안보위기 시대 포스트 베스트팔렌 체제 가능성의 모색"에서 조은정은 신흥안보의 도전과 관련하여 한국의 항공우주산업이 지닌 산업적·안보적 함의를 추적하였다. 항공우주산업이 신흥안보 위협에 대한 대응에 어떻게 기여할 수 있는가라는 질문에 대하여 필자는 전통 안보 위협과 비전통 안보 위협의 경계가 혼재된 복합안보 위협 시대에 안보 위협 성격 변화에 따라 대응 주체, 대응 자원, 대응 방법에서 혁신이 요구되며, 그 혁신을 우주항공산업이 촉진할 수 있을 것이라고 주장한다. 과거 국가가 주도해 온 이른바 '올드 스페이스' 시대에는 단순히 우주 자산을 통한 억지력의 증대나 정보 수집 능력의 강화에 그쳤다면, 민간 기업이 주도하는 '뉴 스페이스' 시대에는 '복합안보플랫폼' 구성과 그 조직 및 운영 원리를 재편할 기회가 창출되고 있으며, 이는 국가 권력이 앞으로 민간 권력과 긴밀한 협력 없이 주권·안보 게임에 참여하기 어려워질 것임을 보여준다. 물론 지난 4반세기 국제정치를 지배해 온 베스트팔렌 체제가 향후 우주를 무대로 한 주권 게임에서도 유효한 조직 원리로 작용할지는 아직 미지수이다. 하지만 항공우주산업 분야의 발전은 산업적 측면에서뿐 아니라 안보적 측면에서도 중요한 미래적 의의를 가지고 있는 분야로 주목될 필요가 있다. 이런 의미에서 한반도의 미래가 항공우주산업의 성패에 달려 있다고 해도 과언이 아니라는 필자의 주장은 과장된 이야기가 아니라 산업과 안보의 관계를 다시 돌아보게 만드는 중요한 경고로 들린다.

VI. 맺음말: 안보환경의 변화와 한국 항공우주산업의 역할

국제적인 안보환경의 급격한 변화에 따라 한반도를 둘러싼 안보환경 또한 최근 몇 년 사이에 빠르게 변화하고 있으며 한국의 국가안보를 위한 요구 사항을 고려함에 있어서 상당한 변화를 가져오고 있다. 이 책의 필자들이 밝히고 있듯이, 한국의 항공우주산업은 이러한 변화에 대응하는 중요한 의미를 가지고 있다. 변화하는 산업적 요청 이외에도 한국의 안보적 필요가 변화함에 따라 항공우주산업은 다면적 발전을 필요로 한다. 물론 그동안 한국의 항공우주산업은 산업적 요청에 따라 신기술 개발과 생산능력 확대 그리고 글로벌 항공우주 시장에서의 경쟁력 강화로 대응해 왔다. 여기에는 연구 개발에 대한 상당한 투자와 국제 파트너와의 긴밀한 협력이 포함되어 있다. 지속적인 투자와 집중을 통해 한국의 항공우주산업은 국가와 더 넓은 한반도의 변화하는 안보 요구를 충족하는 데 중요한 역할을 요청받고 있는 것이다.

한국의 변화하는 안보환경은 특히 군사력과 대규모 우주 기술 측면에서 한국의 안보적 대응 능력을 강화하기 위한 군사적 요구 사항에 부응하기 위한 변모를 계속하고 있다. 항공우주산업 분야에서 신기술 개발과 생산능력 확대는 다영역 작전의 필요성이 증대하고 있는 현대전의 요청에 따라 공군의 수요는 물론이고, 육군과 해군의 변화하는 수요를 충족시키기 위한 중요한 역할을 요청받고 있다.

물론 이러한 변화의 핵심 동인은 북한의 핵·미사일 프로그램으로 인한 위협이 커지면서 한국이 군사력과 항공우주 기술을 더욱 강조하게 된 점에서 찾을 수 있다. 하지만 북한의 위협뿐만 아니라 국제적인 안보환경의 변화는 이러한 동인을 더욱 강화시키는 계기로 작용하고 있다. 미중 전략경쟁으로 인해 고조되는 역내 안보적 대립구도는 한반도와 대만 등에서 분쟁 가능성을 고조시키고 있으며, 일본과 러시아, 일본과 중국 간의 영토 분쟁은 해결되지 않은 지역 분쟁의 불씨로 자리 잡고 있다. 이처럼 증가하는 역내 분쟁 위험과 더불어 정보통신기술 및 사이버 보안의 중요성 증가도 국가의 안보와 관련된 조건을 고도화하기 위한 복잡한 과제를 양산하고 있다.

그동안 한국 항공우주산업은 KT-50 고등훈련기와 KF-X 전투기 등 첨단 군용기 개발이라는 성과를 거두었다(국방일보 2023/01/31; 조선일보 2023/01/24; 중앙일보 2023/01/05). 이 항공기는 한국군의 특정 요구를 충족하도록 설계되었으며 항공적 소요에 따른 전자 장비와 진화된 자동 추진시스템 등을 내포한 첨단기술이 적용되었다. 이 같은 첨단 항공기는 군사 능력과 국방 대비 태세 측면에서 한국에게 상당한 이점을 제공하며 변화하는 안보적 요건에 대한 한국의 중요한 자산이 될 수 있을 것이다.

하지만 군용기 생산에만 그 성과가 국한되는 것은 아니다. 한국 항공우주산업은 군용기 개발과 함께 방공체계, 무인항공기(UAV), 미사일방어체계 등 다양한 방위체계 생산능력 확대에도 힘쓰고 있다. 이러한 종합적인 항공·우주 체제는 국가 방위 능력에서 중요한 진보를 가져옴과 동시에 산업적 연계 효과를 통하여 보다 광범위한 파급효과를 가져올 수 있을 것으로 기대된다.

게다가 최근 한국의 항공우주산업은 우주개발 분야에서 과학·통신 위성의 발사와 군사용 위성의 발사 그리고 위성발사체의 개발에서 괄목할 만한 성과를 보이고 있다(뉴스1 2023/01/11; 조선 비즈 2023/01/12). 변화하는 안보적 요건은 미래전이 재래식 전투만이 아니라 다영역 작전으로서의 성격을 강화하고 있으며, 이러한 미래전을 수행하기 위해 항공우주 분야에서의 기술적 발전이 얼마나 중요한가를 잘 보여주고 있다. 변화하는 미래 안보환경이 요구하는 조건들에 대응하여 한국의 항공우주산업은 항공 관련 전자공학, 전자화된 추진시스템과 같은 분야의 역량 강화를 위해 집중적으로 노력하고 있는 것으로 알려져 있다. 이런 기술적 발전은 현대 군용기 및 대공 방어체제의 기능과 성능의 비약적 발전을 추동하는 요인이 되고 있으며, 한국 항공우주산업의 이 같은 투자 덕분에 한국은 글로벌 항공우주산업 시장에서 높은 경쟁력을 달성해 가고 있다.

하지만 한국의 항공우주산업이 국내 산업의 발전이라는 측면에서뿐만 아니라 국제적인 경쟁력을 유지하기 위해서 유수의 국제적인 항공우주 기업들과 전략적 파트너십을 구축하는 과제가 중요하다. 이런 협력은 한국 항공우주산업이 새로운 기술과 전문 지식에 접근할 수 있는 길을 열고 있으며, 이를 활용하여 산업 경쟁력을 고도화하고 생산 능력을 더욱 확장할 수 있는 기회를 얻게 되었다.

최근 그 수요가 확장되고 있는 항공우주산업은 몇 가지 긴박한 도전에 직면하고 있는 것도 사실이다. 한국의 항공우주산업은 숙련된 인력과 엔지니어를 유치하고 유지하기 위한 배전의 노력을 기울여야 할 필요가 있다. 이를 위해 교육 및 인재개발 프로그램의 확충, 경쟁력 있는 급여 및 혜택 제공, 작업 환경의 개선 등이 요청된다. 인적 자본에 대한 투자는 새로운 기술 개발과 생산 능력 확장을 위해 매우 중요하다. 또한 글로벌 경쟁이 심화되는 상황에서도 업계가 경쟁력을 유지할 수 있게 해주는 핵심적 요소이다.

또한 최근 들어 한국의 항공우주산업은 지속가능성의 과제에도 직면하고 있다. 항공우주산업의 제조 과정이 환경에 끼치는 영향을 최소화하고 연료 효율적인 항공기 및 방어 시스템의 개발이 필요한 상황이다. 글로벌 트렌드에서 지속가능성이 강조되는 상황에 따라 이러한 초점은 한국과 전 세계 항공우주산업의 미래에 점점 더 중요한 역할을 할 것으로 예상된다.

결국 미래 안보환경이 제기하는 도전은 한국 항공우주산업에 새로운 도전과 기회를 가져다 줄 것이 분명하다. 급변하는 이 환경에서 성공의 열쇠는 혁신, 적응성 및 전략적 파트너십의 조합이 될 것이다. 항공우주산업이 지속적으로 성장하고 발전함에 따라 한반도 안보와 지역 전체의 안정과 안보를 보장하는 데 점점 더 중요한 역할을 할 수 있을 것으로 보인다. 이를 위해서 연구 개발에 대한 투자와 새로운 역량 개발 및 선진 기업과의 파트너십이 중요하다. 동시에 한국의 항공우주산업은 보다 광범위한 지역안보의 역학을 염두에 두고 다른 국가들과 긴밀히 협력하여 공동으로 안보 문제를 해결하고 지역의 안정에 기여하는 방안을 찾는 데 기여할 수 있을 것이다. 이런 과제를 해결할 수 있다면 한국의 항공우주산업은 이 지역 안보의 개선을 위한 중요한 행위자로서의 위상을 확보할 수 있으며 국제 및 지역적인 안보 증진과 공동 번영에 크게 기여할 수 있을 것이다. 미래 안보환경의 변화가 제기하는 도전과 기회를 수용하고 이러한 도전을 협력적이고 전략적으로 해결하기 위해 노력함으로써 한국 항공우주산업은 미래 세대를 위해 한반도와 지역 전체의 번영에 기여할 방안을 지속적으로 궁구하여야 할 것이다.

참고문헌

국방일보. "대한민국 최초의 군용 항공기 완제기 수출." (2023.01.31.). https://kookbang.
　　dema.mil.kr/newsWeb/20230201/1/ATCE_CTGR_0020010016/view.do (검색일:
　　2023년 2월 4일).

김경숙. 2021. "미국의 인도·태평양전략과 쿼드 협력: 동향과 전망." 『INSS 전략보고』 112.

김상배. 2022. "반도체 공급망 재편과 경제안보: '칩4' 논란을 중심으로." 『서울대학교
　　국제문제연구소 이슈브리핑』 195.

뉴스1. "軍 올해 정찰위성 '1호기' 쏜다 "北 감시 강화"… 고체 추진 우주발사체도(종합)."
　　(2023.01.11.). https://n.news.naver.com/mnews/article/421/0006571439?sid=100
　　(검색일: 2023년 2월 4일).

대한민국 외교부. "자유, 평화, 번영의 인도-태평양 전략." (2022.12.28.). https://www.mofa.
　　go.kr/www/brd/m_4080/view.do?seq=373216 (검색일: 2023년 2월 4일).

대한민국 정책브리핑. "윤 대통령 "자유·평화·번영 3대 비전으로 인도-태평양 전략 이행"."
　　(2022.11.11.), https://www.korea.kr/news/policyNewsView.do?newsId=148908
　　196 (검색일: 2023년 2월 4일).

동아일보. "[단독]"北 '핵탄두 소형화' 완성…20일 바이든 방한 직전, 풍계리서 7차 핵실험 할
　　듯"." (2022.05.06.). https://www.donga.com/news/Politics/article/all/20220506/
　　113254261/1 (검색일: 2023년 2월 5일).

박원곤. 2021. "미국의 대중정책과 바이든의 등장: 연속과 변화의 이중 교합." 『전략연구』
　　28(2).

박휘락. 2019. "협상이론에 의한 미국의 싱가포르 회담 분석과 함의." 『아시아연구』 22(1).

서울경제. "[단독]대통령실, 자체 핵무장 "모든 가능성 열어두겠다"." (2023.01.12.). https://
　　www.sedaily.com/NewsView/29KG1O5S9V (검색일: 2023년 2월 5일).

성기영. 2022. "한미일 안보협력 확대에 대한 각국의 인식과 주요 쟁점 및 과제." 『INSS
　　전략보고』 177.

신범식. 2019. "신흥안보와 복합지정학의 미래 전략." 『서울대학교 국제문제연구소
　　이슈브리핑』 48.

연합뉴스. "中 인공섬 활주로 건설, 핵잠수함 기지 방어 목적." (2016.07.24.). https://www.
　　yna.co.kr/view/AKR20160724043800074 (검색일: 2023년 2월 5일).

＿＿＿＿. "일본 언론 "북한, 한국 방산기업·IAEA 사이버 공격"." (2022.02.08.). https://
　　yonhapnewstv.co.kr/news/MYH20220208022800038. (검색일: 2023년 2월 4일).

＿＿＿＿. "[윤석열 시대] ⑤외교안보." (2022.03.10.). https://www.yna.co.kr/view/AKR2022
　　0310079200504 (검색일: 2023년 2월 5일).

＿＿＿＿. "북한 '화성-17형' ICBM 발사 일지." (2022.11.19.). https://www.yna.co.kr/view/
　　GYH20221119000200044 (검색일: 2023년 2월 5일).

이성훈. 2022. "아태지역에서 미중의 군사력 비교와 시사점: 대만해협 위기 시나리오를

중심으로."『INSS 전략보고』171.

이정훈. 2018. "일본의 인도-태평양전략 분석."『동서연구』30(4).

전재성. 2019. "북핵과 북미관계: 미국 주도 질서 속 북한의 주권적 지위 문제."『한국과 국제정치』35(1).

_____. 2021. "미중경쟁 2050: 군사안보."『EAI Special Report』.

조선 비즈. "작년에만 발사체 180개 우주로 갔다… 한국도 첫 발사체 성공." (2023.01.12.). https://n.news.naver.com/mnews/article/366/0000869341?sid=105 (검색일: 2023년 2월 4일).

조선일보. "글로벌 항공우주기업 KAI의 '2050 비전'." (2023.01.24.). http://monthly.chosun. com/client/news/viw.asp?ctcd=B&nNewsNumb=202302100029 (검색일: 2023년 2월 4일).

중앙일보. "中 국방비 7.1% 증액 279조원…'대만 통일' 노려 군비 증강." (2022.11.28.). https://www.joongang.co.kr/article/25053295#home (검색일: 2023년 2월 5일).

_____. "'한국형 초음속전투기' KF-21 3호기 첫 비행 성공…37분 날았다." (2023.01.05.). https://www.joongang.co.kr/article/25131473#home (검색일: 2023년 2월 4일).

최우선. 2019. "중국의 해군력 증강과 미중 군사경쟁."『국립외교원 외교안보연구소 정책연구시리즈』26.

한겨레. "미 인도태평양 사령관 "중국, 남중국해 인공섬 3곳 군사화 완료"." (2022.03.21.). https://www.hani.co.kr/arti/international/international_general/1035649.html (검색일: 2023년 2월 5일).

허광환. 2019. "미국의 다영역 작전(Multi-Domain Operations)에 대한 비판과 수용." 『군사연구』147.

BBC 코리아. "대북제재: 유엔 안보리 추가 제재 반대한 중국… 올림픽 앞두고 왜?." (2022.01.21.), https://www.bbc.com/korean/news-60022137 (검색일: 2023년 2월 5일).

_____. "한미연합훈련: 미국 B-1B 전략폭격기 한반도 전개… '대남·대북 메시지'." (2023.02. 03.). https://www.bbc.com/korean/news-64509567 (검색일: 2023년 2월 5일).

Blackwill, Robert D. and Thomas Wright. 2020. "The End of World Order and American Foreign Policy." *Council on Foreign Relations* 86.

Cheng, Leonard K. 2016. "Three questions on China's "belt and road initiative." *China Economic Review* 40.

Embassy of the People's Republic of China in the United States of America. "China's comprehensive, systematic and elaborate response to Secretary Antony Blinken's China policy speech." (2022.06.19.). http://us.china-embassy.gov.cn/eng/zmgx/zxxx/202206/t20220619_10706097.htm (검색일: 2023년 2월 5일).

Fukuyama, Francis. 1989. "The end of history?." *The national interest* 16.

Goldstein, Avery. 2020. "China's Grand Strategy under Xi Jinping: Reassurance, Reform, and Resistance." *International Security* 45-1.

Graham, Euan. "Reposturing US defence to the Indo-Pacific." (2021.03.02.). https://www.iiss.org/blogs/analysis/2021/03/reposturing-us-defence-to-the-indo-pacific (검색일: 2023년 2월 5일).

He, Kai. 2019. "Contested multilateralism 2.0 and regional order transition: Causes and implications." *The Pacific Review* 32-2.

Kim, Ellen. "North Korea States It Will Never Give Up Nuclear Weapons." (2022.09.09.), https://www.csis.org/analysis/north-korea-states-it-will-never-give-nuclear-weapons (검색일: 2023년 2월 5일).

Klinck, Heino. "U.S.-Japan-ROK Trilateral Cooperation Strengthening Regional Security." (2022.08.01.). https://www.nbr.org/publication/u-s-japan-rok-trilateral-cooperation-strengthening-regional-security/ (검색일: 2023년 2월 5일).

Kuo, Mercy A. "'Chip War': The China-US Competition for Critical Technology." (2022.12.12.). https://thediplomat.com/2022/12/chip-war-the-china-us-competition-for-critical-technology/ (검색일: 2023년 2월 5일).

Mastanduno, Michael. 2019. "Partner politics: Russia, China, and the challen(ge of extending US hegemony after the Cold War." *Security Studies* 28-3.

MBC. "미국 전략폭격기 B-1B, 일본 전투기와도 동중국해서 공동 훈련." (2022.11.05.). https://imnews.imbc.com/news/2022/world/article/6424104_35680.html (검색일: 2023년 2월 5일).

Mearsheimer, John J. 2018. *The great delusion: Liberal dreams and international realities*. New Heaven: Yale University Press.

Patil, Sameer and Vivek Mishra. "Democracy, Technology, Geopolitics." (2022.04.28.). https://www.orfonline.org/expert-speak/democracy-technology-geopolitics/ (검색일: 2023년 2월 5일).

Sacks, David. "How Taiwan Is Assessing and Responding to Growing Threats From China." (2022.11.14.). https://www.cfr.org/blog/how-taiwan-assessing-and-responding-growing-threats-china (검색일: 2023년 2월 5일)

Taylor, Philip. 2019. *Nonstate actors in international politics: from transregional to substate organizations*. New York: Routledge.

The Wall Street Journal. "The U.S. Military's Growing Weakness." (2022.10.17.). https://www.wsj.com/articles/americas-growing-military-weakness-heritage-foundation-index-of-u-s-military-strength-navy-air-force-army-11666029967 (검색일: 2023년 2월 5일).

USC US-China Institute. "U.S. Dept. Of Defense, Military And Security Developments Involving The People's Republic Of China 2021." (2021.11.02.). https://china.usc.edu/us-dept-defense-military-and-security-developments-involving-peoples-republic-china-2021-november-2 (검색일: 2023년 2월 5일).

VOA. "전문가들 "시진핑 3기 중국, 북한 더 밀착…핵실험 눈 감고 대북제재 협조 안할 것"." (2022.10.25.). https://www.voakorea.com/a/6804054.html (검색일: 2023년 2월

5일).

Woo, Jung-Yeop. 2019 "Changing Security Environment in Northeast Asia and South Korea's Security Dilemma." *Asian Journal of International Studies* 24-1.

Wood, Dakota. "Yes, the U.S. Military Is Weak." (2022.10.28.). https://www.heritage. org/defense/commentary/yes-the-us-military-weak (검색일: 2023년 2월 5일).

World Economic Forum. "The US and North Korea: a brief history." (2017.12.19.). https://www.weforum.org/agenda/2017/12/north-korea-united-states-a-history/ (검색일: 2023년 2월 4일).

Yuan, Jingdong. 2022. "Forging a new security order in Eurasia: China, the SCO, and the impacts on regional governance." *Chinese Political Science Review* 1-18.

Zhang, Jian. "China and AUKUS: Growing Tensions Ahead." (2022.11.17.). https://www. internationalaffairs.org.au/australianoutlook/china-and-aukus-growing-tensions-ahead/ (검색일: 2023년 2월 5일).

Zhao, Minghao. 2021. "The Belt and Road Initiative and China‒US strategic competition." *China International Strategy Review* 3.

제1부   국제정세 변동과 안보·국방환경 평가

제2장   미국의 국제안보·국방환경 변화에
대한 인식과 한반도

전재성(서울대학교)

I. 머리말

미국 바이든 정부는 국내 경제, 민주주의 사회통합, 코로나 사태 극복, 인종갈등 해결 등 많은 국내 문제에 직면해 있으며, 중산층 강화로 표현되는 미국의 발전을 위한 대외정책을 주된 목표로 내세우고 있다. 미국 우선주의의 외교정책은 아니지만 그만큼 약화된 미국의 위상을 고려하면 트럼프 정부의 미국 우선주의의 연속선상에 있는 정책 비전도 엿볼 수 있다.

미국의 국내 문제를 고려해볼 때 미국은 대외정책에서 과도한 개입을 최대한 자제하고 주된 위협에 힘을 집중하는 모습을 보이고 있다. 2021년 아프가니스탄 철수와 2022년 2월 24일 발발한 우크라이나에 대한 러시아 침공에 대해 군사불개입을 주장하고 있는 것은 미국 대외정책의 신중성을 나타낸다. 미국은 중국의 위협으로 인한 미국 이익의 침해를 가장 중요한 국가안보의 문제로 인식하고 있으며, 이는 그간의 미중 무역 불균형, 코로나 사태로 명확해진 공급망 취약성, 우크라이나 사태로 더욱 명확해진 중러 간 전략적 협력, 더 나아가 민주주의 연대에 대항하는 권위주의 연대의 형성 등에 주목하고 있다. 중국의 위협에 대항하기 위한 인도태평양전략이 미국 전략의 핵심으로 부상한 셈이다.

그러나 국내, 국제 문제와 더불어 초국가적 문제 또한 중요한 위협으로 지속되고 있다. 9·11 테러 이후 국제테러리즘의 도전은 약화된 추세이지만, 이란, 북한의 핵개발로 인한 핵확산 위험은 여전하고 핵확산은 핵테러로 이어질 수 있다는 점에서 미국의 안보 우려는 지속되고 있다. 보건, 기후, 환경, 인권, 마약 등 초국가 위협, 혹은 신흥안보 이슈의 중요성은 더욱 커지고 있다.

이러한 복합 안보 위협 상황 속에서 미국 바이든 정부의 대응도 점차 모습을 구체화해왔다. 아직 백악관의 국가안보전략(National Security Strategy)이나 핵태세보고서(NPR) 등은 출간되지 않았지만, 2017년 국가안보전략이 여전히 유효한 부분이 있고, 2018년 국방전략 요약본, 그리고 바이든 정부 들어 잠정 국가안보전략지침(Interim National Security Strategic Guidance), 미의회의 혁신경쟁법안(The US Innovation and Competition Act, USICA), 그리고 트럼프 행정부에 이어 인도태평양전략(Indo-Pacific Strategy of the United States), 해외 주둔미군재배치계획(Global Posture Review) 요약본, 미국 국방전략(National Defense Strategy) 요약본 등은 출간되었다. 이외에도 각 군 보고서들이나 부문별 보고서들을 볼 때 미국 정부의 안보환경 평가에 대한 인식을 볼 수 있다.

미국의 안보환경 평가 및 전략계획, 구체적인 국방계획 및 전력 증강 계획 등은 미국과 조약 동맹을 맺고 있는 한국에게 중요한 고려사항이다. 더욱이 미중 전략 경쟁 시대에 인도태평양전략이 빠르게 진행되고 퀴드(Quad)와 같은 소다자 협의도 진행되는 상황에서 아시아 안보 아키텍처에 대한 한국의 전략 정비도 필요한 시점이다.

이 글은 중간 보고서로서 미국의 안보, 국방 환경에 대한 인식을 여러 보고서들을 통해 다시 한번 검토해보고 중요한 주안점들에 대한 고려사항을 제시해보고자 하였다. 향후 한국의 전략 방향에 대해서도 한국 신정부 출범 이후 많은 추가 논의가 필요할 것으로 본다.

II. 바이든 정부의 안보, 국방 환경 평가 및 전략: 잠정 국가안보 전략지침을 통해 본 미국의 인식과 전략

1. 바이든 정부의 여러 차원 위협 인식

바이든 정부는 시대의 변화에 따라 미국이 직면한 가장 큰 위협의 대부분은 초국가적 위협이라고 정의한다(The White House 2021). 즉, 전염병 및 기타 생물학적 위험, 고조되는 기후위기, 사이버 및 디지털 위협, 국제 경제 혼란, 장기간의 인도적 위기, 폭력적 극단주의 및 테러리즘, 핵무기 및 기타 대량살상무기의 확산 등 실존적 위협이며, 단독으로 행동하는 한 국가에 의해 효과적으로 해결될 수 있는 것은 없다고 정의하고 있다. 바이든 정부는 일국 패권의 한계를 명확히 논의하고 있으면서도 동시에 미국이 없으면 또한 효과적으로 해결할 수 없다는 메시지도 함께 보내고 있다. 미국이 중심이 된 협력적 거버넌스가 문제 해결의 핵심이라는 것이다.

또한 바이든 정부는 협력적 거버넌스의 틀로 자유주의를 제시하고 있다. 즉, 자유주의 사회는 부패, 불평등, 양극화, 포퓰리즘 및 법의 지배에 대한 편파적 위협으로 내부로부터 도전을 받고 있는 한편, 민주주의 국가들은 적대적인 권위주의 세력에 의해 외부로부터도 점점 더 많은 도전을 받고 있다는 것이다. 자유민주주의에 반대하는 세력은 잘못된 정보, 무기화된 부패를 이용하여 자유 국가 내부와 자유 국가 사이에 분열을 일으키고 기존 국제 규칙을 침식하고 권위주의적 통치의 대안 모델을 제시한다는 것이다. 이러한 인식은 지구 거버넌스에 대한 자유주의 연대와 권위주의/독재 연대의 진영 논리를 강화하고 있다.

이러한 대립축은 구체적인 권위주의 강대국들 간의 연대로 표출되고 있다. 미국은 중국이 경제적, 외교적, 군사적, 기술적 힘을 결합하여 안정적이고 개방적인 국제체제에 대한 지속적인 도전을 할 수 있는 유일한 경쟁자라고 본다. 반면 러시아는 국제적 영향력을 강화하고 세계 무대에서 파괴적인 역할을 하겠다는 결의를 바탕으로 외교정책을 추진하고 있다고 주장한다. 중러 양국은 미국의 강점을 확인하고 미국이 전 세계적으로 이익과 동맹을 방어하는 것을 막기 위해 많은 노력을 기울이고 있다고 본다.

중러 이외의 가장 큰 도전세력은 이란과 북한으로 지목되고 있다. 이란과 북한 같은 지역 행위자들은 미국 주도 질서를 바꾸는 능력과 기술을 계속 추구하면서 미국 동맹국과 파트너를 위협하고 지역 안정에 도전하고 있다고 설명한다.

마지막 적대 세력은 거버넌스가 취약한 국가와 미국의 이익을 방해할 수 있는 영향력 있는 비국가 행위자들로 상정된다. 테러리즘과 폭력적 극단주의는 국내외에서 여전히 심각한 위협으로 남아 있으며, 이러한 험난한 도전에도 불구하고 모든 형태와 차원에서 미국의 지속적인 이점을 통해 이익과 가치를 발전시키고 더 자유롭고 안전하며 번영하는 세상을 만드는 것이 목표라고 제시하고 있다.

이러한 인식은 사실 트럼프 행정부 당시 2017년에 출간된 국가안보전략의 논의와 일관성을 가진다(The White House 2017). 상당히 다른 성격의 두 정부였지만 위협 인식 부문에서는 소위 2+2+1의 공식에 따라 중러, 이란/북한, 테러리즘의 위협을 계속 제기하고 있다.

2. 바이든 정부의 전반적 대응 방향

바이든 정부의 구체적인 정책 추진 방향은 다음과 같이 제시되고 있다. 즉, 미국 주도의 국제질서를 뒷받침하는 가장 중요한 기본틀은 동맹, 제도, 협정, 규범 등 소위 다자주의적 자유주의 플랫폼들이다. 바이든 정부는 이러한 틀은 여전히 유효하며, 특히 동맹국 및 파트너들이 중요하다고 본다. 미국 주도의 자유주의 국제질서가 도전받는 상황에서 다자제도나 국제법, 협정 등도 중요하지만 역시 가장 중요한 핵심틀은 동맹과 파트너라는 직접적 연대라고 본다. 동맹과 파트너를 중심으로 사이버 위협에서 기후변화, 부패, 디지털 권위주의에 이르는 금세기의 도전에 대응할 수 있으며, 이는 국제 협력 아키텍처를 현대화하는 데 가장 중요하다고 보고 있다.

바이든 정부는 이와 함께 4차 산업혁명 시대에 기술의 중요성을 특히 강조하고 있다. 현재 광범위한 트렌드의 대부분은 위험과 가능성을 모두 내포하는 기술의 혁명이라는 것이다. 기술로 인한 미래 잠재력은 엄청난데, 각 부문별 잠재력이 있다. 즉, 청정에너지 기술의 발전은 기후변화를 늦추는 데 필수적이고, 생명공학은 질병에 대한 치료법을 열 수 있으며 차세대 통신(5G) 인프라는 상거래 및 정보 액세스의 엄청난 발전을 위한 무대를 마련할 것으로 본다.

이를 위해 중요한 것은 미국의 혁신적 우위를 유지하는 것이라고 본다. 경제, 건강, 생명공학, 에너지, 기후, 국가안보 영역 등에서 지속적인 전략적 이점을 구축하고 확장하기 위해 투자 육성이 핵심적이라고 본다. 미국은 약화되고 있는 STEM 교육에 투자하여 과학 및 기술 인력을 확대하고, 이민 정책을 보장함으로써 국가의 역사적 강점을 회복한다는 것이다. 또한 보편적이고 저렴한 고속 인터넷 접속과 안전한 5G 네트워크를 포함한 21세기 디지털 인프라를 구축하는 것도 중요하다고 본다. 보다 광범위하게 인류의 이익을 위해 우주를 탐사하고 사용하며 우주 활동의 안전, 안정성 및 보안을 보장하겠다는 것이다.

이러한 점에서 바이든 정부가 제시하는 구체적인 정책 목표들은 다음과 같다. 즉, 미국 국민, 경제, 국방, 국내 민주주의를 포함한 미국의 힘의 근원을 방어하고 육성한다; 적들이 미국과 동맹국을 직접 위협하거나 글로벌 공공재 유지에 대한 접근을 금지하거나 주요 지역을 지배하는 것을 억제하고 방지하기 위해 유리한 권력 분배를 촉진한다; 강력한 민주적 동맹, 파트너십, 다자간 제도 및 규칙에 의해 뒷받침되는 안정적이고 개방된 국제 시스템을 주도하고 유지한다는 것 등이다.

군사적 측면에서 특히 강조하는 것은 핵무기로 인한 위협이다. 핵무기가 제기하는 실존적 위협은 여전히 중요하고 미국은 군비경쟁을 중단하고 군비통제의 선두주자로서의 신뢰를 회복하겠다고 비전을 제시한다. 러시아와 뉴스타트(New START) 조약을 연장하기 위해 노력하는 한편, 가능한 경우 새로운 군비통제 조치도 추진할 것이라고 제안하고 있다. 또한 국가안보전략에서 핵무기의 역할을 줄이기 위한 조치를 취하는 동시에 전략적 억제력이 안전하고 효과적이며 동맹국에 대한 확장된 억제 약속이 강력하고 신뢰할 수 있도록 보장하겠다는 것이다. 특히 주목되는 부분은 전략적 안정성을 내포하는 다양한 새로운 군사 기술 개발에 대해 러시아 및 중국과 의미 있는 대화를 지속한다는 것이다. 러시아와 핵군축 회담은 오랜 역사를 가지고 있지만 중국과 향후 핵 관련 협상을 추구한다는 것은 매우 중요한 일이다. 한반도와 동아시아의 운명에도 중요한 미중 핵협상이 언제 어떻게 시작될지는 모르지만 그 지역적 여파에 주목할 필요가 있다.

바이든 정부는 동시에 과학 및 기술 기반을 강화하면서 사이버 보안을 최우선 과제로 삼고 사이버 공간에서 역량, 준비태세 및 복원력을 강화할 것이라고 제안하고 있다. 미국은 정부 전반에 걸쳐 사이버 보안을 필수 요소로 격상하는 한편, 위험을 관리하고 공유하며 모든 미국인을 위한 안전한 온라인 환경을 구축하기 위해 모든 수준에서 민간 부문과 정부 간의 협력을 장려한다는 것이다. 악의적인 사이버 활동으로부터 국가를 효과적으로 방어하는 데 필요한 인프라와 인력에 대한 투자를 확대하고, 타의 추종을 불허하는 인재 기반을 구축하면서 다양한 배경의 미국인에게 기회를 제공한다는 것이다. 또한 동맹국 및 파트너와 함께 사이버 공간의 기존 규범을 유지하고 새로운 글로벌 규범을 형성하기 위해 협력하면서 사이버 문제에 대한 국제적 참여에 대한 약속을 갱신하겠다고 한다. 사이버 활동을 파괴적 또는 기타 불안정하게 만드는 악의적인 행위자에게 책임을 묻고 사이버 및 비사이버 수단을 통해 상당한 비용을 부과함으로써 사이버 공격에 신속하고 비례적으로 대응하는 등 구체적인 대응 방식을 매우 중요하게 소개하고 있다.

　마지막으로 미국은 같은 생각을 가진 동맹 및 파트너와 함께 전 세계의 민주주의를 활성화하는 것이 중요한 정책 목표라고 제시하고 있다. 적대적인 적의 침략을 억제하고 방어하기 위해 전 세계의 동료 민주주의 국가와 공동 정책을 추진한다는 것이다. 동맹국 및 파트너와 함께 초국경적 위협, 사이버 공격, 허위 정보, 디지털 권위주의에서 기반시설 및 에너지 강압에 이르기까지 민주주의를 겨냥한 새로운 위협에 대처할 것을 주장하고 있다. 또한 내부에서 민주주의를 부패시키고 독재국가가 민주주의 제도를 약화시키기 위해 점점 더 무기화하는 부패에 맞서는 데 특별한 목표를 추구하며, 인권을 수호하고 보호하며 모든 형태의 차별, 불평등, 소외에 대처한다고 주장한다. 이러한 목표는 민주주의 대 권위주의의 양대 진영론의 양태를 띠고 있다. 또한 그간의 미국 주도의 자유주의 국제질서를 민주주의 국가에 한정하는 소위 "제한된 질서(bounded order)"를 건설하는 결과를 가져올 수 있다 (Mearsheimer 2019).

III. 미국의 국방전략 방향

1. 해외주둔군재배치 보고서를 통해 본 미국의 지구적 군사전략

미국이 추구하는 외교대전략에서 미군의 지구적 재배치는 매우 중요한 문제이다. 미국방부는 2021년 11월 29일 수개월간의 분석과 긴밀한 조정을 거쳤다고 하며 해외주둔군재배치(Global Posture Review, GPR) 결과를 요약본 형태로 발표했다.[1] 무엇보다 2021년에 중요한 사건이었던 아프가니스탄에서의 작전 종료를 설명하며 지속적인 국방전략 개발에 따른 중요한 변곡점이 마련되었다고 본다. 우크라이나 사태에서 보듯이 바이든 정부가 해외 군사 개입에 상당히 유의하는 모습을 함께 보이고 있다. 바이든 정부는 잠정 국가안보전략지침에서 제시된 미국의 목표와 일치하는 선에서, 미국 이외의 주요 지역에 걸쳐 국방부의 태세를 평가하고 단기 태세 조정, 태세 계획 지침 및 장기 전략 문제에 대한 분석 결과를 제시하고 있다. 그 목적은 이러한 평가를 통해 의사결정 프로세스를 강화하고 국방부의 글로벌 대응 능력을 향상하며 차기 국방전략 초안을 만드는 데 중요한 작업이라는 것이다. 한국과 아시아의 관점에서 중요한 것은 인도태평양 지역에 대한 미국의 태세이다. 국방부는 인도태평양 지역과 관련하여 중국과 북한의 위협을 언급하고 있다. 양국의 잠재적인 군사적 침략과 위협을 억제하는 이니셔티브를 발전시키기 위해 동맹국 및 파트너와의 협력이 매우 중요하다는 점을 강조하고 있다. 자세한 내용이 발표되지 않은 상태에서 호주 및

---

[1]   https://www.defense.gov/News/News-Stories/Article/Article/2856053/biden-approves-global-posture-review-recommendations/#:~:text=The%20Global%20Posture%20Review%20has,with%20his%20national%20security%20guidance

태평양 제도의 기반시설 강화, 호주에서 항공기 순환 배치 등에 언급이 한정되어 있다. 한국과 관련해서는 올해 초에 발표된 한국의 공격 헬리콥터 비행대와 포병 사단본부의 영구 주둔에 대한 오스틴 장관의 승인을 확인하고 있다.

유럽과 관련해서는 러시아의 침략에 대한 신뢰할 수 있는 억제력을 강화하고 NATO군이 보다 효과적으로 작동할 수 있도록 한다는 목표를 설정하고 있다. 또한 트럼프 행정부에서 설정한 독일 주둔 병력 상한선 25,000명을 철회하고 있다.

또한 오스틴 장관은 독일에 총 500명의 육군으로 구성된 다영역작전군, 전역화력사령부를 영구적으로 주둔시킬 것이라고 발표했다. 육군을 중심으로 미국이 추진한 다영역작전 개념과 관련 군이 독일에 주둔한다는 것은 미국의 군사개혁이 구체화되고 있음을 알 수 있다.

중동 관련 검토보고서는 이란과 아프가니스탄에서 대테러 상황을 평가하는 한편, 이라크와 시리아에서 대ISIS 캠페인을 계속 지원하고 파트너 군대의 역량을 구축할 것을 강조하고 있다. 향후 중동의 지속적인 요구 사항에 대한 추가 분석도 예고하고 있다.

아프리카에서는 미국이 지역 폭력적 극단주의 조직의 위협을 주시하고, 외교 활동을 지원하며, 동맹국과 파트너를 지원하는 적절한 태세를 갖추는 목표를 제시하고 있다. 중남미와 카리브해 관련 보고서는 인도적 지원, 재난 구호 및 마약 방지 임무를 포함한 국가안보 목표를 지원하는 역할을 제시하며, 다양한 초국가적 도전과 파트너십 활동에 대한 미국 정부의 노력을 평가하고 있다.

2021년 11월 29일에 진행된 국방부 정책차관보 마라 칼린의 언론 브리핑은 좀 더 상세한 내용을 전달하고 있는데, 무엇보다 인도태평양 지역이 국방부의 최우선 전선이 될 것이며 더 많은 교대와 투자, 훈련이 이루어질 것이라고 말하고 있다. 인태 지역 안정과 중국의 잠재적인 군사적 침략을 억제하는 이니셔티브를 발전시키는 것이 핵심 목표이며 이를 위해 지역 전역의 동맹국 및 파트너와의 추가 협력이 중요하다는 점을 강조하고 있다. 보고서의 공개부분에서 호주와 핵잠수함 기술 이전을 발표한 바 있는데, 이는 매우 중요한 결정이며 더 큰 전략적 변화의 일부라고 언급하고 있다. 공군의 민첩한 전투 개념을 포함하여 인도태평양 전역에 기지 및 접근을 확장하고자 하는 미군의 계획이 있다는 점도 언급하고 있다.[2]

 이러한 논의는 관련 조치들과 연결되어 있는데, 2021 회계연도에 22억 달러의 자금이 괌 관련 태평양 억제 이니셔티브에 대해 승인된 바 있다. 9월에 피터 더튼(Peter Dutton) 호주 국방부 장관은 더 많은 순환배치가 이루어질 것이라고 언급하여 GPR의 향후 전개 과정이 강화될 것임을 보여주고 있다. 기지와 무기의 확대 배치가 호주의 최선의 이익이라는 것이다. 관련하여 아더 시노디노스(Arthur Sinodinos) 주미 호주 대사는 11월 극초음속 연구에 대한 합동 타격 전투기(Joint Strike Fighter) 프로그램과 미국-호주 파트너십을 언급하였고, 항공 협력 강화를 위한 공동 투자도 언급하고 있어, 미국과 호주 간 군사협력이 가속화되고 있음을 알 수 있다. 칼린 장관은 북한의 "무책임한 행동"에 대해 "계속 우려하고 있다"고 언급하고 "확장 억지력에 대한 변화" 논의의 필요성을 제시하여 북핵 문제도 GPR의 중요 부분임을 논의하고 있다. GPR에서 언급된 한국의 순환배치도 이와 관련되어 있음을 알 수 있다.

 칼린 장관은 GPR이 NATO 동맹국, 호주, 한국, 그리고 12개의 중

2 https://www.defense.gov/News/Transcripts/Transcript/Article/2856143/pentagon-press-secretary-john-f-kirby-and-dr-mara-karlin-performing-the-duties/

동 및 아프리카 파트너와의 협의와 관련되는 지구적 차원의 것이라고 강조하고 있다. 또한 검토에서 제외된 것은 아프가니스탄과 핵, 우주, 사이버를 포함한 기능 영역에 대한 결정이었다는 점도 설명하고 있다.

유럽 관련 보고서 작성 과정에서 트럼프 정부가 결정했던 독일 주둔 병력 상한선을 철회한 점이 논의되었는데, 특히 독일 관련, 바이든 대통령은 2월 독일이 GDP의 2%를 국방비로 지출한다는 NATO의 목표를 달성하지 못한 후 독일에서 12,500명의 군대를 철수하기로 한 트럼프의 결정을 번복한 부분을 강조하고 있다. 유럽에서 중요한 점은 러시아에 대한 "신뢰할 수 있는 전투 억제력"이라고 하여 점증되던 우크라이나 사태에 대한 논의도 엿볼 수 있다. 유럽 관련 폴란드는 현재 5,500명의 미군을 보유하고 있으며 러시아와 가까운 발트해 및 흑해 NATO 동맹국은 추가 순환과 병력 배치를 요청했다는 점도 관련하여 중요하다고 보인다.

중동 관련 추가 논의는 미국이 중동에서의 즉각적인 병력 이동보다는 이 지역의 태세에 대한 재검토가 중요하다는 점, 그리고 이란을 저지하고 예멘과 다른 지역에서 이란의 대리인을 억지하기 위해 패트리어트 미사일 방어 시스템은 그대로 유지되고 해상 자산은 재배치될 것이라는 점 등이다.

2. 미국의 다영역, 전영역 작전 개념과 향후 군사전략

이와 관련하여 그간 추진되어 온 미국의 다영역작전 개념이 중요함을 알 수 있다. 미국은 자국에 대한 최대의 위협으로 중국을 상정한 것은 앞서 살펴본 바와 같다. 특히 군사적 도전이 중요한데 미국은 중국에 대해 군사적 상쇄전략을 빠르게 추진하려고 노력하고 있다. 트럼프 정부의 국방전략은 2018년에 출간된 국방전략에 나타나 있는데, 요약본만 공표된 상황이었다. 보다 구체적인 내용은 미 육군대학 부설 전략연구소(SSI)가 미 육군장관에게 보고한 『미육군 개혁: 인도-태평양 사령부의 중국과의 초경쟁과 전구전략』 연구보고서에 나타나 있다 (TRADOC 2018).

미국은 향후 미중 간 고위험(High-risk), 초경쟁적(Hypercompetitive environment)으로 진입한다고 가정하여, 자신의 군사력을 극대화 하여 중국의 전략에 대항해야 한다고 주장하고 있다. 2028년까지 중국에 대응한 미국의 전략적 우세가 감소되는 가운데 인도-태평양사는 질적으로 우세하고, 신속하며, 탄력 있고 충분한 능력을 갖추어야 한다는 것이다. 여기서 미국은 향후 미중 간 군사력 경쟁이 지속되는 가운데, 인도-태평양사 작전책임구역(AOR)에서 미국의 이익을 방어하기 위해 경쟁력을 갖추고, 다영역전장(MDO) 환경하에 합동군(JF)을 위한 전략, 기획과 작전을 수행해야 한다고 주장하고 있다.

미국의 가장 기본적인 대중 군사 압박카드는 중국에 비해 여전히 월등히 앞선 무기 체계와 인도태평양 군사전략을 강화하는 것이다. 즉 육, 해, 공, 사이버, 우주전력 간 상승작용을 극대화한 다영역 작전이 핵심 구성요소이다. 미국은 중국이 반접근, 지역거부(A2AD) 전략을 통해 아시아 지역에서 미국의 군사력 투사를 최대한 막고 자신의 군사력을 투사하여 정치, 경제적 영향권을 확보하려 한다고 인식하고 있다.

미국에서는 2016년 다영역전투(Multi-Domain Battle) 개념이 등장하였고, 이는 2년 뒤인 2018년 다영역작전(Multi Domain Operations)으로 진화한 바 있다. 미군은 이를 통해 단일 전구에서 능력의 통합을 통한 적대국과 경쟁할 수 있는 부대를 만드는 한편, 2035년까지 중국과 러시아를 모두 가정한 2개 이상의 전구에서 다영역작전을 수행하는 것을 목표로 하고 있다.

미국은 다영역작전을 위한 포괄적 계획으로 인도-태평양 사령부 중심으로 태평양 억제 이니셔티브를 위해 46억 8천만 달러를 요청할 계획이다. 이는 미국을 따라 다영역작전을 기획하고 추구하는 중국에게도 같은 군비경쟁을 유발하는 효과를 제기하며 중국에게는 큰 압박 카드로 작용한다.

미국의 인도태평양 군사력 강화는 집중적인 군사비 지출 계획으로 나타나고 있다. 뒤에서 상술하는 바와 같이 미국은 태평양억제구상(Pacific Deterrence Initiative, PDI)을 통해 위험을 완화하고 에스컬레이션을 방지하면서 인도-태평양에 대한 미국의 이익을 방어하기 위한 억제 전략을 구현하기 위한 실용적이고 경제적으로 실행 가능한 접근 방식을 추구하고 있다. 이를 위해 회계연도 2022년의 지출 수준을 정하고 있는바, 46억 달러에 달하는 예산으로 향후 더욱 증가될 계획이다. 미국은 2022년 회계 연도의 46억 8천만 달러에 더해, 인도태평양 사령부는 2020년의 인도-태평양 사령부의 요청을 반영한 문서에 따르면 2023년부터 2027년까지 목표를 달성하기 위해 2,269억 달러를 요청한 바 있다.

한편, 2018년 미국은 국방전략을 강대국 경쟁으로 방향을 수정한 후 미 해군은 분산치사 전략(distributed lethality)이라고 칭해지는 전략을 채택하였다. 광범위한 지리 영역에 개별 함대의 공격, 방어력을 분산하여 증대하는 전략이다. 특히 해군이 중요한바, 미군의 소규모 고능력 함대는 이 전략을 실행할 능력과, 기동성 및 화력이 부족하다고 평가된다. 더 많은 무인 또는 더 작은 플랫폼과 더 적은 수의 크고 값비싼 플랫폼을 갖춘 더 크고 보다 민첩한 함대가 필요하다는 결론이다. 이 비전을 달성하기 위해 해군은 2018년 국방수권법에 따라 2030년대까지 355척의 함선 건조 목표를 설정한 바 있다. 4년 후, 마크 에스퍼 국방장관은 2045년까지 500척 이상의 유인 및 무인 선박을 확보하는 계획을 발표하기도 하였다.

IV. 미국의 인도태평양 군사전략: 대중 견제 전략

1. 미국의 중국 군사력 인식 및 평가

미국 국방부가 매년 의회에 제출하는 중국 군사력 보고서는 중국에 대한 미국의 위협인식 및 미중 간 군사력 균형에 대한 미국의 인식을 잘 보여준다(U.S. Department of Defense 2021). 우선 중국의 국가전략 전체에 대한 미국의 인식을 살펴보면, 미국은 중국의 국가전략이 2049년까지 "중화민족의 위대한 부흥"을 달성하여 미국의 세계적 영향력과 힘에 필적하거나 능가하고 인도태평양 지역에서 미국 동맹 및 안보 파트너십을 대체하고 국제질서를 보다 유리하게 수정하는 것을 목표로 한다고 상정하고 있다. 중요한 점은 미국의 힘을 능가하는 노력을 하고 있다고 인식하는 점에서 사실상 세력전이, 혹은 패권전이의 시각에서 미중관계를 인식함을 알 수 있다. 뒤어어 미국은 중국의 권위주의 체제를 언급하면서 이를 바탕으로 자국의 국력을 확장하기 위한 원대한 노력의 결연한 추구라는 점을 강조한다.

미국은 중국의 경제성장이 지속되고 있는 점에 주목하고 있다. 코로나19 팬데믹으로 인한 어려움에도 불구하고 중국은 경제성장을 안정적으로 유지하고 군대를 강화하며 국제 문제에서 보다 적극적인 역할을 수행하는 등 전반적인 발전을 추진하기 위한 노력을 계속하고 있다고 평가하고 있다. 장단기 경제 동향에 대응하여 중국 공산당은 새로운 경제전략 과제 또는 "쌍순환(双循环)"이라는 새로운 "발전 패턴"을 개발하고 있다는 점에 주목하고 있다.

흥미로운 점은 중국이 전략적 경쟁에 대한 중국의 관점을 지정학 경쟁과 차별되는 이념 체제의 충돌로 특징짓고 있다고 파악하는 점이다. 미국은 중국이 미국의 대중 견제전략에 더욱 결의를 다지며 미국 및 동맹국들과 맞서려는 의지를 보이고 있다고 평가한다. 이러한 의도에서 파생된 중국의 대외정책은 '중화민족의 위대한 부흥'을 실현하기 위한 전략을 뒷받침하는 '공동운명공동체'를 건설하는 것이라고 본다. 미국은 이러한 중국의 전략이 국제질서에 대한 수정주의적 목표이며, 이는 국가 전략의 목표와 당의 정치 및 통치 체제에서 비롯되기 때문에 쉽게 변화하지 않을 것으로 본다.

이러한 미국의 국방부, 혹은 미국 정부의 인식은 바이든 시대에 민주당과 공화당을 초월한 양당의 공통된 견해로 흔히 논의되고 있다. 그러나 중국이 실제로 수정주의 국가인가에 대해서는 다양한 견해가 있다. 중국은 여전히 분단국가이자, 홍콩, 신장 등 국가의 주권적 통합에 어려움을 겪고 있다. 중국은 이를 100년간의 치욕이라고 표현하고 있는데 결국 근대 이행기 중국의 주권국가 건설이 여전히 불완전하다는 점, 그리고 이를 이용하는 외부세력에 대한 적대감을 표현하고 있다. 중국이 온전한 주권국가를 완성하고자 한다는 점에서 중국은 수정주의 세력으로 보여질 수 있다. 특히 대만 통일에 대한 중국의 지속적인 노력은 그러하다. 그러나 중국은 현재까지 미국 주도의 자유주의 국제질서 하에서 성장해왔기 때문에 현재의 시점에서 자유주의 질서를 온전히 수정하고자 하는가, 미국과 자유민주주의 국가들이 다자적으로 건설한 질서를 대체하는 새로운 질서를 제시하고자 하는가를 평가하

는 것은 어려운 일이다. 중국을 수정주의 세력이라고 단정하게 되면 대
중 관여정책보다는 견제정책으로 대중 정책을 규정하게 되는 상황이
도래한다. 이러한 미국의 관점이 국제사회 전반의 대중 인식, 더 나아
가 미국 동맹국의 대중 인식과 일치하는가는 여전히 논란의 여지가 있
다. 미국 내에서도 중국에 대한 견제, 자유주의 연대 형성의 전략과는
별개로 중국, 러시아, 인도 등을 포함한 강대국 협조체제의 새로운 조
성이 더 현실적인 대안이라고 주장하는 논자들도 있기 때문이다.

중국이 군사적 위협을 제기하는 강대국이 된 배경에는 역시 빠른
경제성장이 있다. 미국은 중국의 경제발전이 더 큰 국방 예산을 위한
수단을 제공할 뿐만 아니라 Made in China 2025 및 China Standards
2035와 같은 당 주도 계획과 중국의 성장하는 국가 산업 및 기술 기반
을 강화하는 노력과 닿아 있다고 본다. 중국 정부는 14차 5개년 계획
(2021~2025년)을 발표하면서 "쌍순환"이라는 새로운 "발전 패턴"으
로의 전환을 발표했는데, 이는 경제성장의 동인으로서 국내 소비를 가
속화하고 고급 제조로 전환하며 중요한 글로벌 공급망을 따라 핵심 기
술의 돌파구를 만드는 데 초점을 맞추는 동시에 외국인 투자를 "상호
강화"하는 것을 목표로 하고 있다. 안보에도 핵심적인 국내 기술 혁신
을 추진하는 데 필요한 자본과 기술을 제공하고, 이를 위해 핵심 기술·
군-민 융합 발전 전략을 추진하고 있다. 중국은 경제, 사회, 안보 발전
전략을 융합하는 군사-민간 융합(MCF; 軍民融合) 발전 전략을 추구하
여 중국의 국가 부흥 목표를 지원하는 통합 국가 전략 시스템과 역량
을 구축하려고 노력하고 있다.

특히 민군융합전략은 군사 부문에 주는 함의가 큰데, 군사 목적의
첨단 이중 용도 기술을 개발 및 획득하고 국방 과학기술 산업의 개혁
을 심화하는 목표가 포함되어 있다. 미국은 융합전략의 6가지 목표를

분석하고 있는데, (1) 중국의 방위 산업 기반과 민간 기술 및 산업 기반 융합; (2) 군사 및 민간 부문 전반에 걸친 과학 및 기술 혁신 통합 및 활용; (3) 인재 양성 및 군사 및 민간 전문 지식과 지식 혼합; (4) 민간 기반시설에 군사적 요구 사항을 구축하고 군사 목적을 위해 민간 건설 활용; (5) 군사적 목적을 위한 민간 서비스 및 물류 능력 활용; (6) 경쟁과 전쟁에 사용하기 위해 사회와 경제의 모든 관련 측면을 포함하도록 중국의 국방 동원 시스템을 확장, 심화 등의 광범위한 목표들이다.

미국은 결국 경제발전에 기초한 중국의 군사력 증강, 그리고 국방 정책과 군사전략이 향후 가장 중요한 미중 충돌지점으로 보고 있다. 우선 미국은 중국의 국방 정책 목표가 주권, 안보 및 개발 이익을 보호하는 것이라고 밝히고, 중국의 군사전략은 '능동방어'라는 개념에 기반을 두고 있다고 분석하고 있다. 중국의 지도부는 중국을 "현대 사회주의 대국"으로 부흥시키기 위한 전략의 필수 요소로서 2049년 말까지 중국 군대를 "세계 수준의" 군대로 강화하고자 한다. 2020년에 중국군은 2027년 현대화를 위한 새로운 이정표를 추가하여 중국 군대의 기계화, 정보화 및 지능화의 통합 개발을 가속화하며 대만 관련 상황에서 신뢰할 수 있는 군사 옵션을 제공하는 것을 목적으로 제시하고 있다는 것이다.

미국은 2020년 11월, 중국이 발표한 "중국인민해방군 합동작전개요(시험)"에 주목하고 있는데, 이는 합동작전, 전투 지원, 국방 동원 및 정치 작업에 대한 요구 사항과 절차를 강화하는 계획을 제시하고 있다. 중국군은 주권 및 안보 이익을 보호하는 데 주로 초점을 맞추면서 해외에 코로나 사태 구호 제공 및 해외 군사 시설 추구와 같은 더 큰 지구적 역할도 강조하고 있다.

보다 구체적으로 중국군 현대화 계획, 혹은 강군몽 계획을 보면 정규군의 총 인원은 약 200만 명으로 합동군으로서 지상, 공중, 해상 작전을 수행하고 육해공을 넘어 우주, 대응 공간, 전자전(EW) 및 사이버 작전 등을 수행할 수 있도록 능력을 현대화하고 모든 전투 영역에서 능력을 향상시키는 것을 목표로 삼고 있다. 미국의 다영역작전과 맞물리는 변화이다.

보다 구체적으로 중국군의 목표는 전쟁에서 승리하는 능력을 계속 강화하고, 영토 분쟁에서 대만과 주변 경쟁국들을 압박하고, 지구적 영향력 확대를 추구하고 있다고 본다. 중국군의 현대화 및 개혁의 계획으로 2020년 "전반적으로 기계화 달성"을 위한 현대화 이정표를 제시한 바 있으며 네트워크화, 정보화 및 지능화의 고급 기술을 확보하는 것을 목표로 하고 있다.

미국은 중국군의 부문별 평가에서 중국 해군(PLAN)이 약 145명 이상의 주요 수상 전투원을 포함하여 약 355척의 선박과 잠수함으로 구성된 전체 전투 전력으로 세계에서 가장 큰 해군을 보유하고 있다고 평가하고 있다. 2020년 현재 중국 해군 대부분은 현대적인 다중 역할 플랫폼을 추구하고 있는데, 단기적으로 지상 공격 순항미사일을 사용하여 잠수함과 수상 전투원의 지상 목표물에 대해 장거리 정밀 타격을 수행할 수 있는 능력을 갖게 될 것이며, 이는 특히 중국의 글로벌 전력 투사 능력을 향상시키는 것으로 예상한다. 또한 항공모함과 탄도 미사일 잠수함을 보호하기 위해 대잠전(ASW) 능력과 역량을 강화하고 있다고 평가한다.

중국 공군은 이 지역에서 가장 크고 세계에서 세 번째로 큰 공군을 구성하며, 총 2,800대 이상의 항공기(훈련기 변형 또는 UAV 제외)가 있으며 그 중 약 2,250대가 전투기(전투기, 전략폭격기, 전술폭격기, 다중 임무 전술 및 공격 항공기 포함)로 구성되어 있다고 본다. 또한 2019

년 10월 H-6N을 최초의 핵무기로 공개한 후 핵 삼축체제를 추진하고 있는 상황이다. 더불어 중국 로켓군(PLARF)은 중국의 전략적 지상 기반 핵 및 재래식 미사일 부대와 관련, 지원군 및 미사일 기지를 조직하는 노력을 기울이고 있다. 2020년 로켓군은 "전략적 억제" 능력을 강화하기 위해 장기 현대화 계획을 추진하기 시작했는데, 다탄두미사일(MIRV) 능력의 통합으로 인해 핵 가능 미사일 전력을 크게 향상시키고 대륙간탄도미사일(ICBM)을 개발하고 있다. 미국은 중국이 수백 개의 새로운 ICBM 발사기지를 가지고 있고, 최소 3개의 고체 연료 ICBM 발사장을 건설하기 시작했다고 알리고 있다. 또한 2020년, 최초의 작전용 극초음속 무기 시스템인 극초음속 활공 차량(HGV)이 가능한 중거리탄도미사일(MRBM) DF-17을 배치하기 시작했다고 평가하고 있다.

중국의 전략지원군(SSF) 또한 중국군의 전략 공간, 사이버, 전자, 정보, 통신 및 심리전 임무와 능력을 중앙집중화하기 위해 설립된 전구지휘급 조직으로 다영역작전, 그리고 우주군사력에서 중요한 부분을 차지하고 있다고 평가하고 있다. 전략지원군은 두 개의 전구급 부서, 즉 군사 우주 작전을 책임지는 우주 시스템 부서와 기술 정찰, EW, 사이버 전쟁 및 심리 작전을 포함하고 정보 작전(IO)을 책임지는 네트워크 시스템 부서로 구성된다. 또한 중국은 위기 또는 분쟁 중에 적의 우주 영역 접근 및 작전 관련, 이들과 경쟁하거나 거부할 수 있는 전자전 및 에너지 지향 능력을 포함한 대응 우주 능력을 지속적으로 개발하고 있다고 미국은 평가하고 있다. 그 바탕에는 중국의 우주 기업들이 있는데 이들은 계속해서 빠르게 성장하고 있으며 군사용 우주 응용에서 수익 창출, 과학적 노력 및 우주 탐사와 같은 민간 응용에 이르기까지 우주 프로그램의 모든 측면에서 성장하고 있고 중국 정부는 상당한 자원을 투자해오고 있다는 것이다. 또한 중국은 보다 정교한 위성 작전을 수행하고 우주 대응 임무에 적용될 수 있는 이중 용도 기술을 개발하고 있다고 본다.

　보다 특정한 영역으로 대만과 주변 전역 관련, 중국은 잘 알려진 바와 같이 반접근/지역거부(A2/AD) 능력을 증진하고 있다. 미국은 중국군의 A2/AD 능력은 현재까지 제1도련선 내에서 가장 강력하지만, 제2도련선까지 작전을 수행할 수 있는 상당한 능력을 배치하기 시작했으며 태평양까지 더 멀리 도달할 수 있는 능력을 강화하려고 노력하고 있다고 본다. 이 과정에서 타격, 대공 및 미사일 방어, 대수상 및 대잠 능력 향상 외에도 정보, 사이버, 우주 및 대응 우주 작전에 중점을 두고 있다는 것이다. 첨단기술을 사용하여 사이버 영역에 대한 통합 접근방식에 초점을 맞추면 향후 몇 년 동안 사이버 작전 수행 능력을 향상시킬 것으로 경계하고 있다.

　핵 능력 또한 중요한 위협요소이다. 향후 10년 동안 중국은 핵전력을 현대화, 다양화 및 확장하는 것을 목표로 하고 있다고 본다. 중국은 육상, 해상 및 공중 기반의 핵 운반 플랫폼을 확장하고 있으며 고속증식로와 재처리 시설을 건설하여 플루토늄 생산 및 분리 능력을 증대하고 있다는 것이다. 중국의 핵 증강 속도가 빨라짐에 따라 중국은 2027년까지 핵탄두를 최대 700개까지 보유할 수 있고 2030년까지 최소 1,000개의 탄두를 보유할 계획이며, 이는 2020년에 미 국방부가 예상했던 규모와 속도를 넘어선 것으로 평가하고 있다. 또한 중국은 이미 공중 발사 탄도미사일(ALBM)의 개발과, 지상 및 해상 기반 능력의 개선과 함께 초기 단계의 삼축체제를 수립했을 가능성이 있다고 평가하고 있다.

　중국의 글로벌 군사 활동 또한 미국에게는 중대한 위협으로 다가오고 있다. 중국은 군사력을 기반으로 외교정책 목표를 추진하는 데 보다 적극적인 역할을 해야 한다고 본다. 2020년에 개정된 국방법은 중국군에게 해외 개발 이익을 수호하는 임무를 부여함으로써 중국의 글로벌 경제 및 외교 활동에 대한 군의 개입을 더욱 공고히 하고 있다고 미국은 평가하고 있다. 이로 인해 중국은 군사적 강압과 유인책을 사용하여 세계 안보와 개발 이익을 증진하려는 의지를 확장하였다고 본다. 돌이켜 보면 2020년에 중국군은 주로 코로나 사태 관련 지원을 통해 해외 주둔을 계속 정상화하고 외국 군대와 더 긴밀한 관계를 구축했다고 본다. 해외 거점도 중요한 변화로서, 중국군은 장거리에서 군사력을 투사하고 유지할 수 있도록 보다 강력한 해외 물류 및 기반 인프라를 구축하고자 한다고 본다. 지부티에 있는 기지 외에도 해군, 항공, 지상, 사이버 및 우주 전력 투사를 지원하기 위해 추가 군사시설을 추구하고 있다. 중국은 캄보디아, 미얀마, 태국, 싱가포르, 인도네시아, 파키스탄, 스리랑카, 아랍에미리트, 케냐, 세이셸, 탄자니아, 앙골라, 타지키스탄을 포함한 여러 국가를 중국군 관련 시설의 위치로 고려하고 있다고 본다. 이러한 거점들은 미국의 군사작전을 방해하고 미국에 대한 공세 작전을 지원할 수 있기 때문에 중요하다.

마지막으로 전력 현대화를 위한 자원 및 기술 부문에서 중국의 장기 목표는 현대적인 군사 능력에 대한 군의 요구를 충족할 수 있는 강력한 민간 산업 및 기술 부문과 융합된 완전히 자립적인 방위산업 부문을 만드는 것이라고 미국은 평가하고 있다. 앞서 살펴본 대로 중국은 군사-민간 융합(MCF) 개발 전략의 구현과 민감한 이중 용도 및 군용 등급 장비를 획득하기 위한 간첩 활동을 포함하여 국방 현대화를 지원하기 위해 방대한 자원을 동원하고 있다고 평가한다. 또한 중국은 무기 시스템 연구, 개발, 획득, 시험, 평가 및 생산을 개선하기 위해 국방 산업 부문을 실질적으로 재편했다고 보고 있다. 중국은 국방비 면에서

2021년에 연간 국방 예산을 6.8% 증가시켜 20년 이상 연간 국방 지출 증가를 지속하고 세계에서 두 번째로 많은 군사비를 지출하는 나라의 지위를 유지하고 있다. 중국의 공식 예산은 주요 지출 범주가 누락되어 있다고 보는데, 따라서 실제 군사 관련 지출은 공식 예산에 명시된 것보다 높다고 평가한다. 무엇보다 중국은 4차 산업혁명과 관련된 기술이 게임체인저라고 보고 야심찬 현대화 노력과 "지능화" 전쟁이 가능한 "세계 수준의" 군대 건설을 추진하고 있다. 중국이 중점을 기울이고 있는 AI, 자율 시스템, 첨단 컴퓨팅, 양자 정보 과학, 생명공학, 첨단 재료 및 제조와 같은 상당한 군사 잠재력을 지닌 핵심 기술에서 리더십을 계속 추구하고 있다. 최근 우주 탐사 및 기타 분야에서 중국이 이룬 성과에서 알 수 있듯이 중국은 수많은 첨단기술의 최전선에 서 있기 때문에 미국은 중국의 발전을 주의깊게 주시하고 있다고 본다.

2. 미국의 인도태평양전략: 전반적 전략 방향

현재까지는 2022년 2월 11일 백악관이 발표한 인도태평양전략서가 미국의 외교안보전략의 전체적 면모에 대한 가장 최상위 문서라고 할 수 있다(The White House 2022). 이미 2019년 트럼프 정부부터 인도태평양전략에 대한 많은 문서들이 출간되기 시작했고, 현재까지 정부의 교체에도 불구하고 상당한 연속성이 보인다. 이번 문서에서 바이든 정부는 인도태평양 지역에서 미국의 리더십을 회복하고 21세기를 위한 역할을 조정하기 위해 역사적인 진전을 이루는 것이 중요한 목표라고 서술하고 있다. 바이든 정부가 들어서면서 미국은 기후변화, 코로나 사태에 이르기까지 시급한 과제에 대처하기 위해 동맹을 현대화하고 새로운 파트너십을 강화하며 동맹국들 사이의 혁신적인 연결을 구축하기 위해 노력했다고 본다.

미국이 추구하는 인도태평양전략의 목적은 첫째, 개방성과 자유로, 미국의 이익과 동맹 및 파트너의 이익을 위해 자유롭고 개방된 인도태평양을 유지하고 회복력을 강화하는 것이라고 논하고 있다. 미국은 이를 위한 전략들로 민주적 제도, 자유로운 언론, 활기찬 시민사회에 대한 투자; 부패를 폭로하고 개혁을 추진하기 위해 인도-태평양 지역의 재정 투명성 개선; 지역의 해양과 항공이 국제법에 따라 관리되고 사용되도록 보장 노력; 중요하고 새로운 기술, 인터넷 및 사이버 공간에 대한 공통의 접근방식 추진 등으로 제시하고 있다.

두 번째 목적은 상호 연결성으로, 다음과 같은 전략을 중심에 놓고 있다. 즉, 호주, 일본, 한국, 필리핀, 태국 등 5개 동맹국가들과 관계 강화; 인도, 인도네시아, 말레이시아, 몽골, 뉴질랜드, 싱가포르, 대만, 베트남, 태평양 제도 등 주요 지역 파트너와의 관계 강화; 강화되고 통합된 아세안 지원; 쿼드 강화 및 약속 이행; 인도의 지속적인 성장과 지역 리더십 지원; 태평양 제도의 회복력 구축을 위한 파트너십; 인도-태평양과 유로-대서양 간의 연결 구축; 인도-태평양, 특히 동남아시아 및 태평양 제도에서 미국 외교 확대 등을 주요 정책으로 제시하고 있다.

세 번째 목적은 경제적 번영으로, 미국은 혁신을 장려하고, 경제적 경쟁력을 강화하고, 고임금 일자리를 창출하고, 공급망을 재건하고, 중산층 가정을 위한 경제적 기회를 확대하기 위한 투자를 강조하고 있다. 인도-태평양 지역의 15억 명이 금년에 글로벌 중산층에 합류할 것으로 보고 미국이 인도-태평양 번영을 주도한다는 것이다. 이를 위한 전략으로 높은 노동 및 환경 기준을 충족하는 무역에 대한 새로운 접근방식 개발; 새로운 디지털 경제 프레임워크를 포함하여 공개 원칙에 따라 디지털 경제 및 국가 간 데이터 흐름을 관리; 다양하고 개방적이

며 예측 가능한 탄력적이고 안전한 공급망 발전; 탈탄소화 및 청정에
너지에 대한 공동 투자; 아시아태평양경제협력체(APEC)를 통해 자유
롭고 공정하며 개방된 무역 및 투자 촉진; Build G7 파트너 국가들과
함께 지구적 재건전략(Back Better World)을 추진하여 지역 인프라 격
차 해소 등을 제시하고 있다.

　네 번째 목적은 안보전략으로, 미국은 과거 75년 동안 지역의 평
화, 안보, 안정 및 번영을 지원하는 데 필요한 강력하고 일관된 방위 주
둔을 유지해 왔다고 전제하고 있다. 미국은 자국의 이익을 방어하고 미
국 영토와 동맹국 및 파트너에 대한 침략을 억제하기 위해 그 역할을
확장하고 현대화하는 목적을 추구하고 있다는 것이다. 이를 위한 안보
전략의 내용으로 다음과 같은 내용을 제시하고 있다. 통합억지력 강화;
동맹국 및 파트너와의 협력 심화 및 상호 운용성 향상; 대만해협의 평
화와 안정 유지; 우주, 사이버 공간, 중요 및 신흥 기술 분야를 포함하
여 빠르게 진화하는 위협 환경에서 운영하기 위한 혁신; 한·일 동맹국
과의 확장억제·공조 강화 및 한반도의 완전한 비핵화 추구; AUKUS의
지속 발전 추진; 초국가적 위협에 대한 미 해안경비대의 주둔 및 협력
확대; 태평양억지구상 및 해양 안보 이니셔티브에 자금을 지원하기 위
해 의회와 협력 등이 그러한 내용들이다.

　다섯 번째 목적은 신흥안보 위협으로, 점증하는 내용들을 담고 있
다. 남아시아의 빙하가 녹고 태평양 제도가 실존적 해수면 상승의 문제
를 안게 되었으며 기후변화가 점점 더 심각해지는 것이 현실이다. 코로
나 사태로 인명과 경제적 피해가 지속되고 있으며, 자연재해, 자원 부
족, 내부 갈등 및 거버넌스 문제 등이 인태 지역의 문제로 부상한 것이
다. 이에 대한 전략으로 미국은 동맹국 및 파트너와 협력하여 지구 온
도 상승을 섭씨 1.5도로 제한하는 정책; 이와 일관된 2030년 및 2050

년 목표, 전략, 계획 및 정책 개발; 기후변화 및 환경 악화의 영향에 대한 지역 취약성 감소; 코로나19 팬데믹 종식 및 세계 보건안보 강화 등을 중요한 목표로 제시하고 있다.

3. 태평양억지구상을 통해 본 대중 군사 견제전략

군사 부문에서 인도태평양전략을 추구하는 경로는 다양하다. 미국 스스로 군사력을 증진하는 노력, 양자동맹의 활성화, 양자동맹국들 간의 상호 네트워크 강화, 그리고 쿼드, 오커스 등의 소다자주의 안보 관련 협의체의 활성화, 유럽과 아시아의 연결성 강화 등이다. 그 중에서 미국 스스로 군사력을 강화하는 노력은 인도태평양사령부의 태평양억지구상(Pacific Deterrence Initiative)이다. 유럽억지구상을 벤치마킹하여 제시된 이 구상은 2020년 말부터 언급되기 시작하여 2021년 4월 "우위의 재점유(Regain the Advantage)"라는 보고서에서 구체화되기 시작했다. 당시 필립 데이비슨 미 인도태평양사령부 사령관은 2026년까지 중국이 본격적인 현상 변경을 추구하려고 할 수 있기 때문에 중국을 억제하기 위해 중요한 군사 능력에 자원을 집중할 필요가 있다고 역설한 바 있다. 특히 중국은 지상 기반 중거리 미사일을 1,250대 보유하고 있지만 미국은 전무하다는 위기의식을 반영하고 있다. 이 격차는 500km에서 5,500km 사이의 지상 기반 미사일 개발을 금지한 중거리 핵전력 조약에 기인한 것이다.

    이후 미국은 태평양억지구상을 발전시키고 있는데, 무엇보다 중국에 대한 재래식 억지력을 강화하고 향후 6년 동안 인도태평양 전역에 대해 274억 달러 지출의 일부로 제1도련선을 따라 정밀 타격 미사일 네트워크를 구축할 것을 목표로 삼고 있다. 이를 위한 예산 지출이

중요한 단계였는데 국방부는 2021년 의회를 설득하여 태평양억지구
상의 기반을 마련하는 데 성공했다. 2022 회계연도 국방수권법에 총
71억 달러의 태평양억지구상이 포함되게 되었다. 국방부는 2022 회계
연도에 인도태평양 지역에 660억 달러 이상을 투자하도록 되어 있는
데 그 일부로 상정된 것이다. 의회는 "인도태평양 지역의 미국 억지력
및 방위 태세를 강화하고 동맹국과 파트너들의 안보를 보장하며 준비
태세와 역량을 강화하기 위한 국방부의 노력을 우선시하기 위한 수단
으로서 태평양억지구상(PDI)에 대한 강력한 지원을 재확인"한다고 설
명하고 있다. 동시에 유럽억지구상(European Deterrence Initiative)에
대해서는 예산 요청보다 약 5억 7천만 달러가 증가한 약 40억 달러가
배정되었는데 이는 우크라이나 사태를 고려한 예산으로 평가된다.

　태평양억지구상의 투자의 핵심은 장거리 공격 능력 개선, 첨단 타
격 플랫폼, 전방 전력 태세 및 탄력성 확대, 표적 안보 협력, 동맹국과
파트너의 역량을 강화하기 위한 프로그램, 혁신적인 훈련과 실험, 그
리고 기술적으로 우수한 지휘, 통제, 통신, 컴퓨터, 정보, 감시, 정찰
(C4ISR) 시스템 등으로 계획되어 있다. 2021년 5월에 발표된 국방부
예산국의 2022 태평양억지전략 보고서를 보면 보다 구체적인 무기 투
자계획이 담겨 있다. 무엇보다 육해공군 간의 합동성과 치명률 증가를
위한 노력을 강조하는 가운데 해군과 공군, 미사일 방어에 대한 계획들
이 담겨 있다.

　이러한 노력은 2022 국방수권법의 전반적인 미국 군사력 증강 계
획과도 연결되는데 미국은 중국, 러시아의 공격에 대비하여 사이버 방
어, 우주궤도 시스템 투자, 차세대 항공 우위 확보, 생존성 높은 전방
기지 확보, 원활한 전시 전환 메커니즘 등을 강조하고 있다. 중국의 중
거리 미사일 공격에 대한 방어시스템의 설치 문제도 중요한 문제이다.

일본, 괌 등 미국 중거리 미사일 배치 및 미사일 방어체계에 대한 논의
도 지속될 전망이다.

　　미국은 또한 국가우주위원회(National Space Council)를 설치하
고 2021년 12월에 첫 보고서인 미국 우주 프레임워크(United States
Space Priorities Framework)를 백악관 발로 발표한 바 있다. 여기서
이 프레임워크가 향후 국가 우주 정책과 전략을 개발하고 실행하기 위
한 위원회의 노력을 이끌 것이며 민간, 상업 및 국가안보 우주 활동을
발전시키고 우주의 평화로운 탐사를 촉진하고 우주에서 위험을 줄이
는 것을 포함하여 행정부의 의제를 지원하는 데 중점을 둘 것이라고
설명하고 있다. 이를 통해 악의적인 활동과 자연재해로부터 미국의 중
요 기반시설을 제공하거나 지원하는 우주 시스템의 보안과 탄력성을
강화할 것이라고 설명하고 있다.

　　중국군의 군사력 증강은 해군력에서도 큰 위협이 되고 있는 것
으로 미국은 인식하고 있다. 현재 세계 최대의 해군을 보유한 중국은
2030년 기준 425척의 함정을 보유할 계획이며 중국 해군력 증강 추세
가 지속하면서 중국이 제1~3도련선을 넘어 세계 주요 해양으로 진출
해 미국의 제해권을 위협할 수도 있다는 전망이 나온다. 트럼프 전 미
대통령이 해군력 증강의 의지를 밝힌 후 2017년 5월 17일 미 해군은
미래 청사진은 담은 '미래 해군(The Future Navy)'을 발표했고, 여기
서 2016년의 전력구조 평가(Force Structure Assessment, FSA) 자료를
근거로 355척의 전투함을 확보해야 한다는 것을 주장했다(U.S. Navy
2017). 미국은 2017년 5월 25일 미 해군사관학교 졸업 및 임관식에서
도 "미국은 바다로 둘러싸인 해양국가"이며, "언제나 바다를 지배"해
야 한다는 것을 강조했고, 강력한 해군 건설계획을 재확인하였다.

　　해군력의 개편 흐름은 2020년 4월 미 국방부 산하 비용분석국과

허드슨 연구소가 함께 작성한 보고서에서 조짐이 드러났다. 현재 11척의 항공모함을 9척으로 줄이는 대신 80~90척의 수상전투함을 추가로 건조하는 방안을 다뤘다. 군사력 증강과 함께 '모자이크 전쟁' 개념을 도입해 보유 수량을 극대화하는 전략 개념 발전도 동시에 이뤄질 전망이다.

또한 미국이 필요로 하는 해양우세(maritime superiority)를 유지하기 위해서는 현재와 같은 수준의 함정이 아니라 기술적으로 보다 향상(upgrade)되고 균형된 전력을 갖추어야 하며, 2040년대가 아니라 2020년대에 조기 확보해야 한다는 것을 강조하였다.

바이든 정부에 들어서면서 2021년 7월 13일 카를로스 델 토로(Carlos Del Toro) 해군장관은 지명 청문회에서 미국 해군전략의 난관과 향후 계획을 제시하고 있다.

즉, 미국은 바이든 대통령이 이전에 말했듯이 변곡점에 있으며 전례 없는 심각한 도전에 직면해 있다. 독재 체제와 남중국해 및 전 세계로 확고하게 공세를 취하고 있는 중국은 끊임없는 해양 위협을 가하고 있다. 러시아와 다른 강대국들도 안정을 위협하고 있다. 우리의 적대국들은 혹독한 작전 조건에도 불구하고 이제 우리가 경쟁해야 하는 북극 전역을 목표로 삼고 있다. 우리는 힘의 우위와 단결심을 가지고 이러한 도전에 대처해야 한다.

경제성장과 함께 중국의 군사비 지출 증가, 그리고 글로벌 모험주의는 우리가 더 이상 미국 해군의 우위를 당연시할 수 없다는 것을 의미한다. 분쟁 수역에 접근하려면 보다 강력한 기능과 능력이 필요한 상황이다. 이는 국방비 투자 방식에 대해 새로운 생각을 요구하고 있다. 나는 바이든 대통령의 예산 요청에서 나타난바, 도전을 인식하고 준비태세 개선과 미래 역량을 위해 수십억 달러를 투자하는 것을 반갑게 지켜보고 있다. 나는 미국의 해군, 해병태가 중국과 다른 적들에게 강력한 억지력을 제공하도록 할 것이다.

기후위기는 강대국 경쟁을 포함하여 미국 해군이 직면한 또다른 조건이기 때문에 미 해군의 투자를 요구하고 있다. 이미 해수면 상승으로 인한 위협에 직면해 있는 중요 시설과 함께 복원력이 문제이다. 우리 시설에 에너지 및 환경 복원력을 구축하면 보다 효과적으로 전투를 수행할 수 있다. 국내외 파트너와 협력하여 이러한 복잡한 문제를 해결하기를 기대한다.

미국이 중국, 러시아, 이란 및 북한과의 해군 경쟁 심화에 직면하고 있음에도 불구하고 함대는 지구적 수요를 충족할 만큼 충분한 선박을 보유하고 있지 않다고 평가되고 있다. 잠재적인 적대국들은 미 해군에 대한 공세로 미사일과 항공기를 보유하고 있다.

중국과 미국 사이에 적대행위가 발발한다면 그 충돌은 해상 충돌이 될 것이다. 미국의 해군은 미국의 동맹국과 파트너를 지원하고, 중국이 자국과 중동 사이의 해로 사용을 거부할 수 있는 능력을 갖추어야 한다. 동중국해, 남중국해, 서해 등에 진출하여 효과적으로 작전하기 위해 7,000마일 태평양 해로를 가로질러 해군과 상륙 부대를 적기에 이동시키는 미국의 능력을 갖추고 있어야 한다고 본다. 중국의 해상 교역의 64%와 전체 교역의 40%가 남중국해를 통해 이루어지고 있고, 이 지역에서 미 해군 함정이 정기적으로 항해하고 있다. 중국 해군은 현재 강력한 무기를 갖추어가고 있다. 장거리 미사일, 초기의 항공모함 전력, 점점 더 현대화되고 있는 모든 범주의 함선과 무기, 사이버 및 우주 능력을 갖추고 있다.

V. 핵심 분쟁 지역에 대한 미국의 대응: 남중국해와 대만

미국의 대중 군사 견제 전략에서 남중국해와 대만은 점차 당면한 문제로 다가오고 있다. 미국은 제2차 세계대전 이후 현재까지 해양이라는 지구적 공유지를 관리해왔다. 세계 모든 무역량의 80%와 가치의 70%가 바다에서 안전하게 통과하는 세계화된 경제의 기반을 제공했다고 할 수 있다. 그러나 미 해군은 제2차 세계대전 이후 처음으로 해양에 대한 확고한 제해권의 일부를 중국에게 빼앗겼다고 본다. 필립 데이비슨(Philip Davidson) 중장은 2018년 미 인도태평양사령부 인준 청문회에서 "중국은 이제 미국과의 전쟁을 제외한 모든 시나리오에서 남중국해를 통제할 수 있다"고 말한 바 있다. 중국은 미 해군이 남중국해에 평시 접근하는 것을 허용할 수 있지만 데이비슨 제독은 미래에 미중 간 전투가 발발할 경우 미국의 이익을 보호하기 위한 남중국해 접근을 보장할 수 있을지는 미지수라고 보았다.

이러한 점에서 1979년에 공식적으로 설립된 항행의 자유(FON) 프로그램은 40년 이상 동안 전 세계에서 항행 및 상공 비행 권리와 자유를 행사하고 주장하는 미국의 정책을 지속적으로 추구해온 활동이다. 미국은 합법적인 상업과 미군의 지구적 활동을 보호하기 위한 외교 및 군사 작전을 추구해왔다. 외국의 과도한 해양 요구에 대해 국제관습법에서 확립된 이익의 법적 균형을 보존하기 위한 외교적, 군사적 활동을 해 온 것이다.

미국 국방부가 발행한 2020년 항해의 자유 보고서를 보면 2019년 10월 1일부터 2020년 9월 30일까지 19개의 외국 해양권리 청구에 대해 이의를 제기하고 항행의 자유 작전을 수행하였다. 그 중에서 중국의 남중국해, 동중국해 권리 주장은 가장 중요한 대응의 대상이었다.

문제는 항행의 자유 작전이 시작된 지 40년이 지났지만 2021년 임무를 수행하는 데 사용되는 수단은 여전히 1981년에 사용된 수단과 유사하다는 점이다. 미국은 무인 항행의 작전을 활용하는 방안을 기획하고 있다. 21세기 무인 시스템 기술은 과거의 약점을 완화하고 현재의 강점을 증폭할 수 있는 기회를 제공한다고 보고, 급속도로 팽창하는 적군 함대에 대응하는 동시에 비용을 절감하고 위험을 줄이는 방안을 강구하고 있다. 국방부는 21세기에 항행의 자유 작전을 수행할 수 있는 무기체계로 최신식 Arleigh Burke Flight III 구축함을 생각하고 있는데 추정 단가는 18억 달러이고 중형 무인 시스템 프로토타입의 경우 약 3,500만 달러로 알려져 있다. 초기 투자 외에도 전문가들은 유인 구축함의 일일 운용 비용이 $700,000인 반면 Sea Hunter와 같은 무인 수상 시스템의 일일 운용 비용은 $20,000인 것으로 추정한다.

역량 부문에서도 무인 시스템은 분쟁 수역을 예고 없이 직선으로 통과하고 유인 선박과 선원들이 다른 곳에서 보다 심층적인 작업을 수행할 수 있도록 함으로써 무해 통과를 위해 사전 허가가 필요한 피해국의 과도한 해상 주장을 쉽게 반박할 수 있는 이점도 있다.

인명 손실 없이 경쟁 수역에서 충돌 상황을 관리할 수 있는 장점도 있다. 무인 시스템의 파괴는 인명 손실과 같은 본능적이고 확장적인 반응을 불러일으키지 않기 때문에 잠재적인 위험 상승의 가능성을 줄일 수 있는 것으로 본다. 또한 저비용 무인 시스템은 평화 시 자유의 항행 작전의 성공적인 수행을 보장하는 데 필요한 해군 자산의 분산을 용이하게 하는 동시에 분산 해양 작전 전시 개념의 실행을 가능하게 한다. 적절히 활용되는 무인 시스템은 상당한 비용 절감과 위험 감소, 그리고 강대국 경쟁으로 정의되는 21세기에 필요한 규모로 이 임무를 수행할 것으로 보고 있다.

바이든 정부는 최근 대만에 대한 중국의 공세에 주목하며 이에 대한 대응을 강조하고 있다. 남중국해도 중요하지만 우선 중국의 핵심이익이며, 중국의 군사적 우위가 확보된 대만의 급변사태가 바이든 정부 시기의 중요한 문제로 떠오를 수 있다는 판단이다.

바이든 정부는 출범 이후 국무부가 대만 관리들과의 접촉을 장려하는 새 지침을 내놓고 하원에 발의된 '대만외교검토법안'(Taiwan Diplomatic Review Act)을 통과시키기도 하였다. 대만에 대해 미국은 신중한 지원정책을 추구해왔지만 보다 명시적인 지원 의사를 밝혀야 한다는 목소리가 높아지고 있다. 일례로 리처드 하스는 미국은 중국의 대만 공격 시 지원에 대한 명확한 공약을 해야 중국의 공격을 억지할 수 있다고 주장한다. 더불어 이러한 공약은 한국, 일본 등 미국의 동맹국에게 동맹 공약의 신뢰성을 높여줄 수 있다는 것이다. 중국의 대만 공격 시 미국이 어떠한 군사전략을 취할 것인지, 일본, 한국과 조율하고 미국의 군사력 배치를 증가시킬 것을 주장하고 있다(Haass and Sacks 2020).

양안의 군사적 균형 상태를 보자면, 2021년 현재 중국은 대만에 대해 압도적인 군사력을 가지고 있으며, 대만에 대한 미국의 핵 확장억제, 통상전력 지원이 보장되지 않으면 단기간에 대만을 군사적으로 점령할 수 있을 것으로 본다. 미국이 대만에 대해 확실한 안전보장의 의지를 보일 때 중국은 대만 공격을 자제할 것이나, 대만의 독립선언 등 중국의 핵심이익이 침해될 때에는 언제든 군사공격을 감행할 수 있다.

대만에 대한 중국의 무력 시위는 2020년대에 들어와 더욱 빈번해지고 있다. 2020년 한 해 동안 대만방공식별구역에 대한 중국의 공중 진입은 380회에 달하고 있다. 2021년에는 중국의 최대 구축함대가 대만해협을 통과한 바도 있어 대만에 대한 강한 군사적 견제를 추구하고 있다.

　중국이 대만을 군사력으로 통일하려 할 경우, 우선 강력한 미사일 공격 및 공군력으로 대만의 공격력을 파괴하고, 둘째 대만에 대한 미국 및 미국 동맹국들의 지원을 막기 위해 해상 봉쇄를 추진하며, 셋째, 미국의 함대 진입을 막기 위해 반접근지역거부 전략에 입각한 반개입 군사력을 사용하고, 넷째, 이를 기반으로 대만에 대한 상륙작전을 시행하여 대만을 통일하는 방법을 시행할 것으로 전망된다. 이 과정은 전격적으로 단기간에 이루어질 수도 있고, 수개월에 걸친 전략으로 대만에 대한 외부의 지원을 막고 대만 점령을 기정사실화하는 점진전략을 사용할 수도 있다. 문제는 미국이 중국의 대만 무력 통일 기도 시 얼마나 강력한 군사개입을 할 것인가의 문제이다(Mastro 2021).

　2021년 6번의 대만해협 통과 작전을 통해 미 해군은 바이든 대통령이 취임한 이후 한 달에 평균 한 번 대만해협을 통과했다. 해군 7함대는 일상적인 작전이 국제법에 따라 국제수역에서 이루어졌다고 밝혔으며 "이 선박이 대만해협을 통과한 것은 자유롭고 개방된 인도태평양에 대한 미국의 약속을 보여준다"고 덧붙였다. 알레이 버크급 구축함 USS John S. McCain과 USS John Finn은 이 지역에 미군이 있다는 신호를 보내는 일상적인 임무에 참여해 온 것이다. 평균이 유지된다면 미 해군은 트럼프 전 대통령 행정부에서 작년 총 13번의 대만해협 통과 기록에 근접하거나 이에 필적할 수 있다.

　향후 군사력 균형의 관점에서 대만에 대한 중국의 우위는 더 현격해질 것이고 결국 미국의 개입 의지가 중요하다. 그러나 군사적 관점에서 현상유지를 위한 미국의 억제력에는 결국 한계에 봉착할 것이다. 중국은 군사력의 강화를 통해 미국과 대만의 사전 정찰, 감시 능력을 약화하여 기습적인 대만 점령을 감행하는 능력이 향상될 것이다. 결국,

군사적으로 중국의 대만 점령에 대한 억제를 할 수 없다면, 외교적, 정치적 억제가 불가피하다고 바이든 정부는 보고 있다. 동맹과 함께 중국을 견제하는 것을 강조하는 바이든 정부의 입장에서 대만에 대한 지지와 공약은 미국의 동맹 정책 전체의 신뢰성과 관련되므로 앞으로도 대만은 중요한 정책 영역이 될 것이다(전재성 2021).

VI. 맺음말: 한국의 미래 대응

미중 전략 경쟁 속에서 한국의 선택은 2022년 현재 대단히 어려운 상황이다. 한국은 미중 양국 모두와 우호적 관계를 유지하며 국익을 극대화하려 노력해왔지만 헤징 전략의 비용은 점차 증가하고 있다. 한국은 한미 양자동맹을 통해 대북 억지와 방어는 물론, 인도태평양 지역에서 전략적 조율, 지구적 차원에서 자유주의 질서 유지를 위한 협력, 그리고 경제, 기술, 보건, 환경 등 여러 영역에서 광범위한 협력을 유지하고자 노력하고 있다. 2022년 5월 22일 한미동맹의 공동성명서는 이러한 인식과 구체적인 협력 방안을 제시한 바 있다.

　한미 간 양자협력 및 한미일 협력에 이어 현재 난제 중의 하나는 미국이 추구하는 인도태평양 안보아키텍처에 한국이 어떻게 참여할 것인가의 문제이다. 미국의 노력은 자유롭고 개방된 인도태평양 개념을 중심으로 기존의 양자동맹, 소다자협력, 아시아-유럽의 연계 등을 추진하는 것이다. 이 중에서 미국이 새롭게 추진하는 협력제도는 미국, 일본, 호주, 인도의 4개국 협의체, 즉 쿼드이다. 여전히 다양한 가능성을 가지고 새롭게 인도태평양의 협력체제를 추구하고 있고, 한국 역시 쿼드 가입을 놓고 첨예한 갈등을 보인다는 점에서 한국의 선택의 지표로 삼을 수 있는 중대한 사안이다.

쿼드는 2004년 쓰나미에 대한 공동 대처를 위해 미국, 일본, 호주, 인도가 협력을 도모한 4개국 협의체이다. 그러나 호주와 인도는 중국과의 관계에서 쿼드가 대중 견제로 비추어질까봐 결국 쿼드를 유지하지 못하고 2007년 호주의 탈퇴로 쿼드는 중단된다. 일본 역시 중국을 의식하여 적극적인 쿼드 활동을 하는 데 소극적이었다. 2012년 일본의 아베 수상이 재집권하면서 자유롭고 개방된 인도-태평양 개념을 제시하였고 2017년 트럼프 대통령이 아세안 순방 시 이를 미국의 주요 전략으로 받아들일 때 미중 관계는 상당한 변화를 겪었다. 미중 간 전략 경쟁이 본격화되면서 쿼드의 부활을 가능하게 한 상황이 생겨난 것이다. 2019년까지 쿼드는 여전히 기본 정책 방향에 대한 협의체에 그쳤지만, 2020년에 들어오면서 6월 인도와 중국 간 히말라야 분쟁이 급속히 악화되고 호주 역시 코로나 사태의 발원지 조사 문제로 중국과 경제관계가 악화되면서 쿼드의 필요성이 더욱 강조되기에 이르렀다. 2021년부터 인도와 호주는 쿼드 협력에 적극적으로 나섰고, 결국 2022년 3월 화상정상회담, 9월 대면정상회담으로 4개국 협력이 본격화되었다. 쿼드 국가들은 보건, 환경, 경제, 인프라, 기술, 인적 교류, 우주, 사이버 등 다양한 분야의 협력을 약속하고 규칙기반 질서를 강화하는 데 합의하였다. 중국을 견제하는 안보협력을 전면에 제시하지는 않았지만 이미 4개국 간 공동 안보협력은 다양한 군사훈련을 통해 진행되고 있다.

쿼드의 성격과 미래 발전 방향을 둘러싼 논의는 매우 다양하고 중요하다. 우선 멤버십 확대 문제이다. 2020년 8월 31일 비건 국무차관은 쿼드 4개국과 뉴질랜드, 베트남, 그리고 한국이 코로나 사태를 둘러싼 보건 문제로 여러 차례 개최한 차관회담을 발판으로 쿼드 플러스

구상을 밝힌 바 있다. 그러나 바이든 정부는 쿼드 플러스에 대해 명백한 지지 의사를 보이지 않고 있기 때문에 공식 어젠다라고 보기는 어렵다. 그럼에도 불구하고 쿼드의 기능별 협력에서 다른 국가들과의 유연한 다방면 협력의 길을 열어놓고 있기 때문에 비공식적인 쿼드 플러스는 이슈에 따라 다양하게 나타날 수 있다.

둘째, 쿼드가 중국을 견제하는 성격의 기구인가 하는 점이다. 중국은 2017년 처음 쿼드의 구상이 불거졌을 때 이를 평가절하하였다. 4개국의 이해관계가 다양하고 중국과 맺는 관계도 매우 다르기 때문이다. 그러나 인도와 호주가 적극적으로 쿼드에 참여하면서 쿼드를 아시아 다자주의를 해치는 안보기구라고 비난하고 있다. 쿼드 국가들은 쿼드의 주된 기능이 군사안보가 아닌 다자주의적 인간안보, 신흥안보 및 경제, 규범 이슈라고 논의하고 있지만 사실 중국의 강제적 정책에 대한 견제를 추구하는 것은 확실하다. 쿼드 국가들 간 양자회담의 공동성명은 대부분 중국을 직접 언급하고 중국에 대한 견제 정책을 확실히 표명하고 있다.

셋째, 쿼드가 궁극적으로 추구하는 기구의 성격이 어떠한 것인가 하는 점이다. 쿼드는 인도태평양전략과 긴밀하게 연결되어 있으므로 인도태평양 지역의 나토가 될 수도 있고, 다자주의 안보제도로서 유럽의 OSCE와 같은 기구가 될 수도 있다. 전자의 경우는 명백히 중국을 대상으로 하는 것이지만, 후자의 경우는 중국, 러시아 등 인도태평양의 모든 국가들이 참여할 수 있다. 또는 군사안보 문제보다 경제, 환경, 보건, 인권, 기술 등 신흥안보 및 인간안보 문제를 주로 다루는 비군사적 다자기구가 될 수도 있다. 이 경우 중국을 견제하지 않을 것이라는 보장은 물론 없다. 비군사 영역에서도 기존의 자유주의 규칙 기반질서를 강조하며 중국을 견제하는 원칙과 규범을 제시하고 공동 정책을 추구할 수도 있기 때문이다.

한국이 가지게 되는 딜레마는 이러한 동아시아의 미래 제도들, 예시한 쿼드의 미래와 긴밀하게 연결된다. 현재까지 미국이 추구한 동아시아 외교전략은 소위 바퀴살 체제라고 불리는 양자 동맹 네트워크였다. 그러나 중국이 지역 전반에 걸친 강대국으로 등장하면서 미국을 경유하는 동맹협력은 한계를 가지게 되었고 미국의 동맹국들 간(inter-spoke) 협력이 긴요하게 되었다. 커트 캠벨 인도태평양 조정관의 말을 빌리면 바퀴살을 타이어로 연결하는 작업이 필요하게 된 것이다. 과연 한국이 미국의 동맹국들과 공통된 이해관계를 가지며 협력을 도모할 수 있는가의 문제가 대두된다.

미국의 안보, 국방 인식 중 지구적 차원의 인식, 초국가적 신흥안보 위협도 중요하지만 인도태평양에서 대중 전략이 핵심을 이루는 만큼 한미동맹과 소다자 협력을 둘러싼 한국의 전략 비전 마련이 중요한 상황이다. 한국은 한편으로는 군비증강과 같은 군사적 수단 축적과 함께 미국과 공유된 국가이익을 정확히 판별하여 한미 간 안보협력의 방향 설정을 숙고해나가야 한다.

참고문헌

전재성. 2021. "미중경쟁 2050: 군사안보." EAI 스페셜리포트. 2021-07-16.

Haass, Richard and David Sacks. 2020. "American Support for Taiwan Must Be
　　Unambiguous To Keep the Peace, Make Clear to China That Force Won't Stand."
　　Foreign Affairs (September 2).
Mastro, Oriana Skylar. 2021. "The Taiwan Temptation: Why Beijing Might Resort to
　　Force." *Foreign Affairs* (July/August).
Mearsheimer, John J. 2019. "Bound to Fail: The Rise and Fall of the Liberal International
　　Order." *International Security* 43-4: 7-50.
The White House. 2017. *National Security Strategy of the United States of America.*
　　(December).
_____. 2021. *Interim National Security Strategic Guidance* (March).
_____. 2022.*Indo-Pacific Strategy of the United States* (February).
TRADOC. 2018. *The U.S. Army in Multi-Domain Operations 2028. Department of
　　Army.*
U.S. Department of Defense. 2021. *Military and Security Developments involving the
　　People's Republic of China: Annual Report to Congress.*
U.S. Navy. 2017. *The Future Navy* (May 17).

제3장   중국의 국제안보·국방환경 변화에
        대한 인식과 한반도

김한권(국립외교원)

I. 머리말

중국은 1970년대 말 개혁·개방 정책을 공식적으로 실행하며 경제적 성장을 이루어왔다. 냉전의 종식과 탈냉전 시기에 나타났던 정치적 어려움을 딛고 중국 공산당 지도부는 중화(中華) 민족주의를 중심으로 한 애국·민족주의와 1990년대 '중국의 부상(Rise of China)'으로 불린 눈부신 경제성장을 바탕으로 정통성과 지도력을 유지할 수 있었다.

21세기 들어와 중국은 2008년부터 시작된 미국의 금융위기 및 2010년에 국민총생산(GDP) 지표에서 일본을 따라잡으며 국제사회로부터 G-2의 한 축으로 그 위상을 인정받게 된다. 중국은 세계 2위의 경제 강국으로 성장하면서 꾸준하게 자국의 군사력 또한 증강시켜왔다. 이미 핵 보유국인 중국은 강한 경제력을 바탕으로 해·공군력을 강화해 온 결과 이제는 군사력에서도 국제사회에서 손꼽히는 강국으로 인정받고 있다.

2027년이 되면 중국은 중국인민해방군 창군 100주년을 맞이하게 된다. 중국군은 2035년까지 기본적인 국방과 군대의 현대화를 달성하고, 금세기 중엽까지 세계 일류의 군대를 만들겠는 장기적인 군 개혁 일정을 가지고 있다. 이에 더하여 중국군의 입장에서는 창군 100주년이 되는 2027년까지 군 개혁과 군사·안보적 역량을 의미 있게 증강시켜야 한다. 하지만 최근 중국이 마주한 대내외적 환경은 '강군몽(强軍夢)'을 중심으로 한 중국의 군사·안보적 목표 달성을 낙관적으로만 바라보기에는 상황이 만만치 않아 보인다.

원래 중국 지도부는 21세기 초의 시기를 '전략 기회기(战略机遇期)'로 부르며 중국 발전의 긍정적인 시기로 바라보았다. 하지만 중국이 마주한 국제안보·국방환경의 변화에 따라 중국 지도부에게 '100년에 없던 대변국의 시기(百年未有之大变局)'는 '전략 기회기'에서 점차 불안정한 시기로 인식되어가고 있다. 특히 점차 심화되는 미국과의 전략적 경쟁은 중국에게 국제안보·국방환경의 인식에 있어 가장 큰 도전요인으로 자리 잡고 있다.

　미국 오바마 행정부 시기부터 사실상 시작되었던 미국과의 전략적 경쟁은 트럼프 행정부 시기에 들어와 본격적으로 부상했다. 중국은 바이든 행정부 시기의 대미관계는 트럼프 행정부와는 다르게 일방적인 대중국 압박 정책이 변화하고 양국 간 협력과 경쟁이 양립하며 돌파구를 찾을 수 있기를 기대했다. 하지만 미국은 바이든 행정부 시기에 들어와 국제사회에서의 리더십 회복 및 동맹국 및 파트너 국가들과의 협력 강화를 통해 한층 촘촘해진 대중국 전략적 압박정책을 펼치고 있다.

　이 과정에서 미국은 신장 위구르자치구, 홍콩, 타이완 현안들을 인권과 민주주의의 가치문제와 연결시켰다. 또한 중국의 지적재산권 침탈, 중국 내 외국기업들에 대한 기술 이전 압박, 환율 조작 등의 문제를 포함한 '불공정한 무역관행'을 지적하며 중국에 대한 비판의 목소리를 높여왔다. 중국의 입장에서는 이러한 미국으로부터의 전략적 압박의 가중은 물론, 이에 더하여 서구국가들이 중국과의 경제적 이익을 중시하면서도 점차 가치와 국제규범 및 질서의 현안에서 미국과의 협력 강화로 기울어지고 자유진영 국가들의 결집이 나타나고 있는 상황에 더욱 긴장을 높일 수밖에 없다.

　이렇듯 중국이 마주한 대내외적 환경을 배경으로 이 글은 중국의 국제안보 및 국방 환경 변화에 대한 인식을 분석해보고 이에 따른 중국의 대응 및 한반도에 대한 함의를 분석하는 데 연구의 목표를 두고 있다. 따라서 이 연구는 먼저 점차 심화하는 미·중 전략적 경쟁을 중심으로 변화하는 국제안보·국방환경을 중국은 어떻게 인식하고 전망하고 있는지 살펴보고자 한다. 또한 국제안보·국방환경의 변동을 중국은 어떻게 전망하고 있으며, 이에 대한 대응 전략의 방향성은 어떤지를 분석해 보고자 한다. 끝으로 이 연구는 이러한 배경을 바탕으로 중국의 한반도에 대한 인식을 한반도에 대한 전략적 가치 및 한반도 전략의 변화를 분석해 보고 궁극적으로 중국의 대한반도 정책을 전망해 보고자 한다.

다른 한편으로 이 연구의 시간적 범위는 1990년대에 본격적으로 나타난 '중국의 부상'을 기점으로 역사적 배경을 살펴보는 한편, 연구 주제의 주된 논의는 시진핑(習近平) 지도부의 시기에 초점을 맞추었다. 이는 먼저 이 연구의 핵심 주제인 중국이 인식하는 국제안보·국방환경의 변화는 개혁·개방 정책의 결과로 나타난 '중국의 부상'이 의미 있는 시작점이 되기 때문이다. 이후 중국은 자국의 '부상'을 바탕으로 G-2의 한 축으로 부상하고, 또한 국제사회의 리더국가로서의 위상을 공고히 하며 '책임대국(負責任大国, a responsible great power)'의 이미지를 만들어 가기 위해 노력을 기울여왔다. 이를 위하여 중국은 미국과의 새로운 관계 정립을 추구했으며, 후진타오(胡錦濤) 주석의 임기 후반부터 중국이 희망하는 새로운 미중관계는 '신형대국관계(新型大國關係)'로 표명되었다.

시진핑 지도부 1기가 출범했던 시기(2012년 후반과 2013년 초반)[1] 부터 2015년 9월 시진핑 주석이 오바마(Barack Hussein Obama) 대통령의 초청으로 미국을 국빈 방문한 시기까지 중국은 지속적으로 미국에게 신형대국관계를 수용해주기를 요구했다. 하지만 미국이 사실상

---

1   시진핑이 2012년 11월에 개최된 중국 공산당 18차 전국대표대회에서 새로운 중국 공산당 총서기에 선출되고, 이듬해인 2013년 3월에 열린 12기 전국인민대표대회 제1차 전체 회의에서 중국 국가 주석으로 선출되는 시기를 의미한다.

이를 거부하고 아시아 '재균형 정책(rebalancing policy)'에 박차를 가하자 중국 또한 국제안보·국방환경의 변화를 인식하고 본격적인 대외정책과 대미관계의 전환을 준비한다.

특히 시진핑 지도부 2기가 출범하는 시기(2017년 후반과 2018년 초반)는 2017년 1월에 취임한 트럼프(Donald J. Trump) 대통령이 그간에 미국 내에서 논쟁이 되어왔던 전임 오바마 대통령의 중국 포용론, 즉 중국에 대한 포용이 미·중 간 협력을 가져올 것이라는 시각을 강하게 비판하며 중국과의 본격적인 전략적 경쟁을 시작하는 시기이다(Navarro and Autry 2011; Pillsbury 2015). 이러한 미국의 대중정책의 전환이 중국이 인식하는 국제안보·국방환경 변화에 중심적인 요인이 되었다는 점 등이 이 연구의 시간적 범위를 시진핑 지도부 시기에 집중하게 된 이유이다.

이와 더불어 시진핑 지도부 시기의 중국은 '중국의 부상'을 바탕으로 한 '중국몽(中國夢)'을 내세우며 적극적인 대외정책을 추진했다. 특히 국제정세에 대한 인식을 '백년에 없던 대변국'으로 정의하며 희망적인 '전략 기회기'의 시각에서 미·중 전략적 경쟁의 본격적인 부상으로 갈등과 불안정의 국면으로 전환하게 되는 시기이기도 하다. 따라서 최근 중국이 인식하는 국제정세의 변동 그리고 이에 따른 국방 환경의 변화 및 대응을 가장 잘 살펴볼 수 있는 시기이기도 하기 때문이다.

끝으로 이 연구에서는 중국의 국제안보·국방환경 변화를 분석하는 과정에서 군사·안보적 요인들은 물론 적지 않은 부분을 경제적 및 정치적 요인들을 분석하는 데 할애하였다. 역사적으로 중국의 안보 및 국방 환경은 대미관계에 많은 영향을 받아왔으며, 최근에는 미·중 전략적 경쟁에 직접적인 영향을 받고 있다. 특히 양 강대국 간의 전략적 경쟁이 심화되며 중국의 군사·안보적 현안들은 경제적 및 정치적 현

안들과 연계되는 모습이 나타나고 있다. 대표적인 사례로 미국과 서구
국가들은 중국의 대표적인 통신장비 업체인 화웨이(華爲, Huawei)에
제재를 가하며 군사·안보적 요인을 이유로 들었다. 또한 신장 위구르
자치구와 홍콩의 현안 등 인권과 민주주의의 가치에 따른 정치적 요인
으로 중국의 첨단산업에 대한 경제적 제재가 나타나고 있기 때문이다.

II. 국제안보·국방환경 변화에 대한 중국의 인식

1. 중국의 국제안보·국방환경 변화에 대한 역사적 배경

1) '중국의 부상'과 미·중 '신형대국관계'
2012년 11월에 개최된 중국 공산당 18차 전국대표대회(이후 18차 당
대회)에서 전임 후진타오에 이어 시진핑이 새로운 중국 공산당 총서기
에 선출되었다. 사실상 새로운 중국의 최고 지도자 자리에 오른 시진핑
은 '중화민족의 위대한 부흥의 중국몽(中華民族偉大復興的中國夢)'을
주창하며 대내외적으로 자신의 정치적 포부를 밝혔다.

　　1990년대 이후 빠른 경제성장을 기반으로 나타났던 '중국의 부
상'은 중국 공산당 지도부와 중국인들에게 민족적 부흥에 자신감을 더
해주었다. 특히 2008년 8월에 베이징 하계 올림픽이 원만하게 성공
적으로 치러지자 중국 내에서 민족주의의 고취와 민족적 자긍심이 크
게 증가하였다. 같은 해 9월 15일에 리먼 브라더스(Lehman Brothers
Holdings Inc.)의 파산으로 시작된 미국발 금융위기가 유럽으로 확대
되었다. 약화된 미국의 위상과 동시에 중국 내에서는 국제사회에서 강
한 중국의 모습과 이제는 자신의 목소리를 분명하게 내야 한다는 민

족주의적 요구가 높아졌다. 대외적으로도 국제사회에서는 금융위기로 미국에 이어 유럽의 선진국들까지 어려움을 겪자 중국을 G-2의 한 축으로 명명하며 당면한 국제사회의 문제 해결을 위해 이제는 중국이 더 많은 역할과 책임, 그리고 공공재의 기여를 해야 한다고 요구하기 시작했다.

　이러한 국제환경은 중국의 애국·민족주의 세대들에게 금융위기로 미국의 위상이 추락한 상황에서 이제는 중국이 국제사회의 리더 국가로 나아가는 동시에 고대 중국이 누린 옛 영화의 재현에 대한 기대감이 더욱 높아지게 만들었다. 이러한 민족주의적 시각과 요구는 '민족주의의 양날의 검'처럼 중국 지도부에게 국내정치적인 압박으로 다가왔다. 결국 중국 지도부는 국내정치적인 요구를 수용하고 금융위기로 어려움을 겪는 미국의 대응도 살필 목적을 겸하여 자국의 내해(內海)로 만들고 싶었던 남중국해에 대해 '구단선'을 내세워 영유권을 주장하기에 이른다. 당연히 필리핀, 베트남, 말레이시아 등 중국과 남중국해를 사이에 둔 ASEAN 국가들과 갈등과 대립이 발생할 수밖에 없었다. 이어 2010년에 들어서는 일본과 동중국해의 댜오위다오(釣魚島, 중국명)/센카쿠 열도(일본명)에서 영토분쟁이 다시금 터져 나왔다.

　당시 중국과 주변국들 사이에 갈등과 대립이 고조되자, 국제사회에서는 중국의 외교가 공격적이고 주변국에 위협적으로 변화하였다는 시각이 나타났다(Shambaugh 2010). 이로 인해 중국은 자국의 외교정책을 검토 및 조율하기 시작했다. 중국의 입장에서는 2008년 이후 남·동중국해에서의 영토와 주권 문제, 타이완과 티베트 등에서의 핵심 이익, 그리고 자국의 발전을 지키려는 중국의 정당한 권리와 노력들이 주변국과 국제사회에 "오만(午慢)", "과도한 반응(反應過度)" 등으로 투영되고 있는 점을 심각하게 인식하기 시작한 것이었다.[2]

동시에 미국 오바마 행정부는 이러한 중국과 주변국들과의 사이를 놓치지 않고 파고들며 대중국 헤징(hedging)전략의 일환인 '재균형 정책'을 적극적으로 추진하였다. 이에 대한 중국의 대응은 '신형대국관계'로 명명되는 새로운 미중관계의 정립이었다. 중국은 국제사회의 초강대국인 미국과의 안정적인 관계와 협력을 바탕으로 부상하는 자국의 경제력과 국제사회의 위상에 걸맞은 새로운 미중관계를 설정하려 하였다. 중국이 제시한 미·중 '신형대국관계'는 시간은 중국의 편이라는 인식 하에서 자국의 부상이 안정적이고 지속적으로 진행되고, 이 시기 동안 미국과의 불필요한 갈등과 충돌을 피하고 원만한 미중관계를 유지하려는 의도를 내포하고 있었던 것으로 생각된다.

이러한 국제정세에 대한 이해와 인식을 바탕으로 중국은 2008년 12월 12일 미국의 대표적 싱크탱크인 브루킹스 연구소(the Brookings Institution)에서 당시 외교담당 국무위원이었던 다이빙궈(戴秉國)의 연설을 통해 처음으로 미·중 간의 '신형관계(新型關係)'를 주창하게 된다. 다이빙궈는 동 연구소가 주최한 미–중 수교 30주년 기념행사에서 "중국과 미국은 적이 아닐뿐더러 경쟁자도 아니며, 동반자이다. 중미관계는 제로섬(zero-sum) 게임이 아니라 윈–윈(win-win) 관계이다"라고 강조했다.[3]

2012년 2월에는 당시 부주석이던 시진핑이 미국을 방문하여 오바마 대통령과의 만남에서 '신형대국관계(新型大國關係)'를 언급하였다. 시진핑은 미·중 간의 새로운 대국관계는 상호 존중과 공동 번영, 그리

---

2   "中国走向'大外交'(时事聚焦)." 人民网《人民日报海外版》(2011年02月08日).

3   Foreign Ministry of the Peoples' Republic of China. 2008. "Dai Bingguo Delivers a Speech Marking the 30th Anniversary of the Establishment of China-U.S. Diplomatic Relations at the U.S. Brookings Institution." (Dec. 15).

고 서로의 핵심 이익을 존중함으로써 확립될 수 있다고 주장하였다. 그리고 마침내 중국은 2012년 5월에 열린 제4차 미·중 전략경제대화 (the U.S.-China Strategic and Economic Dialogue, SED)에서 후진타오 당시 국가 주석의 기조연설을 통해 미·중 '신형대국관계'를 공식적으로 미국에게 제안했다.

후진타오에 이어 2013년 3월에 국가 주석으로 취임한 시진핑은 약 3개월 후인 6월 7일 캘리포니아주의 써니랜드에서 오바마 대통령과 정상회담을 가졌다. 시 주석은 이 자리에서 다시 한 번 '신형대국관계'를 제안했다. 미국과 신형대국관계를 수립하기 위한 시 주석의 노력은 계속되었다. 이듬해인 2014년 11월에 베이징 아시아태평양경제협력체(APEC, 이하 APEC) 정상회담이 개최되었다. 이 기간 중 열린 미·중 정상회담에서 시진핑 주석은 중국이 미국과 대등하게 국제사회의 당면문제인 기후변화, 반테러, 한반도 비핵화 등에 관해 논의하며 '책임대국'으로서의 이미지를 국제사회에 각인시키는 한편, 미국이 '신형대국관계'를 수용하게 하기 위한 노력을 지속했다.

하지만 결과는 중국이 의도한 대로 나타나지 않았다. 2015년 9월에 오바마 대통령은 시진핑 주석을 미국에 국빈으로 초청했다. 같은 달 25일에 미국에서 열린 미·중 정상회담에서 미국은 사실상 중국의 '신형대국관계'를 거부하였다. 조셉 나이(Joseph S. Nye Jr.)가 지적한 대로 우선 중국이 제시하는 '신형대국관계'의 의미가 모호하고, 미국 내 일각에서는 이를 미국의 동맹국들을 혼란시키는 수단이라고 우려했다. 특히 비관론자들은 중국이 강해질수록 서태평양에서 미국을 몰아내려 할 것이라 전망하고 있으며, 이는 미국의 주 활동 무대를 동태평양으로 제약하는 '세력권 분배(sphere of influence)'를 수용하는 것을 뜻한다고 보았다. 또한 조셉 나이는 중국의 부상에 대한 미국의 대응이 이와 같다면 이는 미국의 신뢰도를 떨어뜨리고, 역내 국가들이 중국과 균형을 추구하기보다는 결국 중국에 '편승(bandwagoning)'하게 될 것이라 보았다(Nye 2017).

2) '신형대국관계'와 '전략 기회기'

당시 시진핑 주석이 미국과 신형대국관계를 정립시키기 위해 많은 노력을 기울인 것은 사실이다. 부주석 시절인 2012년부터 신형대국관계가 미국에 의해 거부당하는 2015년까지 매년 오바마 대통령을 만나며 설득했다. 중국은 미국이 구축한 국제질서와 규범에 도전하지 않을 것이며, 패권을 추구하지도 않는 동반자의 관계가 될 것임을 강조했다. 하지만 시 주석은 대신 미국으로부터 중국의 '핵심 이익'을 존중할 것이란 확답을 받으려 했다.

　이러한 중국의 미·중 '신형대국관계'는 덩샤오핑의 '도광양회' 전략에서 진화된 내용을 담고 있다고 생각된다. 덩샤오핑의 개혁·개방 정책의 효과로 '중국의 부상'이 나타났으며, 이제 G-2의 위상을 가진 중국은 자국의 핵심 이익에 관해서는 미국에게 존중해 달라는 요구를 표명하며 조용히 힘을 기르던 어둠에서 나와 조금씩 고개를 들기 시작한 것이다.

　일각에서는 이러한 중국의 행동 변화, 즉 중국이 '신형대국관계'를 통해 핵심 이익의 존중을 미국에게 요구한 그 행위 자체가 '도광양회' 전략이 폐기되는 시작점이 아닌가라는 시각도 존재한다. 또한 중국의 입장에서 본다면, 그동안에는 국력이 충분하지 못하여 자국이 원하는 요구를 미국을 포함한 국제사회에 충분히 전달하지 못하였지만, 이제는 국력의 성장과 함께 말할 수 있다는 자신감 표출의 시작이었다고 볼 수 있다.

하지만 미국의 재균형 정책 실행 전후 시기 중국 내 관련 논의를 살펴보면 '신형대국관계'의 제안은 '도광양회'에서의 전환이기보다는 연장선상에서 중국이 미국에게 제시한 타협안으로 생각된다. 예를 들어 2009년 말 당시 중국의 외교부장이었던 양제츠(杨洁篪)는 2010년도에 들어서도 중국이 도광양회와 '겸허저조(謙虛低調)'의 외교노선을 유지할 것이며 동시에 적극적인 유소작위의 외교 방침도 병행하여 중국의 국익을 보호하고 확대하는 데 노력할 것이라 언급했다.[4]

또한 중국의 학계에서도 당시 유사한 논의가 나타났다. 중국의 대표적인 현실주의자인 옌쉐통(閻學通) 칭화대(清華大) 당대국제관계 연구원장은 2011년 2월에 열린 다보스 포럼에서 중국은 여전히 개발도상국이며 덩샤오핑의 도광양회 기조를 계속 유지해야 한다고 언급했다.[5] 이어 2015년 1월에는 중국 외교학원 친야칭(秦亞靑) 원장이 국제사회에서 2010년 이후 중국이 강경 외교정책으로 돌아섰다는 시각이 있지만 중국은 기존 도광양회의 외교 전략을 2050년까지 유지할 것이라고 보았다. 단지 친 원장은 중국이 자국의 국익을 지키기 위해서는 강경한 모습을 보일 수 있다고 전망했다.[6]

결과적으로 중국은 '도광양회' 전략을 유지하며 미국에게 '신형대국관계'를 제안했으나 미국에 의해 사실상 거부되었던 것으로 평가된다. 시진핑 지도부 1기는 미·중 '신형대국관계'를 기반으로 미국과의 원만한 관계를 유지하고 이를 바탕으로 안정적이고 지속적인 경제발전을 통해 '중국의 부상'을 이어가고자 했던 목표는 달성되지 못하였다. 물론 이러한 시진핑 지도부가 보여준 대미정책의 방향성에는 시간

4   "楊潔篪: 明年中國外交重推國際體系改革."『香港文匯報』(2009年12月09日).
5   "中国继续'韬光养晦'." *Financial Times* 中文网 (2010年02月02日).
6   "秦亚青: 2050年之前中国外交'延续'中以变求恒." 人民网 (2015年01月04日).

은 중국의 편이라는 인식이 바닥에 깔려 있었다. 만약 중국이 안정적으로 '부상'을 이어간다면 궁극적으로 종합국력에서 미국을 추월하고 중국은 고대의 옛 영화를 되찾는 중화민족의 민족적 부흥을 이룰 수 있을 것이란 판단이었다.

실제로 당시 중국의 지도자들은 시간이 중국의 편이라는 인식 하에서 '부상'하는 중국에게 21세기는 기회의 국면이 될 것이란 관점이 표출되었다. 특히 장쩌민 시기부터 이어져 온 '전략 기회기(戰略机遇期)'의 시각은 후진타오 시기를 거쳐 시진핑 지도부 1기에서 더욱 부각되었다. '전략 기회기'는 2002년 5월에 중앙당교에서 있었던 장쩌민 주석의 연설에서 처음으로 표명되었다. 이어 2002년 11월에 개최된 16차 당 대회 '보고(報告)'에서 장쩌민 주석은 "전체의 국면을 종합해 보면, 21세기의 초반 20년은 우리나라가 반드시 단단히 붙잡고 또한 충분히 힘을 발휘할 수 있는 중요한 전략 기회기이다"고 언급했다.[7] 당시 16차 당 대회에서 중국 공산당 총서기로 선출되며 새로운 최고지도자로 등장했던 후진타오의 시기에도 '전략 기회기'에 대한 논의가 견지되었다.

'전략 기회기'에 대한 중국 지도부의 인식은 신형대국관계가 사실상 미국에 의해 거부되었음에도 시진핑 지도부 1기 동안 '100년에 없던 대변국'의 논의와 함께 중국의 국제안보 변화에 대해 긍정적이고 희망적인 국제정세에 대한 중국 지도부의 바탕 인식을 형성했다. 하지만 이러한 중국의 시각은 시진핑 지도부 2기에 들어와 미·중 사이의 전략적 경쟁이 본격적으로 부상하며 중국이 바라보는 국제정세는 점

---

7 "江澤民同志在党的十六大上所作报告全文." 中国日报网 (2002年08月28日). "综观全局, 二十一世纪头二十年, 对我国来说, 是一个必须紧紧抓住并且可以大有作为的重要战略机遇期."

차 불안정하고 불확실성이 높아지는 상황으로 변화하게 된다.

2. 21세기 중국의 국제안보·국방환경 변화 인식과 원인

1) 100년에 없던 대변국의 시기: '전략 기회기'에서 불안정의 시기로

시진핑 주석은 2017년 10월에 개최된 19차 당 대회에서 2012년의 18차 당 대회에 이어 중국 공산당 총서기에 다시 선출되었다. 시진핑 지도부 2기의 공식적인 출범을 알린 신호탄이었다. 중국은 시진핑 지도부 2기에 들어와 세계가 100년에 없던 대변화의 국면을 겪고 있다는 표현을 자주 언급하기 시작하였다. 또한 2기 지도부는 출범 초기에 중국을 둘러싼 국제정세를 '전략 기회기'의 인식 하에서 '100년에 없던 대변국의 시기'를 긍정적인 변화의 시기로 바라보고 있었다.

　이를 자세히 살펴보면 먼저 19차 당 대회에서 시진핑 주석은 '보고'를 통해 "세계가 대발전, 대변혁, 대조정의 시기에 처해 있으며, 평화와 발전은 여전히 시대의 주제이다"라고 언급했다.[8] 시 주석은 약 2개월 후인 12월에는 '2017년 외교사절 공작회의(2017年度驻外使节工作会议)'를 통해 시야를 세계로 넓혀야 한다면서 "우리는 100년에 없던 대변국에 직면해 있다"고 지적했다.[9] 이어 시진핑 주석은 이듬해인 2018년 6월에 개최된 '중앙외사공작회의(中央外事工作会议)'에서 "우리나라[중국]는 근대 이래 가장 좋은 발전의 시기를 맞이하였고, 세계는 백년에 없던 대변국에 처해 있으며, 양자는 동시에 발생하고 교차하

8　"决胜全面建成小康社会夺取新时代中国特色社会主义伟大胜利—在中国共产党第十九次全国代表大会上的报告." 新华网 (2017年10月27日). "...世界正处于大发展大变革大调整时期b 平与发展仍然是时代主题."

9　"习近平接见2017年度驻外使节工作会议与会使节并发表重要讲话." 新华网 (2017年12月28日).

고 상호격동하고 있다"고 밝혔다.[10]

그러나 백년에 없던 대변화 국면에 대한 중국 지도부의 긍정적인 시각은 2019년 들어와 무역협상과 관세 보복 조치를 중심으로 미·중 간 전략적 경쟁이 본격적으로 부상하며 점차 '기회'에서 '불안정'으로 전환되기 시작했다. 실제로 전환되는 중국의 국제정세에 대한 시각은 중국의 대외정책은 물론 국가안보 정책에도 점차 투영되기 시작했다. 예를 들어 2019년 7월에 발표된 중국의 국방백서인 '신시대의 중국 국방(新時代的中國國防)'에서는 세계는 지금 "백년에 없던 대변국"을 경험하고 있다고 기술하고 있다. 하지만 이어 "국제안보가 직면한 불안정성과 불확실성이 더욱 표출되고 있으며 세계는 결코 평안하지 않다"고 진단했다.[11] 이를 시진핑 지도부 2기 출범 초기에 백년에 없던 대변국을 근대 역사 이래 가장 좋은 발전의 시기로 인식하던 시각과 비교해 본다면, 미국과의 전략적 경쟁이 본격적으로 불거져 나왔던 2019년에 들어와 중국 지도부가 국제정세를 바라보는 관점에 커다란 전환이 나타나고 있음을 쉽게 찾아볼 수 있다.

2) 미·중 전략적 경쟁

점차 심화되는 미국과의 전략적 경쟁은 중국이 마주한 국제안보 환경을 더욱 어렵게 만들고 있다. 여기에 코로나19의 팬데믹(pandemic) 현상까지 더해져 중국이 인식하는 국제안보 환경은 더욱 불안정해졌다. 무엇보다도 미국으로부터 가해지는 다양한 분야에서의 전략적 압

---

10 "服務民族復興、促進人類進步——習近平總書記在中央外事工作會議上的重要講話引起熱烈反響." 新華網 (2018年06月24日). "當前, 我國處于近代以來最好的發展時期, 世界處于百年未有之大變局, 兩者同步交織、相互激蕩."

11 中華人民共和國國務院新聞辦公室. 2019. 『新時代的中國國防』. (7月), 1. "當今世界正經歷百年未有之大變局, ...但國際安全面臨的不穩定性不確定性更加突出, 世界並不太平."

박은 중국이 인식하는 국제안보 환경에 직접적인 위협이자 장기적인 도전요인으로 다가왔다.

먼저 미·중 전략적 경쟁의 배경을 살펴보면, 1990년대부터 나타난 '중국의 부상'은 21세기에 들어와 미국이 대중(對中) '헤징(hedging)'정책을 수립하는 자연스러운 계기가 되었다. 2000년대 중반에 들어와 중국이 GDP 지표로 영국, 프랑스, 독일을 추월하며 '중국의 부상'이 더욱 뚜렷해졌다. 미국은 국제사회에서 중국이 가지는 역할과 영향력의 확대를 현실적으로 인정할 수밖에 없었으며, 이에 대응하여 대중 '헤징정책'을 수립하게 된다.

미국이 구상한 대중 헤징정책의 핵심은 경제적 협력과 군사·안보적 견제였다. 미국은 자국의 경제발전과 국제사회의 당면한 현안 해결을 위해 중국과의 협력이 필요했다. 하지만 다른 한편으로는 국력이 점차 강해질수록 중국이 향후 미국이 구축한 국제질서와 규범에 도전하는 수정주의 국가가 될 가능성에 대비하여 아시아의 동맹국과 안보 파트너들과 대중국 군사·안보적 협력의 강화를 추구했다.

예를 들어 2005년 8월에 당시 미국 국무부 부장관이었던 로버트 졸릭(Robert Zoellick)이 호주, 일본, 인도와의 외교적, 군사적 관계의 강화를 통해 중국에 헤징을 걸고 있다고 발언하였다. 당시 졸릭 부장관은 미국은 중국을 국제 시스템으로 이끌기 위해 노력했으며, 많은 국가들이 중국이 평화적 부상을 해주기를 바라지만 어느 국가도 이를 장담하지 못하고 있음을 지적했다. 졸릭 부장관은 중국이 앞으로 자신의 힘을 어떻게 사용할지에 대한 불확실성으로 인해 미국과 다른 국가들이 중국에 대해 헤징전략을 사용하게 한다고 주장했다(Brinkley 2005; Kessler 2005).

당시 에반 메데이로스(Evan S. Medeiros) 백악관 국가안전보장회의(NSC) 아시아담당 선임보좌관 또한 중국이 수정주의 국가인지 아니면 제한적으로 군비를 증강하는 국가인지에 미국이 의문을 가졌으며, 부상하는 중국이 향후 수정주의 목표를 가지고 지역 또는 국제 사회의 질서에 도전하는 국가인지에 대해 불확실하다고 지적했다. 메데이로스는 미국은 중국과의 협력을 원하며, 특히 경제 부분은 미·중 모두 상호 이익과 의존성이 높아 협력관계를 지속해 나가야 함을 강조하였다. 하지만 양국은 모두 서로에 대해 안보 면에서 나타나는 불확실성과 우려에 의해 서로에게 헤징전략을 구사하고 있다고 보았다(Medeiros 2005-06).

이렇듯 2000년대 중반에 진행된 대중 헤징정책은 미국 대중정책의 변화를 의미했으며, 또한 미국의 대중 헤징정책의 수립은 현재의 미·중 전략적 경쟁을 예고했던 전조였다고 볼 수 있다. 반면 2000년대에 나타난 미중관계의 변화에 이어 2010년대 오바마 행정부가 아시아 '재균형 정책'을 실행하고 중국이 제안한 미·중 신형대국관계를 사실상 거부하자 시진핑 주석은 결국 대미정책을 포함한 중국 대외정책의 방향성을 전환하게 된다.

트럼프 행정부 시기

이러한 배경 하에서 미국에서는 2017년 1월에 트럼프 대통령이 취임하며 무역협상 및 관세 보복 조치를 위시로 한 강력한 대중 전략적 압박정책을 실행했다. 트럼프 대통령은 대통령 선거 기간 당시부터 중국이 미국 국민들의 일자리를 뺏어 갔고, 지적재산권을 준수하지 않고, 환율 개입을 통해 대미 무역에서 엄청난 흑자를 보는 불균형 무역의 대상국이라고 평가했다. 실제로 트럼프 대통령은 취임 직후부터 '미국 우선주의(America First)'를 앞세운 정책을 실행하기 시작했다. 특히

대중정책은 경제, 정치, 군사·안보, 외교 분야 등에서 전방위적이고 일
방적인 전략적 압박이 나타났다.

경제 분야에서는 먼저 한반도에서 북한의 핵과 미사일 위협이 고
조되자 미국은 북한과 거래하는 제3국의 개인과 기업까지 제재하는
'세컨더리 보이콧(secondary boycott)'을 중국 단둥은행, ZTE(中興)
등 중국 기업과 금융기관에 적용하기 시작했다. 하지만 경제 분야에
서 미·중 사이의 갈등이 표출된 가장 대표적인 사례는 미·중 무역분쟁
을 들 수 있다. 트럼프 행정부는 미·중 간 무역 불균형 문제는 물론, 중
국을 향해 환율 조작국 지정 가능성 및 지적재산권 기준 강화를 포함
한 '불공정 무역 관행(unfair trade practices)'을 지적하며 2018년 7월
6일에 1차로 340억 달러의 중국산 대미 수출 818개 품목에 25%의 관
세를 부과하였다. 같은 날 중국도 같은 규모의 미국산 대중 수출 545개
품목에 25%의 관세를 부과하는 보복조치를 취하면서 미·중 간 연이
은 상호 보복 관세 조치에 따른 경제 갈등이 시작되었다.

2018년 8월 23일에 미국은 2차로 160억 달러 규모의 279개 품목
에 25%의 관세를 부과하였다. 중국도 곧바로 같은 규모의 114개 미국
산 대중 수출 품목에 25%의 관세를 부과하는 보복조치를 실행했다. 이
어 2018년 9월 24일에 미국은 다시 2,000억 달러의 중국산 대미 수출
5,745개 품목에 10%의 관세를 부과했으며, 2019년 1월 1일을 기준으
로 동 품목들에 대한 관세를 25%로 인상하겠다고 예고하였다. 같은 날
중국도 600억 달러 규모의 5,207개 미국의 대중 수출 품목에 5-10%의
차등 관세(3,571개 품목에는 10%를, 나머지 1,636개 품목에는 5%)를 부
과하며 물러서지 않는 모습을 보였다.

미·중 간 상호 관세 보복조치는 2018년 12월 1일에 아르헨티나의
부에노스아이레스에서 열린 제13차 G20 정상회의 기간 중 개최된 미·

중 정상회담을 통해 돌파구를 찾고, 미·중 간의 고위급 실무협상이 진행되었다. 하지만 애초 시각 차이가 컸던 미·중 실무협상은 우려대로 결렬되었으며, 2019년 5월부터 양국 간 관세 보복조치는 재개되었다.

미국은 2019년 5월 10일에 그간 유보하였던 중국산 수입품 2,000억 달러어치 약 5,700개의 품목에 대해 관세를 기존 10%에서 25%로 인상하고, 사흘 후인 13일에 추가 관세를 부과할 3,250억 달러어치의 중국산 수입 품목을 공개하였다. 같은 날 중국 역시 이에 대한 보복조치로 2019년 6월 1일부터 약 600억 달러어치의 미국 대중국 수출 품목에 대한 관세를 5~25% 부과하겠다고 발표하였다. 이에 미국은 이틀 후인 5월 15일에 중국의 대표적인 통신장비 업체인 화웨이에 대한 거래 금지를 발표하였고, 중국은 이에 대응해 이틀 후인 17일에 미국산 돼지고기의 수입을 대량 취소했다.

무역 갈등이 높아지던 양국은 2019년 6월 29일 일본 오사카에서 개최된 G20 정상회담에서 양자 간 정상회담 개최를 통해 고위급 무역 협상을 이어가기로 합의하며 무역 갈등의 일시 휴전에 합의했다. 트럼프 행정부는 미국의 중국산 수입품 3,250억 달러에 대한 추가 관세의 부과를 유예하고, 중국 화웨이와의 거래 금지 조치도 완화하였다.

하지만 재개된 미·중 고위급 협상이 다시금 난항을 거듭하자 미국 재무부는 2019년 8월 5일에 중국을 환율조작국으로 공식 지정 발표하고, 트럼프 대통령은 또다시 추가 관세 부과를 경고하였다. 중국 외환시장은 2019년 8월 5일부터 달러당 7위안을 돌파했으며, 인민은행은 미국의 환율조작국 지정 사흘 후인 8일에 위안화 기준 환율을 달러당 7.0039위안으로 고시했다. 중국 정부는 2008년 5월 이후 11년 만에 위안화 환율이 달러당 7위안을 넘어서는 '포치(破七)' 상황을 공식적으로 용인하며 미국에 대응했다.

갈등이 고조되던 양국은 2019년 11월에 고위급 무역협상이 재개되었으며, 같은 해 12월 들어 마침내 미·중 간 1단계 무역협상의 합의를 발표했다. 미·중 합의의 주요 내용에는 중국이 농산물을 포함해 미국산 제품의 구매를 확대하고, 미국은 당초 2019년 12월 15일 부과하기로 계획했던 1,600억 달러의 중국 대미 수출품에 대한 추가 관세를 철회하는 한편, 기존에 부과된 관세 중 일부 품목에 대한 관세율을 낮추는 것이 포함되어 있었다.

또한 미국 무역대표부(USTR)가 발표한 내용에 따르면 미국은 기존 2,500억 달러 규모의 중국 제품에 부과했던 25%의 관세는 그대로 유지하지만, 나머지 1,200억 달러 규모의 또 다른 중국 제품에 부과했던 15%의 관세에 대해서는 이를 절반으로 줄인 7.5%의 관세를 부과하겠다고 밝혔다. 이 외에도 USTR은 1단계 합의에서는 미국산 제품과 서비스에 대한 중국의 실질적인 추가 구매 약속을 포함하고 있으며, 지적재산, 기술 이전, 농업, 금융 서비스, 통화, 환율, 분쟁 해결의 분야에서 중국 경제·무역 체제의 구조적인 개혁과 변화를 요구하고 있다고 발표했다(USTR 2019).

정치 분야에서 미국은 중국 내 인권과 민주주의의 가치와 관련된 신장 위구르자치구, 홍콩, 타이완 현안들을 지속적으로 비판하고 있다. 이들 현안들은 실제로 미·중 전략적 경쟁 구도 하에서 중국 공산당 지도부에게 가장 큰 정치적 우려로 인식되고 있다. 당의 지도력과 정통성을 바닥부터 흔들 수 있는 주권과 영토에 관한 민감한 현안들에 미국이 전략적으로 접근해 오고 있기 때문이다. 특히 타이완에 대한 미국의 정책적 변화는 트럼프 행정부 시기 들어와 확연하게 나타났다.

트럼프는 대통령 당선자 시절부터 차이잉원(蔡英文) 타이완 총통과 통화를 하며 '하나의 중국' 원칙에 대해 의문을 품는 듯한 행보를 보였다. 트럼프 행정부가 출범한 이후에는 2017년 6월에 타이완에 대한 조기경보레이더 부품, 어뢰, 미사일 등 약 14억 달러의 무기 판매를 승인하였다. 같은 해 12월 12일에는 미국과 타이완 간에 해군과 해군 함정이 서로 상륙/기항할 수 있다는 내용이 명시된 'NDAA 2018'[12]이 미국 의회에서 통과된 후 트럼프 대통령이 서명함으로써 발효되었다.

2018년 들어서는 '타이완 여행법(Taiwan Travel Act)'[13]이 미국 의회에서 통과되고 3월 16일에 트럼프 대통령이 서명함으로써 공식 발효되었다. 미국은 중국과의 수교 이후 '하나의 중국' 원칙을 인정하며 관례적으로 타이완 정부 고위 인사들과의 공식 만남을 피해 왔다. 하지만 '타이완 여행법'의 발효 이후 미국과 타이완 고위 관료들의 공식적인 교류가 가능해졌다.

타이완에 대한 미국의 적극적인 전략적 접근을 가능하게 하는 법안들은 이후에도 계속해서 발효되었다. 2018년 12월 31일에는 트럼프 대통령이 미국 의회를 통과한 '아시아 안심 법안(Asia Reassurance Initiative Act, ARIA)'에 서명했다. ARIA는 미국과 중국, 인도 ASEAN 국가들, 일본, 한국과의 관계 이외에도 미국과 타이완 사이의 경제적, 정치적, 안보적 긴밀한 관계를 지지하는 내용을 포함하고 있다. 또한 '타이완 여행법'에 따라 미국의 고위 관료들이 타이완을 여행하는 것을 미국 대통령이 독려하라는 내용을 언급하고 있다.[14]

2019년 들어서는 5월 7일에 '2019 타이완 보증법(Taiwan Assurance Act of 2019)'이 미국 하원에서 만장일치로 통과되었다. 이

---

12   115th Congress (2017-2018). 2018. "H.R.2810 – National Defense Authorization Act for Fiscal Year 2018".

13   115th Congress (2017-2018). 2018. "H.R.535 – Taiwan Travel Act".

14   115th Congress (2017-2018). 2018. "S.2736 – Asia Reassurance Initiative Act of 2018".

법안에는 미국 국무부로 하여금 미국과 타이완 관료들의 회동을 권면하는 '타이완 여행법'의 검토와 실행에 대한 보고서를 의회에 제출하게 하는 내용이 포함되어 있다. 또한 타이완을 미국의 역내 전략의 주요 거점 중 하나로 규정하고 있으며, 중국에 대응하는 타이완의 방위력 증강을 지원할 수 있는 내용이 언급되어 있다. 이에 따라 타이완에 대한 미국의 무기 판매가 정례화될 수도 있어 중국을 더욱 긴장시켰다.[15]

타이완에 이어 트럼프 행정부와 미국 의회는 중국의 또 하나의 핵심 이익인 티베트를 포함해 중국 내 소수민족들의 인권에 관한 문제를 겨냥한 입법과 정치적 압박을 점진적으로 가중시켰다. 먼저 미국 의회는 2018년 11월 14일에 '2018 위구르족 인권 정책법(Uyghur Human Rights Policy Act of 2018)'을 초당적으로 발의하였다.[16]

특히 신장지역의 위구르 소수민족과 관련하여 미·중 간 인권과 내정간섭의 치열한 논쟁 속에서 2019년 11월에 서구 언론들은 신장 위구르자치구 내 약 100만 명이 수용되어 있는 정치 수용소의 존재와 운영과 연관해 인권 침해 요소를 담은 중국 공식 문건들을 입수하여 공개하였다.[17] 이어 2019년 12월 3일에는 미국 하원이 2018년에 이어 '2019 위구르족 인권 정책법(Uyghur Human Rights Policy Act of 2019)'을 통과시켰다.[18]

이렇듯 미국 의회에서 제기한 신장 위구르자치구의 소수민족에

---

15 116th Congress (2019-2020). 2019. "H.R.2002 - Taiwan Assurance Act of 2019".

16 115th Congress (2017-2018). 2018. "S.3622 - Uyghur Human Rights Policy Act of 2018".

17 "Data leak reveals how China 'brainwashes' Uighurs in prison camps." BBC (November 24, 2019).

18 116th Congress (2019-2020). 2019. "S.178 - Uyghur Human Rights Policy Act of 2019".

대한 인권 문제는 언제든 중국의 또 다른 핵심 이익인 '티베트'로 확대 가능하다는 점에서 사안의 민감성은 매우 커질 수 있다. 실제로 2019년 12월 18일에 '2019 티베트 정책과 지지법(Tibet Policy and Support Act of 2019)'이 미국 하원 외교위원회에서 통과되었다.[19]

이에 더하여 홍콩에서는 '범죄자 송환법(the Anti-Extradition Law Amendment Bill, Anti-ELAB)' 반대를 요구하며 2019년 3월 31일 이후부터 대규모 시위가 발생했다. 게다가 홍콩의 대규모 시위가 2020년 1월 실시된 타이완 총통선거에서 차이잉원 총통의 재선 성공의 주요 요인으로까지 연계되자 중국 공산당 지도부의 고민은 더욱 커질 수밖에 없었을 것으로 생각된다. 더욱이 이와 관련하여 미국 상원은 2019년 11월 19일에, 하원은 11월 20일에 '2019 홍콩 인권과 민주주의 법(Hong Kong Human Rights and Democracy Act of 2019)'을 통과시켰다. 그리고 다음 날인 21일에 백악관에 제출되었으며 트럼프 대통령이 6일 후인 27일에 서명하며 공식 발효되었다.[20]

이후 트럼프 행정부의 중국 내 인권 문제에 대한 대응 조치는 점차 제도적으로 더욱 구체화되어갔다. 미국 상무부는 2019년 10월 7일에 신장 위구르자치구에서의 이슬람 소수민족에 대한 인권 문제를 제기하며 신장 지역의 인민정부 공안국과 19개 산하 기관을 포함해 총 28개 중국 정부 기관과 기업의 목록을 공개하며 제재를 가하였다. 이어 다음 날인 8일에는 미국 국무부가 신장 지역에서 위구르족 등 이슬람 소수민족에 대해 구금과 인권 억압 문제에 책임이 있거나 공모

---

19   116th Congress (2019-2020). 2019. "H.R.4331 - Tibetan Policy and Support Act of 2019".

20   116th Congress (2019-2020). 2019. "S.1838 - Hong Kong Human Rights and Democracy Act of 2019".

한 것으로 보이는 중국 정부 관리와 공산당의 간부들 및 이들 직계가족에 대해 미국 비자 발급을 제한하는 조치를 취한다고 밝혔다(Beech and Shepardson 2019; Swanson and Mozur 2019; Zhang 2019; 임주영 2019).

바이든 행정부 시기

미·중 전략적 경쟁은 트럼프 행정부 시기 경제적 및 군사·안보적 영역에서 본격적인 갈등과 대립을 일으켰다. 이후 타이완, 홍콩, 신장 위구르자치구 관련 현안들이 부상하며 인권과 민주주의의 '가치', '체제', 나아가 '이념'의 논쟁으로 확대되었다. 트럼프 행정부 시기 '가치'의 문제를 '이념'의 논쟁으로 확대시킨 대표적인 사례로는 2020년 5월 20일에 백악관에서 발표된 '미국 대중국 전략 접근(United States Strategic Approach to The People's Republic of China)' 보고서와 약 2개월 후인 7월 23일 마이크 폼페이오 국무장관의 '공산주의 중국과 자유세계의 미래(Communist China and the Free World's Future)'의 연설을 들 수 있다(The White House 2020; The U.S. Department of State 2020). '미국 대중국 전략 접근' 보고서 발표 이후 트럼프 행정부는 '중국'과 '중국 공산당'을 분리하여 호칭하기 시작했으며, 중국의 부정적인 측면이 중국 공산당의 통제에 의해 표출되고 있음을 지적했다. 이어 폼페이오 국무장관은 동 연설을 통해 중국 공산당이 미국과 미국의 가치에 대해 적의를 가지고 있다고 언급했다

　트럼프 행정부와 비교해 바이든 행정부의 대중정책은 외형과 접근방식에서 차이가 있지만 견제와 압박이라는 기본적인 정책적 방향성과 미국의 국익 보호 및 확대 그리고 국제사회의 패권적 리더십 유지라는 중국과의 전략적 경쟁의 목적은 그대로 유지되고 있어 보인다.

바이든 행정부의 대외정책은 전반적으로 기존 러시아와 중국이라는 양대 국가 위협인식에서 중국에 대한 정책적 우선순위를 두며 중국과의 전략적 경쟁에서의 우위를 차지하기 위한 목표를 제시하고 있다. 특히 바이든 행정부에서는 미국의 글로벌 리더십 회복과 동맹관계의 개선 및 협력 강화를 통해 중국에 대한 견제와 압박의 강도를 높임으로써 미·중 전략적 경쟁은 바이든 행정부 시기에 더욱 심화되는 모습이다.

2020년 11월 미국 대선에서 바이든 후보의 승리와 함께 미국 의회에서 상·하원 모두를 장악한 민주당의 전반적인 대중정책 방향성은 '2020 민주당 강령'을 통해 찾아볼 수 있다. 강령에서 나타난 대중정책의 방향성에는 대체로 5가지 특징들이 있음을 알 수 있다. 첫째, 트럼프 행정부의 대중국정책을 "승리에 대한 계획이 없는(no plan for winning)" 무모한 대중 무역전쟁으로 비판하고 있다(The Democratic Party 2020, 13, 20). 둘째, 미국의 경제적 이익의 보호를 위해 중국에 강한 대응이 필요한 부분에서는 트럼프 행정부의 정책과 유사한 문제의식 및 대응 방향성을 보이고 있다(Ibid., 20). 셋째, 인권과 민주주의의 가치에 이어 '종교의 자유'를 내세우며 ISIS, 미얀마, 시리아와 함께 중국을 비판하고 국제사회에서 미국의 리더십을 회복하려 한다(Ibid., 84). 넷째, 미국이 중국과의 전략적 경쟁에서 우위를 점하기 위해서는 동맹 및 파트너 국가들과의 협력이 필요함을 강조하고 있다(Ibid., 85, 88, 90). 다섯째, 중국에 대한 강한 대응과 압박정책의 필요성을 강조하는 한편, '기후변화'와 '핵의 비확산' 현안에서는 협력을 추구하고 있다(*Ibid.*, 80-81).

바이든 대통령은 전임 트럼프 대통령의 '미국 우선주의'에 대해 비판하는 한편, 동맹국 및 파트너 국가들과 인권과 민주주의에 대한 '가치'를 공유하고, 전략적 목표 조율 및 신뢰 회복을 기반으로 미국의

글로벌 리더십을 회복하고 이를 통해 대중국 견제 및 압박을 강화하고
있다.

2021년 3월 3일에 백악관에서 공개한 '국가안보전략 중간 지침
(Interim National Security Strategic Guidance)'을 통해 미국은 "민족
주의의 발흥, 민주주의의 퇴조, 러시아·중국 및 권위주의 국가들과의
경쟁 증가, 그리고 기술혁명"의 세계를 마주하고 있다고 언급하며 중
국을 "경제, 외교, 군사, 기술력을 결합해 안정적이고 개방된 국제체계
에 지속적으로 도전하는 잠재력을 가진 유일한 경쟁자"로 정의했다.
또한 동 보고서는 중국과의 경쟁에서 우위에 서기 위해 국제사회의 주
요 의제를 중국이 아닌 미국이 주도해야 함을 강조하고 있으며, 특히
경제 분야에서는 중국의 불공정하고 불법적인 무역 행위, 사이버 해킹
(cyber theft), 강압적인 경제관행에 맞설 것임을 표명하고 있다. 하지
만 동 보고서는 중국과의 전략적 경쟁이 미국이 국익이 발생하는 때에
도 중국과 공조하는 것을 막는 것이 아님을 명시하며 미국은 기후변
화, 글로벌 보건안보(global health security), 군축(arms control), 핵의
비확산 분야에서 중국과의 협력을 환영할 것임을 밝혔다(The White
House 2021b, 6, 8. 18-21).

실제로 바이든 대통령은 취임 후 이와 같은 대중 압박의 정책적
행보를 실천하기 시작했다. 먼저 인권과 민주주의의 가치 옹호를 중심
으로 한 국제사회에서의 리더십 회복과 관련하여 취임 전인 2020년부
터 "글로벌 민주주의 정상회의(Global Summit for Democracy)"를 지
속적으로 제안해왔다(Biden 2020; The White House 2021b, 20). 취임
후인 2021년 2월 10일에는 시진핑 주석과 약 2시간 동안 통화를 하며
미중관계의 주요 현안에 대한 의견을 나누는 과정에서 신장 위구르자
치구와 홍콩에 대한 현안을 직접 언급했다(The White House. 2021a;

Brunnstrom, Alper and Tian 2021).

또한 바이든 대통령은 취임 후 'D-10(group of 10 leading democracies: G-7 + 한국, 인도, 호주)을 추구하는 모습이 나타났으며(Brattberg and Judah 2020), 2021년 12월 9~10일 민주주의 정상회의를 세계 110여 개국이 참여한 가운데 개최하였다(The U.S. Department of State 2021). 이외에도 바이든 대통령은 취임 직후 세계 기후변화협정(a.k.a. 파리협정) 재가입 및 WHO(세계보건기구) 탈퇴를 보류하는 행정명령에 서명함으로써 국제사회에서 미국의 리더십 회복을 추구했다.

바이든 대통령은 경제 분야에서도 신뢰할 수 있는 동맹과 파트너 국가들과 새로운 첨단산업의 국제 생태계망을 수립하려 노력하고 있다. 이를 통해 중국의 '불공정 무역 관행'에 제재를 가하는 한편, 반도체를 포함한 첨단산업에서 '탈중국(Decoupling China)' 또는 중국 배제를 추구하는 모습이다. 이와 관련하여 2021년 2월 24일에는 ① 반도체 칩, ② 전기차용 대용량 배터리, ③ 희토류 광물, ④ 의약품 등 4대 핵심 품목의 공급사슬에 대해 100일간 검토를 실행하는 행정명령에 서명했다. 특히 동 행정명령에는 이 외에도 ① 국방, ② 공공보건, ③ 통신기술, ④ 운송, ⑤ 에너지, ⑥ 식료품의 6개 분야에 대해서는 검토하라는 내용이 포함됐다(Bose and Holland 2021). 또한 중국이 주도적인 역할을 하며 2020년 11월에 체결된 역내포괄적동반자협정(RCEP)에 대응하기 위해 미국은 최근 RCEP에 비해 개방율이 높고 자국이 추구하는 통상규범과 질서가 투영된 '인도–태평양 경제 프레임워크(Indo-Pacific Economic Framework, IPEF)'의 확립을 위해 노력을 기울이고 있다.

이와 더불어 미국 의회는 트럼프 행정부 시기와 마찬가지로 바이든 행정부 시기에도 대중국 비판과 압박에 대한 시각을 공유하고 있다. 대표적인 사례로 2021년 6월 8일 '미국혁신경쟁법안(United States Innovation and Competition Act of 2021, USICA)'이 미국 상원을 통과했다.[21] 또한 미국 하원은 2022년 2월 4일에 '미국경쟁법안(America COMPETES Act)'을 의결했다.[22] 이 법안들은 반도체, 인공지능, 빅 데이터 등을 비롯한 첨단산업에서 펼쳐지는 중국과의 경쟁에서 미국의 기업들을 지원하는 법제적인 기반을 제공하고 있다.

3) 미국의 대중 군사·안보 정책과 전략 개념의 변화

미국의 대중국 군사·안보 정책의 변화

미·중 전략적 경쟁이 본격적으로 부상한 트럼프 행정부 시기 이후 현재의 바이든 행정부 시기까지 미국이 인식하는 중국에 대한 비판적인 시각과 중국으로부터의 군사·안보적 위협인식은 점차 증가하는 모습이다. 물론 미국은 군사·안보 영역에서 중국에 대해 여전히 상대적 우위의 위치를 점하고 있다는 인식이 유지되고 있다. 하지만 동시에 중국의 지속적인 경제적 발전과 이를 바탕으로 한 군사력의 증강으로 점차 동 영역에서의 미·중 간 격차가 좁혀지고 있다는 인식은 미국을 불안하게 만드는 요소임에 분명하다.

이에 대응하기 위해 미국은 트럼프 행정부 이후 국방 예산의 증가 및 대중 군사·안보 전략의 변화를 보여왔으며 이를 통해 군사·안보 영역에서 중국과 비교해 확고한 우위를 만들기 위해 노력해왔다. 먼저 대

---

21 117th Congress (2021-2022). 2021. "S.1260 – United States Innovation and Competition Act of 2021".

22 117th Congress (2021-2022). 2022. "H.R.4521 – America COMPETES Act of 2022".

외전략 분야에서 트럼프 행정부는 2017년 12월에 발표한 '국가안보 전략(National Security Strategy, NSS)'을 통해 러시아와 함께 중국을 "수정주의 국가(revisionist powers)"로 규정하였다(The White House 2017, 25). 특히 중국은 수천억 달러의 가치를 가진 미국의 지적재산권을 훔치고, 인도-태평양 지역에서 국가 주도의 경제발전 모델의 확대와 지역 질서의 재편을 통해 미국을 대신하려 한다고 지적했다(Ibid., 21, 25).

이후 미국은 국방부가 요약본을 공개한 '2018년 국가방어전략(National Defense Strategy, NDS)'에서 중국을 남중국해에서 군사적 특성을 보이며 포식성의 경제를 활용하여 이웃국가들을 위협하는 '전략적 경쟁자(Strategic Competitor)'로 기술했다(The U.S. Department of Defense 2018, 2). 또한 2018년 2월에 발표한 핵태세보고서(Nuclear Posture Review, NPR), 2018~2021 회계연도 국방수권법(National Defense Authorization Act, NDAA), 그리고 바이든 행정부에서 2022년 2월에 발표한 '미국의 인도-태평양 전략(Indo-Pacific Strategy of the United States)'(The White House 2022) 등에서 중국에 대한 전략적 압박과 견제의 필요성을 지속적으로 표명하고 있다.

예를 들어 미국 상·하원을 통과하고 2018년 8월 13일에 트럼프 대통령이 서명한 'NDAA 2019'을 살펴보면 인도-태평양 지역에서 중국의 군사·안보적 영향력 확대를 견제하고, 중국의 '환태평양 해군 합동 연습(Rim of the Pacific Exercise, RIMPAC)' 참여를 금지시켰으며, 국방장관에게 남중국해에서 중국의 군사, 위협 활동에 대한 보고서를 의회에 제출토록 하는 등의 내용이 포함되어 있다.[23] 또한 이러한 조류

---

23 115th Congress (2017-2018). 2018. "H.R.5515 – John S. McCain National Defense Authorization Act for Fiscal Year 2019".

는 이어진 'NDAA 2020 및 2021'에서도 유지되었다.[24]

무엇보다도 트럼프 행정부는 오바마 대통령의 아시아 '재균형 정책'보다 범위가 인도양까지 확대된 '인도-태평양 전략(Indo-Pacific Strategy)'을 추구했다. 인도-태평양 전략은 일본 보수 우익 성향의 정치인 신조 아베가 처음 총리로 취임했던 2006년 9월을 전후로 중국에 대한 견제를 위해 인도와의 협력 필요성과 인도양의 전략적 중요성을 강조했던 정책적 아이디어에서 시작되었다. 이후 아베 총리는 2007년 8월에 인도를 방문하였으며, 당시 의회 연설을 통해 태평양과 인도양을 뜻하는 '두 대양의 융합(Confluence of the Two Seas)'이라는 일본의 지역 전략 개념을 언급했다(Abe 2007).

2012년 12월에 일본 총리에 재취임한 아베는 2010년부터 시작된 중국과의 센카쿠 열도(尖閣列島, 중국명 댜오위다오) 분쟁을 경험하며 미일동맹에 대한 의존을 넘어 일본의 적극적인 안보전략 영역 확대를 본격 추진하게 되었다. 미국은 '인도-태평양' 지역 개념에 당시까지 크게 관심을 두고 있지는 않았다. 하지만 2015년 1월에 오바마 대통령이 인도를 방문하며 '아시아-태평양과 인도양 지역을 위한 미국과 인도의 공동 전략 비전(US-India Joint Strategic Vision for the Asia-Pacific and Indian Ocean Region)'을 발표하며 전략적 지역 개념의 확대를 보이기 시작했다.

이후 '자유롭고 개방적인 인도-태평양(Free and Open Indo-Pacific, FOIP)' 개념이 미국의 대외정책으로 본격 부상을 시작한 것은 트럼프 대통령이 2017년 11월에 베트남 다낭에서 개최된 아시아-태

---

24 116th Congress (2019-2020). 2019. "S.1790 - National Defense Authorization Act for Fiscal Year 2020"; 116th Congress (2019-2020). 2020. "H.R.6395 - William M. (Mac) Thornberry National Defense Authorization Act for Fiscal Year 2021".

평양경제협력체(APEC) 정상회의에서 '자유롭고 개방적인 인도-태평양'에 대한 비전의 공유를 언급하면서부터였다. 미국은 2019년 6월에 국방부에서 '인도-태평양 전략 보고서(Indo-Pacific Strategy Report, IPSR)'를 발표하며 공식적인 전략 개념의 구체화를 개시했다.

또한 앞서 언급한 대로 미국은 인권과 민주주의의 가치를 내세우며 신장 위구르자치구, 홍콩, 티베트, 타이완 현안 등에서 중국을 정치적으로 비판해왔다. 이와 관련하여 동 보고서에서는 특히 전 세계 무슬림 인구의 반 이상이 살고 있는 인도-태평양 지역은 신장 위구르자치구의 위구르족, 카자흐족, 그리고 다른 무슬림에 대한 만연하는 차별, 대규모 구금, 실종 등 중국의 조직적인 학대에 깊은 우려의 시각으로 가지고 있다고 지적했다(The U.S. Department of Defense 2019, 7-8). 또한 이는 인도-태평앙 지역에서 중국이 가지는 정치적인 부담임을 물론 전략적 고민으로 다가올 가능성도 존재한다.

2019년 11월에는 미국 국무부가 '자유롭고 개방된 인도-태평양 전략(A Free and Open Indo-Pacific: Advancing a Shared Vision)'을 발표했다(The U.S. Department of State 2019). 특히 '자유롭고 개방된 인도-태평양 전략'은 중국이 일대일로(一帶一路, Belt and Road Initiative, BRI) 중 '21세기 해상실크로드 구상'과 도련선 방어 전략을 통한 단계적 해양통제력 강화에 대응하기 위해 역내 해양세력의 연합을 형성하여 미국 우위의 세력균형을 유지하고자 하는 의미를 내포하고 있었다(김진하 2019).

이를 반영하듯 미국은 '인도-태평양 전략'을 구체화하기 위해 2018년 5월 30일 태평양사령부를 '인도·태평양사령부'로 명칭을 개편했다. 당시 제임스 매티스(James N. Mattis) 국방장관은 태평양과 인도양의 동맹국과 안보 협력국들과의 관계는 지역의 안정을 유지하는 데 그 중요성이 증명되어 왔으며, 또한 인도양과 태평양의 연결성이 증가해 왔음을 인식하며 태평양사령부의 명칭을 인도·태평양사령부로 변경한다고 발표했다.

이와 더불어 미국·인도·일본·호주가 주축이 된 쿼드(QUAD) 협의체가 출범하였다. 미국은 중국에 대한 전략적 견제를 위해 일본, 인도와의 협력을 지속적으로 강화해왔으며, 결국 트럼프 행정부가 출범하며 인도-태평양 전략의 일환으로 미국-일본-호주-인도를 축으로 역내 평화와 안정을 추구하는 QUAD 협의체를 구성했다.

또한 트럼프 행정부는 오바마 행정부와 마찬가지로 남중국해에서 '항행의 자유 작전(Freedom of Navigation Operation, FONOP)'을 지속했다. 나아가 미국은 남중국해에서의 '항행의 자유 작전'을 2018년까지는 단독으로 실시해왔으나, 2019년에 들어와서는 점차 영국, 프랑스, 일본, 호주 등이 참여하는 다국적 작전으로 확대하려는 모습이 나타났다.

예를 들어 2019년 1월 7일에 미국 해군 맥캠벨 이지스급 구축함이 남중국해 서사군도에서 '항행의 자유 작전'을 실시한데 이어, 일주일 후인 1월 14일에는 영국 해군 아가일 프리깃함(HMS Argyll)과 함께 연합으로 남중국해에서 해상작전을 실시했다. 미국은 미·영 해군 간의 연합훈련을 '항행의 자유 작전'이라고 언급하지는 않았다. 하지만 양국의 해군 함정들이 남중국해에 진입하여 전술기동훈련을 함께 실시한 것은 중국에게는 한층 증가된 군사·안보적 압박으로 다가왔으며, 이후 프랑스, 일본, 호주 등 미국의 동맹국들이 남중국해 또는 주변 해역에서 미국과의 해상훈련에 참여하기 시작했다(Westcott 2019). 이러한 사실상의 다국적 '항행의 자유 작전'의 실시는 남중국해에서 미·중 간의 긴장과 갈등을 더욱 고조시키는 요인이 되었다.

바이든 행정부에 들어와서도 미국의 군사안보적 대중국 압박·견제 정책은 더욱 구체화되고 역내 동맹 및 파트너 국가들과의 연대를 강화하는 모습이 나타나고 있다. 바이든 대통령은 취임 후 약 2개월 만인 2021년 3월에 첫 QUAD 정상회의를 화상을 통해 개최하며 역내에서 인도, 일본, 호주와 함께 중국에 대한 전략적 압박을 이어가고 있다. 또한 영국 및 호주와 함께 3자안보협의체인 AUKUS(Australia, United Kingdom, United States)를 2021년 9월 15일에 공식 출범시켰다. 또한 기존의 QUAD 또는 QUAD 플러스에 한국, 베트남, 뉴질랜드 등 역내 주요 국가들의 참여를 타진하고 있으며, 1956년에 결성되어 미국, 영국, 호주, 캐나다, 뉴질랜드 등 영어권 5개국이 참여하고 있는 정보동맹체 '파이브 아이즈(Five Eyes)'의 참여 국가를 한국, 일본, 독일, 인도 등으로 확대하는 내용이 미국의 '2022 회계 연도 NDAA'에서 검토되기도 하였다.[25]

미국의 대중국 군사 전략 개념의 변화

이러한 미국의 대중국 군사·안보적 압박과 견제 정책들을 구체적으로 실천하는 미국의 군사 전략의 개념들 또한 지속적으로 변화를 보이며 진화해왔다. 오바마 행정부 시기부터 미국은 중국이 군사·국방 차원에서 강화시켜온 '반접근/지역거부(Anti Acess/Area-Denial, A2/AD)' 능력을 대중국 군사작전에 대한 최대의 도전 요인으로 인식하고 이를 극복하는 것을 대중국 군사·안보 전략의 핵심 목표로 삼아왔으며 '합동

---

25 2021년 9월 2일 미국 하원 군사위원회가 채택한 2022 회계연도 NDAA 초안에는 한국과 일본, 독일 등까지 확대할 필요성이 있다는 내용이 포함되었다. 하지만 상원에서 최종 통과된 법안에서는 동 내용이 조율 과정에서 제외되었다. 117th Congress (2021-2022). 2021. "H.R.4350 - National Defense Authorization Act for Fiscal Year 2022".

작전접근 개념(Joint Operational Access Concept, JOAC)'을 발전시켜 왔다(U.S. Department of Defense 2012, 4-8).

이후에도 미국은 역내 접근 및 전력투사 능력을 보장하기 위해 '제3차 상쇄(The Third Offset)' 전략과 국방혁신 이니셔티브를 추진하였다. 미국은 중국의 A2/AD에 대응하기 위해 '공해전(Air-Sea Battle, ASB)' 개념을 도입하였다. ASB는 중국과 분쟁 발생 시 중국 본토 내에 배치되어 있는 C4ISR(Command, Control, Communications, Computers, Intelligence, Surveillance and Reconnaissance)의 주요 거점을 스텔스 전투기, 해상 발사 순항미사일 등을 활용한 해·공군의 합동작전을 통해 빠른 시간 내에 중국의 타격, 장거리 정밀유도무기 운용 자체를 불가하게 만드는 목표를 가지고 있었다.

하지만 미국은 만약 ASB를 실행한다면 분쟁 발생 초기부터 본토 내의 중국 지휘통제시설을 공격할 경우 양국 간 군사적 긴장이 급격히 고조되어 전면전으로의 확산 및 핵전쟁 국면 도래 위험성이 존재하고, 미국 지상군의 군사력이 충분히 활용되지 못하는 구조를 가지고 있어 합동성 차원에서 문제를 안고 있는 등 몇 가지 점에서 수정이 요구되었다. 결국 2015년에 들어와 미국은 기존의 군사작전 개념이었던 ASB를 공식적으로 폐기하고 '국제공역에서의 합동 접근 및 기동을 위한 합동 개념(Joint Concept for Access and Maneuver in the Global Commons, JAM-GC)'으로 변경하였다.

또한 미국은 '다영역전투(Multi-Domain Battle, MDB)'에서 '다영역작전(Multi-Domain Operation, MDO)'으로 명칭을 바꾸며 지상, 해상, 공중, 우주, 사이버·전자기 영역을 포괄하는 미국 육군의 미래 작전수행 개념을 발전시켰으며, 2021년 11월에 미국 공군은 우주군과 함께 합동전영역지휘통제(Joint All-Domain Command and Control,

JADC2)(U.S. Air Force 2021) 교리를 발표했다. 이외에도 '원정 전진기지 작전 개념(Expeditionary Advanced Base Operation)', '치명적 합동군(Lethal Joint Force)' 등을 발전시켜왔다(김기주 외 2018; 설인효 2019, 6-7).

모자이크 전쟁 개념의 등장

미국이 미래전을 염두에 두고 군사혁신에 초점을 맞추는 개념으로는 '모자이크 전쟁(Mosaic Warfare)'이 있다. 동 개념은 2017년을 전후로 미국 국방부 산하 국방고등연구계획국(Defense Advanced Research Projects Agency, DARPA)의 한 부서인 전략기술실(Strategic Technology Office, STO)의 국장인 팀 그레이슨(Tim Grayson)을 중심으로 구축하고 2018년에 공개한 개념이다(Grayson 2018). 중국과 러시아가 군 현대화 작업을 통해 첨단 전력과 사이버, 전자전 능력의 향상시킴으로써 미국의 군사적 우위를 잠식하고 있다는 우려와 이에 대응하기 위한 미국 국방혁신 구상의 일환이자 중심 개념이다.

만약 전장의 모든 구성요소를 네트워크화하여 장거리 정밀타격이 가능해진 두 국가의 군이 충돌할 경우 승패는 결국 어느 쪽이 더 빨리 공격할 수 있는가가 승패를 결정짓게 된다. 따라서 네트워크화된 미래전의 경우 최단시간 내에 최소한의 타격으로 상대의 전쟁 수행능력 자체를 제거해야 하는 마비전의 형태를 가지게 된다.

따라서 미국은 상대의 공격으로 인해 미군의 지휘체계 전체가 마비되는 결과를 회피하기 위해 군의 지휘체계를 다중화하는 노력을 기울이게 된다. 네트워크 중심전 하에서 하나로 통합되었던 시스템을 다시 분산시키고 개별 플랫폼이 독자적인 컴퓨팅 능력을 보유하여 설사 중앙 지휘체계가 파괴된다 할지라도 주변의 다양한 무기체계들과 조응하고 적의 위협에 맞춰 새롭게 전투조직을 구성함으로써 최적의 공격을 구사하는 능력을 갖추고자 한 것이다. 이로 인해 마비전이 펼쳐지는 전장 상황에 따라 모자이크와도 같이 전투 체계를 결합하고 재구성하는 등에 대한 빠른 의사결정이 중요시 되고, 이러한 능력을 상당 부분 '인공지능'에 의존하게 됨으로써 모자이크 전쟁의 군사역량에서 인공지능의 중요성이 증가하게 된다.

III. 국제안보·국방환경 변화에 대한 중국의 대응

1. 중국의 대외정책 변화

탈냉전 시기에 접어들었던 1992년 이후 중국은 덩샤오핑의 지도력 하에서 개혁·개방 정책의 견지와 더불어 국가의 근본적인 외교 전략으로 '도광양회(韜光養晦)'를 선택했다. '도광양회'는 빛을 감추고 어둠 속에서 힘을 기른다는 뜻으로 국가 전략적 의미로는 인내하며 국력을 기르고 때를 기다린다는 뜻으로 해석되어왔다. 탈냉전 시기에 이어져 온 '도광양회' 전략을 중국은 자국의 국가목표를 이루기 위한 외교정책의 기조로 삼아왔다.

　　하지만 시진핑 시기에 들어와 중국의 대외정책은 미국과의 전략적 경쟁이 점차 치열해지며 변화가 나타나기 시작했다. 특히 시진핑 지도부 2기에는 새로운 대외정책의 개념으로 '분발유위(奮發有爲)'가 강조되었다. 이러한 대외정책의 전환을 바탕으로 중국은 자국의 가치와 질서를 국제사회에 제시, 다자외교의 강화 및 UN 및 국제 다자기구를 통한 국제사회에서의 영향력 강화, 국내 정치적 및 경제적 요인의 활용

등을 통해 변화하는 국제정세와 미국으로부터의 전략적 압박과 견제
에 대응해 왔다.

1) 도광양회에서 분발유위로

도광양회의 역사적 배경

1976년 9월 9일에 마오쩌둥(毛澤東)이 사망하였다. 같은 해 10월 6일
에 마오쩌둥의 공식적인 후계자였던 화궈펑(華國鋒) 중국 공산당 중앙
위원회 제1부주석 겸 국무원 총리는 예젠잉(葉劍英), 리셴녠(李先念)
등이 주축이 된 군의 원로 세력과 힘을 합쳐 마오쩌둥의 부인으로 문
화대혁명 시기 많은 악행을 저질러온 장칭(江青)을 위시로 한 속칭 '4
인방'[26]을 체포하였다. 1966년 이후 약 10년을 이어온 중국의 문화대혁
명이 마침내 사실상의 종식을 알리는 순간이었다.[27]

　복권된 덩샤오핑은 화궈펑과 약 2년에 걸친 권력 투쟁 끝에 승리
하고, 1978년 12월에 개최된 중국 공산당 11기 중앙위원회 3차 전체회
의(이하 11기 3중전회)에서 개혁·개방 정책을 당의 공식 노선으로 만
들며 사실상 중국의 최고 지도자로 부상했다. 중국의 역사적 조류가
'건국'을 이룬 마오쩌둥의 혁명과 사상의 시대에서 '발전'에 초점을 맞

26　4인방은 장칭과 함께 왕훙원(王洪文), 장춘차오(張春橋), 야오원위안(姚文元)을 가리킨
　　다. 재판에서 장칭과 장춘차오는 사형, 왕훙원은 종신형, 야오원위안은 20년 형이 선고되
　　었다. 장칭은 1991년에 자살로 생을 마감하였으며, 장춘차오는 1992년, 왕훙원과 야오원
　　위안은 2005년에 각각 병으로 사망하였다.
27　중국의 개혁·개방 정책이 언제 시작되었는지는 학계에서 여러 가지 시각이 존재하는 것
　　이 사실이다. 하지만 이 글에서는 중국의 개혁·개방 정책이 1978년의 11기 3중전회를
　　기점으로 시작되었으며, 덩샤오핑이 이 정책의 '총설계사(總設計師)'라는 중국의 공식적
　　인 입장을 수용하였다. 이에 대해서는 Hsu(1999, 841-843); 조영남(2016, 94-97) 등을
　　참조.

춘 덩샤오핑의 개혁·개방 시대로의 공식적인 진입을 알리는 역사적인 순간이었다.

이후 덩샤오핑의 중국은 국가 최고 목표로 '안정적이고 지속적인 경제발전'을 견지하며, 대외정책으로 '평화공존 5원칙', '비동맹 원칙' 등 마오쩌둥 시대의 외교원칙을 그대로 유지했다. 1979년 1월 1일 미·중 수교에 이어 덩샤오핑은 1979년 초 미국을 공식 방문하여 로데오 경기장에서 카우보이모자를 쓰고 미국 국민들에게 환한 미소를 보이는 등 경직된 중국의 이미지를 바꾸고 서구의 강대국들로부터 투자를 유치하기 위해 노력하는 등 안정적이고 우호 협력적인 대외정책을 펼쳤다.

하지만 개혁·개방 정책이 공식적으로 실행되고 약 10년이 지났을 무렵인 1980년대 후반부터 90년대 초에 이르기까지 덩은 냉전의 시기가 끝나가며 나타났던 국제 환경의 변화로 인해 대내외적으로 많은 어려움에 처하게 된다. 당시 덩의 개혁·개방 정책은 중국 공산당 내에서 마오쩌둥의 노선을 지지하는 세력으로부터 계속해서 비판을 받고 있었다. 당 밖으로는 1989년 6월 자유화를 요구하는 천안문 사태가 발생하였다. 이와 더불어 대외적 환경으로는 냉전이 끝나가며 소련의 해체와 동유럽 공산주의 국가들의 붕괴로 국제사회에서는 공산주의 체제에 대한 역사적 실험이 실패로 인식되고 있었다.

특히 미·중 데탕트 이후 20년 가까이 전략적 파트너 관계를 유지해온 미중관계도 변화하기 시작하였다. 냉전 시기 소련을 견제하기 위해 존재했던 미국에 대한 중국의 전략적 가치가 이제 소멸되고 있었다. 도리어 미국에 중국은 이제 냉전의 이념 대결에서 서구 자유진영의 최종 승리를 확인하기 위해 넘어야 할 마지막 남은 거대한 공산주의 국가로 인식되었다.

실제로 중국 공산당 지도부가 천안문 시위대에 대해 군을 동원한 강경 진압에 나서자 인권과 민주주의의 보편적 가치를 추구하는 미국은 서구 강대국들, 그리고 일본과 함께 중국에 대한 경제 제재를 시작하였다. 중국의 입장에서는 미국이 자국에 대한 전략적 가치가 높을 때는 데탕트를 제의하고 가치가 떨어지자 등을 돌렸다는 인상을 가질 수 있었다. 중국이 근대역사에서 경험한 '치욕의 1세기'에 더하여 미국에 대한 전략적 불신이 다시금 증가하는 상황이었다.

덩샤오핑이 제시한 중국의 외교 전략인 '도광양회'는 바로 이 시기, 즉 1990년대 초 냉전의 시대가 끝나가며 소련과 동유럽의 공산주의 국가들이 붕괴하던 시기에 나타났다. 앞서 언급한 대로 당시 국내외적으로 커다란 어려움에 처해 있던 덩샤오핑은 군의 실력자인 당 중앙군사위원회 제1부주석 양상쿤(楊尙昆)과 함께 1992년 1월 17일 베이징을 출발하여 18일 중국 남부 후베이성(湖北省)의 우창(武昌)과 후난성(湖南省)의 창사(長沙)를 거쳐 13일부터 19일까지는 광둥성(廣東省)의 선전(深圳)(1월13-19일), 23일부터 29까지는 광둥성 주하이(珠海), 1월 30일부터 2월 21일까지는 상하이(上海) 등을 돌아보며 자신의 결단을 발표하는 '남순강화(南巡講話)'의 길에 오른다.

먼저 덩은 중국의 국가 목표인 경제발전을 위해 개혁·개방 정책을 계속 유지해야 함을 주장하였다. 이어서 외교 전략으로는 냉정하게 관찰하고(冷靜觀察), 진영을 공고히 하며(穩住陣脚), 침착하게 대응하고(沉着応付), 능력을 감추고 때를 기다리며(韜光養晦), 낮은 태도를 취하고(善于守拙), 절대 우두머리가 되지 말고(決不當頭), 얼마간의 해야 할 일은 한다(有所作爲)는 '28자 방침'을 제시하였다. 이 중 '도광양회'는 이후 탈냉전 시기 중국의 외교를 이끌어가는 핵심 전략이 되었다. 이와 더불어 덩은 도광양회 전략의 원만한 실행과 관련하여 동맹을 맺지 않고(不結盟), 리더가 되지 않고(不當頭), 패권을 추구하지 않고(不爭覇), 내정을 간섭하지 않는다(不干涉內政)는 '4不정책'을 폈으며, 이러한 정책들은 그가 지명한 후계자인 장쩌민(江澤民)과 후진타오 국가주석 시대에도 그대로 유지되었다(이영주 1998, 193-194).

특히 후진타오 시기에는 '중국 위협론'에 대응하기 위한 '화평굴기(和平崛起)', '화평발전(和平發展), '화해세계(和諧世界)'의 대외정책 개념들을 강조했다. 1990년대 들어와 '중국의 부상'과 함께 꾸준하게 나타나던 '중국 위협론'의 목소리는 1995-96년 타이완 해협 위기가 발생하자 더욱 고조되기 시작했다. 또한 2000년대에 들어와서도 중국이 GDP 지표상으로 높은 성장률을 보이며 경제발전을 지속하자 '중국 위협론'은 서구사회를 중심으로 더욱 확산되어갔다(Bernstein and Munro 1998; Broomfield 2003; 금희연 2003/2004; Al-Rodhan 2007).

중국은 국제사회에서 자국을 경계하는 목소리가 확대되자 이에 대응하기 위해 후진타오 시기인 2003년 말에 '화평굴기'라는 평화적인 대외정책 개념을 주창했다. '화평굴기'는 당시 중국 공산당 중앙당교 상무부교장이자 개혁개방논단(改革开放論壇)의 이사장이던 정비젠(鄭必堅)에 의해 2003년 11월 3일 중국 하이난성(海南省)에서 열린 보아오포럼(博鳌亚洲论坛)에서 처음 발표되었다(鄭必堅 2003).

하지만 중국 위협론자들은 "굴기"의 의미를 기존의 우세 또는 패권을 차지하고 있는 상대를 제압한다는 의미로 해석하며 부상하는 중국이 기존 국제사회의 패권국인 미국에 도전할 것이라는 의심의 눈길을 거두어들이지 않았다. '화평굴기'에 대한 비판은 중국 내부에서도 나타났었다. 중국의 군부와 공산당 내 강경파들은 '화평'의 의미가 타이완 분리 문제에 대해 무력을 사용하지 않는다는 의미로 받아들여질 수 있다며 비판의 시각을 나타냈다(박병석 2009, 7).

이렇듯 '화평굴기'에 대한 국내외의 비판이 계속 이어지자 중국 지도부는 2004년 초부터 '화평굴기' 대신 '화평발전'이라는 새로이 수정된 개념을 제시했다. 그간 중국 위협론자들에게 비판의 표적이 되어온 '굴기'라는 표현 대신 '발전'이라는 용어로 교체한 것이었다. 이어 2005년 들어서는 후진타오 주석이 UN 창립 60주년 총회에서의 연설을 통해 '화해세계'를 처음으로 제시하였다.[28] 이후 중국은 '화해세계'에 이어 '화해사회(和諧社會)'를 강조하며 '중국 위협론'을 희석시키기 위한 노력을 계속했다.

시진핑 시기 '도광양회'에서 '분발유위'로의 전환

시진핑은 2012년 11월 개최된 18차 당 대회를 통해 총서기로 선출되었다. 이어 2013년 3월 제12기 전국인대 제1차 회의에서 국가 주석으로 취임하며 명실상부한 중국의 최고 지도자가 되었다. 시진핑 지도부 1기가 출범하며 보여준 중국 외교정책의 방향성은 큰 틀에서 '평화공존 5개 원칙', '비동맹 원칙', '독립 자주의 평화외교' 등 기존 중국의 외교원칙과 1990년대 이래 유지되어온 덩샤오핑의 '도광양회' 전략 기조를 그대로 계승했다.[29]

이와 함께 시진핑 지도부 1기의 대외정책에는 전임 후진타오 시기에 비해 새로운 외교적 개념들이 등장했다. 시진핑은 중국 공산당 총서기의 첫 번째 임기를 시작하며 '중국의 꿈(中國夢)'이라는 새로운 구호를 제시했다. 또한 '강한 군대'와 '적극적인 외교'를 추구할 것임을 강

---

28 "习近平将在联合国阐释人类命运共同体." 中国新闻网 (2015年09月18日).

29 "在中国共产党第十六次全国代表大会上的报告." 人民网 (2002年11月08日); "胡锦涛在中国共产党第十七次全国代表大会上的报告(全文)." 人民网 (2007年10月15日); "中国共产党第十八次全国代表大会在京开幕, 胡锦涛代表第十七届中央委员会向大会作报告." 人民网 (2012年11月09日).

조했다. 특히 시진핑은 2012년 11월 15일 18차 당 대회 1중전회에서 총서기로 선출된 직후 가진 내·외신 기자회견에서 '중화민족의 위대한 부흥(中華民族偉大復興)'을 공식적으로 언급했다.[30] 이어 2013년 3월에 개최된 제12기 전국인대 제1차 회의에서는 "중화민족의 위대한 부흥의 중국몽 실현(實現中華民族偉大復興的中國夢)"을 강조하였다.[31]

시진핑 지도부 1기는 미중관계를 중심으로 한 '대국외교'를 가장 중시하면서도 중국 외교 전략의 새로운 변화 중 하나인 '주변외교' 정책을 강조하였다. 2013년 10월 24-25일 베이징에서 중국 공산당 정치국 상임위원 7명이 모두 참석한 '주변외교 공작 좌담회(周邊外交工作外交工作座談會)'를 개최하였다. 동 회의에서는 경제협력을 통해 주변 국가들과의 우호관계와 지역 내에서 중국의 영향력을 증가시키려는 시진핑 지도부의 주변외교 전략의 구상이 발표되었으며 이를 구체화시키려는 논의가 나타났다. 또한 당시 강조되었던 '친성혜용(親誠惠容)' 방침과 '운명공동체(命運共同體)'론은 기존의 목린(睦隣), 안린(安隣), 부린(富隣)의 삼린과 더불어 중국 '주변외교' 정책의 새로운 핵심 용어로 자리 잡았다.

2014년 11월 28-29일 베이징에서는 중앙정치국 상무위원 7명을 비롯해 당·정·군과 성, 직할시, 자치구의 주요 간부들이 참석한 '중앙외사공작회의(中央外事工作會議)'가 개최되었다. 중화인민공화국 성립 이후 두 번째이자 8년 만에 개최된 의미 있는 회의였다. 동 회의에서 시진핑 주석은 '중국특색의 대국외교'를 강조하였다. 또한 이를 위해 건전하고 안정적인 대국관계의 틀 구성, 주변 국가들과의 호혜와 소통 심화, 개발도상국과의 협력과 공동 발전, 외교다변화 추진, 국제관계와

---

30 "习近平等十八届中共中央政治局常委同中外记者见面." 全国人大网 (2012年11月15日).
31 "在第十二届全国人民代表大会第一次会议上的讲话." 全国人大网 (2013年03月17日).

글로벌 거버넌스의 개혁, 중국과 개발도상국들의 대표성 및 발언권 강화 등의 외교 전략을 제시했다.[32]

이러한 중국의 외교정책 중 '주변외교' 정책은 '운명공동체'와도 깊은 연관이 있으며 특히 경제 분야를 중심으로 실행되었다. 이에 대한 대표적인 정책으로는 '일대일로(一帶一路)' 구상으로 불리는 '실크로드 경제벨트(絲綢之路经济經濟帶)'와 '해상실크로드(海上絲綢之路)'가 추진되었다. 중국 정부는 '일대일로' 구상을 통해 연선 국가들과의 연결과 소통을 의미하는 '호연호통(互聯互通)'을 강화하여 궁극적으로 이들 국가들과 '운명공동체' 관계를 확립하려는 계획을 추진했다.

또한 중국은 경제적 영향력을 중심으로 미국의 금융질서에 대응하며 저개발국과 개발도상국들의 이해를 대변하는 모습을 보였다. 중국은 신흥경제국들인 BRICS 국가들과 함께 미국과 유럽이 주도하는 국제통화기금(IMF)에 대응하는 '신개발은행(New Development Bank, NDB)', 그리고 아시아에서 미일이 주도하는 '아시아개발은행(Asian Development Bank)'에 대응하는 '아시아 인프라 투자은행(Asian Infrastructure Investment Bank, AIIB)'을 2016년 1월 57개의 회원국으로 공식 출범했다.

다른 한편으로 중국은 무역질서에서도 미국과 시각을 달리하는 모습을 보였다. 예를 들어 2014년 11월 베이징에서 개최한 APEC 정상회의를 통해 미국의 '환태평양경제동반자협정(Trans-Pacific Partnership, 이하 TPP)'에 대응하는 '아시아-태평양 자유무역지대(Free Trade Area of the Asia-Pacific, FTAAP)' 설립 로드맵을 중국이 주도적으로 통과시켰다.

---

32   "中央外事工作会议在京举行."『人民日報』(2014年11月30日).

시진핑 지도부 2기와 '분발유위(奮發有爲)'

시진핑은 2017년 10월에 개최된 중국 공산당 19차 당 대회를 통해 총 서기로 재선출되었다. 시 주석은 당시 '신형국제관계'와 '인류운명공 동체'를 중국 외교정책의 주요 개념으로 제시하는 한편 중국의 주권과 국익 수호 의지를 강하게 표명하였다. 예를 들어 시진핑 주석은 19차 당 대회 '보고'를 통해 중국이 '분발유위(奮發有爲)'의 적극적인 외교의 모습과 국익을 양보하는 "쓴 열매"는 삼키지 않을 것임을 강조하였다. 이와 더불어 시 주석은 19차 당 대회를 전후하여 강화된 자신의 군내 위상과 장악력을 바탕으로 '중국특색의 강군의 길'을 견지하고, '국방 과 군대 현대화의 전면적인 추진'을 실현하기 위한 군 개혁을 지속할 것을 약속하였다.[33]

　이어 2018년 3월 개최된 제13기 전국인대 제1차 회의를 통해 국 가 주석으로서도 두 번째 임기를 시작한 시진핑은 국가 헌법의 제79조 제3항의 내용 중 중화인민공화국 주석과 부주석의 "연속 임직은 2번 을 초과할 수 없다(連續任職不得超過兩屆)"는 문구를 삭제하고 자신의 이름이 포함된 '시진핑 신시대 중국특색의 사회주의 사상(新時代中國 特色社會主義思想)'을 지도이념 중 하나로 삽입하는 등 더욱 강화된 권 위와 권한을 통해 반부패와 정치개혁을 강하게 추구할 것임을 표명하 였다.[34] 또한 이를 통해 2020년까지 전면적인 샤오캉(小康)사회와 2050 년까지 '사회주의 현대화 강국'의 건설[35]이라는 '두 개의 백 년' 목표를

33　"中国共产党第十九次全国代表大会在京开幕, 习近平代表第十八届中央委员会向大会作报 告, 李克强主持大会, 2338名代表和特邀代表出席大会." 新華網 (2017年10月18日). "...坚 持走中国特色强军之路, 全面推进国防和军队现代化...".

34　"(受权发布)中国共产党中央委员会关于修改宪法部分内容的建议." 新华网 (2018年02月 25日).

35　시 주석은 19차 당 대회를 통해 2020년 샤오캉 사회 건설 이후 2050년까지 30년의 기간

제시하였다.

이와 더불어 국제사회에서 강한 중국의 모습을 추구하는 중국 대외정책의 변화들은 시진핑 지도부 2기 들어 더욱 뚜렷하게 나타났다. 예를 들어 시진핑 지도부 2기가 출범한 직후인 2018년 6월 22-23일 사이 제3차 '중앙외사공작회의'가 베이징에서 개최되어 정치국 상무위원 7인을 비롯하여 왕치산 국가부주석과 당 중앙 정치국 위원 25명 등 중국 최고지도부가 참석하였다.[36] 제3차 '중앙외사공작회의'에서는 시진핑 지도부 2기의 대외정책의 방향성을 제시하는 회의였다. 또한 '신시대 중국특색 사회주의 외교사상(新時代中國特色社會主義外交思想)'이 중국 대외관계의 새로운 외교 지침으로 격상되었다. 또한 당을 최우선으로 하는 당 중심의 외교를 추진하겠다는 강한 의지를 표명하였다.

시진핑 지도부 2기의 중국 외교는 또한 미국과의 전략적 경쟁에서 우위를 점하고, 주변국에 대한 지렛대의 확대를 계속해서 모색하고 있다. 예를 들어 트럼프 미 대통령이 취임 이후 TPP의 탈퇴를 발표하고 '미국 우선주의'를 앞세운 보호무역주의적인 정책을 추구하자, 시진핑 주석은 2017년 3월 23~26일에 하이난성(海南省)에서 개최된 보아오(博鰲)아시아포럼을 통해 자유무역주의에 대한 지지를 표명하며 국제사회에서 경제적 리더십을 높이려 노력했다.

또한, 트럼프 대통령의 파리협정 탈퇴 공식 발표 이후 중국은 유럽연합(European Union, EU) 및 대다수 협정 참여국과 함께 파리협정 이행을 위한 분명한 의지를 표명하였다. 이러한 모습들은 중국이 국제

을 다시 15년씩 양분하여 2035년까지 전면적으로 샤오캉 사회를 실현한 기초(2020년)에서 15년을 더 분투해 사회주의 현대화를 기본적으로 실현하고, 2050년까지 '사회주의 현대화 강국' 실현을 목표로 제시하였다.

36 "习近平: 努力开创中国特色大国外交新局面." 新华网 (2018年06月23日).

무역과 기후변화 체제 내에서 미국에 대응하여 자국의 영향력과 리더십의 공간을 넓히려는 모습으로 해석될 수 있다.

결과적으로 중국은 대외정책은 덩샤오핑의 개혁개방 정책과 '도광양회'의 외교 전략에서 이제는 시진핑의 '중국의 꿈'과 '분발유위'라는 정책적 전환기에 접어들었다. 이로 인해 중국은 미국과의 전략적 경쟁이 본격화되자 물러서지 않는 적극적이고 강경한 모습을 자주 보여주었다. 예를 들어 미·중 무역 갈등을 풀기 위한 양국 고위급 협상이 난항을 거듭하자 미국 재무부는 2019년 8월 5일에 중국을 환율조작국으로 공식 지정 발표하고, 트럼프 대통령은 또다시 추가 관세 부과를 경고하였다. 중국 외환시장은 2019년 8월 5일부터 달러당 7위안을 돌파했으며, 인민은행은 미국의 환율조작국 지정 사흘 후인 8일에 위안화 기준 환율을 달러당 7.0039위안으로 고시했다. 중국 정부는 2008년 5월 이후 11년 만에 위안화 환율이 달러당 7위안을 넘어서는 '포치(破七)' 상황을 공식적으로 용인하며 미국에 대응했다.

또한 중국의 300여 개 희토류 업체를 대표하는 중국 희토류산업협회가 사흘 후인 8일에 중국이 보유한 희토류 산업 지배력을 미국과 무역전쟁에서 무기로 쓸 준비가 됐다며 만약 중국 정부가 희토류를 보복 카드로 쓸 경우 이를 적극 지지하겠다는 의미를 담은 성명을 발표하며 양국 간 무역 갈등은 다시금 고조되었다(中国稀土行业协会 2019; Daly 2019; Stevenson 2019; 이민정 2019).

정치 분야에서는 트럼프 행정부 당시 미국 국무부가 중국 내 인권과 민주주의 문제를 지속적으로 제기하며 중국을 인신매매 국가 등급 중 최악인 3등급(Tier 3)으로 분류시킨 '2017 인신매매보고서'를 발표했다. 그러자 중국도 2018년 4월에 국무원 신문판공실에서 '2017년 미국의 인권 기록(2017年美国的人权纪录)'과 '2017년 미국 인권 침범 사

기(2017年美国侵犯人权事记)'를 발표하며 미국의 비판에 정면으로 대응하였다.[37]

이렇듯 '분발유위'를 내세운 시진핑 지도부의 중국이 미중관계에서 '강대강'의 모습을 자주 보이는 것은 사실이다. 하지만 동시에 중국은 미국과의 현실적인 종합국력의 차이를 분명히 인식하며 중국이 충분히 '부상'하기까지는 미국과의 전략적 경쟁과 갈등이 일정 수준 이상으로 확대되는 상황을 피하고 위험을 관리하는 대미정책을 유지하려 노력하고 있는 것도 사실이다.

2) 중국의 가치와 질서

앞서 언급한 대로 시진핑 시대 중국 외교의 특색은 무엇보다도 적극적인 외교를 표방하고 있다는 것이다. 예를 들어 중국의 왕이(王毅) 외교부장은 2014년 3월 양회 기간 중 기자회견을 통해 '적극(积极)'이라는 어휘를 반복 사용하며 중국의 외교정책 방향을 설명하였다. 당시 왕이 부장은 중국 외교를 2013년에는 '적극작위(积极作为)'로, 2014년에는 '적극진취(积极进取)'라는 표현을 사용하여 설명했다. 그는 특히 2014년 중국 외교는 두 가지의 방향으로 노력할 것이라 발표했는데 첫째는 '적극주동(积极主动)'으로 국내 개혁을 전면 심화하는 업무이고, 둘째는 '적극주동'으로 책임 대국의 역할을 발휘하는 것이라 설명했다. 또한 주변국들에게 중국의 발전을 공유할 수 있는 기회를 더 많이 제공함으로써 함께 발전하는 운명공동체를 만들어 나갈 것이라고 밝혔다.[38]

---

37   "(受权发布)2017年美国的人权纪录和2017年美国侵犯人权事记." 新华网 (2018年04月24日).

38   中华人民共和国外交部. 2014. "外交部部长王毅就中国外交政策和对外关系回答中外记者提问." (03月08日).

이어 시진핑 지도부 2기가 2017년 10월 개최된 중국 공산당 제19 차 전국대표대회(이후 19차 당 대회)와 2018년 3월 양회(兩會) 기간에 개최된 제13기 전국인민대표대회(第十三屆全國人民代表大會, 이후 13 기 전국인대) 제1차 회의를 통해 당과 정부의 주요 인선을 마치고 공식 적으로 출범하였다. 이 과정에서 시진핑 주석은 19차 당 대회의 업무 '보고'를 통해 향후 5년간 중국이 지향하는 국가 전략과 정책적 방향을 제시하였다.

당시 시 주석의 '보고' 내용에서는 '중국특색의 대국외교(中國特 色大國外交, Major Country Diplomacy with Chinese Characteristics)', '신형국제관계(新型國際關係, a New Type of International Relations)', '인류운명공동체(人類命運共同體, a Community of Shared Future for Mankind)', '일대일로 구상(一帶一路, the Belt and Road Initiative)' 등 이 시진핑 지도부 2기가 추구하는 외교정책의 핵심 키워드로 제시되 었다.

신형국제관계의 제시

'신형국제관계'와 '인류운명공동체'는 시진핑 주석이 강조하는 '신시 대'를 맞이하여 중국의 외교가 적극적인 글로벌 리더십을 발휘하고, 미 국과의 전략적 경쟁을 포함하여 중국의 부상에 대한 미국의 다양한 견 제를 우회하기 위한 전략적 개념의 의미를 갖고 있다. 19차 당 대회 이 후 중국이 주창하는 '신형국제관계'의 핵심은 '협력공영(合作共營)'을 앞세우며, 또 다른 핵심 외교 개념인 '인류운명공동체'와 함께 트럼프 행정부의 '미국 우선주의'와 대조되는 중국의 리더십을 국제사회에 내 세우려 하고 있다.

중국이 주창하는 '신형국제관계'의 본질에 접근하기 위해서는 먼

저 중국이 바라보는 역사적 단계에 따른 국제사회 체제의 진화를 먼저
이해해야 한다. 중국 왕이 국무위원 겸 외교부장의 2015년 3월 23일
'중국발전고위급논단(中国发展高层论坛)'의 오찬 연설[39]에 따르면 중국
정부의 시각에서는 약 300여 년 전에 유럽에서 태어난 '웨스트펠리안
체제(Westphalian System)'의 핵심 원칙은 주권과 평등이었다. 하지만
이 체제는 유럽에서 강대국들의 경쟁을 막는 데 실패했다고 중국은 진
단하고 있다.

이어서 그는 약 200여 년 전에 나타난 '비엔나 체제(Vienna
System)'는 '힘의 균형(equilibrium of power)'의 원칙에 의해 재조정
되었다고 평가했다. 하지만 비엔나 체제 또한 동맹들이 형성되어 대립
하였으며, 군비 경쟁이 일어났고, 결국은 1차 세계대전이 발발하게 되
었다고 지적했다.

왕이 국무위원은 이어 약 70년 전 반파시스트 전쟁에서 승리한 후
국제사회의 국가들은 국제질서와 이에 상응하는 UN헌장의 원칙과 목
표를 핵심으로 하는 새로운 국제체제를 창조했다고 보았다. 하지만 최
근 세계의 국가들은 부진한 세계 경제, 지정학적 혼란, 테러의 위협, 문
명 사이의 마찰이 나타나고 있다고 진단했다.

이에 대한 해결책으로 국제사회 일각에서는 '패권적 안정
(hegemonic stability)', 주권을 약화시키고 공동 규칙을 구성한 '세
계 거버넌스(world governance)', 어떤 종류의 가치나 사회 체제가 다
른 것에 비해 월등하다는 '보편적 가치(universal values)'를 주장한
다고 보았다. 하지만 왕이 국무위원은 이러한 주장들과는 다르게 중
국이 제시하는 해법은 "윈-윈 협력의 신형국제관계(a new type of

---

39   中华人民共和国外交部. 2015. "构建以合作共赢为核心的新型国际关系, 外交部长王毅在
中国发展高层论坛吾餐会上的演讲." (03月23日).

international relations of win-win cooperation)"라고 강조하였다.

그는 또한 중국이 주창하는 '윈-윈 협력의 신형국제관계'는 대립을 협력(confrontation with cooperation)으로, 배타성을 윈-윈 협력으로 바꾸는 것을 목표로 한다고 밝혔다. 반면 "제로섬 게임의 관행(the practice of zero-sum game)"과 "승자 독식의 접근(the winner-take-all approach)"은 거부한다고 설명하였다.

이와 더불어 왕이 국무위원은 '신형국제관계'가 중국의 풍부한 문화 전통에서 유래하였다고 주장하였다. 그는 중국의 조상들로부터 전해진 전통 철학에 따르면 중국인들이 성공하고 싶다면 서로 도와야 하며 우리만 가지려 하는 것을 추구하지 말아야 한다고 설명했다. 또한 그는 고대로부터 사람들 간의 관계를 인도해온 중국 철학의 지혜는 인간은 악하며 적자생존의 법칙에 기반을 둔 서구의 철학과는 대조를 이룬다고 언급하였다.

이에 따라 왕이 국무위원은 중국은 건국한 이후 자신의 허리띠를 졸라매고 아시아, 아프리카, 라틴아메리카의 여러 개발도상국들의 독립과 해방 투쟁을 지원해 왔음을 강조했다. 또한 중국은 여러 다른 나라들과 공통 이익을 키워왔고, 120여 개국의 제1무역 파트너가 되었으며, 세계 경제의 안정과 성장에 없어서는 안 될 기여를 해왔다고 주장했다.

이러한 역사적 인식을 바탕으로 중국은 18차 당 대회 이후 '신형국제관계'를 윈-윈 구도와 협력을 강조하는 새로운 국제질서의 틀로서 설명해왔다. 시진핑 주석은 2013년 국가 주석 취임 직후인 3월 23일 모스크바를 방문하여 모스크바 국립 국제관계대학(MGIMO)에서 연설을 통해 국제사회의 모든 나라들은 한배를 탔으며, 따라서 모든 나라들은 함께 협력과 윈-윈을 기반으로 하는 '신형국제관계' 구축을 향상시키고, 세계의 인민들은 국제사회의 평화와 공동 발전을 보호하기 위해 함께 일해야 한다고 주장했다.[40]

시 주석은 또한 앞서 언급한 2014년 11월의 '중앙외사공작회의'에서 "우리는 합작공영을 견지하며, 합작공영을 핵심으로 하는 신형국제관계의 건립을 추진하며, 상호 이익과 공영의 개방 전략을 견지하고, 합작공영 이념 구현을 통해 정치, 경제, 안보, 문화 등 각 방면의 대외 협력에 도달할 것"임을 언급하였다.[41] 따라서 앞서 언급한 대로 중국이 주창하는 신형국제관계의 핵심은 중국과 국제사회 국가들 간의 '협력공영(合作共營)'으로 볼 수 있으며, 당시 시진핑 지도부는 '신형국제관계'를 트럼프 행정부의 '미국 우선주의'와 대조되는 개념으로 국제사회에 부각시키며 중국의 가치와 미국과는 대조적인 리더십을 보여주려 노력했다.

또한 중국은 '신형국제관계'를 내세우며 국제사회에서 '책임대국'으로서의 이미지와 위상을 정립하려 노력했다. 시진핑 주석은 2015년 9월 28일에 제70차 UN 총회의 기조연설을 통해 국제 공동체(international community)의 "post-2015 발전"을 위한 중국의 역할과 기여계획을 설명하며 국제사회의 발전을 함께 이룩해 나가자고 주장하였다.[42]

다른 한편으로 중국에 '신형국제관계'의 의미는 미국에 사실상 거

40 Ministry of Foreign Affairs of the People's Republic of China. 2013. "Follow the Trend of the Times and Promote Peace and Development in the World." (March 23).

41 "中央外事工作会议在京举行." 『人民日報』 (2014年11月30日).

42 Ministry of Foreign Affairs of the People's Republic of China. 2015. "Xi Jinping Delivers Important Speech at UN Sustainable Development Summit, Stressing to Realize Common Development of All Countries from New Starting Point of Post-2015 Development Agenda." (Sep. 27).

절당한 미·중 '신형대국관계'를 대체하는 외교 개념으로 해석될 수 있다. 중국은 앞서 언급한 대로 2008년 12월 당시 외교담당 국무위원이었던 다이빙궈가 미국 브루킹스 연구소에서의 강연을 통해 미·중 '신형대국관계'의 개념을 제시하기 시작했으며 이후 이를 실현하기 위해 노력해왔다. 하지만 미국이 중국의 '신형대국관계'를 받아들이지 않는 모습을 보이자 19차 당 대회를 통해 '중국특색의 대국외교'를 중심으로 '신형국제관계'와 '인류운명공동체'를 강조하고 있다.

물론 중국 외교에서 미·중 '신형대국관계'는 여전히 전략적으로 미국을 견제하려는 중요한 함의를 내포한 외교정책으로 자리매김하고 있다. 하지만 미·중 '신형대국관계'를 미국이 수용하지 않는다는 현실적인 상황판단 하에서 중국은 시진핑 지도부 2기의 출범과 함께 대신 '중국특색의 대국외교'를 중심으로 '신형국제관계'와 '인류운명공동체'의 개념들을 전면에 내세운 것으로 보인다.

예를 들어 시진핑 주석은 2018년 12월 18일 '개혁·개방 40주년 경축대회'에서의 연설을 통해 개혁·개방은 중국의 운명을 결정짓는 중요한 조치라고 강조한 뒤, 중국은 "평화, 발전, 협력의 깃발을 반드시 높이 들어야 하고, 세계 평화를 수호하고 공동발전의 외교정책 종지를 촉진할 것을 준수해야 하며, 상호 존중, 공평정의, 협력공영의 신형국제관계 건설을 추진해야 한다"고 언급했다.[43]

다른 한편으로 모든 국가들이 '대립'을 '협력'으로, '제로섬' 게임을 '윈-윈'으로 대체하기 위해 협력하고, 국가들 간의 새로운 소통의 통로를 위해 '대립'보다는 '대화'를, '동맹'보다는 '동반자(partnership)'를 강조하고 있다. 특히 '동맹'보다는 '동반자'의 강조는

---

43 "习近平: 在庆祝改革开放40周年大会上的讲话." 人民网 (2018年12月18日).

지구촌의 주요 지역에서 '동맹'들과의 군사·안보적 협력을 바탕으로 국제/지역 질서와 중국을 견제하려는 미국의 정책을 우회적으로 비판하는 의미를 내포하고 있다.

인류운명공동체

'인류운명공동체'는 19차 당 대회 '보고'에서 '신형국제관계'와 함께 시진핑 주석이 직접 언급함으로써 소위 시진핑 지도부가 강조해온 '신시대'의 중국 대외관계를 구성하는 주요 개념 중 하나로 다시금 확인되었다. 시 주석은 2012년 11월 18차 당 대회 이후 지난 6년 동안 '운명공동체'를 여러 차례 언급해 온 것이 사실이다. 18차 이후 19차 당 대회까지 '운명공동체'는 '인류운명공동체'로 그 개념이 확대되었다. 이는 '운명공동체'의 포괄성이 주변국에서 글로벌 차원의 문제를 다루는 '인류운명공동체'로 그 의미가 확대되었음을 의미한다.

　　'인류운명공동체'의 유래는 후진타오 주석이 2012년 11월 18차 당 대회 '보고'를 통해 이를 제창하며 시작되었다.[44] 후 주석은 당시 주변 국가와의 공동운명에 대한 인식을 고양할 것을 주장하면서 '운명공동체'를 언급한 이래 시진핑 시기에 들어와서는 인류운명공동체 건설을 중국 외교의 주요 목표 중 하나로 여러 차례 강조해왔다. 특히 시진핑 지도부 1기에서 중점을 기울여 추진했던 주변외교정책과 연계되어 지도부 2기에서는 '인류운명공동체' 형성을 중심으로 중국과 주변 국가들과의 공동체에 대한 인식이 자리 잡도록 추진되었다.

　　이후 인류운명공동체는 중국의 주변국 외교를 개념화하는 수준을 넘어 '일대일로' 구상의 추진과 함께 이에 대한 중국의 적극적인 공공

---

44   "中国共产党第十八次全国代表大会在京开幕, 胡锦涛代表第十七届中央委员会向大会作报告." 人民网 (2012年11月09日).

외교의 핵심 개념으로까지 자리 잡게 되었다. 예를 들어 시진핑 주석은 2017년 1월 17일 다보스 포럼(World Economic Forum 2017) 개막식 기조연설을 통해 '미국 우선주의'와 '자유주의 무역'에 대한 논쟁으로 미국의 글로벌 리더십이 약화되어 가는 상황에서 자유주의 경제체제의 견지를 주장하는 한편, 중국은 인류의 공통된 미래 공동체를 건설하는 것을 목표로 하고 있다고 언급하였다. 또한 시 주석은 중국이 이러한 '인류운명공동체'를 구축함에 있어 지어야 할 책임을 수용하겠다는 입장을 표명하였다. 시 주석은 인류 역사 발전 과정에서 대국인 중국이 부담할 책임의 맥락에서 천하의 일을 자신의 소명으로 삼는 입장을 견지하며, 전면적이며 체계적인 '인류운명공동체'의 이념을 제시하였다.[45]

다른 한편으로 '인류운명공동체'의 의미는 최근 국제사회에서 널리 인식되고 있는 미·중의 충돌 불가피론을 우회하면서도 '도광양회'를 넘어 '분발유위'에 입각한 중국의 적극적인 외교의 목표를 달성하는 데 있어 매우 유용한 개념으로 보인다. 미국이 2017년 트럼프 행정부 등장 이후 '미국 제일주의'를 주창하는 것과는 대조적으로 중국은 '인류운명공동체'를 중심으로 '기후변화'와 보호무역주의에 반대하는 자유주의 무역 견지 등 다양한 국제 현안에 대한 '책임대국'으로서의 역할을 수행하려는 모습이다. 이러한 역할의 수행에 있어 '인류운명공동체' 개념은 '신형국제관계'와 함께 국제사회의 다양한 현안들에 대응하며 국가 간의 관계를 넘어 이를 인류 공동의 문제로 정의하고 이에 대한 중국의 리더십을 제고하려는 전략적 개념이 존재한다고 볼 수 있다.

---

45   "共担时代责任, 共促全球发展——在世界经济论坛2017年年会开幕式上的主旨演讲." 人民网 (2017年01月17日).

3) 다자외교의 강화

덩샤오핑은 1990년 12월에 있었던 중공 중앙 책임동지들과의 담화에서 중국은 국제사회나 체제에서 우두머리의 역할을 맡지 말라는 '불요당두(不要當頭)'를 당부하였다. 또한 그는 '불요당두'가 중국이 견지해야 할 하나의 '근본 국책(根本国策)'임을 강조하였다(邓小平 1993, 363). 하지만 시진핑 시기에 들어와 중국은 '불요당두' 정책에서 변화를 보이기 시작했다. 시진핑 지도부 1기부터 중국은 UN을 포함한 다자 국제기구 및 체제에서 점차 영향력을 확대하고 수장의 자리를 차지하기 시작하며 사실상 '불요당두'에서 탈피하여 적극적인 다자외교를 펼치며 미국과의 전략적 경쟁에 대응해 나가고 있다. 또한 시진핑 시기의 중국은 '상하이협력기구(Shanghai Cooperation Organization, SCO)', '아시아 교류 및 신뢰구축회의(Conference on Interaction and Confidence Building Measures in Asia, CICA)' 등 미국이 배제되고 중국이 주도하는 국제 다자기구를 활용하여 역내에서 자국의 영향력을 강화해 나갔다.

시진핑 지도부 1기의 다자외교정책

2012년 11월에 개최된 18차 당 대회에서 총서기로 선출된 시진핑은 대국외교를 중심으로 주변 및 개도국 외교 등 적극적인 다자외교를 강조하는 외교정책을 펼치기 시작했다. 시진핑 지도부 1기에 추진되었던 다자외교로는 아프리카와 남미 국가들에 대한 접근을 들 수 있다. 특히 이들 두 지역의 개발도상국들과의 협력이 필요하다는 인식에 기반을 두고 있다. 이는 앞서 언급했던 2014년 11월에 열린 중앙외사공작회의에서 강조된 외교 전략 중 하나인 개발도상국 외교의 실행으로 볼 수 있다.

먼저 아프리카 국가들과의 관계를 살펴보면 중국은 안정적이고 지속적인 경제발전을 위해 아프리카에 진출해 자원 개발을 포함한 경제 협력 및 원조를 통한 관계 강화를 적극적으로 추구해 온 것이 사실이다. 2000년 베이징에서 처음으로 개최되어 현재까지 이어져오는 중국-아프리카협력포럼(中非合作论坛, Forum on China-Africa Cooperation, FOCAC)은 대표적인 다자간 대화기구이다.

2015년 12월 4~5일 남아프리카공화국 요하네스버그에서 개최된 정상회의에서 '요하네스버그선언(约翰内斯堡峰会宣言)'과 '요하네스버그 행동계획(2016~2018년)'이 통과되었다. 동 회의에서 시진핑 주석은 중국과 아프리카 국가와의 관계를 '신형 전략적 동반자관계'에서 '전면적 전략적 협력동반자관계'로 격상시켰으며 「10대 협력계획(十大合作计划)」을 발표했다.

다른 한편으로 시진핑 지도부 1기의 중국은 남미와 카리브해 국가들에 대한 접근을 강화하였다. 2016년 11월 24일에 중국 정부는 2008년에 비해 진일보한 '중국 대라틴아메리카와 카리브 정책 문건(中国对拉美和加勒比政策文件)'을 공식적으로 발표하였다.[46] 동 문건에 의하면 중국은 라틴아메리카 및 카리브 국가들과의 관계를 '5위일체'의 새로운 구조로 구성되는 전면적 협력동반자관계로 구축하는 것을 목표로 하고 있다. '5위일체'의 의미는 1) 정치에서의 진성(진실과 성실) 및 상호 신뢰, 2) 경제에서의 협력과 공영, 3) 인문에서의 상호 학습과 귀감, 4) 국제관계에서의 긴밀한 협조, 5) 중국-라틴아메리카 관계에서의 지역 총제적인 협력과 양자관계의 상호 촉진을 뜻한다.

---

46   中华人民共和国外交部. 2016. "中国对拉美和加勒比政策文件." (11月24日); The State Council of the People's Republic of China. 2016. "Full text of China's Policy Paper on Latin America and the Caribbean." (Nov. 24).

시진핑 지도부 2기의 다자외교정책

2017년 10월 시진핑은 중국 공산당 19차 당 대회를 통해 당 총서기로서 재선출되며 중국특색의 대국외교, 신형국제관계, 인류운명공동체 등의 외교 개념들을 강조했다. 이어 2018년 6월 22-23일 제3차 '중앙외사공작회의'가 베이징에서 개최되었으며, 동 회의에서는 '신시대 중국특색 사회주의 외교사상'이 중국 대외관계의 새로운 외교 지침으로 격상되었다.

하지만 무엇보다도 시진핑 지도부 2기 들어와 중국의 외교정책에서 가장 주목해야 할 점은 덩샤오핑의 남순강화 이후 견지되어온 '도광양회'에서 적극적인 외교를 의미하는 '분발유위'로의 전환과 함께 중국 중심의 새로운 국제규범과 질서를 구축하기 위해 토대를 마련하려는 적극적인 다자주의 외교가 나타난 점이다.

앞서 언급했듯이 덩샤오핑은 탈냉전 시기에 접어들며 '도광양회' 정책과 함께 '불요당두'를 당부하며 이는 중국의 '근본 국책'임을 강조했다. 실제로 이후 중국은 UN을 포함한 다양한 국제기구에서 일정 수준의 역할은 담당하지만 지도국이나 수장의 자리와는 거리를 두는 모습을 보였다. 그리고 이러한 외교적 방향성은 덩의 후임자인 장쩌민과 후진타오 시대에도 대체적으로 유지되었다.

하지만 시진핑 시기에 들어와 덩샤오핑으로부터 이어져온 중국의 '불요당두' 정책은 변화를 맞이했다. 중국은 주요 국제기구 및 체제에서 점차 영향력을 확대하고 수장의 자리를 차지하기 시작했다. 시진핑 시기가 시작되며 중국이 보여준 이러한 변화의 가장 대표적인 사례로는 UN의 '전문기구(specialized agencies)'에서 중국이 점차 수장자리를 차지하며 영향력을 확대해나가는 모습에서 찾을 수 있다.

UN은 총 15개의 전문기구를 두고 있으며 중국은 한때 4개의 수장 자리를 차지했었다. 이를 자세히 살펴보면 국제전기통신연합 (International Telecommunication Union, ITU)의 자오호우린(厚麟) 은 2015년 1월부터 사무총장에 취임하여 4년의 임기를 마치고, 2018 년 재선에 성공하여 2019년 1월부터 두 번째 임기를 시작했다. 유엔 식량농업기구(the Food and Agriculture Organization of the United Nations, FAO)의 취동위(屈冬玉)도 2019년 6월 총회에서 191개국 의 투표 중 아프리카와 중남미 국가들의 지지를 바탕으로 108표를 얻어 당선되어 사무총장을 맡고 있다. 유엔공업개발기구(the United Nations Industrial Development Organization, UNIDO)의 리용(李勇) 은 2013년 6월부터 2017년 11월에 재임에 성공한 후 2021년까지 사 무총장을 맡았다. 국제민간항공기구(the International Civil Aviation Organization, ICAO)의 류팡(柳芳)은 2015년 8월부터 사무총장으로 취임하여 3년의 임기를 마친 후, ICAO 이사회로부터 재임명되어 2018 년 8월부터 2021년 8월까지 두 번째 임기를 마쳤다(표 3.1 참조).

시진핑 시기의 중국은 미·중 전략적 경쟁 구도 하에서 다자외교 의 중요성, 특히 국제기구에서의 영향력 확대를 위해 물적 및 인적 자 원을 강화하는 제도적 변화를 보이고 있다. 먼저 중국의 물적 자원 확 대의 대표적인 예는 UN 예산 분담률과 개별적 재정 지원의 증가에서 찾아볼 수 있다.

UN의 정규예산에 대한 회원국들의 분담률은 각 회원국들의 경 제지표에 근거해 분담률이 정해지며 중국은 지속적인 경제발전과 함 께 2000년 1.54%에서 2010년에는 약 3.2%로 UN 예산 분담률 8위 국 가가 되었다. 이후 중국은 지속적인 경제성장과 함께 2015년에는 약 5.1%로 분담률 6위에 오르고, 2016년에는 약 8%로 3위에, 2019년에 는 약 12%(3억 6790만 달러)로 약 8.6%의 일본을 제치고 2위에 올랐

표 3.1 UN 전문기구의 사무총장/총재 및 국적

UN 전문기구	사무총장/총재 (국적)
식량농업기구(FAO: Food and Agriculture Organization)	취둥위(屈冬玉, QU Dongyu, 중국)
국제민간항공기구(ICAO: the International Civil Aviation Organization)	〔류팡(柳芳, 중국, 2015-2021)〕 후안 카를로스 살라사르(Juan Carlos Salazar, 콜롬비아, 2021.08)
국제농업개발기금(IFAD: International Fund for Agricultural Development)	길버트 호웅보(Gilbert F. Houngbo, 토고)
국제노동기구(ILO: International Labor Organization)	가이 라이더(Guy Ryder, 영국)
국제통화기금(IMF: International Monetary Fund)	크리스탈리나 게오르기에바(Kristalina Georgieva, 불가리아)
국제해사기구(IMO: International Maritime Organization)	임기택(Kitack im, 한국)
국제전기통신연합(ITU: International Telecommunication Union)	자오호우린(赵厚麟, 중국)
유엔교육과학문화기구(UNESCO: United Nations Educational, Scientific and Cultural Organization)	오드레 아줄레(Audrey Azoulay, 프랑스)
유엔공업개발기구(UNIDO: United Nations Industrial Development Organization)	〔리용 (李勇, 중국, 2013-2021)〕 게르트 뮐러(Gerd Müller, 독일 2021.12.10)
세계관광기구(UNWTO, World Tourism Organization)	쥬라브 폴로리카슈빌리 (Zurab Pololikashvili, 조지아)
만국우편연합(UPU: Universal Postal Union)	마사히코 메토키(Masahiko Metoki, 일본)
세계보건기구(WHO: World Health Organization)	테워드로스 아드하놈 거브러여수스(Tedros Adhanom Ghebreyesus, 에티오피아)
세계지적재산권기구(WIPO: World Intellectual Property Organization)	다렌 탕(Daren Tang, 싱가포르)
세계기상기구(WMO: World Meteorological Organization)	페테리 탈라스(Petteri Taalas, 핀란드)
세계은행(World Bank)	데이비드 맬패스(David R. Malpass, 미국)

출처: UN 홈페이지(2022.03.10 현재)
주: 김한권(2020, 17-18)의 자료를 바탕으로 2022년 3월 10일에 최신 자료들로 재수정.

다(표 3.2 참조).

표 3.2 UN 주요 회원국의 예산 분담률 (단위 %, ○ 안의 숫자는 분담률 순위)

	2000	2010-2012	2013-2015	2016-2018	2019-2021
미국	22 ①	22 ①	22 ①	22 ①	22 ①
중국	**1.541**	**3.189** ⑧	**5.148** ⑥	**7.921** ③	**12.005** ②
일본	19.629 ②	12.53 ②	10.833 ②	9.68 ②	8.564 ③
독일	9.825 ③	8.018 ③	7.141 ③	6.389 ④	6.09 ④
한국	1.728	2.26	1.994	2.039	2.267

출처: UN 홈페이지.
주: 김한권(2020, 22)의 자료를 바탕으로 2022년 3월 10일에 최신 자료들로 재수정.

또한 중국은 트럼프 행정부 시기에 미국이 탈퇴한 UNESCO와 중국에 기울었다고 비판한 WHO 등에 재정 지원을 강화하며 주요 국제기구에서 미국의 재정적 빈자리를 메우고 다자외교 무대에서 자국의 영향력을 확대시키는 모습을 보였다. 물론 중국의 분담률 순위 변화는 중국의 경제발전에 비례해 발생한 당연한 결과로 볼 수 있다. 그러나 트럼프 행정부 시기 미국은 자국의 이해에 부합하지 않는다고 판단되면 다자외교 무대에서 등을 돌렸던 반면, 중국은 주요 국제기구들에게 개별적 재정 지원을 강화했던 점은 적극적인 재정적 지원 확대를 통한 중국 다자외교 강화의 일환으로 평가된다.

4) 국내 정치적 및 경제적 대응

국내 정치적 대응

중국은 미국의 대중국 압박 정책에 대응해 내부적으로 애국·민족주의와 공산주의 사상 교육을 강화해 왔다. 이와 더불어 중국 지도부는 SNS 통제를 강화하며 점차 심화되는 미·중 전략적 경쟁 구도 하에서 중국인들의 내부 결집과 중국 공산당과 정부에 대한 지지도 및 충성도를 높여왔다. 특히 최근 미·중 전략적 경쟁의 심화되며 중국 내에서 애국·민족주의의 부상과 사상 교육의 강화 현상이 뚜렷해지고 있다.

최근 중국의 애국·민족주의 교육의 강화를 알 수 있는 대표적인 사례는 중국 중·고등학교 교과서의 내용 변화에서 가늠해 볼 수 있다. 시진핑 지도부는 '통편 교과서(국정제)' 제도를 채택하고 있으며 역사 교과서 서술에서 정치 이념 교육을 강화하고 있다. 이러한 변화는 중국이 개혁·개방 정책 실행 이후 역사교육에서 탈정치화, 개방화, 자율화 경향과 정면으로 대치되는 모습이다(오병수 2021, 4).

특히 G-2 및 미·중 전략적 경쟁 시대에 맞추어 세계와 자국의 관계를 재해석하고, 내부적 국민통합과 사상 동원에 필요한 새로운 국가 정체성을 재구성하고 있다. 구체적인 사례로는 미국이 주도하는 글로벌 자본주의에 대한 비판적 인식, 개혁·개방의 심화와 탈사회주의 정책에 따른 정체성의 위기, 소련 해체가 야기한 민족 문제 등을 지적하며 이를 해소화기 위한 새로운 국가 정체성의 창출을 추구하는 모습이다. 이를 위해 중국 중·고등학교의 교육과정과 교과서 내용은 지식 중심의 정치교육 및 국가 주도의 이념교육을 통해 집단적 정체성을 중시하는 방향으로 선회해 왔다.

이러한 시진핑 지도부의 애국·민족주의 및 사상 교육 강화의 결과를 가늠하게 해주는 대표적인 사례는 2019년 홍콩 시위에 대한 평가에서 자유진영 국가들과 중국 국내의 시각이 대조적으로 나타나는 점을 들 수 있다. 국제사회 다수의 국가들이 보여준 시각과는 다르게 중국 본토의 대다수 중국인들은 홍콩의 시위자들을 외세와 결탁한 분열주의자라는 비판적인 시각으로 바라보고 있었다.

이러한 내부적 시각을 기반으로 중국은 미국이 인권과 민주주의의 가치를 앞세우며 타이완, 홍콩, 신장 위구르자치구 관련 현안들을 지속적으로 제기하는 것에 대해 민감하고 단호하게 대응하는 모습을 보이고 있다. 예를 들어 2021년 전국인대 개막식에서 리커창 총리는 '정부업무보고(政府工作报告)'를 통해 홍콩과 마카오에 대해서는 '일국양제(一國兩制, 하나의 국가 두 개의 체제)'를, 타이완에 대해서는 '9·2 합의'를 충실히 지켜나갈 것이라며 외부 세력이 홍콩과 마카오 문제에 개입하는 것을 철저히 막고 억제해야 한다고 밝혔다. 중국의 이러한 반응은 미국이 인권과 민주주의의 가치를 앞세워 홍콩, 신장 위구르자치구, 타이완의 현안에 개입하는 것을 차단하려는 의도이며, 왕이 국무위원 겸 외교부장 또한 전국인대 기자회견을 통해 미중관계에서 내정 불간섭 원칙과 핵심 이익의 존중을 강조했다.[47]

또한 2020년의 '홍콩 보안법' 제정으로 인해 중국과 미국 및 자유 진영 국가들 사이에 갈등이 발생했음에도 불구하고 중국이 2021 전국 인대를 통해 홍콩 선거법 개정을 추진함으로써 미국을 포함한 국제사회는 물론 홍콩 내 범민주화 세력에게도 중국 지도부는 한발도 물러서지 않을 것이란 강한 메시지를 던지고 있다. 중국 내에서는 2021년 양회를 전후해 "애국자가 홍콩을 다스려야 한다(愛國者治港)"는 주장이 대두되었다. 이어 전국인대 폐막일이었던 3월 11일 오후에 열린 전체회의에서 "홍콩특별행정구선거제도완선관련 전국인민대표대회의 결정(全国人民代表大会关于完善香港特别行政区选举制度的决定)"을 반대표 없이 찬성 2895명, 기권 1명으로 가결하였다.[48]

47 "(两会受权发布)国务委员兼外交部长王毅就中国外交政策和对外关系回答中外记者提问." 新华网 (2021年03月07日).
48 "高票通过!全国人大完善香港选举制度决定助特区由乱及治." 新华网 (2021年03月11日).

경제적 대응

중국은 미국과의 전략적 경쟁에 대응하기 위해 강조해온 내수 경제 중심의 '쌍순환' 정책 및 4차 산업혁명과 관련된 AI, Big Data, IoT, 5G 등 '첨단기술의 자립'을 계속해서 추구해 갈 것임을 확인해 주고 있다. 또한 중국은 미국의 탈중국화 또는 일부 첨단산업에서의 중국 배제 움직임에 대응하기 위해 첨단기술에 대한 자립 및 내부 생태계 확립을 추구해 왔다.

나날이 강화되는 미국의 압박으로 인해 중국은 글로벌 공급망의 붕괴 또는 교란에 의한 자국 경제의 피해를 최소화하기 위해 첨단산업의 필수 부품과 소재의 수입대체 가속화를 추구하고 있다. 또한 미국 중심의 '글로벌공급망(Global Value Chain, GVC)'에 대응하는 중국 중심의 '지역공급망(Regional Value Chain, RVC)' 확립 추구 및 주변 국가들에 대한 경제적 협력 강화를 위한 노력을 기울이고 있다. 이와 관련해 중국이 기존 일대일로 구상과 함께 추진해온 역내포괄적경제동반자협정(Regional Comprehensive Economic Partnership, RCEP)이 2020년 11월 15일에 인도를 제외한 15개국(ASEAN 10개국+한·중·일·호·뉴질랜드)에 의해 체결된 것은 중국에게 의미 있는 지역 공급망 확보의 성과로 볼 수 있다.

이와 더불어 중국은 미국의 국가 간 첨단산업 생태계에서 '탈중국' 또는 일부 첨단산업에서의 중국 배제에 대응하기 위해 반도체를 포함한 첨단기술의 자립을 위한 노력을 기울이고 있다. 중국 지도부의 이러한 경제적 대미 대응을 확인하듯 2021년 3월 5일에 열린 13기 전국인민대표대회(이하 전국인대) 4차 회의에서 리커창 총리는 '14차 5개년(2021-2025)계획'에서 중국이 기술혁신체제를 완비하기 위해 연구개발(R&D) 투자를 매년 7% 이상 늘릴 것임을 밝히며 첨단산업의 기술자립의 의지를 내보였다.

특히 14·5 규획에서는 식량, 에너지, 금융의 3대 경제 안전 전략 수립과 AI, 양자정보, 반도체, 바이오, 뇌과학, 생물육종, 우주과학, 심해 및 지층의 7대 분야의 기초선도기술 개발을 강조하였다. 또한 차세대 정보기술, 바이오 기술, 신에너지, 신재료, 첨단장비, 신에너지 자동차, 녹색·환경보호, 우주항공, 해양장비의 9대 전략성 신흥산업 육성 추진을 언급하며 미국과의 첨단기술 분야에서의 경쟁에서 기술 자립 및 우위에 서기 위한 의지를 표출했다. 이러한 2021년 양회의 결과와 14.5 규획의 내용을 살펴본다면 중국은 자국의 발전 권리의 주장과 경제 안전 보장에 대한 구체적인 대응 방안의 제시로 인해 향후 미·중 간 첨단 산업 및 기술 분야에서의 경쟁과 충돌이 지속될 것으로 전망된다.

2. 중국의 군사·국방 정책 변화: 군 개혁과 강군몽(强軍夢)

시진핑 주석은 2012년 11월에 열린 18차 당 대회를 통해 중국 공산당 총서기로 처음으로 선출되며 중화민족의 위대한 부흥을 이룩하는 '중국몽'을 달성하기 위한 '강군몽'을 강조하여 왔다. 또한 시 주석은 자신이 두 번째 총서기로 선출되었던 2017년 제19차 당 대회의 '보고'에서 중국의 적극적인 국방정책의 추진을 강조했다.

당시 시진핑 주석은 세계의 새로운 군사혁명발전 추세와 국가안보 수요에 적응하기 위해 2020년까지 기본적인 기계화를 실현하고, 정보화 건설에서 중대 발전을 획득하고, 전략능력의 커다란 증진을 확보하려 한다고 밝혔다. 또한 군사이론, 군대 조직형태, 군사 인원, 무기장비의 현대화를 전면 추진하여 2035년까지 기본적인 국방과 군대의 현대화를 실현하기 위해 노력하고, 21세기 중엽까지 세계 일류의 군대를 전면적으로 건설하겠다고 밝혔다.[49] 이러한 시진핑 주석의 '강군몽'의 목표 아래에 중국군은 지휘체계, 부대 개편, 전략 및 병력 구조에서 개혁과 재편이 적극적으로 추진되었다.

1) 정보화 국지전 승리 전략의 수립과 군민융합 정책

중국의 군사전략은 마오쩌둥 시기의 '인민전쟁' 전략, 덩샤오핑 시기의 '제한 국부전쟁' 전략, 장쩌민 시기의 '첨단기술조건하 국부전 승리' 전략, 후진타오 시기의 '정보화 조건하 국부전 승리' 전략에 이어 시진핑 시기에 들어와서는 '정보화 국부전 승리' 전략으로 변화하여왔다. 중국의 군사전략은 자국이 맞이했던 국방 환경의 변화에 따라 진화를 거듭해왔다. 또한 전반적으로 살펴본다면 중국의 군사전략은 미국을 중심으로 한 강대국들과의 관계 변화에 따라 많은 영향을 받아온 것으로 생각된다.

21세기에 들어와 중국은 2001년에 미국에서 발생한 9·11 테러 및 2003년에 발생한 미국-이라크 전쟁을 목격하고, 경제발전을 통한 '중국의 부상(Rise of China)'을 안정적이고 지속적으로 이어가기 위해 연안지역과 함께 주변 해상교통로의 안전이 국가전략 차원에서 더욱 강조되었다. 당시 중국이 맞이했던 국방 환경의 변화는 후진타오 주석 시기에 들어와 중국의 군사전략에 투영되었으며, 중국의 군사전략은 '정보화 조건하 국부전쟁 승리(打贏信息化条件下的局部战争)'로 전환된다(中华人民共和国国务院新聞办公室 2005).

하지만 중국은 시진핑 시기에 들어와 미중관계에서 양국 사이의

---

49 "中共十九大开幕,习近平代表十八届中央委员会作报告(直播全文)." 中国网 (2017年10月 18日).

전략적 경쟁이 심화되며 변화하는 국방 환경의 변화에 대응하기 위해 국가 군사전략을 '정보화 조건하 국부전쟁 승리' 전략에서 2015년 발표한 국방백서인 '중국의 군사전략(中國的軍事戰略)'을 통해 '정보화 국부전쟁 승리(打赢信息化局部战争)' 전략으로 전환했다. 당시 중국은 국가 간 대규모의 전쟁은 발생하지 않을 것이나 국지전의 발생은 가능하다고 보았다(中华人民共和国国务院新闻办公室 2015).

또한 향후 전쟁에서 승리하기 위해서는 무엇보다도 군의 정보화가 중요함을 인식했기 때문이다. 특히 우주를 포함하여 광범위하고 자동화된 지휘·통제·통신·컴퓨터·정보·감시·정찰(Command, Control, Communication, Computers, Intelligence, Surveillance and Reconnaissance, C4ISR) 체계를 통해 육·해·공군 및 로켓군의 타격체계와 연동하여 즉각 타격할 수 있는 네트워크를 구성하는 것이다.[50]

이에 더하여 중국군은 '정보화 국부전쟁 승리' 전략에서 정보화 및 지능화 전쟁에 대비하는 전략 수립과 개편에 노력을 기울이고 있다. 이를 증명하듯 리커창 총리는 2021년 3월에 개최된 전국인민대표대회의 정부업부보고에서 중국군은 "조속히 기계화, 정보화, 지능화 융합발전(加快机械化信息化智能化融合发展)"을 이루어야 한다고 강조했다.[51]

다른 한편으로 시진핑 시기에 나타난 국제안보·국방환경의 변화에 대한 중국의 대응으로는 먼저 군사전략의 변화를 들 수 있다. 중국은 군사전략을 "군사력 건설과 운용의 총체적인 책략이며, 국가전략 목표 달성을 위해 철저히 기여하는 것"이라고 정의하고 있다(中华人民

50　정보화란 '네트워크 중심의 전쟁(network centric warfare)'을 수행할 수 있도록 '정보통신(IT)' 기술을 적용한 C4ISR 체계를 구비하는 것을 말한다. 박창희(2021, 386-387).

51　"2021年政府工作报告(全文)." 新华网 (2021年3月5日).

共和国国务院新闻办公室 2015). 또한 중국은 대미 군사·안보 정책에서 기본적으로 방어적인 군사전략 및 후발제인의 원칙 유지하고 있다. 특히 군사안보 분야에서 중국은 중국인민해방군 창군 100주년을 맞이하는 2027년까지 의미 있는 군사 과학기술과 이를 바탕으로 한 군사력 증진의 성과를 내기 위한 노력에 박차를 가할 것으로 예상된다.

특히 시진핑 지도부가 중국인민해방군 창군 100주년과 관련하여 '분투목표(奋斗目标)'를 강조하는 부분은 향후 주의 깊은 관찰이 필요해 보인다. 앞서 언급했던 '14차 5개년 규획'의 내용 중에는 "2027년 '건군 100주년 분투목표(建军一百年奋斗目标)' 실현을 보장한다"는 내용이 포함되어 있다. 또한 2021년과 2022년 양회에서 리커창 총리가 발표한 '정부업무보고'에서도 "건군 100주년 분투목표"가 계속해서 언급되었다. 하지만 2021년과 2022년의 정부업무보고에서 나온 '분투목표'에 관한 내용은 약간의 차이가 나타나고 있다. 2021년의 '정부업무보고'에서는 "건군 100주년 분투목표"에 "주목(聚焦)"할 것을 요구하고 있지만 2022년의 '정부업무보고'에서는 "공고화(扣牢)"를 요구하고 있다.

하지만 아직 '분투목표'에 대한 구체적인 내용은 정확히 알려져 있지 않다. 이와 관련하여 2020년 11월에 중국 국방부 대변인이 '2027년 건군 100주년 분투목표'의 실현 보장을 위해 ▲첫째, 기계화·정보화·지능화의 융합발전의 가속화, ▲둘째, 군사이론의 현대화, 군대 조직 형태의 현대화, 군사 인원의 현대화, 무기 장비의 현대화에 박차, ▲셋째, 질적 발전과 효익(效益)이 최우선이라는 방침 견지, ▲넷째, 국방력과 경제력의 동시 향상 촉진의 네 가지를 추진해야 한다고 밝혔다.[52]

52　육군사관학교 양정학 교수와의 전문가 인터뷰 내용 및 "国防部介绍如何理解确保二〇二七年实现建军百年奋斗目标." 新华网 (2020年11月26日).

표 3.3 중국 시진핑 주석 취임 이후의 중국 국방예산 증가율

연도	2013	2014	2015	2016	2017	2018	2019	2020	2021	2022
증가율(%)	10.7	12.2	10.1	7.6	7	8.1	7.5	6.6	6.8	7.1

출처: 2013-2022년 중국 양회 전국인민대표대회 정부업무보고.

이어 2021년 7월 31일 중국공산당 중앙정치국은 '인민군대에 대한 당의 절대영도 견지 및 건군 100주년 분투목표 실현'의 주제로 제32차 집체학습을 실시했다.[53] 또한 앞서 언급했던 시진핑 주석이 2017년 제19차 당 대회의 '보고'에서 제시한 "신시대 국방 및 군대 건설을 위한 새로운 3단계 발전전략(新时代国防和军队建设的新"三步走"发展战略)"과 연계하여 '분투목표'는 1~2단계 사이의 중간 점검을 위한 목표라고 볼 수 있다.

이러한 목표들을 위해 중국은 국방예산의 증액(표 3.3 참조)과 '군민융합(军民融合)'을 통한 군사 기술 독립 및 지속적인 군사력 강화를 추구하며 이를 통해 미국과의 군사력 차이를 줄이고 가능한 역내에서는 대등한 군사력의 보유를 추구하고 있다. 군민융합은 마오쩌둥 시기였던 1956년에 언급된 군민양용(軍民兩用)과 1970년대 말 이후 군민결합(軍民結合)에서 근원을 찾을 수 있다. 군민융합의 용어가 처음으로 공식문건에 등장한 것은 17차 당 대회에서 후진타오 주석의 '업무보고'에서였다(임강희·양정학 2014). 이후 시진핑 시기 출범을 알렸던 2012년 11월 18차 당 대회에서 다시금 거론되었던 '군민융합'은 2017년 1월 22일에 개최된 중국공산당 중앙정치국회의에서 '중앙군민융합발전위원회'의 설립을 결정하고 시진핑 주석이 주임을 맡았다.

53 "习近平: 坚定决心意志埋头苦干实干确保如期实现建军一百年奋斗目标." 共产党员网 (2021년07月31日).

2017년 3월에 개최된 전국인민대표대회에서 시 주석은 군민융합을 강조하며 민간의 첨단 기술이 군 현대화에 기여하고 군 기술이 민간에도 이전될 수 있어야 한다고 강조했다. 2017년 6월 20일에는 '중앙군민융합 발전위원회' 제1차 전체회의가 개최되었으며, 2018년 3월 2일에 개최된 '중앙군민융합 발전위원회'에서는 군민융합 전략요강이 통과되었다. 중국은 '군민융합'을 통해 특히 AI, 우주, 사이버, 심해능력 분야에서 미국의 군사력에 대응하기 위한 중국군의 역량 강화를 추구하고 있다.

무엇보다도 중국은 미·중 전략적 경쟁의 심화로 인한 국제안보·국방환경 변화에 대응하기 위해 해·공군력을 포함한 군사력 증진, 러시아와의 전략적 협력 강화, 그리고 다자외교의 강화 및 UN은 물론 '상하이협력기구(SCO)', '아시아 교류 및 신뢰구축회의(CICA)' 등 다자 국제기구를 활용하며 변화하는 국제정세와 미국으로부터의 전략적 압박과 견제에 군사안보적으로 대응해 나가고 있다.

2) 군내 반부패 및 인사개혁

시진핑 주석은 취임 직후부터 전면적인 반부패와 정치개혁의 기치를 들고 이를 실행에 옮겼으며 군내 반부패와 개혁 역시 예외가 아니었다. 특히 군 내부 곳곳에 자리 잡고 있던 장쩌민 전 주석의 세력들이 시 주석의 반부패 및 정치개혁 과정에서 처벌되었다. 당시 중국 인민해방군 내에서 시진핑 주석 다음으로 서열 2, 3위의 위치를 점하고 있던 중앙군사위원회의 부주석 쉬차이허우(徐才厚)와 궈보슝(郭伯雄)의 부패 혐의 조사가 대표적인 사례이다.

쉬차이허우는 2014년 3월에 뇌물수수 및 부정축재 혐의로 체포되었으나, 방광암으로 인해 병원에 입원하고 연금된 상태에서 조사를 받았다. 같은 해 6월 30일 공산당 당적과 군적 및 상장 계급이 박탈되었고 사건은 군 검찰로 이관되었다. 군 검찰은 같은 해 10월에 쉬차이허우의 비리 혐의에 대한 조사를 마치고 사법 절차에 들어간다고 밝혔으나, 다음해인 2015년 3월 15일에 쉬차이허우는 방광암으로 사망하였다.

궈보슝은 중국 인민해방군 기율위원회에 의해 2015년 4월 거액수뢰 등 부패 혐의에 대한 조사를 받기 시작했으며, 조사를 시작한 지 석달 만에 당적을 박탈당하고 사건은 군 검찰로 이관되었다. 군 검찰은 궈보슝이 재임 시절 뇌물로 8천만 위안(약 156억 원)을 수수한 혐의로 2016년 4월 초에 기소했으며 2016년 7월에 무기징역형이 선고되었다.

시 주석은 지도부 2기가 시작되는 2017년 10월의 19차 당 대회를 통해 다시 한 번 인사개혁을 실행하고 군내 반부패 기류를 이어갔다. 19차 당 대회를 전후로 나타났던 군 인사의 결과를 보면 당 중앙군사위에서 시 주석의 권위와 장악력은 시진핑 지도부 1기에 비해 눈에 띄게 강화되었다. 자세히 살펴보면 판창룽(範長龍) 중앙군사위 부주석의 퇴임, 차기 부주석감이었던 팡펑후이(房峰輝) 전 중앙군사위 연합참모부 참모장과 장양(張陽) 중앙군사위 정치공작부 주임의 낙마 등 현·차기 중앙군사위 부주석급 인사들의 낙마 또는 퇴임으로 시 주석과 중앙군사위 위원들 사이에는 권위 차이가 더욱 벌어졌다.

다른 한편으로 중국 인민해방군 내에서 영향력을 행사하거나 상징성을 가진 속칭 '태자당' 인사들이 19차 당 대회 전국대표 명단에 들지 못하며 위상이 떨어지는 모습이 나타났다. 예를 들어 마오쩌둥의 손자인 마오신위(毛新宇), 류샤오치(劉少奇) 전 국가 주석의 아들이며 전국인민대표회의 재경위 부주임인 류위안(劉源), 주더(朱德)의 손자인 공군 지위학원 부원장 주허핑(朱和平), 리셴녠(李先念) 전 국가 주석의

사위인 류야저우(劉亞洲) 전 국방대학 정치위원 등이 19차 당 대회 대표 명단에 들지 못했다.

이와는 대조적으로 시 주석의 측근들인 속칭 '시자쥔(習家軍)' 인사들은 인민해방군과 당 중앙군사위원회의 인사에서 약진했다. 예를 들어 장유샤(張又俠) 당 중앙군사위원회 부주석, 리줘청(李作成) 연합참모부 참모장, 웨이펑허(魏鳳和) 로켓군 사령원, 먀오화(苗華) 중앙군사위 정치공작부 주임, 한웨이궈(韓衛國) 육군 사령원, 딩라이항(丁來杭) 공군 사령원 등이 중용되었다. 또한 시 주석의 군내 복심으로 알려진 중사오쥔(鍾紹軍, 소장) 중앙군사위 판공청 부주임도 주임으로 승진되었다.

또한 18차 당 대회 이후 주석, 부주석, 위원을 포함한 당 중앙군사위원회 위원의 수가 총11명이었으나, 19차 당 대회 이후 총 7명으로 주석 1명, 부주석 2명의 수는 동일하나 위원의 수가 8명에서 4명으로 줄어들었다. 따라서 중앙군사위원회의 권한이 이전(11명)에 비해 소수(7명)에게 집중되었으며, 이들 위원 중 대부분이 시 주석과 가까운 인사들이었다.

시 주석은 지도부 2기에 들어와 한층 강화된 군내 위상과 장악력으로 자신이 19차 당 대회를 통해 밝힌 '중국특색의 강군의 길'을 견지하고, '국방과 군대 현대화의 전면적인 추진'[54]을 실현하기 위한 군 개혁의 튼튼한 인적 기반을 마련한 것이었다. 이러한 시 주석의 의지는 다음해인 2018년 3월 양회 기간 중 전국인민대표대회를 통해 웨이펑허 중앙군사위원회 위원이자 로켓군 사령원을 국방부장에 임명하며 다시 한 번 표출되었다. 군부 내에서 대표적인 시 주석의 측근으로 분

---

54 "中國共産黨第十九次全國代表大會在京開幕, 習近平代表第十八屆中央委員會向大會作報告, 李克強主持大會, 2338名代表和特邀代表出席大會." 新華網 (2017年10月18日).

류되는 인사인 웨이펑허 사령원은 국방부장에 이어 국무원 국무위원
으로 선임되며 군과 정부 내에서의 위상이 더욱 높아졌다.

　다른 한편으로 시 주석에게 웨이 부장의 중용은 중국 인민해방군
의 대미 현대화 전략의 중요성을 내포하고 있다. 1970년 제2포병부대
의 일반병 신분으로 시작된 웨이 부장의 군 경력은 제2포병부대와 로
켓군의 경력으로 잔뼈가 굵어왔다. 제2포병 참모장에 이어 2012년부
터 제2포병부대의 사령관과 군 조직 개편 이후 재편된 로켓군 사령관
을 맡아왔다. 따라서 웨이 부장의 중용을 통해 시 주석은 중국군의 현
대화 전략은 물론 특히 대미 전략 차원에서 로켓군 전력 강화의 중요
성을 강조한 것이었다.

3) 군 구조의 개혁: 지휘, 부대, 전력, 병력 구조의 개혁

지휘체계의 개혁과 5대 전구로의 전환

시진핑은 2012년 11월에 중앙군사위원회 주석에 취임한 직후 약 두
달 반 동안 육·해·공 및 제2포병과 무장경찰부대 등을 시찰했다. 이후
시진핑 지도부의 군 개혁은 2013년 11월에 개최된 18기 3중 전회에서
군 규모와 구조 개혁의 문제를 제기함으로써 시작되었다. 2014년 3월
15일에 중앙군사위원회 국방 및 군대개혁 심화 영도소조 1차 회의가
개최되었으며, 2015년 11월 24~26일 사이에는 중앙군사위원회　개혁
공작회의가 열렸다. 그리고 2016년 1월 1일에 '국방과 군대개혁 심화
에 관한 의견'이 발표되며 군 구조 개혁의 구체적인 내용들이 공개되
었다.

　그 중 지휘체계 개혁의 중심에는 당 중앙의 군에 대한 절대적 영
도와 중앙군사위가 군을 총괄한다는 '군위관총(軍委管總)'과 함께 전

구가 작전을 담당하는 '전구주전(戰區主戰)'과 군종이 건설 관리를 담당한다는 '군종주건(軍種主建)'의 총체적인 목표가 자리 잡고 있었다. 중국은 당면한 대내외적인 환경과 미래전에 대비해 중앙군사위원회가 합동작전 지휘체계를 확립하고 합동군수지원 능력을 완비하기 위해 노력했다.

이를 위해 총참모부, 총정치부, 총후근부, 총장비부로 대표되던 4대 총부를 해체하는 대신 7개 부(합동참모부, 정치공작부, 후근보장부, 장비발전부, 훈련관리부, 국방동원부, 판공실), 3개 위원회(기율검사위원회, 정법위원회, 과학기술위원회), 5개 직속기구(전략규획판공실, 개혁편제판공실, 국제군사합작판공실, 심계서, 기관사무관리총국)로 개편했다.

총부체제는 1931년에 총정치부가 생긴 이후, 1949년까지 총참모부, 총정치부, 총후근부의 3총부 체제가 유지되었다. 1950년대에는 8개 총부로 개편되었고, 1959년부터 1998년까지 다시 3총부 체제가 유지되었다. 이후 1998년에 총장비부가 설립되면서 4총부 체제로 개편되었다가 시진핑 시기의 군 개혁에 따라 해체되는 운명을 맞이하였다. 이를 통해 중국군은 두 가지의 변화를 추구했다. 먼저 4대 총부를 폐지함으로써 군 부패를 감소시키고 중앙군사위원회가 전군에 대한 지휘권과 통솔력을 장악했다. 다음으로 세분화된 각 직능 부처들의 전문성과 효율성 제고는 물론, 유기적인 상호 협력 및 견제의 기능을 수행하게 되었다(구자선 2016, 13).

또한 2016년 2월 1일에는 베이징(北京), 선양(瀋陽), 지난(濟南), 난징(南京), 광저우(廣州), 청두(成都), 란저우(蘭州)로 구성된 7대 군구를 해체하고 동부, 남부, 서부, 북부, 중부로 구성된 5대 전구(戰區)로 개편하였다. 2차 국공내전 승리 후 6개 군구로 시작한 중국군의 군구체계는 1955년 12개 군구로 전환되었으며, 다음해인 1956년에는 13

개 군구로 늘어났다. 1979년에는 11개 군구로 줄어들었고, 덩샤오핑이 1985년에 들어와 군 개혁을 실행하며 11개 군구를 7대 군구로 개편했다. 이후 약 30여 년 동안 유지되었던 군구체계가 시진핑 시기에 들어와 5대 전구체계로 전환된 것이었다(기세찬 2019, 26).

전구체계로의 개편은 미래전에 대비한 중앙군사위원회 중심의 합동지휘체계 구축과도 연계되어 있었다. 특히 중국군은 합동작전지휘체제를 구축하기 위해 최고 지휘기구인 중앙군사위원회에 합동작전지휘센터를 설립하고, 예하 전구에도 합동작전지휘센터를 신설하여 중앙군사위원회를 중심으로 한 강력한 중앙통제체제와 이를 바탕으로 한 전구 합동작전 수행체계를 수립했다. 다른 한편으로는 합동군수지원 능력을 제고하기 위해 2016년 9월 13일, 합동후근보장부대(1개 지원기지 및 5개 지원센터)를 출범시켜 전시 및 평시의 군수지원 능력을 보장하기 위한 체계를 구축하였다.

감군과 부대 구조의 개혁

1985년 400만이었던 중국 인민해방군은 덩샤오핑 시기였던 1985~87년 사이에 100만 명을 감군하였다. 또한 장쩌민 시기였던 1997~2000년 사이에 50만 명을 감군했다. 이어 후진타오 시기였던 2003~2005년에는 20만 명을 감군하여 인민해방군의 총병력은 230만 명이 되었으며, 당시 집단군의 숫자도 24개에서 21개로, 그리고 다시 18개로 감소했다. 시진핑 시기에 들어와서는 2015년 9월에 '항일전쟁 승리 및 세계 반(反)파시스트 전쟁 승리 70주년' 기념행사의 열병식에서 시 주석이 직접 인민해방군의 30만 명 감군 계획을 발표했다.

시진핑 지도부는 '강군몽'을 위해 감군을 포함해 인민해방군의 부대구조의 개혁을 추진했다. 중국은 실전에서의 경험이 많고 검증된 미국군의 부대 체계를 모방하려 하였지만, 당의 지휘를 받는 군대이자 정치위원 제도를 유지하는 레닌주의의 군대 구조를 유지하고 있었기에 미국의 군 체계를 따라하기에 어려운 문제들이 존재했었다. 따라서 시진핑 시기에도 여전히 러시아 군의 사례를 참고하게 된다.

특히 중국은 2008년에 발생한 조지아 전쟁 이후 러시아가 노출했던 문제점과 이를 해결하기 위해 러시아가 추진했던 군 개혁의 내용에 많은 영향을 받았다. 러시아가 경험했던 조지아 전쟁 당시 가장 큰 문제는 지상군 대응이 늦고, 지상통제에 실패했으며, 러시아 군의 군종 간 협조체제가 잘 이루어지지 않았고, 사단 체제가 민첩성과 유연성이 결여되었다는 점 등이었다.

이후 러시아 군은 이러한 전쟁 수행의 문제점들을 해결하기 위해 네트워크 중심전의 수행과 이를 위한 군 체제의 개혁을 목표로 선택하였다. 이를 위해 러시아는 군 병력 감축, 지휘체계의 간소화, 합동전략사령부 체제를 추구하였다. 러시아 군은 병력 감축, 장교 인원을 33만 5천 명에서 15만 명으로 줄인 반면 부사관을 육성하는 데 노력을 기울였다.

이러한 변화들은 앞서 살펴본 바와 같이 시진핑 지도부 시기의 중국군 개혁에도 많은 영향을 끼쳤음을 알 수 있다. 특히 군부대의 개혁과 관련해서는 러시아가 5-6개의 연대와 5천-2만 명으로 구성되었던 과거 소비에트식 사단 체제에서 3개 대대로 구성된 여단이 3,200-5,500명의 병력을 운용하는 NATO식의 여단 체제로 개편하였다. 또한 러시아 전 지역에 60개소의 무기장비수리보관기지를 설립하여 유사시에 병참 지원 능력을 강화했다(구자선 2016, 6-7).

중국은 러시아의 군부대 구조 개편을 참고하여 사단 체제에서 여단 체제로 변화를 보였다. 앞서 언급한 대로 중국의 군사전략은 후진타오 시기의 '정보화 조건하 국부전쟁 승리' 전략에 이어 시진핑 시기에 들어와서는 2015년 발표한 국방백서인 '중국의 군사전략'을 통해 '정보화 국부전쟁 승리' 전략으로 전환되었다. 이러한 전환 과정에서 중국은 당대 세계에서 대규모의 전면전이 발생할 위협이 감소하고 국지전이나 대테러 전쟁 등이 국가의 실질적인 위협이 되어간다고 인식했다. 이러한 국제안보·국방환경 변화에 대한 중국의 인식 변화는 군부대 개편에도 그대로 투영되었으며, 움직임이 무거운 사단 규모의 병력보다는 작전에 따라 신속하게 배치하고 운용이 용이한 여단 단위의 군대로 재편하는 모습이 나타났다. 또한 이러한 여단 중심의 군부대 재편은 당시 러시아와 중국의 사례뿐 아니라 세계의 전반적인 대세였다.

여단 중심으로 군 구조를 전환한 중국은 군의 지휘통제를 전구-집단군-여단으로의 3단계 구조 전환하고, 사이버 및 우주 공간에서의 군 전략 강화, '제2포병부대(第二炮兵部队, Second Artillery Corps)'를 군종(軍種)인 '로켓군(中国人民解放军火箭军, People's Liberation Army Rocket Force)'으로 승격했다. 이와 함께 전략지원부대의 신설 및 해군 육전대 강화 등의 모습이 나타났다.

전략지원부대의 역할은 2019년에 발표된 국방백서인 '신시대의 중국국방'에서 전장환경보장, 정보통신보장, 정보안전방호, 신기술시험 등의 보장능력을 포함한다고 언급했다. 또한 동 백서에는 중국군이 체계융합과 군민융합적 전략 요구에 따라 핵심 분야의 달성과 신형 작전 역량의 빠르고 통합적인 발전을 추진하여, 강대한 현대화 전략지원부대를 건설하기 위해 노력한다고 명시하고 있다(中华人民共和国国务院新闻办公室 2019). 다른 한편으로 2019년 미국 국방부의 중국의 군과 안보 발전에 관한 연례 의회보고서에는 중국의 전략지원부대가 우주전·사이버전·전자전 이외에도 심리전을 담당하고 있다고 기술하고

있다.[55]

한국의 해병대격인 중국 인민해방군 해군육전대(中国人民解放军海军陆战队)의 전략 증강도 주의를 기울일 필요가 있다. 해군육전대의 규모는 베일에 가려져 있지만 병력 규모가 3만~4만 명 정도로 추정되고 있으며 빠른 전력 증강이 나타나고 있다. 미·중 간 타이완 해협의 긴장이 고조되는 상황에서 신속한 상륙작전 및 교두보 마련 작전을 담당하는 해군육전대의 전략 증강은 양안관계 및 미중관계에서도 많은 함의를 내포하고 있다.

전력 구조의 개혁

중국이 인식하는 국제안보·국방환경 변화에 따라 중국군의 군사 전략과 지휘체계의 변화와 함께 전력 구조에도 변화가 나타났다. 이로 인해 중국 인민해방군은 각 군종의 전력 변화와 함께 정보전 대응 및 지능화군의 전력을 갖추기 위해 사이버군, 우주군 등의 강화가 나타났다.

이를 자세히 살펴보면 육군은 기동작전 및 입체공방작전의 필요성에 따라 '구역방위형(區域防衛型)'에서 '전역작전형(全域作戰型)'으로의 전환을 실행하고 있다(中华人民共和国国务院新闻办公室 2019). 이에 따라 중국 육군은 1985년 이후 유지되어온 35개의 집단군이 13개 집단군으로 감소하였다. 또한 장비 면에서 지상군의 기계화와 기동화를 추진하며 전차와 다련장로켓발사대(Multiple Rocket Launcher, MRL)의 보유 숫자가 감소하고 대신 장갑보병 전투차량(Armoured Infantry Fighting Vehicle, AIFV)과 병력 수송 장갑차(Armored Personnel Carrier, APC)의 보유가 증가하는 결과가 나타났다.

---

55   Office of the Secretary of Defense. 2019. "Military and Security Developments Involving the People's Republic of China" Annual Report to Congress, 48.

공군의 전력 구조에도 변화가 나타났다. 중국은 공군이 보유한 구형 항공기를 점차 J-20, J-16, J-10C 기종을 중심으로 교체하고 있다. 또한 2016년 러시아로부터 4세대 전투기인 Su-35 24대를 모두 인수하였다. 이에 더하여 FC-31 및 J-31과 같은 5세대 전투기로의 전환도 가속화할 계획을 가지고 있는 것으로 알려져 있다. 특히 중국은 공군이 보유한 FC-31 전투기, JH-7A2 전투폭격기, J-16D 전자전기, Z-20 다목적 헬기, 그리고 다양한 유형의 무인기 등의 최신형 비행기기를 2021년 주하이 에어쇼를 통해 일부 공개하며 공군의 전력 강화를 과시했다.

이 중 FC-31은 중국의 J-20 스텔스기에 이은 두 번째 스텔스기이며, 전폭기 JH-7A2는 대함미사일을 장착한 해양타격 임무 항공기인 JH-7A의 변형이다. 또한 J-16D 전자전기는 J-16 다목적 전투기의 변형으로 중국군의 전자전 능력을 크게 개선할 것으로 알려졌으며, Z-20 중형 다목적 헬기는 미국의 UH-60 블랙호크와 유사한 모습을 보여주었다. 끝으로 중국 공군 전력 구조에서 중요한 영역으로 부상하고 있는 무인기는 WZ-7, WZ-8, GJ-11, CH-6, WJ-700Falcon, 전기추진 소형 무인헬기 등이 공개되었다(박창권 2022, 423-428).

중국 해군의 변화는 더욱 크게 나타나고 있다. 2013년 국방백서에서는 중국의 '영토주권'과 '해양권익'을 강조하였으며, 2012년 9월에 중국의 첫 항공모함인 랴오닝함(辽宁舰)이 해군의 대열에 들어옴에 따라 강대해군 건설과 해상안전을 유지하는 데 심오한 의미를 가지게 되었다고 언급하고 있다(中华人民共和国国务院新闻办公室 2013). 이어 시진핑 주석은 2013년 7월 거행된 제8차 중앙정치국 집체학습에서 중국은 "육상대국이자 또한 해양대국이며, 광범위한 해양 전략 이익을 가지고 있다"고 발언하며 해양 정책의 지속적인 강화 의지를 보였다.[56] 2015년에 발표된 중국의 국방백서에 따르면, 중국 해군은 대양해군으로의 기치를 내세우며 기존의 '근해방어형(近海防禦型)'에서 근해방어와 원해호위(遠海護衛)로, 2019년 국방백서에는 근해방어와 원해방위의 조합형으로 전환을 시도하고 있음을 밝혔다(中华人民共和国国务院新聞办公室 2015, 2019).

중국 해군은 이에 맞는 전력을 건설하기 위해 다수의 연안전투함 중심의 노후 함정을 폐기하고 현대화된 수입 및 자체 생산 전투함으로 대체하고 있다. 대표적인 사례로 새로운 디젤 및 핵 잠수함을 개발하여 해저 무기를 현대화하고 있으며, 특히 탄도미사일 탑재 원자력 잠수함(Submersible Ship Ballistic Missile Nuclear, SSBN)과 잠수함 발사 탄도미사일(Submarine Launched Ballistic Missile, SLBM)의 생산을 강화하고 있다(기세찬 2019, 31).

또한 중국 해군은 랴오닝함에 이어 중국의 기술로 만든 두 번째 항공모함인 산둥함을 건조하여 2017년 4월 26일에 진수하고 2019년 12월 17일 취역함으로써 원해 해상작전을 위해 항공모함 전단 구성과 운용능력을 증진시키고 있다. 또한 중국은 현재 세 번째 항공모함을 건조 중이며 2022년 초 진수하여 2024년경에 취역할 것으로 예상되고 있다.

이들 육·해·공군의 전력 구조 개혁과 함께 중국 인민해방군은 정보전 대응과 지능화군으로 전환을 위해 무엇보다도 로켓군을 중심으로 한 미사일과 정보 위성 능력의 강화가 필수적이다. 특히 로켓군은 미국과의 역내 군사력의 균형을 위해 대함 미사일과 극초음속 미사일 개발을 서두르고 있다. 현재 중국군의 미사일 전력 구조는 로켓군이 대부분의 탄도미사일을 보유하고 있으며, 해·공군은 각각의 플랫폼에 장

---

56 "习近平: 进一步关心海洋认识海洋经略海洋." 『中国共产党新闻』(2013年07月31日).

착하여 운용할 수 있는 순항 및 탄도 미사일을 보유하고 있다.

로켓군은 약 2,200기 이상의 재래식 탄도 및 순항 미사일을 보유하고 있다.[57] 중국의 단·중거리 미사일은 주로 타이완 해협을 겨냥하고 있으며, 중거리 및 중장거리 미사일은 주로 미국의 항공모함 전력에 대응하기 위해 배치되어 있다. 특히 중국은 2020년 8월에 남중국해 하이난다오(海南島)와 서사군도 인근 해역에서 항공모함 킬러로 알려진 DF(东风, Dong Feng)-21D와 DF-26B 첨단 대함탄도미사일을 각 1발씩 발사하여 동시에 타격하는 능력을 과시하기도 하였다.

최근 들어 중국의 극초음속 활공체와 순항미사일 개발 능력은 미국이 주의를 기울일 만큼 증강되고 있는 것이 사실이다. 예를 들어 중국은 2018년 8월에 싱쿵(星空, Starry Sky)-2호 극초음속 비행체 시험에 성공한 데 이어 2021년 8월에는 마하 5 속도의 극초음속 활공체(Hypersonic Glide Vehicle, HGV)의 발사 실험에 성공했다. 당시 목표에는 약 30km 이상 벗어났지만, 이후에 실험 분석 결과 극초음속 활공체에서 별도의 미사일을 시험 발사한 사실이 나타나 미국 당국을 놀라게 했다.[58] 이에 더하여 DF-17은 DF-16과 디자인에서는 유사하나 탄도미사일과 순항미사일을 조합한 형태의 극초음속 미사일로서 사거리는 1,800~2,500km로 알려져 있다. 또한 중국 로켓군이 보유한 순항미사일로는 CJ-10(또는 DF-100)이 유일하게 공개되었다. CJ-10의 사거리는 약 1,500km이며 핵탄두를 장착할 수 있으며 원형공산오차 5m로 알려져 있다. 중국은 2019년 10월에 CJ-10을 장비한 로켓여단을 편성했다

---

57 중국군의 탄도미사일은 주로 DF(东风, Dong Feng)으로, 순항미사일은 주로 HN(红鸟, Hong Niao) 또는 CJ(长剑, Chang Jian)으로 호칭된다.

58 "China tests new space capability with hypersonic missile." *Financial Times* (Oct. 17, 2021); "China Launched second missile during July hypersonic test, reports say." *The Guardian* (Nov. 23, 2021).

(Mihal 2021, 21-22).

다른 한편으로 중국의 정보화 및 지능화군에 대한 전력 구조 개혁을 위해 주목해야 할 부분은 우주전, 사이버전, 그리고 전자전의 작전 능력이다. 중국의 정보전은 전략지원부대의 우주 시스템부(航天系統部)와 네트워크 시스템부(網絡系統部)가 주도하고 있으며 우주전, 사이버전, 전자전으로 이루어진다(Costello and McReynolds 2018, 11). 먼저 중국은 미국과 경쟁하여 우주작전 능력을 갖추고자 노력하여 왔다. 중국은 2007년 지상발사 대위성요격 미사일 SC-19를 처음으로 발사한 이후 개발을 거듭하여 2018년에는 대위성 미사일 부대의 작전훈련을 실시하는 등 현재 중국은 저궤도 위성에 대한 요격능력을 갖추고 있는 것으로 평가받고 있다.

무엇보다도 중국은 2020년 6월에 총 35개의 위성으로 구성된 '베이더우(北斗) 위성항법체계(Beidou Navigation Satellite System, BDS)'를 갖추며 독자적인 위성항법체계(Global Positioning System, GPS)를 보유하게 되었다. 중국은 이를 기반으로 군사 장비를 운용하고 정보화 및 지능화에 따른 작전을 수행할 수 있는 능력을 증강하였다. 이어 2021년에 선저우(神舟) 13호를 발사하여 우주정거장 중심모듈 톈허(天和)와 도킹에 성공하였다. 또한 중국은 2021년 5, 6, 7월에 각각 고도 600km에 위치한 저궤도 위성 야오간(遙感)30호를 발사하였으며, 8월에는 정지궤도 군사위성 TJS-7 위성을 발사하여 통신위성 임무에 더하여 탑재된 적외선 열상장비로 미사일 발사를 조기 경보하고 정보수집 임무를 수행하고 있다(박창권 2022, 411-412).

이 외에도 중국은 정보전을 위한 대규모 지상, 해양, 공중 기반 레이더를 운용하고 있으며 지속적으로 능력을 강화시키고 있다. 특히 지상 기반의 광대역 감시레이더에서는 세계에서 가장 많은 레이더 네트워크를 구축한 국가 가운데 하나로 평가받고 있다. 특히 타이완 해협과 남중국해에서 미국에 대응하기 위해 남중국해의 난사군도(南沙群島, Spratly Islands)에도 레이더 기지를 설치하는 등 연안지역 배치 레이더 네트워크를 강화해 왔다(Chang 2021).

중국은 공중 기반 레이더 감시 능력의 증강에도 많은 노력을 기울이고 있다. 2010년대 중반에 자체 제작한 최초의 조기경보기(Airborne Warning And Control System, AWACS)인 KJ-200을, 그리고 2017년에는 위상배열레이더를 탑재한 KJ-500 조기경보기를 확보하였다. KJ-500은 2021년 현재 해군이 보유한 7대를 포함하여 총 15대를 갖고 있으며, 남중국해 등 분쟁지역에 상시 공중감시 작전을 할 수 있다. 하지만 공중감시 기반 레이더 능력은 미국과 비교해 아직 미흡한 것으로 평가받고 있다(박창권 2022, 415-416).

상대의 ISR체계와 지휘통제체계, 그리고 타격체계를 연결하는 네트워크를 공략하는 중국의 사이버 및 전자전은 전략지원부대의 네트워크시스템부 산하의 사이버 및 전자전부대, 각 전구의 육군에 편제된 정보지원여단(信息保障旅), 정보정찰여단(情報偵察旅), 전자대항여단(電磁對抗旅), 장비지원여단(裝備保障旅), 그리고 외부의 연계조직인 '홍커(紅客) 연맹'[59]이 주도하여 적 ISR 체계, 지휘통제체계, 타격체계를 연결하는 네트워크를 공략하게 되어 있으며 이를 위한 전력의 증강이 지속되고 있다(Cordesman, Hess and Yarosh 2013, 58; Blasko 2021, 22. 박창희 2021, 400-402에서 재인용).

---

[59]   홍커연맹은 중국의 비정부 사이버 역량으로서 사이버 공격과 방어를 자발적으로 수행하는 민간과 반관반민 단체들이다. 이들 규모는 약 14만 명으로 추정되고 있다.

IV. 맺음말: 중국의 대응 평가와 한반도에 대한 함의

1. 중국의 국제안보·국방환경 변화에 대한 대응 평가

시진핑 시기의 중국이 보여준 국제안보·국방환경 변화에 대한 인식과 대응 정책의 방향성은 중국 국방정책의 장기적인 계획 목표인 '중국몽'을 실현해 미국에게도 물러서지 않는 세계 일류의 군사력을 갖추는 것에 초점을 맞추고 있다. 이를 통해 중국은 밖으로는 국제사회의 리더국가이자 '책임대국'으로서 미국과 대등하게 국제규범과 질서를 논의하고, 내부적으로는 타이완과의 통일을 이루는 것을 추구하고 있다.

'강군몽'은 시진핑 주석의 '중국몽'의 일환으로 중국의 혁신적인 주요 국방정책을 일관되게 추진하는 기본 개념으로 자리 잡았다. 이를 통해 시진핑 지도부는 중국군은 당의 군대로서 당의 영도에 절대적으로 복종하는 당·군 관계를 다시금 확인하였으며, 미래전에 대비하는 군 개혁을 적극적으로 추진해왔다. 이러한 중국의 국제안보·국방환경 변화에 대응은 중국의 군사력에 진일보한 발전을 가져온 것으로 평가된다.

우선 중국은 후진타오 주석 시기의 군사전략이었던 '정보화 조건하 국부전쟁 승리'에서 시진핑 지도부 시기에 들어와 '정보화 국부전쟁 승리' 전략으로 전환했다. 이는 미래전에서 승리하기 위해서는 무엇보다도 군의 정보화가 중요함을 인식했기 때문이었다. 중국은 지속적인 국방예산의 증액과 '군민융합'을 통한 군사 기술 독립 및 지속적인 군사력 강화를 추구하며 이를 통해 미국과의 군사력 차이를 줄이고 가능한 역내에서는 대등한 군사력을 보유하기 위한 노력을 기울였다.

이를 위해 시진핑 주석은 우선 군내 반부패 및 인사개혁을 통해

군 내부의 혁신적인 군 구조 개혁의 기반을 만들어 나갔으며, 실제로 중국 인민해방군은 지휘체계, 부대, 전력, 병력 구조의 개혁을 실행해 나갔다. 특히 총참모부, 총정치부, 총후근부, 총장비부의 4대 총부를 해체하고 7부, 3개 위원회, 5개 직속기구로 개편하였으며, 7대 군구를 5대 전구로 전환함으로써 중앙군사위원회를 중심으로 한 합동지휘체계를 구축했다. 또한 중국은 군부대 구조의 개편을 단행하며 사단 체제에서 합동작전에서 더욱 효율적인 여단 체제로 전환했다.

　무엇보다도 중국 인민해방군의 전력 구조 개혁의 성과는 전략지원부대의 우주시스템부(航天系統部)와 네트워크시스템부(網絡系統部)가 주도하는 우주전, 사이버전, 그리고 전자전의 작전 능력의 강화이다. 중국은 미국과 경쟁하며 저궤도 위성에 대한 요격능력을 갖추었으며, 독자적인 '베이더우' 위성항법체계를 보유하고 있다. 또한 중국은 정보전을 위한 대규모 지상, 해양, 공중 기반 레이더를 운용하고 있으며 지속적으로 능력을 강화시키고 있으며, 특히 지상기반의 광대역 감시레이더에서는 세계적으로 인정받는 레이더 네트워크를 구축한 국가 중 하나로 평가받고 있다.

　따라서 중국이 당면한 국제안보·국방환경 변화 속에서 미국의 다양한 전략적 압박과 미래전에 대비하는 군 개혁을 성공적으로 이끌고 가고 있는 점은 분명한 사실이다. 다만 현재 시점에서 중국군이 정보화된 군사력을 온전하게 갖추었다고 보는 것에는 평가가 달라질 수 있다. 비록 중국의 군사력은 역내 주변국들에 비해 상대적으로 우위에 있는 것은 사실이나 만약 지역 현안에 미국이 개입한다면 중국의 군사력에 한계가 있는 것이 사실이다.

　대표적인 사례들로 중국은 아직 공중감시 기반 레이더 능력에서 미국에 비해 미흡하다고 평가받고 있다. 중국은 2010년대 중반에 조기

경보기(AWACS)인 KJ-200을 자체 제작하였고, 2017년에는 위상배열 레이더를 탑재한 KJ-500 조기경보기를 보유하게 되었다. 중국은 2021 년 현재 해군이 보유한 7대를 포함하여 총 15대의 KJ-500을 갖고 있으며, 남중국해 등 분쟁지역에 상시 공중감시 작전을 할 수 있다. 그럼에도 불구하고 미국과 비교해 공중감시 기반 레이더 능력에서는 열세를 보이고 있다(TOPWAR 2021. 박창권 2022, 415에서 재인용).

또한 중국은 시진핑 시기에 들어와 해군의 중시와 해군력의 강화가 눈에 띄게 나타났다. 특히 조만간 신형 함정의 양적 규모에서는 중국 해군이 미국 해군을 추월할 것으로 전망되고 있다. 2021년에 미국은 중국이 대형 수상전투함 145척을 포함해 약 355척의 주요 전투함, 잠수함, 기뢰전함, 지원함을 보유하고 있다고 평가하며, 이는 미국 해군의 297척보다 수적으로 많다고 밝혔다. 또한 구축함, 잠수함, 항공모함 등을 포함한 중국의 주요 전투함 규모는 향후 4년 내 420척, 2030년경 460척에 달할 것으로 전망하고 있으며, 이는 85척의 대함미사일을 탑재한 중국의 연안 경비함을 포함하지 않은 숫자이다. 중국 해군력의 양적 우세와 현대화의 속도는 미국이 주의를 기울일 필요가 있다. 하지만 미국 해군력은 중국의 해군력에 비해 작전 운용 능력 및 장비의 질적인 면에서 우세하다고 평가받고 있다.[60]

결론적으로 중국의 군 개혁에 따른 군사력은 의미 있는 발전을 보이고 증강되고 있는 것이 사실이다. 이는 역내에서 중국의 영향력이 확대되고 미국과 점차 군사력의 차이를 줄여나가고 있는 상황을 불러오고 있다. 반면 중국의 군사력이 미래전의 양상에서 미국을 제치고

60   Office of the Secretary of Defense. 2021. "Military and Security Developments Involving the People's Republic of China 2021." Annual Report to Congress (Nov.), 48-54.

우위에 설 수 있는지에 대해서는 아직 많은 과제가 남아 있으며, 미국의 대중정책이 압도적인 군사력과 군사과학기술의 우위를 보이겠다는 분명한 방향성을 나타내는 상황에서 쉽지 않은 경쟁이 될 것으로 전망된다.

2. 한반도의 전략적 가치와 함의

국제관계에서 한국의 지정학적 위치는 대륙세력과 해양세력이 마주치는 곳으로 지정학적으로 가치가 높은 반면 동시에 강대국들 사이의 긴장이 높아지는 국면에서는 불안정한 곳으로 인식되어 왔다. 따라서 강대국들은 한반도를 자국의 영향력 하에 두고 싶어 했으나, 한반도에 위치한 한국으로서는 항상 강대국들의 압력과 회유, 그리고 군사·안보적 긴장 고조에 불안해 할 수밖에 없었던 것이 사실이다.

특히 미국의 동북아지역에서의 정책 목표 중 하나가 특정 지역패권국가의 출현을 저지하는 것이 포함되어 있으며, 이는 결국 중국에 대한 견제를 의미하고 있다. 이 과정에서 한반도와 같이 전통적으로 지정학적 가치가 높다는 평가를 받는 지역들에 대한 미국 및 미국으로부터 전략적 압박과 견제를 받는 중국의 관심은 더욱 높아질 수밖에 없다.

실제로 최근 중국에 대한 한반도의 전략적 가치는 미·중 전략적 경쟁 구도 하에서 상승한 것으로 생각된다. 반면 중국의 변화된 국제안보와 국방 환경은 중국의 대한반도 정책에서 북한과는 우호협력관계로, 한국에게는 압박 및 관리 정책을 실행하는 사뭇 대조적인 모습이 나타나고 있다. 또한 앞서 언급한 대로 중국의 대내외 정세 및 미국과의 전략적 경쟁 심화는 중국의 대한반도 정책에서 한국과 다양한 영역에서 갈등 요인이 되고 있다.

이와 더불어 중국군의 정보전과 지능화군으로의 현대화 작업은 한국에게 군사·안보적 우려로 나타날 수 있다. 중국의 입장에서는 자국의 군사력을 미국을 포함한 외부로부터의 군사·안보적 위협과 침략에 대비해 자국의 주권과 영토를 보호하는 방어적인 대응에 더하여 주변 국가들과의 해양영토 분쟁에서 자국의 영유권을 기정사실화하고 해양권익을 확보하는 등 적극적인 군사력의 활용을 추구할 수 있기 때문이다. 실제로 점차 심화되는 미·중 전략적 경쟁 구도 하에서 중국이 미국에 대응하여 역내에서 중국 주도의 규범과 질서를 구축하려 하고, 만약 이 과정에서 한국을 포함한 주변 국가들이 중국의 안보와 발전 이익을 저해한다고 판단된다면 상대적으로 우월한 군사력을 기반으로 주변 국가들을 압박해 올 수도 있기 때문이다.

실제로 이와 같은 우려가 군사·안보적인 영역에서 현실로 나타난 대표적인 사례들을 살펴보자면, 먼저 시진핑 주석은 취임 후 2013년 11월에 개최된 제18기 3중전회에서 '국가안전위원회' 설치를 결정하고 국내외 안보상황을 국가 차원에서 한층 심도 있게 관리해 나가겠다는 의지를 표출했다. 이를 증명하듯 일본과 영토분쟁이 있는 댜오위다오(釣魚島, 일본명 센카쿠 열도)를 포함해 자국의 '방공식별구역(Air Defense Identification Zone, ADIZ)'을 발표했다. 이로 인해 한국의 이어도를 포함해 한·중 방공식별구역의 중첩이 나타났다.

또한 2016년 7월의 한국 내 사드(THAAD) 배치 결정은 한중관계를 순식간에 냉각시켰다. 당시 한국의 사드 배치는 북한의 핵과 미사일 위협에 대응하는 방어 목적으로, 이는 한국의 주권에 관한 문제였다. 하지만 중국은 한국 내 사드 배치 문제는 미·중 전략적 경쟁의 일환으로 인식하며 미·중 사이의 전략적 균형을 깨는 문제로 받아들였다. 이와 더불어 한국의 한미동맹 강화 및 한·미일 지역안보협력체제의 강화 등의 현안들도 중국에게는 미·중 전략적 경쟁 구도 하에서 한반도의 지정학적 가치와 연계하여 민감한 현안으로 받아들이고 있다.

또한 미·중 간 타이완 해협의 긴장이 고조되는 상황에서 신속한 상륙작전 및 교두보 마련 작전을 담당하는 중국 해군육전대의 전략 증강은 한국에게 향후 한반도 정세의 변화에 따라 중국과의 관계에서 민감한 도전요인으로 부상할 수 있다. 중국군의 대타이완 상륙작전 및 군사 능력의 강화는 한반도 유사시 중국의 신속한 한반도 개입 및 상륙작전의 실행 능력으로 활용될 수도 있다는 우려가 있기 때문이다.

중국군은 지리적으로 산둥반도에서 출발한 해상로 및 신의주로부터 시작한 내륙 경로로 한반도에 빠르게 진입할 수 있으며, 특히 중국의 해군육전대는 한반도 급변사태 시 해상로를 통한 한반도 상륙에 투입될 수 있다. 특히 해상을 통한 중국군의 한반도 진입 가능성에서는 북부전구의 제77여단에 대한 주목과 향후 지속적인 연구가 필요해 보인다. 77여단은 산둥반도에 주둔하고 있으며, 유사시 해상을 통해 가장 먼저 한반도에 투입될 수 있는 부대로 평가되고 있기 때문이다. 특히 중국군망(中國軍罔)은 해군육전대가 2017년 12월에 산둥반도의 여러 항구에서 한반도 유사시를 가정한 해상운송과 전략물자 적재 상륙훈련을 벌였다고 보도했으며 당시 훈련에는 제77여단이 참가한 것으로 보도되기도 했다.[61]

다른 한편으로 중국은 미국과의 전략적 경쟁 구도에서 장기적인 외교적 대응 방안의 일환으로 미국의 동맹국 중 '약한 고리'인 한국에 대한 전략적 접근과 압박을 강화할 수 있다. 중국에게 한국은 미국 동맹의 '약한 고리'로 인식되고 있으며, 이는 미국에게도 유사하게 인식

61　"지구상 두번째 센 韓 해병대…中·日이 뒤쫓고 있다." 『중앙일보』 (2018년 12월 09일).

되고 있다. 미중의 이러한 인식은 한국에게도 많은 함의를 가지고 있다(김한권 2021, 23). 특히 미국 국무부 동아시아·태평양 담당 부차관보 정 박(Jung H. Pak)은 브루킹스 연구소 한국석좌였던 2020년 7월에 "Trying to loosen the linchpin: China's approach to South Korea"의 보고서를 통해 미국 동맹국인 한국을 약한 고리로 만들기 위한 중국의 접근을 지적하기도 했다(Pak 2020). 따라서 한국은 미·중 전략적 경쟁이 점차 심화되는 상황에서 미·중 모두에게서 '약한 고리'의 이미지를 탈피하는 노력이 필요해 보인다.

한국이 미·중 모두로부터 '약한 고리'라는 이미지에서 벗어나기 위해서는 무엇보다도 안보는 미국, 경제는 중국이라는 '안미경중(安美經中)'과 미·중 사이 '전략적 모호성'의 틀에서 벗어나는 것이 필요하다. 또한 한국은 국민들과 합의된 '가치', '정체성', '국익'이 정의된 '원칙'을 바탕으로 일시적 갈등이 미국 또는 중국과 발생하더라도 주요 현안별로 일관적이고 구체적인 대응이 필요하다. 하지만 미국과 중국에 비해 상대적으로 국력이 약한 한국의 입장에서는 항상 '원칙' 외교를 펼칠 수만은 없기 때문에 선제적인 전략적 명확성과 유연성이 필요한 현안별 구분이 필요하다.

참고문헌

구자선. 2016. "중국 국방·군 개혁 현황 및 전망: 조직 구조를 중심으로." 국립외교원
    외교안보연구소 주요국제문제분석 2016-53 (12월).
금희연. 2003/2004. "'중국위협론'의 실체: 중국의 세계전략과 전방위 외교정책." 『중소연구』
    27(4): 79-108.
기세찬. 2019. "중국의 군사개혁과 군사현대화에 관한 연구." 『중소연구』 43(3): 7-46.
김기주·강석율·권보람·김기범. 2018. 『트럼프 행정부의 안보·국방·군사전략 평가와 한국의
    중장기 지역 및 대미 대응 전략』. 서울: 한국국방연구원.
김진하. 2019. "인도태평양의 지정학과 신남방정책에 대한 전략적 고려사항." 국립외교원
    외교안보연구소 아세안인도연구센터 편. 『신남방정책의 전략환경 평가 및 추진방안』.
    서울: 국립외교원.
김한권. 2020. "시진핑 시기 중국 다자주의 외교의 변화: UN 전문기구의 사례를 중심으로."
    국립외교원 외교안보연구소 주요국제문제분석 2020-04 (4월).
_____. 2021. "바이든 행정부의 대중정책 방향성과 중국의 대응: 중국 양회와 미·중 고위급
    회담의 결과." 국립외교원 외교안보연구소 주요국제문제분석 2021-06 (4월).
박병석. 2009. "중국 화평굴기론의 이론적 한계와 문제점." 『정치사상연구』 15(2): 7-39.
박창권. 2022. "2021 중국의 국방정책: 해양작전 능력의 강화와 대만해협 분쟁." 국립외교원
    외교안보연구소 중국연구센터 편. 『2021 중국정세보고』. 국립외교원 외교안보연구소
    (3월).
박창희. 2021. "2020년 중국의 국방: 중국군의 정보화전쟁 수행능력 평가." 국립외교원
    외교안보연구소 중국연구센터 편. 『2020 중국정세보고』. 국립외교원 외교안보연구소
    (3월).
설인효. 2019. "트럼프 행정부 인도-태평양 전략의 전개방향과 시사점." 『국방논단』 1740(19-
    1). 한국국방연구원.
오병수. 2021. "시진핑의 국가 정체성 만들기: 중국 국정교과서 만들기." 국립외교원
    외교안보연구소 외교사연구센터 편. 『한국외교사 논집 제2호』. 국립외교원
    외교안보연구소.
이민정. 2019. ""중국 포치의 공습 본격화된다"…달러당 7위안 돌파." 『중앙일보』 (8월 8일).
이영주. 1998. 『중국의 신외교 전략과 한중관계』. 서울: 나남.
임강희·양정학. 2014. "'군민융합정책'으로 대두되는 중국의 국방과학기술." 『국방과 기술』
    (6월).
임주영. 2019. "美국무부, '위구르 소수민족 억압' 中관리들 비자 제한." 『연합뉴스』 (10월
    9일).
조영남. 2016. 『개혁과 개방: 덩샤오핑 시대의 중국I 1976-1982』. 서울: 민음사.
"지구상 두번째 센 韓 해병대…中·日이 뒤쫓고 있다." 『중앙일보』 (2018년 12월 9일).

Abe, Shinzo. 2007. "Confluence of the Two Seas." *Ministry of Foreign Affairs of Japan* (August 22).

Al-Rodhan, Khalid R. 2007. "A Critique of the China Threat Theory." *Asian Perspective* 31(3).

Beech, Eric and David Shepardson. 2019. "U.S. imposes visa restrictions on Chinese officials over Muslim treatment." *Reuters* (Oct. 09).

Bernstein, Richard and Ross H. Munro, 1998. *The Coming Conflict with China.* New York: Vintage.

Biden, Joseph R. Jr. 2020. "Why America Must Lead Again." *Foreign Affairs* (March/April).

Broomfield, Emma V. 2003. "Perceptions of Danger: The China Threat Theory." *Journal of Contemporary of China* 12(35) (May).

Blasko, Dennis J. 2021. "The PLA Army after 'Below the Neck' Reforms." *Journal of Strategic Studies* 44, Issue 2.

Bose, Nandita and Steve Holland. 2021. "Biden rushes to address global computer chip shortage via latest executive order." *Reuters* (February 24).

Brattberg, Erik and Ben Judah. 2020. "Forget the G-7, Build the D-10." *Foreign Policy* (June 10).

Brinkley, Joel. 2005. "Rice Warns China to Make Major Economic Changes." *The New York Times* (August 19).

Brunnstrom, David, Alexandra Alper and Yew Lun Tian. 2021. "China will 'eat our lunch,' Biden warns after clashing with Xi on most fronts." *Reuters* (February 10).

Chang, Felix K. 2021. "China's Maritime Intelligence, Surveillance, and Reconnaissance Capability in the South China Sea." *Foreign Policy Research Institute* (May 05).

"China Launched second missile during July hypersonic test, reports say." *The Guardian* (Nov. 23, 2021).

"China tests new space capability with hypersonic missile." *Financial Times* (Oct. 17, 2021).

Cordesman, Anthony H., Ashley Hess and Nicholas S. Yarosh. 2013. "Chinese Military Modernization and Force Development." *A Report of the CSIS Burke Chair in Strategy* (September).

Costello, John and Joe McReynolds. 2018. "China's Strategic Support Force: A Force for a New Era." *INSS China's Strategic Perspectives* 13 (October).

"Data leak reveals how China 'brainwashes' Uighurs in prison camps." *BBC* (November 24, 2019).

Daly, Tom. 2019. "China rare earths group supports counter-measures against U.S. 'bullying'." *Reuters* (August 07)

(The) Democratic Party. 2020. "2020 Democratic Party Platform." (August 18).

Grayson, Tim. 2018. "Mosaic Warfare." *DARPA STO* (July 27).

Hsu, Immanuel C. Y. 1999. *The Rise of Modern China*. 5th Ed. New York: Oxford University Press.

Kessler, Glenn. 2005. "U.S. Says China Must Address Its Intentions." *Washington Post* (September 22).

Mihal, Christopher J. Maj. 2021. "Understanding the People's Liberation Army Rocket Force: Strategy, Armament, and Disposition." *Military Review* (July-August).

Medeiros, Evan S. 2005-06. "Strategic Hedging and the Future of Asia-Pacific Stability." *The Washington Quarterly* 29, Issue 1: 145-167.

Ministry of Foreign Affairs of the Peoples' Republic of China. 2008. "Dai Bingguo Delivers a Speech Marking the 30th Anniversary of the Establishment of China-U.S. Diplomatic Relations at the U.S. Brookings Institution." (Dec. 15).

_____. 2013. "Follow the Trend of the Times and Promote Peace and Development in the World." (March 23).

_____. 2015. "Xi Jinping Delivers Important Speech at UN Sustainable Development Summit, Stressing to Realize Common Development of All Countries from New Starting Point of Post-2015 Development Agenda" (Sep. 27).

Navarro, Peter and Greg Autry. 2011. *Death by China: Confronting the Dragon - A Global Call to Action*. Upper Saddler River, NJ: Pearson Prentice Hall.

Nye, Joseph. 2017. "Only China Can Contain China." *Huffington Post* (Dec. 06).

Office of the Secretary of Defense. 2019. "Military and Security Developments Involving the People's Republic of China" Annual Report to Congress.

_____. 2021. "Military and Security Developments Involving the People's Republic of China 2021." Annual Report to Congress (Nov.)

Pak, Jung H. 2020. "Trying to loosen the linchpin: China's approach to South Korea." The Brookings Institution (July).

Pillsbury, Michael. 2015. *The Hundred-Year Marathon: China's Secret Strategy to Replace America as the Global Superpower*. New York, NY: Henry Holt and Company.

Shambaugh, David. 2010. "The Chinese tiger shows its claws." *Financial Times* (Feb 17).

(The) State Council of the People's Republic of China. 2016. "Full text of China's Policy Paper on Latin America and the Caribbean." (Nov. 24).

Stevenson, Alexandra. 2019. "'Weaponized' Currency and Mining Limits: China's Responses to Trump Take Shape." *The New York Times* (Aug. 08).

Swanson, Ana and Paul Mozur. 2019. "U.S. Blacklists 28 Chinese Entities Over Abuses in Xinjiang." *The New York Times* (Oct. 07).

TOPWAR. 2021. "China, Exploration assets and capabilities in the South China Sea." (August 03).

U.S. Air Force. 2021. "Air Force Doctrine Publication 3-99 Space Force Doctrine

Publication 3-99 Department of the Air Force Role in Joint All-Domain Operations." (November 19).

(The) U.S. Department of Defense. 2012. "Joint Operational Access Concept (JOAC)." (Version 1.0, January 17).

_____. 2018. "Summary of the 2018 National Defense Strategy of The United States of America." (January 19).

_____. 2019. "Indo-Pacific Strategy Report: Preparedness, Partnerships, and Promoting a Networked Region." (June 01).

(The) U.S. Department of State. 2019. "A Free and Open Indo-Pacific: Advancing a Shared Vision." (November 04).

_____. 2020. "Communist China and the Free World's Future" (July 23).

_____. 2021. "The Summit for Democracy." (December 9-10).

USTR. 2019. "Agreement between the United States of America and the People's Republic of China." (December 13).

Westcott, Ben. 2019. "US, UK hold rare joint drills in the South China Sea." *CNN* (January 17).

(The) White House. 2017. "National Security Strategy of the United States of America." (December).

_____. 2020. "United States Strategic Approach to The People's Republic of China." (May 20).

_____. 2021a. "Readout of President Joseph R. Biden, Jr. Call with President Xi Jinping of China." (February 10).

_____. 2021b. "Interim National Security Strategic Guidance." (March 03).

_____. 2022. "Indo-Pacific Strategy of the United States." (February).

Zhang, Jane. 2019. "China's AI champion iFlyTek brushes off US entity list inclusion with bullish profit forecast." *South China Morning Post* (Oct. 10).

115th Congress (2017-2018). 2018. "H.R.2810 - National Defense Authorization Act for Fiscal Year 2018".

_____. 2018. "H.R.535 - Taiwan Travel Act".

_____. 2018. "S.2736 - Asia Reassurance Initiative Act of 2018".

_____. 2018. "S.3622 - Uyghur Human Rights Policy Act of 2018".

_____. 2018. "H.R.5515 - John S. McCain National Defense Authorization Act for Fiscal Year 2019".

116th Congress (2019-2020). 2019. "H.R.2002 - Taiwan Assurance Act of 2019".

_____. 2019. "S.178 - Uyghur Human Rights Policy Act of 2019".

_____. 2019. "H.R.4331 - Tibetan Policy and Support Act of 2019".

_____. 2019. "S.1838 - Hong Kong Human Rights and Democracy Act of 2019".

_____. 2019. "S.1790 - National Defense Authorization Act for Fiscal Year 2020".

_____. 2020. "H.R.6395 - William M. (Mac) Thornberry National Defense Authorization

Act for Fiscal Year 2021".

117th Congress (2021-2022). 2021. "H.R.4350 - National Defense Authorization Act for Fiscal Year 2022".

_____. 2021. "S.1260 - United States Innovation and Competition Act of 2021".

_____. 2022. "H.R.4521 - America COMPETES Act of 2022".

"高票通过!全国人大完善香港选举制度决定助特区由乱及治." 新华网 (2021年03月11日).

"共担时代责任, 共促全球发展——在世界经济论坛2017年年会开幕式上的主旨演讲." 人民网 (2017年01月17日).

"国防部介绍如何理解确保二〇二七年实现建军百年奋斗目标." 新华网 (2020年11月26日).

邓小平. 1993. 『邓小平文选 第3卷』. 北京: 人民出版社.

"(受权发布)中国共产党中央委员会关于修改宪法部分内容的建议." 新华网 (2018年02月25日).

"(受权发布)2017年美国的人权纪录和2017年美国侵犯人权事记." 新华网 (2018年04月24日).

"习近平等十八届中共中央政治局常委同中外记者见面." 全国人大网 (2012年11月15日).

"习近平: 进一步关心海洋认识海洋经略海洋." 『中国共产党新闻』 (2013年07月31日).

"习近平将在联合国阐释人类命运共同体." 中国新闻网 (2015年09月18日).

"习近平接见2017年度驻外使节工作会议与会使节并发表重要讲话." 新华网 (2017年12月28日).

"习近平: 努力开创中国特色大国外交新局面." 新华网 (2018年06月23日).

"习近平: 在庆祝改革开放40周年大会上的讲话." 人民网 (2018年12月18日).

"习近平: 坚定决心意志埋头苦干实干确保如期实现建军一百年奋斗目标." 共产党员网 (2021年07月31日).

"楊潔篪: 明年中國外交重推國際體系改革." 『香港文匯報』 (2009年12月09日).

"(两会受权发布)国务委员兼外交部长王毅就中国外交政策和对外关系回答中外记者提问." 新华网 (2021年03月07日).

"在中国共产党第十六次全国代表大会上的报告." 人民网 (2002年11月08日).

"在第十二届全国人民代表大会第一次会议上的讲话." 全国人大网 (2013年03月17日).

"江泽民同志在党的十六大上所作报告全文." 中国日报网 (2002年08月28日).

鄭必堅. 2003. "中國和平崛起新道路和亞洲的未來." 『學習時報』 (11月24日).

"中国共产党第十八次全国代表大会在京开幕, 胡锦涛代表第十七届中央委员会向大会作报告." 人民网 (2012年11月09日).

"中國共產黨第十九次全國代表大會在京開幕, 習近平代表第十八屆中央委員會向大會作報告, 李克強主持大會, 2338名代表和特邀代表出席大會." 新華網 (2017年10月18日).

"中共十九大开幕, 习近平代表十八届中央委员会作报告(直播全文)." 中国网 (2017年10月18日).

"中国走向'大外交'(时事聚焦)." 人民网《人民日报海外版》(2011年02月08日).

"中国继续'韬光养晦'." *Financial Times* 中文网 (2010年02月02日).

中国稀土行业协会. 2019. "中国稀土行业协会秘书处召开专题工作会议." ACREI (Association of Chin a Rare Earth Indusrty) (08月05日).

"中央外事工作会议在京举行." 『人民日報』 (2014年11月30日).

中华人民共和国国务院新聞办公室. 2005. 『2004年中国的國防』. 北京: 人民出版社.

_____. 2013. 『中国武装力量的多样化运用』. (4月).

_____. 2015. 『中國的軍事戰略』. (5月).

_____. 2019. 『新時代的中國國防』. (7月).

中华人民共和国外交部. 2014. "外交部部长王毅就中国外交政策和对外关系回答中外记者提问." (03月08日).

_____. 2015. "构建以合作共赢为核心的新型国际关系, 外交部长王毅在中国发展高层论坛吾餐会上的演讲." (03月23日).

_____. 2016. "中国对拉美和加勒比政策文件." (11月24日).

"决胜全面建成小康社会夺取新时代中国特色社会主义伟大胜利—在中国共产党第十九次全国代表大会上的报告." 新华网 (2017年10月27日).

"秦亚青: 2050年之前中国外交'延续'中以变求恒." 人民网 (2015年01月04日).

"服务民族复兴、促进人类进步——习近平总书记在中央外事工作会议上的重要讲话引起热烈反响." 新华网 (2018年06月24日).

"胡锦涛在中国共产党第十七次全国代表大会上的报告(全文)." 人民网 (2007年10月15日).

"2021年政府工作报告(全文)." 新华网 (2021年3月5日).

제4장   러시아의 국제안보·국방환경 변화에
대한 인식과 한반도

서동주(유라시아정책연구원)

I. 머리말

2022년 2월 24일 러시아가 우크라이나를 전면 침공함으로써 우크라이나 전쟁이 발발하였다. 러시아는 침공을 '특별군사작전(special military operation)'으로 지칭하고 있다. 전쟁에 임하는 명분과 인식에 큰 차이가 있다. 우크라이나 전쟁은 국제정치·경제, 국제질서, 국가 간 관계 등 국제사회 전 분야에 걸쳐 커다란 영향을 끼치고 있다. 우크라이나 전쟁은 2001년 9·11 테러, 2008년 글로벌 금융위기에 버금가는 역사적 전환점에 해당된다. 신냉전(new Cold War)의 국제질서 구도가 가시화되는 계기가 되었다. 또한 우크라이나 전쟁은 푸틴 정부가 사활적 이익(vital interest)이 담긴 한계선(red line)에 대해 어떻게 인식하고 행동에 옮기고 있는지를 극명하게 보여주고 있는 사례이기도 하다.

러시아의 우주·항공 분야와 대내외 위협인식과 관련해 몇 개의 장면을 살펴보자.

장면 1 인공위성 스푸트니크(Sputnik) 세계 최초 발사와 백신 '스푸트니크 V'

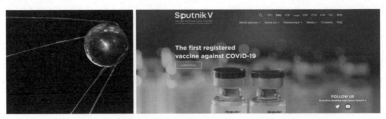

출처: https://en.wikipedia.org/wiki/Sputnik_1; https://sputnikvaccine.com/ (검색일: 2021.12.12.)

1957년 10월 4일 소련은 세계 최초로 인공위성 스푸트니크를 발사하였으며, 세계 최초라는 점에 상당한 자존감과 자긍심을 갖고 있다. 코로나19 백신 개발에 있어서도 최초로 만들었다는 의미를 부여하기 위해 백신 이름을 '스푸트니크 V'라 이름 지었다. 두 개 다 새로운 전기를 마련할 수 있는 게임 체인저(game changer)이다.

장면 2 유리 가가린(Yuri Gagarin) 동상과 우주에서 최초 영화 촬영

출처: http://www.buyrussia21.com/news/articleView.html?idxno=28287 (검색일: 2022.03.17.);
https://apnews.com/article/entertainment-science-business-kazakhstan-anton-shkaplerov-aca1f3fac5
7a8033473d20fca577d628 (검색일: 2022.03.17.)

모스크바 레닌스키프로스펙트 초입에 자리 잡고 있는 유리 가가린 동상이다. 43미터이며 하늘로 날아오르는 모습을 하고 있다. 1961년 4월 12일, 보스토크 1호를 타고 1시간 48분 동안 우주비행을 하였다. 세계 최초의 우주인으로 러시아의 민족적 자긍심이 담겨 있다. 그옆 사진은 2021년 10월 5일부터 17일까지 12일간 소유즈 MS-18호에서 영화 촬영을 한 모습이다. 클림 시펜코(Klim Shipenko) 감독이 비조프(도전)이라는 작품을 세계 최초로 우주공간에서 제작 촬영하였다. 러시아가 항공 우주 분야에 얼마나 큰 자긍심을 갖고 있으며, 새로운 도전과 개척의 모습을 띠고 있는지 보여준다.

장면 3 2008년 8월 러시아–조지아 전쟁과 2014년 3월 크림반도 병합

출처: https://en.wikipedia.org/wiki/Russo-Georgian_War (검색일: 2022. 03.17.); https://www.bbc.com/news/world-europe-26713727 (검색일: 2022. 03.17.); https://en.wikipedia.org/wiki/Annexation_of_Crimea_by_the_Russian_Federation (검색일: 2022.03.17.)

    2008년 8월 나토 가입을 공언한 조지아와 전쟁을 벌인 압하지야, 남오세티야 지역을 나타내며, 위 사진은 2014년 3월 18일 크림반도 병합 문서에 서명하는 장면이다. 푸틴 정부가 안보 위협과 지정학적 요충지에 대해 대응한 모습이다.

장면 4 2018년 3월 푸틴 대통령의 연례교서 발표와 첨단무기 시연

출처: kremlin.ru; 연합뉴스; 위키피디아.

집권 4기를 공식 출범하기 전인 2018년 3월 1일 푸틴 대통령이 국정연설을 하면서 비디오 영상을 활용해 첨단 신무기를 공개하는 모습이다.

위의 장면들을 통해 러시아의 우주·항공 분야에 대한 관심 정도와 주변 정세에 대한 위협인식과 대응의 일면을 엿볼 수 있다.

본 연구에서는 큰 틀의 주제인 "국제정세 변동과 안보환경 한반도 그리고 항공·우주산업의 미래"와 연계해 "러시아의 국제안보·국방환경의 변화에 대한 인식과 한반도"를 다룬다. 구체적으로 다음과 같은 세 가지 질의를 중심으로 탐구한다.

첫째, 러시아는 근래 급변하고 있는 국제정세의 변동을 어떻게 인식하고 있는가? 그에 따른 대응 전략의 변화는 어떠하며 향후 전망은 어떻게 될 것인가?

둘째, 변화에 적응하기 위해 러시아가 초점을 맞추고 있는 능력 배양의 지향은 어떠한가?

셋째, 변화하는 국제정세에 대한 러시아의 인식은 한반도의 전략적 가치 평가와 대한반도 전략에 어떤 영향을 미치고 있으며, 향후 전망은 어떠한가?

연구 구성은 2절에서 푸틴 정부의 권력체계와 외교 및 군사·안보 정책 측면을 살펴보고, 3절에서는 러시아의 국가안보·국방환경 변화에 대한 인식을 다룬다. 4절에서는 러시아의 미래 국가발전전략과 군사안보적 대응을 탐구한다. 5절에서는 러시아의 한반도에 대한 인식과 정책기조 및 목표를 다룬다. 끝으로 한국의 항공우주 산업과 미래전과 연계된 정책적 함의와 고려사항을 살펴본다.

II. 푸틴 정부 권력체계와 외교 및 군사·안보 정책

1. 푸틴체제: '푸틴이즘(Putinism) 4.0'

일반적으로 한 국가의 외교 및 군사안보 정책은 다음과 같은 결정요인이 작용한다. 대외 환경 인식, 대내 환경, 내각 성격 및 지배엘리트, 국가목표(비전), 국가능력, 최고지도자의 리더십 등이다. 러시아 푸틴 정부 역시 위의 요인들이 영향을 끼치며 전개되어 왔다.

국제체제에 대해 러시아는 글로벌 금융위기 이후 미·중 경쟁이 본격화되고 국제질서가 다층화, 다극화되는 추이를 띠고 있다고 보고 있다. 대외정책을 추진하는 데 있어 다극화를 추구하며, 에너지 안보를 포함해 포괄적 안보에도 신경을 쓰고 있다. 국가비전과 목표로는 집권 초부터 '강대국 러시아 재건'에 두었으며, 정치경제 개혁과 발전, 국민 삶의 질 향상에도 관심을 쏟고 있다. 최근 바뀌었지만 2018년 푸틴의 국정연설을 통해 2024년까지 GDP 5위를 이룬다는 목표를 제시한 바도 있다. 푸틴 대통령은 철저한 실리주의 시각을 지니고 있으며, 정책 실행과 효율성을 강조하는 리더십을 지니고 있다. 권력기반은 실로비키(siloviki)를 비롯한 집권 여당인 '통합러시아' 세력이 자리 잡고 있다. 군사안보정책을 결정하는 최고결정기구는 국가안보회의이다. 국가 안보회의는 블라디미르 푸틴(Vladimir Putin) 대통령이 의장이며, 드미트리 메드베데프(Dmitry Medvedev) 전 총리가 부의장으로 있다. 니콜라이 파스투셰프(Nikolai Patrushev)가 서기를 맡고 있으며 총리, 외무, 국방, 내무, 법무, 재무 장관과 의회 상하원장, 해외정보부장, 연방보안부장, 대통령 행정실장, 대통령 전권대표 등이 참여하는 실질적인 군사안보정책의 핵심 결정체이다.[1]

그림 4.1 러시아의 정치체제와 권력구조

2000년 5월 집권한 이래 2022년 현재 4기에 이른 푸틴 정부는 나름대로의 특징적인 체제를 형성해왔다. 소위 푸틴이즘(Putinism)으로 일컫기도 한다. 잘 아는 것처럼 러시아의 정치체제는 입법, 행정, 사법부의 3권 분립이 되어 있으나, 대통령의 권한이 큰 초대통령 중심제이다. 푸틴 대통령의 임기는 2024년까지이나, 2020년 개헌을 통해 다시 2차례에 걸쳐(임기 6년) 재출마를 할 수 있게 됨으로써 실질적으로 2036년까지 집권 가능한 상태이다. 또한 2021년 9월 국가두마 선거에서 집권당인 '통합러시아'가 개헌선을 넘는 324석을 확보함으로써[2] 푸틴 대통령은 장기집권 토대를 마련한 상태이다. 현 푸틴체제의 특성은 다음 〈표 4.1〉과 같이 집약해 설명할 수 있다. 푸틴 정부는 대내외 위협 대처, 장기집권체제 관리, 애국주의와 권위주의의 극복, 미래 국가발전

---

1   http://www.scrf.gov.ru/council/composition/ (검색일: 2022.03.15.)

2   러시아 국가두마 선거는 2021년 9월 17일부터 19일까지 다일 투표로 치러졌다. 투표율은 51.72%이었으며, 통합러시아가 324석을 얻어 압승하였다. 러시아공산당은 57석, 정의당 27석, 자유민주당 21석, 신인민당 13석을 차지하였으며, 무소속 5석, 조국당 1석, 성장당 1석, 인민플랫폼 1석으로 나타났다. http://cikrf.ru/analog/ediny-den-golosovaniya-2021/p_itogi/ (검색일: 2021.9.24.)

성취 등의 과제를 안고 있다. 현 푸틴 정부의 군사안보를 포함해 대외
정책 추진 모습은 바로 이러한 푸틴체제의 특성 부문이 반영되고 있다
고 여겨진다.

표 4.1 현 푸틴체제(푸틴주의 4.0) 특성

o 지지세력 및 지배엘리트로서 실로비키(siloviki) 건재와 정경유착,

o 언론, NGO 통제 등 권위주의 체제의 강화,

o 대내적으로 보수적 정향, 애국주의의 풍미,

o 동방정교회의 종교적 미션화, 회귀적, 퇴영적 분위기,

o 블라디미르 푸틴 외 대안적 지도력 미비,

o 서방의 대러 제재가 지속되고 있는 국정운영 환경,

o '부활한 강국 러시아', '주권 민주주의'강조,

o 미래 비전으로서 생활 여건 및 삶의 질 향상 공언,

o 소치 동계올림픽, FIFA 월드컵 등 국제행사 개최,

o 슬라브 민족적 자존감 고양 중시

출처: 장덕준(2018); 우평균(2014).

2. 외교안보정책 노선과 변화

러시아는 기본적으로 세계지도를 품고, 세계전략을 구사하며 국제질
서의 큰 그림을 그리고자 한다. 내면에는 제국 정체성 내지 증후군이
잠재되어 있으며, 늘 '강대국 러시아의 존재감'과 '전략 축'을 제시하고
자 한다.

푸틴 정부는 2000년 출범 이후 현재까지 '강대국 러시아 재건',
'강대국 러시아 부활'을 내세우면서 '실용적 신(新)전방위 강대국 노
선'을 지속 견지해 왔다. 핵심 내용은 △ CIS 국가들 간 통합, △ 유라

시아경제연합 창설 운영, △ 문화 및 공공외교 전개, △ 불법 이민 방지, △ 국제테러리즘 대응, △ 집단안보 유지, △ 군 현대화 및 군사과학기술 발전 등이다(신범식 2013; 고재남 2006; 서동주 2009; 장세호 2018; 제성훈 2020; 김성진 2018; 홍완석 2011 등).

푸틴 집권기 대외정책은 크게 4단계로 변화되어 왔다. 첫째는 2001년 9·11테러를 계기로 나타났다. 이 시기 러시아는 부시 행정부의 대(對)테러전에 적극 협력하는 모습을 띠었다. 중앙아시아 국가에 있는 군사기지 제공 등 국제테러리즘 대처에 적극 공조하였다.

둘째는 2007년 2월 뮌헨 국제안보회의에서의 푸틴 연설이다 (Putin 2007). 이 자리에서 푸틴 대통령은 "세계는 다극체제가 되었다 … 서방은 더 이상 우리를 가르치려 들지 말라."라는 논조로 말하였다. 러시아 자주외교정책의 전기를 이룬 것으로 평가되며, 반(反)서방 행보를 적극화하는 계기가 되었다. 또한 "북대서양조약기구(NATO)의 팽창은 동맹 자신의 현대화와 관련이 없으며, 유럽의 안보를 보장하는 것도 아니다. 반대로 이는 상호 신뢰 수준을 저하시키는 심각한 도발이다."라고 언급하였다.[3] NATO 팽창에 대한 푸틴의 인식의 일단을 엿볼 수 있다. 최근 우크라이나 전쟁과 관련해 당시 연설이 다시 주목을 받고 있다(Carpenter 2022).[4] 이후 러시아는 2008년 8월 조지아와의 전

---

3 Putin's Munich speech: "NATO expansion does not have any relation with the modernization of the Alliance itself, or with ensuring security in Europe. On the contrary, it represents a serious provocation that reduces the level of mutual trust."

4 "Putin's Munich Speech 15 years later: What prophecies have come true?" *Tass* (11 Feb. 2022), https://tass.com/politics/1401215?utm_source=google.com&utm_medium=organic&utm_campaign=google.com&utm_referrer=google.com (검색일: 2022.03.15.); "15년 전 뮌헨 안보회의에서 푸틴 대통령이 미국이 패권국가이며 러시아의 이익을 고려하지 않는다고 주장할 때 사실 지금 위협하는 모든 일을 계획했다."고 보

쟁을 통해 남오세티야-압하지야 지역의 독립을 선언하고 NATO 팽창
에 적극 대응하는 모습을 보였다.

셋째는 2014년 3월 크림반도 병합과 신(新)푸틴독트린의 전개이
다. 신푸틴독트린은 △ 사활적 이익(vital interest)의 절대 사수, △ 우
크라이나 사태의 배후에는 NATO의 동진(東進), 유럽연합(EU) 회원국
확대, 색깔혁명(colour revolution) 지원 등 미국과 서방 측의 책임이
존재, △ 다극질서로의 재편 과정에서 러시아의 역할 제고, △ 국가 주
권에 입각한 국제법 준수와 내정 불간섭 원칙 강조, △ 핵무기 포함 강
력한 국방력 강화, 양자, 다자적 협력 및 국제기구의 역할 강조 등의 내
용을 담고 있다(장덕준 2015).

넷째는 2022년 2월 24일 우크라이나에 대한 전면 침공이다. 이는
앞서 기술한 대로 역사적 전환점에 해당되며, 현재진행형의 역사이기
도 하다. 이와 관련해 배경, 요인, 동향, 함의, 파급영향, 전망 등 많은
부문에 걸쳐 분석·평가가 이뤄지고 있다(이양구 2022; 서동주 2022; 신
범식 2022a, 2022b, 2022c; 엄구호 2022a, 2022b, 2022; 이상준 2022; 장
세호 2022; 홍완석 2022 등). 우크라이나 전쟁은 탈냉전 이후 미·EU와
러시아 간 축적된 불신과 갈등의 한 면이 표출된 것이다. NATO의 동
진과 이에 따른 러시아의 사활적 위협인식이 지정학적 요충지인 우크
라이나에서 맞붙은 것이다. 제로섬 게임의 거대한 체스판 위에 안보 딜
레마의 판도라 상자를 연 것으로, 신냉전이 표면화되는 계기를 마련해
주었다.

2014년 3월 크림반도 병합 이후 러시아의 대외정책은 '대국주의',
'신전방위 실용적 강대국 노선' 기반 하에 '독자적 강대국 노선', '강대

는 해석도 있어 주목된다. "우크라이나 침공 앞서 '푸틴 독트린 분석한 앤젤라 스텐트 교
수'." 『조선일보』(2022년 2월 28일).

국으로서의 러시아 정상화 전략'(강봉구 2012), '적극적 실용주의 노선'(신범식 2013), '공세적 방어주의', '대유라시아파트너십(Greater Eurasia Partnership, 리스본에서 블라디보스톡까지)', '공세적 방어 전략에서 선택적 전략협력'(이석·조병구 편 2017) 등 다양한 용어로 명명되고 있다. 이는 다음과 같은 특징을 지니고 있다.

첫째, 강대국 러시아를 염두에 둔 상황 하에서 대국주의(大國主義) 노선을 기반으로 하고 있다. 즉 '강대국으로 부활한 러시아'라는 입장에서 국제질서를 주도하는 핵심 지도국으로 독자적 외교를 펼쳐 나가고 있는 것으로 평가된다(김숙현 외 2019, 84-85).

둘째, 질서 재편에 있어서도 미·중만의 양자, 양극이 아닌 러시아가 포함된 미·중·러 3각 체제 내지 다극화된 다극질서와 다극주의를 지향하고 있다(엄구호 2022b). 러시아는 BRICS, SCO, CSTO 등 역내 다자기구의 역할을 중시하고 영향력 제고에 적극 나서고 있는 것이다.

셋째, 전통적으로 러시아는 유라시아지역을 자신의 영향권(sphere of influence)에 있는 것으로 인식하고 러시아 연방 해체 이후에도 독립국가연합(CIS)을 최고의 대외정책 우선순위에 올려놓고 있다. 지역별 대외정책 우선순위는 CIS 〉 미국, EU 〉 중국 〉 중동 〉 인도 〉 일본, 한반도 등으로 자리매김하고 있다. 대유라시아파트너십(GEP), 유라시아경제연합(EAEU) 출범 등 유라시아권의 정치·경제적 통합에 적극적인 모습을 띠고 있다.

넷째, 유럽에 대한 정책 목표는 사활적 이익의 수호로 다민족 연방구조의 유지와 접경의 완충지대 안정화를 꾀하고자 한다. 다른 한편으로는 협력 파트너십을 구축해 에너지, 무역, 투자, 물류 네트워크 등을 중심으로 경제적 실익 증진도 꾀하고자 한다. 러시아와 NATO, EU 간 관계는 갈등의 악순환과 협력의 선순환 사이에 위치하고 있다. 특히 러시아와 NATO는 비대칭적 제로섬 게임 관계로 미국, 러시아 등 행위자는 갈등적 행태를 나타내고 있으며, 협력 행위가 생기더라도 갈등 구조는 지속되고 있다(고상두 2018).

다섯째, 북극 개발과 신동방정책을 추진하고 중국과의 전략 연대를 포함해 아태지역에서의 협력을 강화하고자 한다. 푸틴 정부는 2012년 5월 내각에 극동개발부를 신설하였다. 2015년부터 블라디보스토크에서 동방경제포럼을 개최하고 있으며 2022년 9월 7차 행사가 치러졌다. 제7차 2022-동방경제포럼 기간은 2022년 9월 5~8일이며 극동연방대학교(FEFU) 캠퍼스에서 열렸다. 러시아는 동방경제포럼을 "러시아와 세계 투자커뮤니티 간 관계 형성 및 강화, 러시아 극동의 경제 잠재력에 대한 전면적인 전문가 평가, 극동 내 투자 기회와 선도개발구역 내 사업 추진 조건 홍보를 위한 핵심적인 국제 플랫폼"으로 소개하고 있다.[5] 매년 푸틴 대통령이 참석하는 등 정성을 다하고 있다. 2018년에는 극동개발부를 '극동·북극개발부'로 바꾸어 북극에 대한 관심도 높여가고 있다.

전체적으로 러시아의 대외정책 입장은 △ 전략적 균형성 중시, △ 사활적 안보지형 사수, △ 구소련 영향권 회복 지향, △ 글로벌 주도국 위상 담보, △ 대러 제재 해제·극복, △ 주요 국제 현안에 당사자로서 관여·개입, △ 에너지, 기후변화, 국제보건, 국제테러, WMD 확산 방지 부문에 있어 사안별 갈등·협력 혼용 등이 중심을 이루었다. 다만 우크라이나 전쟁의 경우에 비추어 볼 때, 여타 부문은 지속 견지되는 측면이 있지만 러시아가 기존 전략적 균형성 중시 입장에서 현상유지(status quo)를 선제적으로 타파하는 입장으로 정책 전환을 한 것으로

5   https://forumvostok.ru/ko/ (검색일: 2022.03.17.)

평가될 수 있어 주목된다. 다양한 해석이 이뤄질 수 있는 만큼 보다 면
밀한 분석과 평가가 필요한 부문이다.

III. 러시아의 국제안보·국방환경 변화에 대한 인식

현재 푸틴 정부의 대외정책은 2014년 12월에 제정된 신(新)군사독트
린을 비롯해 해양독트린(2015.7), 국가안보개념(2015.12, 2021.7.2. 개
정), 대외정책개념(2016.11), 2030 경제안보전략(2017.5) 등에 토대를
두고 전개되고 있다.[6]

　이 중 2021년 7월 2일에 개정된 국가안보전략[7] 문서에 중점을 두
고 파악해 보자. 이는 최근 상황을 반영한 것으로 현재 푸틴 정부의 국
제정세 인식과 국제질서 변화에 대한 대외정책 향배를 가늠해 볼 단초
를 담고 있기 때문이다. 국가안보전략 문서는 "러시아연방의 국가적
이익과 전략적 국가 우선순위, 장기적으로 러시아연방의 국가안보 및
지속가능한 발전을 보장하는 분야에서 국가 정책의 목표와 목적을 정
의하는 기본 전략 계획 문서"(2조)라고 정의되어 있다. 2021년 문서는
2015년 12월에 성안된 국가안보전략 문서를 새로운 환경에 맞게 개정
한 것이다. 드미트리 트레닌(Dmitri Trenin)은 '2021 국가안보전략'의
특징으로 ① 미국 및 그 동맹국들과의 점점 더 격렬해지는 대결, ② 전

6　러시아의 군사안보와 대외정책은 국가안보회의(www.scrf.ru)에서 성안하는 3대 문서
　　(군사독트린, 국가안보개념, 대외정책개념)에 기반하고 있다. 시대적 환경 변화를 반영
　　하면서 꾸준히 개정해 나가고 있다.
7　"Стратегия национальной безопасности Российской Федерации." http://www.
　　scrf.gov.ru/media/files/file/l4wGRPqJvETSkUTYmhepzRochb1j1jqh.pdf (검색일:
　　2021.07.05.)

통적인 러시아 가치로의 복귀, ③ 기술 및 기후와 같은 문제에 대한 러시아의 미래에 대한 결정적인 중요성 등을 꼽고 있다(Trenin 2021). 최근 국제정세 변화를 반영한 국익, 위협인식, 정책 우선순위와 전략 방향을 제시하고 있다. 미국을 포함해 서방에 대한 불신과 비판이 내재되어 있으며, 군사적 위협인식을 담아내고 대응책도 제시하고 있다. 또한 주권국가, 경제주권, 금융시스템의 주권, 문화 주권, 디지털 주권 등 주권에 대한 강조가 두드러졌고, 서방의 초국적 기업, NGO에 대한 경계감도 숨기지 않고 있다.

특히 '제2장 현대 세계의 러시아: 동향과 기회'(6조-24조)에 위의 내용이 잘 표현되어 있다. 푸틴 정부는 국제체제의 구조가 변화하고 새로운 국제질서가 점차 등장하고 있다고 보고 있다. 불평등, 간섭, 경쟁의 영역에서 새로운 도전을 제기하고 있으며, 불안정과 급진주의가 확산되고 있다고 보고 있다. 유엔 및 그 산하 기구, SCO, BRICS, ASEAN, CSTO 등 다자기구를 활용할 뜻도 내비치고 있다.

도입 부문에서 "세계가 변화하고 있으며, 새로운 글로벌·지역 주도 국가의 강화로 세계 질서 구조가 변화하고 새로운 질서 규칙과 원칙이 형성되고 있다"(6조), "패권을 유지하려는 서구 국가의 욕구, 경제 개발 모델 및 도구의 위기, 국가 발전의 격차 증가, 사회적 불평등 증가, 초국적 기업의 욕구 등이 국제정세를 악화시키고 있다"(7조)는 언급을 통해 국제정세를 바라보는 인식의 일단을 엿볼 수 있다. 서구에 대한 불신과 함께 서구의 자유주의 모델이 위기를 맞이하고 있으며 새로운 다극질서가 창출되고 큰 흐름으로 이어져가고 있다고 판단하고 있다. 푸틴 정부에 정책 조언을 하는 세르게이 카라가노프(Sergei A. Karaganov)는 *Russia Global Affairs*에 기고한 글을 통해 '신냉전이 이미 시작되었지만 러시아와 중국이 약화되고 있는 서방에 대해 승리해 나가고 있다'고 평가한 바 있다(Kraganov 2021). 국제질서 재편에 대한 러시아적 시각의 일면을 엿볼 수 있다. 이 밖에 푸틴 정부는 핵보유국을 포함한 무력 충돌이 국지전으로 확대될 위험이 있으며, 우주 및 정보공간이 새로운 전쟁 영역으로 부각되고 있다고 보고 있다. 국제법 규범과 원칙의 훼손, 기존 국제법 제도의 약화 및 파괴, 군비통제 조약 및 협정 시스템의 지속적인 해체 역시 군사·정치적 긴장과 악화를 가져오는 것으로 파악하고 있다. 특히 러시아 국경 일부 국가의 행동은 전통적인 동맹국과 러시아의 관계를 파괴하기 위해 독립국가연합(CIS)의 붕괴 과정을 선동하고 있다고 인식하고 있다(17조). 장기적 측면에서의 대응으로 높은 수준의 인적 잠재력, 기술 리더십을 제공하는 능력, 행정의 효율성 및 새로운 경제체제로의 경제 이전 등을 강조하고 있는 점도 주목된다.

구체적으로 '2021 국가안보전략' 2장의 내용 중 다음과 같은 표현에도 주목해 볼 필요가 있다.

- "세계의 불안정성이 증가되고 급진주의 및 극단주의 정서가 커지고 있다."(8조)
- "군사 정책을 일관되게 실행하면 군사적 위험과 군사적 위협으로부터 러시아 연방을 보호할 수 있다."(12조)
- "핵보유국을 포함한 무력충돌이 국지전으로 확대될 위험이 커지고 있으며, 우주 및 정보 공간이 새로운 전쟁 영역으로 부각되고 있다."(17조)
- "지정학적 불안정과 갈등의 증가, 국가 간 모순의 심화는 군사력 사용 위협의 증가를 동반한다."(17조)
- "국제법 규범과 원칙의 훼손, 기존 국제법 제도의 약화 및 파괴, 군

비통제 조약 및 협정 시스템의 지속적인 해체는 군사 및 정치 상황
의 긴장과 악화를 초래한다."(17조)

- "러시아 국경 일부 국가의 행동은 전통적인 동맹국과 러시아의 관계
를 파괴하기 위해 독립국가연합(CIS)의 붕괴 과정을 선동하는 것을
목표로 한다."(17조)

- "러시아 경쟁력의 핵심 지표는 기술 기반, 과학, 혁신 영역, 산업, 교
육, 건강관리 및 문화 상태이다."(22조)

- "세계 질서의 새로운 구축, 규칙 및 원칙의 형성에는 새로운 도전과
위협뿐만 아니라 러시아 연방에 대한 추가 기회가 수반된다."(23조)

- "러시아는 평등한 다자간 협력의 확대, 글로벌 긴장 완화, 국제안보
강화, 다양한 개발 센터의 이해 협력 및 조정 메커니즘 개발, 공통
접근 방식 결정을 위한 보편적 국제기구의 강화 및 개발을 지지한
다."(24조)

왜 최근에 푸틴 정부가 우크라이나 접경 지역에의 군사력을 증강
배치하고 우크라이나를 침공했는지, 현 국제정세에 대한 시각과 성격
을 어떻게 인식하고 있는지 판단하는 데 도움이 된다. 앞 부문은 푸틴
정부의 대내외 정세 인식을 파악하는 데, 22조 이하 부문은 대응 방향
과 실행 내용을 가늠해 볼 수 있는 단초를 제공해 주고 있다.

2021년 국가안보전략 문서에 담긴 특징과 함의를 파악하기 위해
2015년에 성안된 문서와 비교해 보자. 먼저 2015년 국가안보전략 문
서와의 가장 큰 차이점은 러시아의 독자적 위상과 행위에 대해 큰 의
미를 부여하고 있다는 점이다. 이는 향후 국제질서 재편 과정에서 러
시아가 더욱 독자적이고 공세적으로 대응해 나갈 것임을 시사하고 있
다. 유라시아 전략 공간에서 구소련에 버금가는 러시아 나름의 영향권

표 4.2 러시아의 주요 외교안보 문서와 대내외 위협인식

내지 독자성을 갖추고자 하는 의지를 담고 있다. 둘째는 러시아의 사회적, 문화적, 종교적, 전통적 차원을 강조하고 있다. 통합과 동원의 명분을 제공하는 영광스런 기억의 시각화 작업이 이뤄지고 있으며 '문화의 국가안보화' 경향이 이뤄지고 있는 것으로 평가되기도 한다(라승도 2022). 러시아적 정체성에 큰 의미를 부여하고 있으며, 다른 한편으로는 크림반도 병합 이후 대두된 애국주의 내지 보수주의 경향이 반영된 것이기도 하다. 셋째는 정보보안, 경제안보에 대해 강조하면서 국가안보전략에 따른 국가 우선순위에 변화가 있다는(Kapoor 2021) 점이다. 디지털 대전환, 사이버 안보의 중요성 대두, 4차 산업혁명에 따른 파급영향 등 시대적 상황 변화를 반영하고 있는 것이다. 넷째는 EU, NATO와 협력하고자 하는 기대감을 접었다는 점이다. 또한 중국에 대해 통상적인 언급 수준에 머물렀다면 상대적으로 인도에 대해 중요성을 부여한 점이 돋보인다. 다섯째는 국가이익의 우선순위 부문과 관련된 내용 중에서 '전략적 안정과 동등한 전략적 동반자관계'를 중시하던 것에서 '전략적 안정과 상호 이익이 되는 국제협력'을 강조하는 것으로 바뀌었다. 이 밖에 기후변화 등 신흥안보, 비전통 안보를 강조하고 있다. 전

체적으로 보면 푸틴 정부는 국제체제의 구조가 변화하고 새로운 국제
질서가 등장하고 있으며, 이는 '새로운 도전'이자 '기회'라고 판단하고
있다.

실질적으로 푸틴 정부는 다음과 같은 점을 오랫동안 대내외 위협
으로 인식해 왔다. 가장 핵심적인 사안은 NATO의 동진과 EU 회원국
확대이다. 냉전 종식 이후 러시아의 상대적 국력과 영향력이 감소된 상
황 속에서 초기에는 NATO의 확대에 대해 협력관계 틀을 모색하고 지
켜보는 입장을 가졌다.

1999년 3월 체코, 헝가리, 폴란드가 나토에 가입하였으며, 2004년
3월에는 불가리아, 루마니아, 슬로바키아, 슬로베니아와 발트 3국이 가
입하였다. 바르샤바조약기구에 가입했던 나라들이 나토에 편입됨으로

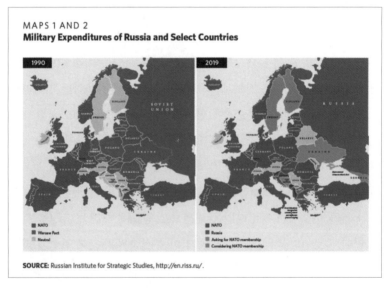

그림 4.2 1990과 2019년 나토의 변화 비교
출처: https://carnegieendowment.org/2019/06/20/thirty-years-of-u.s.-policy-toward-russia-can-vicious-circle-be-broken-pub-79323 (2021.12.09.)

써 상대적으로 러시아는 NATO 동진에 대한 경계감이 높아졌다. 이어 2009년 4월에는 알바니아와 크로아티아가, 2017년 6월에는 몬테네그로로, 2020년 3월에는 북마케도니아가 가입해 총 30개국으로 늘어났다. 우크라이나 전쟁 여파 속에 중립국 지위를 지녔던 핀란드와 스웨덴이 2022년 5월 NATO 가입을 신청한 상태이다. 〈그림 4.2〉는 1990년과 2019년 사이 나토의 확대와 유럽의 안보 지형이 어떻게 변했는지를 잘 보여준다. 이러한 지정학적 완충지대의 점진적인 동진을 보면서 외교 및 군사·안보 측면에서 러시아는 무슨 생각을 하였으며, 어떻게 대응해 나가고자 하는가?

러시아는 2021년 12월 15일 미국 측에 러시아·미국 간 안전보장조약안[8]과 러시아·NATO 회원국 간 안전확보조치에 관한 협정안[9] 등 2개 문서 초안을 전달한 바 있다. 핵심 내용은 ① 1997년 5월 27일 기준으로 NATO 회원국들은 유럽에 주둔한 군대 외에 다른 유럽 국가의 영토에 군대와 무기 배치 금지, ② 우크라이나 및 기타 국가의 나토 추가 가입과 확대 불허, ③ 중거리 및 단거리 미사일 배치 금지, ④ 우크라이나 영토와 동유럽, 남코카서스 및 중앙아시아의 다른 국가에서 군사활동 수행 금지 등이었다. NATO 확대에 대한 러시아의 우려감을 담은 것으로 1997년 5월 27일을 기준점으로 삼아 안전보장조치를 요구한 것이다. 이날은 러시아와 나토 간 기본조약을 체결한 날이다.[10] 미국 역

---

8   "Treaty between The United States of America and the Russian Federation on security guarantees." https://mid.ru/ru/foreign_policy/rso/nato/1790818/?lang=en (검색일: 2021.12.20.)

9   "Agreement on measures to ensure the security of The Russian Federation and member States of the North Atlantic Treaty Organization."https://mid.ru/ru/foreign_policy/rso/nato/1790803/?lang=en&clear_cache=Y (검색일: 2021.12.20.)

10 1997년 5월 27일 러시아와 NATO는 기본조약을 체결하고 나토-러시아 위원회(NATO-Russia Council)를 구성해 협의를 진행해 왔다. "Founding Act on Mutual Relations,

시 이에 대한 서면 답변을 하였으나, 외교적으로 해결점을 찾지 못하였
다. NATO의 동진 문제는 오랫동안 진행되어온 사안으로 양측 모두 사
활적 이익에 해당된다. 특히 우크라이나의 NATO 가입 여부는 러시아
가 설정한 최후의 한계선이었으며, 이에 대한 러시아의 군사적 대응은
이 사안을 매우 심각한 현실적 위협으로 여겼음을 보여주고 있다. 이
와 관련해 공세적 현실주의 대가인 존 미어샤이머(John Mearsheimer)
교수는 우크라이나 침공의 저변에는 NATO의 동진을 추구한 서방
에도 일정 정도 원인을 제공한 책임이 있다고 지적해 주목을 끌었다
(McGovern and Mearsheimer 2022). 이 밖에 △ 미국-서방의 글로벌
MD 구축, △ 접경 내 외국 군사기지 출현 및 강화, △ CIS 통합 과정 약
화, △ 글로벌 타격 개념 도입 및 우주에의 무기 배치, △ 색깔혁명, 정
부 전복 등 국내 정치에의 개입, △ 기후변화, 사이버, 정보전, 전염병
등 신흥안보 사안 등도 러시아가 위협으로 인식하고 있는 사안들이다.

한편 군사적인 측면에서 인식하고 있는 위협은 보다 구체적으로
제시되고 있다. 2014년에 성안된 군사독트린[11]에는 내부 위협, 외부 위
협으로 구분하고 있으며, 12조 외부 군사 위협의 경우 다음과 같이 적
시되어 있다(김규철 2020, 302-311).

a) NATO의 무력 강화, 국제법을 침해한 지구적 기능 수행, 러시아 국
   경으로 인프라 확대 및 동맹의 추가 확장;
b) 개별 국가 및 지역 상황의 불안정, 세계 및 지역 안정 침해;

Cooperation and Security between NATO and the Russian Federation"(signed in
Paris, France), https://www.nato.int/cps/en/natolive/official_texts_25468.htm (검
색일: 2022.03.18.)

11 "Военная доктрина Российской Федерации." 26. 12. 2014 года, http://www.scrf.
gov.ru/security/military/document129/ (검색일: 2022.03.16.)

c) 러시아에 대한 정치 및 군사적 압력을 위해 러시아와 동맹국 인근 국가에 외국(국가그룹) 군대의 전개;

d) 지구적 안정과 핵미사일 분야의 현존 균형을 해치는 MD의 창설 및 전개, 글로벌 타격 개념 이행, 우주 공간에 무기 배치 의도, 전략적 비핵정밀무기 전개;

e) 러시아 및 동맹국에 대한 영유권 주장 및 내정간섭;

f) 대량살상무기, 미사일 및 미사일 기술의 확산;

g) 개별 국가들의 국제법 위반 및 과거에 체결된 군비제한 및 감축 조약 불이행;

h) 러시아 및 동맹국 인근 지역에서 UN 헌장을 위배하는 군사력 사용;

i) 러시아와 동맹국 인근 국가에 무력 충돌 발생 및 확대;

j) 국제적 극단주의(테러리즘)의 위협 증가, 국제 대테러 협력이 불충분한 조건에서 극단주의 위협 증가, 방사능 및 화학물질을 이용한 테러 발생 위협, 초국가적 조직범죄, 불법무기 및 마약 밀매;

k) 러시아와 동맹국 국경 주변에서 국가 간 및 종교 간 긴장 발생, 급진적 국제 무장단체의 활동, 일부 지역에서 영토적 갈등 존재, 분리주의 및 극단주의 증가;

l) 주권, 정치적 독립, 영토보전을 침해하고, 국제평화, 안전, 세계 및 지역 안정에 위협을 가하는, 국제법 위반의 군사 정치적 목적으로 정보통신기술의 사용;

m) 합법적 정권을 전복하는 것을 포함해 러시아와 인접 국가에서 러시아의 국가이익을 위협하는 정책의 수립;

n) 외국 및 동맹국 조직과 특수부대들의 러시아에 적대적인 전복 활동이다.

2021년 국가안보전략 35조에는 △ 러시아와 동맹국 및 파트너에 대한 군사적 압력 시도, △ 러시아 국경 근처에 NATO 군사 기반시설 구축, △ 정찰 활동 강화, △ 러시아에 대한 대규모 군대 및 핵사용 개발 등을 군사적 위협으로 적시하고 있다.

전체적으로 안보 문서에 나타난 위협 내용은 큰 차이가 없어 보인다. 기본적으로 미국과 서방 측에 대한 불신과 적대적 상황 인식이 깔려 있다. 미하일 포포프(Mikhail Popov) 국가안보회의 부서기는 2월 17일 『로시스카야가제타』와의 인터뷰에서 "지난 7년 동안 미군의 전투 능력이 향상되었고, 유럽에 주둔하는 미군의 수는 30% 증가했고, 장갑차의 수도 4배 증가했다"고 언급하였다. 그는 또한 "전술핵무기를 사용할 수 있는 상태로 유지하고 있고, 미국의 글로벌 MD 중 유럽 부문의 역량을 구축하고 있다", "흑해 지역에서 나토군의 도발 활동이 계속되고 있다"고 최근 유럽 안보 상황에 대해 평가하였다.[12] 러시아는 유럽 안보 환경에 대해 기존의 위협인식을 지속하는 가운데 최근 군사 배치와 변동 상황에 대해서도 우려감을 갖고 있었음을 보여준다.[13]

이 밖에 우크라이나의 NATO 가입이 당장 이루어지는 것은 아닐지라도 NATO 가입 논의가 활성화되고 2019년 우크라이나 헌법에 NATO 가입 추진 명기, 2021년 11월 10일 미국과 우크라이나 간 전략

---

12 "О том, кто разжигает пожар войны и удастся ли сохранить хрупкий мир, в интервью 《Российской газете》 рассказал заместитель Секретаря Совета без опасности России Михаил Попов." http://www.scrf.gov.ru/news/allnews/3188/ (검색일: 2022.03.10.)

13 우크라이나 전쟁에 대한 러시아의 입장과 시각은 2022년 2월 24일 푸틴의 연설("Обра щение Президента Российской Федерации." http://kremlin.ru/events/president/ news/67843, 28분 3초 영상)(검색일: 2022.03.12.)과 마리야 자하로바(Maria Zakharova) 러시아 외교부 대변인의 우크라이나 전쟁 전후의 정례브리핑(02.16, 02.25, 03.03, 03.09) 참조.

적 동반자 헌장 발표,[14] 2022년 6월 말 마드리드 정상회의에서 새로운 전략 개념의 도입 가시화 등도 안보 위협인식 변화에 영향을 주었을 것이다.

IV. 푸틴 정부의 국가발전전략과 군사안보적 대응

1. 전략적 국가 우선순위

러시아는 전술한 대내외 위협에 대해 어떻게 대응하고 무엇을 준비해 왔는가? 푸틴 정부는 대내외 위협에 대처하기 위해 단순히 군사적인 측면만이 아닌 국가발전전략이라는 큰 틀에서 대응해 가고 있다.

푸틴 정부는 전략적 국가 우선순위를 다음과 같이 설정하고 있다 (2021 국가안보개념 26조). 물론 이는 중요도가 감안된 순위이다. ① 러시아 국민의 보존과 인적 잠재력의 개발, ② 국방, ③ 국가 및 공공 안전, ④ 정보보안, ⑤ 경제안보, ⑥ 과학 및 기술 개발, ⑦ 환경안전 및 환경관리, ⑧ 전통적인 러시아의 정신적, 도덕적 가치, 문화 및 역사적 기억의 보호, ⑨ 전략적 안정과 호혜적인 국제협력.

시대적 상황을 반영하듯 2015년에 국가안보개념에서의 우선순위 비해 다소 변화된 모습이 나타났다. 2015년에는 ① 국방, ② 국가/공공 안보, ③ 삶의 질 개선, ④ 경제성장, ⑤ 과학/기술/ 교육, ⑥ 보건, ⑦ 문화, ⑧ 친환경 생활시스템과 자원의 합리적 이용, ⑨ 전략적 안정과 대응한 전략적 파트너십이었다.

---

14 "U.S. – Ukraine Charter on Strategic Partnership," https://www.state.gov/u-s-ukraine-charter-on-strategic-partnership/ (검색일: 2022.03.13.)

'국방'에 대한 우선순위는 여전히 최상위에 자리 잡고 있으며, 이보다 러시아 국민과 잠재력 개발을 더 앞세운 점이 특이하다. 정보보안과 경제안보의 중요도가 높이 올라갔다. 이는 디지털 전환시대의 SNS를 통한 정보 교류 확산, 가짜뉴스 범람 등에 대처하고 일정 정도 정보통신 부문에의 관리 내지 통제의 필요성과 색깔혁명에 대비하려는 의도도 담긴 것으로 보인다.

2. 대내외 위협에 대한 국가안보적 대응

푸틴 정부의 대내외 위협인식에 대한 대응 방식과 실천 내용은 △ 미래 국가발전전략의 성안·실천, △ 첨단기술 신무기 개발과 군현대화, △ 미래전 대비와 미디어 관리·통제, △ 러·중 전략 연대 강화와 국제 분쟁지역에의 군사 개입 등으로 대별된다.

1) 미래 국가발전전략의 성안·실천

푸틴 대통령은 2018년 5월 9일 "2024년까지 러시아연방 발전의 국가목표와 전략적 과제에 관한 대통령령"을 발표하였다.[15] 이는 집권 4기(2018-2024년) 출범 당일에 발표한 것으로 미래 국가발전 청사진을 담은 것이다. 6년간의 국정 우선과제로 '국민복리증진'을 설정하고 2024년까지 세계 5대 경제대국 실현, 1인당 GDP 1.5배 달성, 노동생산성 제고, 빈곤 인구의 축소, 삶의 질 획기적 개선 등 야심찬 내용을 제시하였다(장세호 2018). 이후 실행 과정에서 현실성을 감안해 '세

---

15 Президент подписал Указ «О национальных целях и стратегических задачах развития Российской Федерации на период до 2024 года» (7 мая 2018 года); http://kremlin.ru/acts/news/57425 (검색일: 2019.9.1.; 2022.3.17).

계 5대 경제대국 실현'의 삭제 등 수정·보완해 나가고 있다. 2020년 7월에는 '2030년까지 국가발전목표' 5개 제시,[16] 2021년 10월에는 '전략적 사회경제적 개발 이니셔티브' 목록 승인(2021.10.7.) 등의 작업을 꾸준히 진행해 왔다. 2022년 2월 1일에는 미하일 미슈스틴(Mikhail Mishustin) 총리 주재로 '2030년까지 사회경제적 개발 이니셔티브'의 실행과 결과에 대한 회의도 가졌다.[17]

이 밖에 '2035 국가기술 이니셔티브(NTI)'(2015),[18] 러시아의 디지털 경제 프로그램 승인(2017.7), 디지털 매스미디어부의 디지털 통신부로의 개편(2018.3) 등 4차 산업혁명이 본격화되는 것을 염두에 두고 체계 정비 및 대응책 마련해 나선 바 있다. 전술했듯이 푸틴 정부는 단순히 대내외 위협에의 대처뿐만 아니라 COVID-19 팬데믹, 제4차 산업혁명 시대의 도래, 미중 패권경쟁의 상황 등을 복합적으로 고려한 가운데 국가발전전략을 추진해 나가고 있다.

이의 연장선에서 푸틴 정부는 과학기술과 신기술에 대해 중요성을 부여하고 있다. 특히 "신기술이 이전에 달성할 수 없었던 특성을 지닌 무기, 군사 및 특수 장비, 보안 시스템의 생성에 기여한다"고 보고 있다(2021 국가안보전략 72조). 국가안보개념 문서를 통해 신기술과 과학기술의 중요성을 강조하고 있으며, 경제안보 및 국방과 국가안보 부문과 연계시켜 전략적 우선순위를 부여하고 있다. 최근 푸틴 정부가 의

---

16   첫째, 인구, 건강 및 웰빙 유지; 둘째, 자기 성취 및 재능 개발의 가능성 창출. 셋째, 편안하고 안전한 생활 환경; 넷째, 효과적인 노동과 성공적인 기업가 정신; 다섯째, 디지털 대전환 등이다.

17   "Meeting on implementing socioeconomic development initiatives to 2030 and their results." http://government.ru/en/news/44452/ (검색일: 2022.03.17.)

18   "НАЦИОНАЛЬНАЯ ТЕХНОЛОГИЧЕСКАЯ ИНИЦИАТИВА." https://nti2035.ru/nti/ (검색일: 2021.12.10.).

욕적으로 신기술을 이용한 첨단 군사무기 개발에 나서고 있는 배경이다. '2021 국가안보개념' 67조 8항의 경우 "항공, 조선, 로켓 및 우주 산업, 엔진 건설, 원자력 단지 및 정보통신기술 분야에서 러시아연방이 달성한 주도적 위치와 경쟁 우위를 강화해 나갈 것"임을 밝히고 있다. 러시아가 우주항공 분야에서의 우위점을 살려 나가면서 우주 위협에 대처하고, 보다 적극적으로 우주개발 전략 수립·실천 및 정책 추진에 나설 것임을 시사한다(쉬만스카 2019).

2) 첨단기술 신무기 개발과 군현대화

러시아의 위협인식 중 다른 하나는 미국과 서방 측이 추진해 온 글로벌 MD 구축 문제였다. 이를 극복하는 방안의 하나로서 MD 체계를 돌파할 수 있는 신무기의 개발에 두었다.

러시아의 첨단 군사무기 개발은 푸틴 대통령이 2018년 3월 국정연설[19]에서 직접 소개한 다음의 6가지가 대표적이다(연합뉴스 2018/03/02; 윤지원 2018, 97-99; 김정기·서동주 2019, 224-228). 첫째, 핵추진 순항미사일 아방가르드(Avangard)이다. 푸틴은 이미 성공적으로 시험을 거친 이 순항미사일의 사거리가 무제한이고, '예측하기 어려운' 비행 경로를 채택해 사실상 요격이 불가능하다고 주장했다. 이 신형 무기는 '원자로를 장착한 전략 핵미사일'로 RS-26로 불린다. 서유럽을 겨냥한 중거리탄도미사일(IRBM)로 개발돼 양산 단계에 들어간 아방가르드는 최대 속도가 마하 20(2만 4천480km/h) 이상이다. 사거리 5천 800km에 최대 16개의 분리형 독립목표 재돌입핵탄두(MIRV)를 탑재할 수 있다. 각 탄두의 위력은 100~900kt이며, 최

---

19 "Послание Президента Федеральному Собранию." (2018.03.01.), http://www. kremlin.ru/events/president/transcripts/messages/56957 (검색일: 2021.09.30.)

대 5MT(TNT 500만) 위력을 내는 극초음 탄두를 탑재할 수 있는 것으로 알려졌다. 러시아군은 2018년 3월 4일 신형 전략무기 가운데 하나인 극초음속 미사일 '아방가르드'가 양산 단계에 들어갔다고 타스 통신이 보도하기도 하였다(연합뉴스 2018/03/04). 둘째, 극초음속 미사일 '킨잘(Kinzhal)'이다. 킨잘은 마하 10 이상의 속도와 사거리 2천 마일(3천218km)이며, 전술핵무기를 탑재할 수 있는 중거리 미사일이다. 사실상 요격이 어려운 것으로 알려졌다. 러시아 국방부는 2018년 3월 11일 극초음속 미사일 '킨잘' 발사 시험에 성공했다고 발표한 바 있다(연합뉴스 2018/03/11). 2022년 2월 19일 러시아 국방부는 Kh-47M2 킨잘 미사일을 발사해 우크라이나군 미사일·항공기용 탄약이 저장된 대규모 지하시설을 파괴했다고 밝혔다(연합뉴스 2022/03/19). 셋째는 차세대 ICBM인 RS-28로 불리는 '사르맛(Sarmat)'이다. 푸틴은 일련의 사르맛 발사 시험이 성공해 본격적인 실전 배치 과정을 앞두고 있다고 강조했다. 사르맛은 사드(THAAD, 고고도미사일 방어체계) 등 거의 모든 미사일 방어(MD) 체계를 무력화할 수 있는 성능을 보유한 것으로 알려졌다. 푸틴 대통령도 사르맛에 대해 "첨단 MD 회피 시스템을 장착하고 남극과 북극 방향 모두로 발사가 가능한 이 미사일은 어떤 MD로도 요격이 불가능하다"고 강조하였다(연합뉴스 2018/03/30). 넷째는 핵추진 대륙간 수중 드론이다. '카넌(Kanyon)'이라는 암호명을 가진 러시아의 이 드론은 수십 메가톤급의 위력을 지닌 자동잠항타격체(ASSP)로 구소련 시절 개발된 핵 어뢰 T-15에 기반을 둔 것이라고 알려져 있다. 다섯째는 신형 레이저 무기 '페레스베트(Peresvet)'이다. 이는 2018년 12월 5일 시험용으로 실전 배치되었다고 보도되었다. 이는 방공 및 미사일 방어용으로 이용될 예정이다(문화일보 2018/12/06). 여섯째는 어뢰 형태의 핵 추진 무인 수중 잠수정인 '포세이돈'이다. 공

격형 무인 잠수정(UUV)의 일종으로 이에 극초음속 아방가르드 탄도
미사일 핵탄두를 탑재하여 핵 억제력을 증강하려는 것으로 분석되고
있다.

이 밖에도 러시아는 현대화된 여러 무기에 대한 시험발사를 지
속적으로 하고 있다. 2018년 2월과 4월에는 소련 시절 개발된 PRS-1
의 개량형인 PRS-1M 미사일로 추정되는 방어용 신형 요격미사일의
시험발사에 성공하였다. 이는 미사일 공격 조기경보 및 우주공간 통
제 시스템 구성요소의 임무도 수행하는 것으로 알려졌다(연합뉴스
2018/04/02). 보레이급 핵잠수함 '유리 돌고루키'는 불라바 미사일 4
기 동시 사격에 성공하였으며, Tu-160 전략폭격기는 X-101 미사일 시
험 사격 12회를 성공시키기도 하였다(김규철 2019).

러시아가 무장한 첨단 장비로는 T-50 Pak FA 스텔스 전투기,
PAK DA 전략 폭격기, 능동형위상배열(AESA, Active Electronically
Scanned Array) 레이더, T-14 아르마타 주력 전차 등이 있으며(나우뉴
스 2015/11/19), 보초병 로봇 개발 계획도 밝힌 바 있다. 미래 첨단무기
로 전쟁 판도를 바꿀 3대 무기로 '레이저·레일건·전자기 펄스'를 꼽는
다. 러시아도 EMP 무기 개발에 적극적으로 나서고 있으며, 반경 36km
안의 전자 장비를 무력화시킬 수 있는 '라네츠(Ranets) E' 시스템을 개
발한 것으로 알려져 있다(이용성 2017).

러시아는 미래 핵심기술과 관련된 첨단 군사무기의 개발이 중요
함을 인지하고 있으며, 제한된 여건에도 불구하고 기존의 MD 체제를
무력화할 수 있을 뿐만 아니라 군사력 증강도 꾀할 수 있는 신무기 개
발과 무기 현대화에 적극 나서고 있는 것으로 평가된다. 푸틴 집권 4기
러시아는 △ 국방비 증액을 통한 군 개혁과 현대화 추진(윤지원 2018;
김정기 2011; 우평균 2016; 성일권 2012), △ 신형 전략무기 개발 및 배

치, △ 핵 억제 시스템 강화, △ 획기적인 작전수행, △ 실전적 훈련 확대, △ 미래 전장에 대비한 첨단 전략자산 도입 및 배치 등에 진력하고 있다(윤지원 2018, 94). 푸틴 대통령이 2020년 12월 국방부 확대회의에서 제시한 위기상황 대응의 5가지 핵심 과제는 위협인식에 따른 군사적 준비 상황을 나타내 주고 있다. 5가지 핵심 과제는 ① 핵전력 전투태세 유지, ② 비핵억제력 강화, ③ 현대적 무기로 군대 재무장 지속, ④ 무기현대화에 따른 군사과학 발전, ⑤ 인공지능 활용 무기 사용능력 발전이다(김규철 2021, 131-132).

3) 미래전 대비와 미디어 관리·통제

러시아는 21세기 전장 환경에 맞는 군 전력 강화에 우선순위를 두고 국방개혁을 꾸준히 성공적으로 수행해 왔으며, 미래전을 대비하는 전략으로 네트워크 중심전(Network Centric Warfare, NCW)을 적극 도입하고 적용시켜 왔다(이홍섭 2013; 우평균 2017). 정규전, 비정규전, 정치 심리전이 혼합된 전쟁 방식인 소위 '게라시모프 원칙'으로 불리는 하이브리드전도 수행하고 있다. 2008년 조지아전과 2014년 크림반도 병합 시에 하이브리드전을 활용한 것이 대표적인 사례이다(김경순 2018; 신범식 외 2021; 우평균 2021, 44-47).

　이 밖에도 사이버전에 대한 대비도 하고 있다. 해킹 방어, 해킹 공격 체계 구축을 비롯해 러시아 국민의 국제 인터넷서비스 접근을 완전히 차단하고, 러시아만의 독자적인 망인 '러넷(Runet) 2020' 프로젝트도 실행해 구축하고 있다(신범식 외 2021, 49-51). 특히 우크라이나 전쟁을 통해 투명한 정보전, 여론 선전전, 가짜뉴스와 거짓깃발(false flag), 이미지전 등이 복합적으로 활용되고 있으며, 새로운 전쟁 양태와 전쟁 규범이 창출되고 있다. 하이브리드전의 중요성이 새삼 주목받고 있다.

또한 4차 산업혁명 시대의 도래와 함께 첨단기술의 중요성이 증대되고 있는 가운데 인공지능(AI)(이수훈·유영철 2020), 로봇, 자율시스템, 소형화, 빅데이터, 무인화 등 새로운 신기술이 미래전에 활용되는 모습을 띠고 있다.

우주공간에 대한 군사안보적 접근도 강화되고 있으며 주요국 간 경쟁도 심화되고 있다. 우크라이나 전쟁을 계기로 러시아와 미국, 유럽 간 발사체 중단 등 우주협력이 중단되고 있지만, 러시아는 2022년 3월 18일 국제우주정거장(ISS)으로 올라가는 3명의 러시아 우주인을 태운 '소유스 MS-21' 우주선을 성공적으로 발사하는 등 우주 관련 활동을 지속하고 있다(연합뉴스 2022/03/19).

러시아는 구소련 공화국에서 생겨나고 있는 색깔혁명을 민감하게 바라보고 있다. 2003년 조지아의 장미혁명을 비롯해 2004년 우크라이나의 오렌지혁명, 2005년 키르기스스탄의 튤립혁명, 2014년 우크라이나의 유로마이단 시민혁명, 2018년 아르메니아의 벨벳혁명, 2020년 벨라루스 민주화 시위, 2021년 카자흐스탄 반정부 시위에 이르기까지 민주화 운동이 확산되어 가는 추세를 보이고 있기 때문이다. 러시아는 뒤에 미국을 위시한 서방 측이 개입해 영향을 미치고 있다고 여기고 있다. 이에 따른 경계감 속에 비정부기관(NGO)들의 활동을 관리·통제하려 하고 있으며, SNS를 비롯한 언론의 활동에도 제약을 가하고 있다.

우크라이나 전쟁에서 소통플랫폼의 중요성이 부각되었다. 전쟁 진행 중에 러시아와 서방 측 간 소통 플랫폼을 둘러싼 공방전도 치열하게 전개되고 있다. 러시아 하원은 3월 3일 러시아군 운용에 관한 허위정보를 공개·유포할 경우 최대 징역 15년을 부과할 수 있는 형법 개정안을 통과시켰다. 러시아 통신·정보기술·미디어 감독청인 '로스콤나드조르'는 3월 4일 차별 허위정보 유포 이유로 페이스북과 트위터를 차단하는 조치를 내렸다. 영국 방송규제 당국인 오프콤(Ofcom)도 3월 18일 러시아 국영 방송인 RT(Russia Today)의 영국 내 방송 허가를 취소하였다.[20] 가짜뉴스와 허위보도 등도 제재 국면과 맞물리면서 대결 양상이 심화되고 있는 것이다.

4) 러·중 전략 연대 강화와 국제 분쟁에의 군사 개입

러시아는 국제질서의 다극화를 겨냥하면서 중국, 인도 등과의 협력을 꾸준히 추진해왔다. 중국과는 1996년 전략적 동반자관계를 맺은 이래로 현재까지 관계 증진을 지속해가고 있다. 러시아는 중국과의 연대 강화를 통해 미국 및 미국의 동맹 네트워크를 견제하는 구도를 견지해가고 있다. 2019년 6월 양국 정상은 정상회담을 통해 '신시대 전략적 협력동반자관계'로 관계를 격상하였다. 우크라이나 전쟁을 앞둔 2월 4일 베이징 동계 올림픽을 계기로 한 정상회담도 주목을 끌었으며, 이후 화상회담(2월 25일) 등 긴밀한 유대 관계 모습을 보여주고 있다.

양국 정상 간의 잦은 회동은 물론 군사적인 측면에서도 긴밀한 관계를 유지하고 있다. 러·중은 2012년부터 합동 해상군사 훈련을('해상연합-2012') 시작하였으며, 거의 매년 치러지고 있다. 2012년에는 중국 칭다오 부근 서해 해역, 2013년에는 러시아 블라디보스토크 부근 동해 해역, 2014년에는 중국 양쯔강 하구 부근, 2015년 5월에는 흑해와 지중해에서, 8월에는 블라디보스토크 인근 표트르대제만 연안에

---

20 "Decision – ANO TV Novosti." https://www.ofcom.org.uk/about-ofcom/latest/bulletins/content-sanctions-adjudications/decision-ano-tv-novosti (검색일: 2022. 03.19.).

서 두 차례, 2016년에는 남중국해에서 '해상연합-2016'을 실시하였다. 2017년 7월에는 북유럽 발틱해에서 첫 합동 군사훈련을 실시하였고(중국의 052D 구축함과 소형 호위함, 러시아 함선 10척 참가), 2018년에는 푸틴 대통령과 웨이펑허 중국 국방부장이 참관한 가운데 자바이칼 '추골' 훈련장에서 '보스토크(동방)-2018'(9.11-17)이 실시되었다. 2019년에는 양국 해군이 산둥성 칭타오에서 '해상연합-2019'(4.29-5.4)을 실시하였다. 2020년도는 코로나로 인해 취소되었지만, 2021년도에도 '서부연합-2021'(8.9-13)를 실시한 바 있다. 전체적으로 고위급 군인사의 교류를 증진해 나가고 양국 연합 훈련 지역의 확대, 첨단 군사무기 판매 등 군사부문의 협력도 지속적으로 강화해 나가고 있다. 2022년 3월 18일 바이든 대통령과 시진핑 국가주석 간 전화회담에서 보듯 우크라이나 전쟁 이후 중국이 러시아의 군사부문 지원 요청과 관련 어떠한 입장을 취할 것인가? 하는 점이 또 다른 국제 안보 현안으로 떠오르고 있다.

러시아는 2008년 8월 조지아 전쟁을 비롯해 몇 차례 군사력을 사용한 적이 있었다. 2011년 시리아 내전에 러시아군을 파견하였으며, 2020년 아르메니아-아제르바이잔 전쟁에 평화유지군을 파견하였고, 2022년 1월 카자흐스탄 시위에도 집단안전조약기구(CSTO) 군을 활용해 수습하였다. 현재진행 중의 우크라이나 전쟁도 러시아군이 직접 투입된 사례이다. 국제 지역분쟁에 적극 나서고 있으며, 이란핵합의(JCPOA), 북핵문제 등 WMD 확산 문제에도 개입하고 있다.

V. 러시아의 대한반도 전략적 입장과 정책 전망

최근까지 한러관계는 2020-2021년간 수교 30주년 행사를 온-오프라인으로 치르는 등 관계 발전을 이루는 모습을 보였다. 반면 2022년 2월 24일 우크라이나 전쟁을 계기로 부정적인 영향 속에 기존 한러관계는 침체 내지 경색 국면으로 진행될 가능성이 높아졌다. 한국은 대러 제재에 동참하였으며 러시아는 48개국의 비우호국 명단에 한국을 포함시킨 상태이다. 러시아는 3월 7일 정부령을 통해 자국과 자국 기업, 러시아인 등에 비우호적 행동을 한 국가와 지역을 발표하였다. 한국을 비롯해 미국, 영국, 일본, 호주, EU, 캐나다, 뉴질랜드, 노르웨이, 싱가포르, 대만, 우크라이나 등이다(연합뉴스 2022/03/07). 앞으로 러시아와의 관계를 어떻게 설정하고, 이끌어 나가야 할지? 한러관계의 미래와 발전에 있어 새로운 과제가 되었다.

한러관계는 1990년 수교 이래 30여 년이 넘었다. 많은 부침을 겪었고 잠재력을 다 발휘하지 못하고 있다는 아쉬움도 있지만 꾸준히 발전해 온 것으로 평가되고 있다. 2014년 비자 면제 협정이 체결되었으며, 2021년 양국 교역량은 코로나 팬데믹에도 불구하고 273억 달러를 기록하였다.

러시아의 한반도에 대한 정책 목표와 노선은 △ 한반도 안정과 평화, △ 호혜적인 경제관계 확대, △ 한반도 문제의 당사자로서의 참여, △ 남북한 등거리, 균형 외교로 집약된다. 구체적으로 보면 첫째, 북핵 문제의 평화적 해결, 둘째, 남·북·러 3각 협력 실현과 한·러 경협 증진 및 극동개발 투자 유치, 셋째, 한반도 비핵화와 6자회담을 통한 위상 유지·강화, 넷째, 대량살상무기 개발·확산 저지, 다섯째, 남북한 반(反)러시아화 방지와 대한반도 영향력 제고 등이다(서동주·장세호

2019, 27)

  정책 기조 역시 남북한 등거리, 균형외교를 견지한 가운데 남북한
상호 협력적 대화를 지지하는 입장이다. 한반도 정책과 관련해서 러시
아는 6자회담 개최, 한반도 비핵화, 북한의 WMD 확산 방지, 동북아
다자간 안보체제 구축 등을 내세우고 있다. 또한 나진-하산 프로젝트,
TKR, TSR 연결 사업 등 남·북·러 경협 사업을 성사시키고자 한다. 블
라디보스토크 동방경제포럼을 개최하고 있으며 한국이 극동·북극 시
베리아 개발에 투자하길 원하고 있다.

표 4.3 러시아의 대(對)한반도 전략적 입장과 정책 목표

구 분	주요 내용
전략적 입장	o 지정학적 의미와 정경 관계의 중요성 인식
	o 한반도 문제 해결 당사자로서의 참여와 적극적 개입정책 추진
	o 극동·시베리아 에너지 개발에 대한 한국의 참여 유도
	o 다자주의 또는 다자 간 안보협의체 강조, 실용주의적 접근 양태 등
정책 목표/기조	o 한반도의 안정과 평화 유지
	o 남북한에 대한 균형 정책
	o 역내 영향력 확보와 위상 정립
	o 한반도 비핵화
	o 군사 정치적 대결 해소를 통한 평화와 안정 유지
	o 남북한 간 건설적인 대화 지지
	o 호혜적인 경제관계 확립
	o 한반도 주변 3국과의 세력균형 유지 등

출처: 서동주·장세호(2021, 26).

  북한 핵문제 해결과 관련하여서도 러시아는 2012년 푸틴 대통령
이 언론에 기고한 글을 토대로 북핵문제와 관련해 러시아는 ① 북한의
핵보유 불용, ② 한반도 비핵화 지지, ③ 군사적 해법 불가 및 정치적·
외교적 해법의 강조, ④ 조건 없는 6자회담의 재개, ⑤ 북한과의 선린

우호관계 발전을 이루면서 북한의 핵포기 결정 유인 등을 내세우고 있다("Россия и меняющийся мир(러시아와 변화하는 세계)," Московские Новости, 2012/02/27). 구체적인 해결책으로 2017년 6월 이고르 모르굴로프(Igor Morgulov) 외무차관이 제시한 3단계 로드맵이 있다. 이는 중국이 주장한 쌍중단, 쌍궤병행과 궤를 같이하지만 한 단계 더 나아가 다자안보협력체제 구상을 담고 있다.

러시아의 한반도에 대한 정책과 입장은 세계전략의 연장선에서 이뤄지고 있다. 현재진행 중인 미중 전략·패권 경쟁과 유라시아~동아시아 질서 재편의 움직임과 연계되어 있다. 위에 살펴본 것처럼 한·러 수교 이후 지금까지 러시아가 견지해 온 전략적 입장과 한반도에 대한 정책 목표는 큰 틀에서 변화가 있을 것 같지는 않아 보인다. 반면에 우크라이나 전쟁의 파고 속에서 냉전기 북·중·러 삼각연대의 재연 가능성, 역내 미·중, 미·러 갈등 심화에 따른 안보 불안정성 증대, 군비 경쟁의 심화 등 부정적 영향이 미칠 것으로 보인다.

한러관계도 대러 교역·투자의 어려움 등 일정 정도 정체 내지 경색될 가능성이 있다. 우크라이나 전황을 비롯해 역내 군사안보 질서 재편 향배에 주목하면서 한·러 간 잠재적 갈등 요소들이 촉발되지 않도록 하는 노력이 긴요하다. 제재 국면 속에 한국 기업들의 피해가 최소화되도록 하는 것이 중요하다. 유라시아정책연구원과 한러비즈니스협의회, 한양대 아태지역연구센터, 세종연구소 일본연구센터는 3월 17일 러시아를 대상으로 비즈니스를 하는 한국의 중소기업을 대상으로 "대러 경제·통상 현황 긴급 점검 온라인 세미나"를 개최한 바 있다(https://www.youtube.com/watch?v=5HzbAHDWrss). 한·러 경협 증진을 비롯해 북한 핵문제 해결과 개혁·개방으로의 유도 등이 지속 발현되도록 잘 관리해 나갈 필요가 있다.

지난 32년간 축적된 한러관계 발전과 답보·정체 경험은 모두 소중하다. 양국 간 상호 보완적인 전략적 위상과 가치를 활용하면서, 윈-윈(win-win)하는 전략과 발전 방향을 공유하도록 노력해야 한다. 인공지능(AI), 빅 데이터, 초융합 등 4차 산업혁명 시대의 도래와 급변하는 유라시아·동아시아 질서 재편에 부응하면서 한·러 협력 사안을 발굴하고 새롭게 전진하도록 하는 것이 긴요하다.

VI. 맺음말

현재진행 중인 우크라이나 전쟁은 신냉전 가시화의 역사적 전환점을 지닌 사건으로 많은 파급영향을 끼칠 것이다. 복합대전환시대 유라시아 전략 공간 재편의 과정이기도 하며, 강대국 간 지정학적 한계선(red line)을 둘러싼 지정·전략적 게임이기도 하다. 또한 자유, 인권, 민주주의, 권위주의와 더불어 푸틴과 지배엘리트의 러시아 국가운영 방향·성격 등이 연계된 가치, 체제, 정체성을 둘러싼 대결이기도 하다.

우크라이나 전쟁의 이면에는 첫째, 강대국 간 사활적 이익(vital interest)이 담긴 한계선 설정 해법, 둘째, 글로벌 질서 재편을 둘러싼 미·EU·중·러 전략·패권 경쟁, 셋째, 지정학적 중간국(완충국가)의 위상과 역할, 넷째, 국가 지도자들의 리더십과 국가비전, 다섯째, 디지털 대전환시대 지구적 차원의 공감과 뉴미디어 역할 등이 복합적으로 연계되어 있다(서동주 2022). 향후 글로벌 차원에서 많은 변화를 가져올 게임체인저이기도 하다.

본 연구에서는 "국제정세 변동과 안보환경 한반도 그리고 항공·우주산업의 미래"와 연계해 "러시아의 국제안보·국방환경의 변화에 대한 인식과 한반도" 문제를 살펴보았다. 러시아의 국제정세와 대내외 위협인식 그리고 이에 대한 대응 등을 파악해 보았다. 푸틴 정부는 국제정세 변화 움직임을 미국·서방 측의 쇠퇴와 다극화 추이로 파악하고 새로운 '도전과 기회'로 인식하고 있다. 국제질서 재편에 적극 나서는 한편 △ 미래 국가발전을 위한 전략 수립과 실천, △ 첨단기술 신무기 개발과 군현대화, △ 미래전 대비와 미디어 관리·통제, △ 러·중 전략 연대 강화와 국제 분쟁지역에의 군사 개입 등을 추진해 나가고 있다.

정책 시사점으로 다음과 같은 점을 꼽을 수 있다. 첫째, 유라시아 전략 공간 재편에 대한 관심과 중요성에 대한 이해 제고이다. 지금 세계는 초불확실성 속에 미·중 패권 경쟁이 심화되고 있으며 인도·태평양과 유라시아 전략 공간에서 커다란 변화의 움직임을 보이고 있다. 우크라이나 전쟁 향배와 파급 영향에 관심을 기울이는 한편 미·중·러·EU 관계 변화에도 주목할 필요가 있다.

코로나19 팬데믹, 4차 산업혁명, 디지털 대전환 등 소위 복합 대전환시대를 맞아 이에 조응하는 전략적 선택과 집중이 매우 중요해졌다. 한국 나름대로의 '21세기형 전략적 가치'를 높여나가는 데 주력할 필요가 있다. 동맹과의 신뢰 증진, 자강력 확보, 주변국과의 협력 강화, 소다자 국제 협력의 활성화, 중견국 그룹 네트워크의 확대·견실화, 글로벌 가치 증진의 선도적 의제 제시·주도, 모범적 발전국가 이미지 제고 등을 통해 보다 구체적인 행동과 실행으로 옮겨져야 한다. 복합 대전환시대를 슬기롭게 헤쳐 나갈 혜안이 담긴 국가안보전략대강(大綱)을 성안·실천하는 것이 긴요하다.

여타 국가와 비교 시 시사점을 얻는 참고사안으로, 러시아의 미래에 대한 대응 내용과 모습은 다음과 같이 집약해 볼 수 있다. ① 미래비전 계획과 실천 노력: '2024년까지 국가발전 목표 및 전략적 과제'(2018.5) 외, ② 4차 산업혁명 본격화 대비책: '2035 국가기술 이니 셔티브(NTI)'(2015), '러시아의 디지털 경제 프로그램' 승인(2017.7) 외, ③ 글로벌 질서 재편 주도/조율: '강대국 러시아'의 존재감과 전략 축 역할 제고, ④ 군사력 건설과 연합훈련 강화: '국가무장계획 2018-2027', 첨단 군사무기 개발·배치 외, ⑤ 신흥안보와 비대칭안보 대응: 백신 스푸트니크 V 개발, 국제보건, 식량안보, 기후변화 대응 준비, ⑥ 국제 분쟁 개입 강화: 우크라이나 전쟁, 시리아 내전, 이란 핵문제, 아 제르바이잔-아르메니아 분쟁, 아프간 미군 철수 이후 중앙아 정세 등.

둘째, 디지털 대전환 시대 군사안보 환경 변화에의 조응 및 미래전 에 대한 대비이다. 2022년 우크라이나 전쟁은 2008년 조지아 전쟁에 선보였던 하이브리드전 성격 이외에 국제 공감 여론의 중요성, SNS 소 통 플랫폼의 위력, 글로벌 IT 기업의 지원, 우주 통신망의 활용 등 여러 측면에서 특기할 만한 점들이 있다. 비트코인 군자금, 글로벌 해커들의 사이버전 참전 등도 이뤄졌다.

항공·우주 분야와 관련해 두 가지 측면이 관심을 끈다. 하나는 K-9 자주포, FA-50 훈련기, 천궁-II, 무인전투기 등 방산 수출과 관련 해 틈새시장의 확장 가능성이다. 지정학적 중간국들이 느끼는 군사 위 협인식 정도가 달라졌으며, 방어 무기 구입에 대한 수요가 커질 것으로 보인다. 또 다른 하나는 미래전과 관련해 우주 공간을 활용하는 위성통 신 부문의 중요성이 부각되었다는 점이다. 일론 머스크가 위성 인터넷 '스타링크'를 제공한 점이 대표적인 예에 해당된다. 우주 영역까지 전 장화하는 계기가 된 것으로 항공·우주 산업의 중요성과 미래 과제의 한 부문을 제시해 주고 있다. 한국은 우주인 양성 프로그램, 우주 발사 체 개발 등 러시아와 항공우주 분야에 있어 협력을 해 온 경험이 있다. 우크라이나 전쟁을 계기로 미·러·EU 간 대립·갈등 속에 우주정거장

사업, 발사체 사업 등에의 변화 가능성에 주목하고(Howell 2022), 한국 나름대로의 우주 개발 전략을 짜서 잘 추진해 나가야 할 것이다.

끝으로, 우크라이나 전쟁에 따른 군사안보 환경에의 부정적 파급 영향을 제어하고 새로운 국가도약의 계기로 만들어 가야 할 것이다. 앞서 언급했듯이 우크라이나 전쟁은 국제정세의 불확실성을 높이고, 냉전기 '한·미일 대 북·중·러' 갈등 구도 재연 가능성, 중·러, 북·러 군사안보 협력 강화 가능성, 북한 핵문제 해결에의 악영향 등 부정적 영향을 끼칠 것으로 보인다. 전략적 협력동반자관계를 맺고 있는 한러관계 역시 침체될 가능성에 주목하고, 상호 윈-윈하는 글로벌, 지역적 수준에서의 협력 사안 발굴, △ 단·중기 대러 차세대 인재 육성 및 공공외교 증진, △ 한·러 안보 현안 관련 잠재적 갈등 사안 관리·제어 등은 꾸준히 극복해 나가야 할 외교적 과제로 남아 있다.

참고문헌

강봉구. 2012. "푸틴 집권 3기 러시아의 대외정책." 『대한정치학회보』 20(1): 129-152.

고상두. 2018. "러시아의 나토와 유럽연합 관계: 갈등과 협력 개념을 중심으로." 『국방연구』 61(1): 107-127.

고재남. 2006. "제3기 푸틴 정부의 신외교안보 전략과 실제." 『국립외교원 정책연구시리즈』.

김경순. 2018. "러시아의 하이브리드전 우크라이나 사태를 중심으로." 『한국군사』 4: 63-96.

김규철. 2019. "2018년 러시아 군사전략: 다극화 세계의 군사 강국으로 질적 성장." 『Russia-Eurasia FOCUS』 516.

_____. 2020. "러시아의 군사전략: 위협인식과 군사력 건설 동향." 『군사논단』 100권 특별호: 293-354.

_____. 2021. "군사안보." 『2020 Russia Report: Issues & Analysis 분야별 평가와 전망』. 서울: 한국외국어대학교 러시아연구소.

김성진. 2018. "러시아 안보정책의 변화: 주요 안보문서를 중심으로." 『슬라브학보』 33(2): 91-128.

김숙현·강량·박병광·서동주·이수형. 2019. 『미중 패권경쟁에 대한 주변국의 입장과 대응』. 서울: 국가안보전략연구원.

김정기. 2011. "러시아의 전면적 군개혁: 현황과 전망." 『전략연구』 18(53): 113-151.

김정기·서동주. 2019. "AI(인공지능) 시대 글로벌 안보환경 변화와 러시아의 전략적 대응: 동향, 전망, 함의." 『안보학술논집』 30: 181-246.

라승도. 2022. "소련 붕괴 30년 이후: 또 다른 역사적 대전환의 서막." 『Russia-Eurasia FOCUS』(3월 7일).

서동주. 2009. "러시아의 동아시아 전략과 미래의 역할." 고재남·엄구호 엮음. 『러시아의 미래와 한반도』. 파주: 한국학술정보(주).

_____. 2022. "미-EU vs 러-중 진영 싸움...신냉전으로 게임체인저." [인사이드&인사이트] 『동아일보』(3월 8일).

서동주·장세호. 2021. 『한러 전략적 협력의 쟁점과 과제』. 서울: 국가안보전략연구원.

성일권. 2012. "푸틴의 복귀에 따른 러시아 국방개혁의 방향성 연구." 『21세기정치학회보』 22(2): 225-245.

신범식. 2013. "푸틴 3기 러시아의 한반도정책 : 변화하는 동북아에서의 적극적 역할 모색." 『한국과 국제정치』 29(1): 123-161.

_____. 2022a. "바이든 행정부 외교의 중요 시험대가 된 우크라이나 위기." 『정세와 정책』.

_____. 2022b. "불타는 우크라이나." 『중앙SUNDAY』(2월 26일).

_____. 2022c. "정점 치닫는 우크라 위기... 러, 돈바스 충돌 빌미 침공할 수도." [인사이드&인사이트] 『동아일보』(2월 15일).

신범식·윤민우·김규철·서동주. 2021. 『러시아의 사이버 안보』. 서울: 사회평론아카데미.

쉬만스카, 알리나. 2019. "러시아의 우주전략: 우주 프로그램의 핵심과제와 우주 분야 국제

협력의 주요 현안에 대한 입장."『국제정치논총』 59(4): 83-131.

엄구호. 2022a. "우크라이나 전쟁 위기와 한반도."『MK 뉴스』(1월 28일).

_____. 2022b. "G3 격상까지 노리는 러...미의 아태 전략 약화 의도도." [인사이드&인사이트] 『동아일보』(2월 28일).

_____. 2022c. "러시아-우크라이나 분쟁: 세계 공급망과 한국기업."『동아시아재단 정책논단』(2월 15일).

우평균. 2014. "현대 러시아의 통치이념: 푸틴주의(Putinism)의 성격 및 평가."『민족연구』 57: 22-48.

_____. 2016. "러시아의 국방개혁: 성과와 시사점."『중소연구』 40(2): 121-162.

_____. 2017. "러시아의 미래전 대비 전략: 네트워크 중심전과 시사점."『중소연구』 41(3): 213-249.

_____. 2021. "러시아의 현대전 대응 전략과 실천 과제: 군사사상, 전략과 군사력 건설." 『국방연구』 64(4): 35-82.

윤지원. 2018. "러시아 국방개혁의 구조적 특성과 지속성에 대한 고찰: 푸틴 4기 재집권과 국가안보전략을 중심으로."『세계지역연구논총』 36(3): 83-104.

이상준. 2022. "우크라이나 위기와 국제질서의 변화 가능성."『이슈브리프(아산정책연구원)』 (2월 24일).

이석·조병구 편. 2017.『동북아 국제질서의 변화와 우리의 대응전략』. 서울: KDI.

이수훈·유영철. 2020. "러시아 안보·국방 분야의 인공지능 기술 도입과 개발 현황: 분석과 한계."『중소연구』 44(3): 87-116.

이양구. 2022. "푸틴의 단기전 실패, 장기전으로 가면 최악의 사태."『중앙일보』(3월 15일).

이용성. 2017. "[이슈 분석 2] 미래 첨단무기] 전쟁 판도 바꿀 3대 무기 '레이저·레일건· 전자기 펄스' 미국·러시아·이스라엘이 개발 선도… 한국은 시작 단계." 『ChosunBiz』(12월 23일). http://biz.chosun.com/site/data/html_dir/2017/12/20/ 2017122001478.html (검색일: 2022.3.2.)

이홍섭. 2013. "21세기 러시아 군 개혁의 배경과 방향: 네트워크 중심전(NCW) 대비." 『슬라브연구』 29(1): 99-119.

장덕준. 2015. "신푸틴독트린과 러시아 대외정책 전망."『Russia Eurasia FOCUS』(1월 26일).

_____. 2018. "푸틴시기 러시아의 정치체제: '푸틴주의'의 특성을 중심으로."『중소연구』 42(3): 243-286.

장세호. 2018. "러시아 푸틴 집권 4기 대내외 정책방향."『INSS 전략보고』 8-10.

_____. 2022. "국제질서의 변동에 대한 미중 대결 중심 시각의 한계와 우크라이나 위기."『INSS 이슈브리프』(1월 19일).

제성훈. 2020. "크림반도 병합 이후 러시아의 군사안보전략: '국가안보전략'과 '군사독트린' 분석을 중심으로."『평화학연구』 21(4): 87-109.

홍완석. 2011. "푸틴시대 러시아의 신한반도 전략."『한국정치학회보』 35(3): 343-363.

_____. 2022. "우크라이나를 둘러싼 미러의 지정학적 충돌: 원인, 성격, 시사점." 『세종정책브리프』(2월 14일).

"전 세계 긴장시킬 러시아 첨단무기 4가지." 『나우뉴스』(2015년 11월 19일), https://nownews.seoul.co.kr/news/newsView.php?id=20151111601029#csidx413541859c5d98db1d07d661777856a (검색일: 2022.3.2.)

"대러 경제 통상현황 긴급점검 온라인 세미나."(2022.03.17.), https://www.youtube.com/watch?v=5HzbAHDWrss (검색일: 2022.05.22.).

『문화일보』, 2018년 12월 6일.

『연합뉴스』, 2018년 3월 2일; 3월 4일; 3월 7일; 3월 19일; 3월 30일; 4월 2일.

"A 'New Cold War' has already started, but Russia & China are winning against a 'weakening' West."(2021.04.08.) https://eng.globalaffairs.ru/articles/new-cold-war-has-already-started/ (검색일: 2021.09.07.)

"Agreement on measures to ensure the security of The Russian Federation and member States of the North Atlantic Treaty Organization."https://mid.ru/ru/foreign_policy/rso/nato/1790803/?lang=en&clear_cache=Y (검색일: 2021.12.20.)

"Decision – ANO TV Novosti," https://www.ofcom.org.uk/about-ofcom/latest/bulletins/content-sanctions-adjudications/decision-ano-tv-novosti (검색일: 2022.03.19.)

"Meeting on implementing socioeconomic development initiatives to 2030 and their results." http://government.ru/en/news/44452/ (검색일: 2022.03.17.)

"Putin's Munich Speech 15 years later: What prophecies have come true?" Tass (11 Feb. 2022), https://tass.com/politics/1401215?utm_source=google.com&utm_medium=organic&utm_campaign=google.com&utm_referrer=google.com (검색일: 2022.03.15.)

"Treaty between The United States of America and the Russian Federation on security guarantees." https://mid.ru/ru/foreign_policy/rso/nato/1790818/?lang=en (검색일: 2021.12.20.)

"U.S. – Ukraine Charter on Strategic Partnership," https://www.state.gov/u-s-ukraine-charter-on-strategic-partnership/ (검색일: 2022.03.13.)

Carpenter, Ted Galen. 2022. "Did Putin's 2007 Munich Speech Predict the Ukraine Crisis?" (January 24)https://www.cato.org/commentary/did-putins-2007-munich-speech-predict-ukraine-crisis (검색일: 2022.03.15.)

Howell, Elizabeth. 2022. "Russian space program chief says US sanctions could 'destroy' International Space Station partnership" (February 24), https://www.space.com/roscosmos-rogozin-russia-iss-space-sanctions (검색일: 2022.03.19.).

http://cikrf.ru/analog/ediny-den-golosovaniya-2021/p_itogi/ (검색일: 2021.09.24.)

http://government.ru/en/news/44452/ (검색일: 2022.03.17.)

http://kremlin.ru/acts/news/57425 (검색일: 2019.09.01.; 2022.03.17.).

http://kremlin.ru/events/president/news/67843 (검색일: 2022.03.12.).

http://www.buyrussia21.com/news/articleView.html?idxno=28287 (검색일: 2022.03.17.)

http://www.kremlin.ru/events/president/transcripts/messages/56957

http://www.scrf.gov.ru/council/composition/ (검색일: 2022.03.15.)

http://www.scrf.gov.ru/news/allnews/3188/ (검색일: 2022.03.10.)

https://apnews.com/article/entertainment-science-business-kazakhstan-anton-shkaplerov-aca1f3fac57a8033473d20fca577d628 (검색일: 2022.03.17.)

https://carnegie.ru/commentary/84893 (검색일: 2021.7.20.)

https://carnegieendowment.org/2019/06/20/thirty-years-of-u.s.-policy-toward-russia-can-vicious-circle-be-broken-pub-79323 (2021.12.09.)

https://en.wikipedia.org/wiki/Annexation_of_Crimea_by_the_Russian_Federation (2022.03.17.)

https://en.wikipedia.org/wiki/Russo-Georgian_War (2022.03.17.)

https://en.wikipedia.org/wiki/Sputnik_1 ; https://sputnikvaccine.com/ (2021.12.12.)

https://forumvostok.ru/ko/ (검색일: 2022.03.17.).

https://mid.ru/ru/foreign_policy/rso/nato/1790803/?lang=en&clear_cache=Y (검색일: 2021.12.20.)

https://mid.ru/ru/foreign_policy/rso/nato/1790818/?lang=en (검색일: 2021.12.20.)

https://nownews.seoul.co.kr/news/newsView.php?id=20151111601029#csidx41354185 9c5d98db1d07d661777856a 참조 (검색일: 2022.03.02.)

https://nti2035.ru/nti/ (검색일: 2021.12.10.)

https://www.bbc.com/news/world-europe-26713727 (검색일: 2022.03.17.)

https://www.cato.org/commentary/did-putins-2007-munich-speech-predict-ukraine-crisis (검색일: 2022.03.15.)

https://www.nato.int/cps/en/natolive/official_texts_25468.htm (검색일: 2022.03.18.)

Kapoor, Nivendita. 2021. "Russian's new national security strategy." https://www.orfonline.org/expert-speak/russias-new-national-security-strategy/(검색일 : 2021.07.26.)

Karaganov, Sergei. 2021. "A 'New Cold War' has already started, but Russia & China are winning against a 'weakening' West." https://eng.globalaffairs.ru/articles/new-cold-war-has-already-started/ (검색일: 2021.09.07.)

McGovern, Ray and John Mearsheimer. 2022. "Putin's Invasion of Ukraine Salon." (3월 4일) https://www.youtube.com/watch?v=ppD_bhWODDc&t=2162s (검색일: 2022.03.10.)

Putin, Vladimir. 2007. "Speech and the Following Discussion at the Munich Conference on Security Policy." http://en.kremlin.ru/events/president/transcripts/24034 (검색일: 2022.03.14.)

Trenin, Dmitri. 2021. "Russia's National Security Strategy: A Manifesto for a New Era." https://carnegie.ru/commentary/84893(검색일: 2021.07.20.)

"Военная доктрина Российской Федерации." 26. 12. 2014 года, http://www.scrf.gov.ru/security/military/document129/ (검색일: 2022.03.16.)

˝НАЦИОНАЛЬНАЯ ТЕХНОЛОГИЧЕСКАЯ ИНИЦИАТИВА.˝ https://nti2035. ru/nti/ (검색일: 2021.12.10.).

˝О том, кто разжигает пожар войны и удастся ли сохранить хрупкий мир, в интервью «Российской газете» рассказал заместитель Секретаря Совета безопасности России Михаил Попов.˝ http://www.scrf.gov.ru/news/allnews/ 3188/ (검색일: 2022.03.10.)

˝Россия и меняющийся мир,˝ Московские Новости, 2012.02.27.

Президент подписал Указ «О национальных целях и стратегических задачах развития Российской Федерации на период до 2024 года» (7 мая 2018 года)

Путин, Владимир. 2022. ˝Обращение Президента Российской Федерации.˝(02.24) http://kremlin.ru/events/president/news/67843, 28분 3초 영상) (검색일: 2022.03. 12.)

Стратегия национальной безопасности Российской Федерации, http://www.scrf. gov.ru/media/files/file/l4wGRPqJvETSkUTYmhepzRochb1j1jqh.pdf (검색일: 2021. 07.05.)

제5장   일본 국방정책의 변화와 우주정책의
         안보화: 국제협조에 입각한 '보통국가'

이정환(서울대학교)

I. 머리말

이 장은 국제안보·국방환경 변화에 대한 일본 국방정책의 변화를 시계열적으로 살펴보면서 이와 결부된 일본 우주정책의 안보적 성격 변화를 추적하는 것을 목표로 한다. 2010년대 이후 일본은 '적극적 평화주의' 슬로건 하에서 보통군사국가화의 방향성에 맞는 국방정책을 추진하고 있다. 2012년 출범한 제2기 아베 신조(安倍晋三) 정권은 〈국가안보전략〉 및 〈방위계획대강 2013〉 등의 국방정책 상위문서를 제정 또는 개정하여 적극적 국방정책의 명쾌한 방향성을 제시하였다. 또한, 집단적 자위권의 헌법해석 변경, 〈무기수출3원칙〉의 철폐 등 국방정책 변화를 위한 국내 법적 기반을 정비하였다. 더불어 2015년 미일방위가이드라인 재개정이 상정하듯 미일동맹을 강화하는 한편, 미일 안보협력의 공간을 일본과 그 주변 동아시아에서 사이버 공간과 우주 분야로까지 확대하였다. 그리고 국방력 강화에 있어서도 기존의 기반적 방위력 개념에서 벗어나 탄력적 기동적 방위력 개념 등을 제시하며, 국방능력 제고에 적극적으로 나섰다(박영준 2015). 제2기 아베 정권의 국방정책 변화 방향은 후속 정권에서도 계속되고 있으며, 보통군사국가화 방향성의 국방정책은 〈국가안보전략〉과 〈방위계획대강〉 등의 재개정이 논의되는 현 기시다 후미오(岸田文雄) 정권에서 변동 없이 유지되어 가속화될 것으로 관찰된다.

　　이러한 국방정책의 변화는 북한의 핵미사일 개발, 그리고 무엇보다 중국의 부상과 연계된 일본의 안보 환경 인식 변화와 밀접한 상관성을 지니고 있다. 냉전기 일본 위협인식의 제약성과는 달리, 탈냉전기에 북한 핵미사일 개발은 일본에 안보위협인식을 크게 제고시켰고, 국방정책 변화에 중요한 영향을 주었다. 한편, 중국의 부상이 야기한 일본의 위협인식은 2010년과 2012년 동중국해의 영토분쟁을 중심으로 강화되어, 국방정책 변화에 결정적 영향을 주었다.

이 연구는 냉전기, 탈냉전기, 중국의 부상 시기의 시대적 환경 변화와 연동된 일본의 안보 환경 인식 변화 속에서 일본의 국방정책의 기조가 '비군사'에서 '비침략'으로, 그리고 '보통국가'로 변동되었음을 기술할 것이다. 그리고, 이러한 국방정책의 기조 변화는 일본 우주정책의 성격 변화에도 동일하게 나타나고 있음을 밝힐 것이다. 2010년대 일본 국방정책의 진화는 일본 우주개발 정책과 밀접한 연관성이 있다. 적극적 국방정책의 핵심 부분에는 우주개발 분야의 정책 변화가 존재하고 있다. 우주개발 분야에서 과거 비군사문화의 터부와 연계된 제도적 여건을 바꾸고, 미국과의 항공우주 분야에서의 협력을 강조하며, 우주상황 감시능력 향상에 노력하는 양상이 발견된다.

한편, 일본의 국방능력 제고에 대한 방법론은 역사적으로 자주와 국제협조(미일협력)의 사이에서 오가는 성격을 지녀왔다. 일본 우주정책의 역사에서도 자주 노선과 국제협조 노선은 그 성격을 판단하는 중심적 요인으로 기능해왔다. 2010년대 국방정책의 보통군사국가화 속에서 국방능력 제고의 방법론이 국제협조 노선으로 경사하는 가운데, 우주정책에서도 국제협조 방향성은 선명하게 드러나고 있다. 우주개발 분야의 협력은 미일 안보협력의 핵심적 부분으로 발전하고 있으며, 대중국 국방정책에서 차지하는 의미가 증가하고 있다. 일본의 우주개발 정책이 일본 국방정책 성격 변화의 향후 초점이 될 가능성이 높다. 국방정책과 우주정책의 국제협조 중심성은 현재 잠복되어 있는 미국에의 연루 위험에 대한 조건이 강화되고 있음을 암시한다.

이 장의 구성은 다음과 같다. 우선 냉전기와 탈냉전기 일본의 안보 환경 인식과 국방정책의 성격에 대해 살펴보면서, 동시기 우주정책이 국방정책의 성격과 연동되어 진행되어 왔음도 분석할 것이다. 그 후 2010년대 일본 국방정책의 변화 내용과 그 성격에 대해 살펴본 후, 최근 일본 우주정책의 성격을 국방정책과 연동하여 설명할 것이다.

II. 냉전기 일본의 '비군사' 국방정책·우주정책

1. 냉전기 일본의 안보 환경 인식과 국방정책의 제약성

냉전기 일본의 국방정책은 그 존재 자체와 충돌하는 '비군사'의 성격을 지녔다. 군사력 소유를 부정하는 평화헌법의 조건 속에서 국방정책의 존립 자체가 법적으로 곤란한 제도 여건을 지니고 있었다. 하지만, 냉전의 국제구조 속에서 일본의 군사적 역할을 강하게 원한 미국의 압박 속에서 평화헌법을 개별적 자위권 행사는 허용하는 것으로 해석하고 개별적 자위권 행사를 위한 자위대를 탄생시켜 실질적인 국방정책이 가능한 여건을 마련하였다. 하지만, 평화헌법 속에서 자위대를 통한 국방정책은 침략의 가능성을 배제하는 전수방위 원칙에 입각한 '비군사'적 성격을 유지하였다. 하지만, 국방정책의 '비군사'적 성격은 요시다노선의 전략적 선택이기도 하다. '비군사'적 국방정책의 유지 속에서 평화주의 국가 일본을 전략적으로 선택하여 냉전에 휘말리는 상황을 방지하는 목표가 선명했었다. 일본의 전략적 선택으로 '비군사'적 국방정책이 유지되는 가운데 유념할 지점은 일본의 안보 환경 인식에서 실질적인 위협인식이 냉전기에 적었다는 점이다.

냉전기 일본의 국방정책의 배경에서 소련은 절대적 위협 요소의 위상을 지녔다. 하지만, 1950년대 일본 자위대 육상 병력 편성이 소련

침공에 대한 방위 중심으로 구성되어 있다고 해도, 당시 일본 핵심 정책결정자들 사이에 소련의 침공 가능성에 대해 동일한 수준의 인식을 지니고 있던 것은 아니었다. 소련이라는 외부로부터의 군사적 침략의 가능성에 대한 상이한 인식은 일본의 방위력 증강의 방향성에 대한 상이한 구상으로 연결되었다.

1957년 책정된 제1차 방위력정비계획과 1961년 책정된 제2차 방위력정비계획 사이에 있었던 1959년 아카기 구상을 둘러싼 정책과정에서 소련에 대한 상이한 위협인식이 발견된다(中島信吾 2006, 70-71). 당시 자주국방의 맥락에서 이해되던 아카기 구상에 대해 혁신 야당의 반대와 재정적 측면에서의 대장성의 반대와 더불어 방위청 내부의 논란이 있었다. 문관우위 체제의 방위청-자위대 체제에서 아카기 구상은 제복조가 처음으로 적극적으로 개입된 방위력계획의 성격을 지닌다. 정치적 논란 속에 아카기 구상의 전면 재검토를 담당한 방위청 문관의 대표자인 가이하라 오사무는 아카기 구상의 초기 버전이 제복조의 현실성 없는 구군적 발상에 기반하고 있다고 비판했다. 가이하라가 비판하는 점은 아카기 구상 초기 버전이 전면전을 상정하고 이에 대한 3개월의 전쟁 준비 수행에 입각해 있다는 점이었다. 일본 안보환경에서 전쟁 상대방은 소련일 수밖에 없고, 일본의 소련과의 전면전은 미소 전면전을 의미할 수밖에 없는 상황에서 소련과의 전면전에 대해 일본이 자체적으로 대응하는 군비 확충이 일본 방위력계획의 중심에 있는 것은 현실성이 떨어진다는 것이었다. 가이하라의 요점은 소련의 전면적 일본 침공의 가능성을 낮게 보고 이에 입각해서 국지전 이하의 침략 상황에 대응하는 데 초점을 맞춘 후, 미일 간의 역할 분담(미국이 외야, 일본이 내야) 가운데 일본의 군비증강 계획을 짜자는 것이었다(中島信吾 2006, 225-227). 제2차 방위력정비계획에는 가이하라의 이런 관점이 반영되어 있다. 아카기 구상의 제기와 변경 과정에서 방위청과 자위대 내부에서도 소련의 무력침공의 형태에 대한 상이한 인식이 발견된다. 정치인과 관료집단에서 상이한 인식 차이가 발견되지만, 소련의 일본 무력침공이 미소 대립 구도에서 제한적일 수밖에 없다는 판단이 더욱 현실감 있게 수용되고, 그에 기반한 방위계획이 일본 정부의 중심에 자리하게 되었다고 볼 수 있다. 소련 위협이 일본의 독자적 국방전략으로 대응할 수 없다는 판단은 미일동맹 속에서 일본의 국방정책이 국내 반군문화와 융합되어 '비군사'적 성격을 지니게 되는 근간이 되었다.

한편, 1950년대 중국은 일본의 군사전략에 핵심적 변수가 아니었다. 물론 한국전쟁에서 병력을 제공한 중국과 기지를 제공한 일본이 적으로 대립하는 관계였다. 하지만, 중국 위협은 소련 위협과 마찬가지로 일본 국내의 공산혁명을 지원하는 국제공산주의 세력으로서의 성격이 컸다. 소련과 중국 모두 일본 공산주의 세력 지원자로서의 위협성이 크지만, 소련의 일본 침공 가능성은 지리적 차원과 군사기술적 측면에서 중국에 비해 차원이 달랐다. 중국의 일본에 대한 군사 위협은 1950년대에 극적으로 낮았다. 중국의 군사기술 발달은 뒤처져 있는 가운데, 중국 군사력이 해양으로 진출할 수 있는 능력도 부재했었다. 동중국해 전역이 미군에 의해 실질적으로 장악되어 있는 가운데, 1950년대 중국의 국민당 정부에 대한 무력도발도 대만 본섬이 아니라 절강성과 복건성 연안 도서를 대상으로 이루어졌다.

1960년대 일본 군사전략에 대한 중국 영향의 핵심에는 중국의 핵개발이 존재했다. 중국은 도쿄올림픽이 진행 중이던 1964년 10월 16일 첫 번째 핵실험을 실시하였고, 1966년 10월 중국은 핵탄두 탑재 중거리미사일의 착탄 실험에 성공하고 1967년 6월 수소폭탄 실험에 성공했다. 중국의 핵개발은 일본의 핵무장 고민과 이를 대신하는 미국의 확실한 안전보장에 대한 보증 요구로 이어졌다. 일본 보수정치권이 핵무장을 근본적으로 부정한 것은 아니지만, 국내 사회의 비군사문화 영향 속에서 미국의 핵우산에 대한 강한 요구로 귀결되었다(中島信吾 2006, 263-264).

1970년대 중국이 택한 미국과의 화해 노선은 소련에 대한 헤징이라는 성격으로 인해 명시적이지는 않지만 중국으로 하여금 미국의 군사적 역할을 인정하게 하였다. 1972년 중일국교정상화 과정에서 미일 안보조약과 1969년 닉슨-사토 공동선언을 논하지 않는 중국의 선택은 일본의 안보정책에서 중국 위협 성격을 크게 낮추었다. 또한, 중국의 인도차이나에서의 이해관계는 미국과의 대립으로 연결되지 않았다. 미중의 안보적 측면에서의 갈등관계의 완화는 중국 위협인식을 대폭 감소시켰다. 1960년대 중국의 핵실험과 문화대혁명에서 기인하는 중국에 대한 안보 위협인식이 중국의 국제구조적 위치 변동과 함께 완화되었다. 일본 지도자에 의한 대표적인 중국의 안보 위협 완화 인식은 1973년 다카나 총리가 중국의 핵공격 가능성에 대한 부정에서 드러난다(Drifte 2003, 24).

냉전기 일본의 '비군사' 국방정책이 평화헌법의 제도적 제약과 일본 사회의 반군문화에 의해 강하게 영향을 받은 것은 틀림없는 사실이다. 하지만, 소련과 중국으로부터의 일본에 대한 직접적 위협이 제한된 성격이었다는 점도 중요한 구조적 변수가 된다.

신냉전기에 일본에서는 소련에 대한 위협인식이 크게 증폭되었다. 일본에게 신냉전기 소련 위협은 1978년 소련군의 쿠나시르, 이투루프 배치가 가장 결정적이었다. 데탕트기의 중소갈등 속에 미국, 일본이 중국과 소련 사이에서 등거리에 있었다면, 신냉전기 소련은 미국, 일본, 중국과 적대적인 관계에 있었다. 소련의 군사력 증강과 아프카니스탄 침공으로 상징되는 높아진 군사력 실행 가능성은 일본 내에서 소련위협론이 다시 증가하는 계기가 된다(小澤治子 2015, 475).

신냉전기 소련에 대한 위협인식의 증가는 일본 내에서 요시다 노선의 견지를 주장하는 정치적 현실주의와 달리 군사적 능력 배양을 강조하는 군사적 현실주의가 대두되는 계기가 되었다(Okazaki 1982). 신냉전 시기 나카소네 정권은 일본의 '비군사' 국방정책의 방향 전환을 일부 모색하였다. '비군사' 국방정책으로부터의 전면적 변화는 아니지만, 점진적 변화의 시작이라는 점에서 1980년대 나카소네 정권기 국방정책의 변화 모습은 의미를 지닌다. 하지만, '비군사'로부터의 점진적 변화는 미일동맹의 국제협조 노선으로부터의 이탈을 의미하지 않는다. 1970년대 초 자주 노선의 국강능력 강화에 정책 선호를 지니고 있던 나카소네는 1980년대 최고지도자의 위치에서 '비군사' 국방정책으로부터의 이탈을 미일동맹의 국제협조 노선 강화를 통해 추구하였다. '비군사'로부터의 이탈을 국제협조 노선 강화를 통해 추구하는 양상은 탈냉전 시기 일본의 국방정책에서도 지속되는 성격이다.

2. 냉전기 일본 우주정책의 평화주의

전후 일본의 우주개발은 로켓 개발을 중심으로 전개되어 온 것으로 간주된다. 도쿄대 이토가와 히데오 교수가 주도한 펜슬로켓을 전후 일본 우주개발의 기원으로 삼는다. 전전에 나카지마비행기 전투기 개발에 참여했던 이토가와는 전후에 도쿄대에서 로켓 개발에 집중하였다(이케우치 사토루 2021, 85-86). 이토가와의 로켓 개발은 문부과학성의 후원 속에서 이루어졌다. 문부과학성의 우주개발에 대한 지원과 관여는 1954년 도쿄대 항공전자공학·초음속항공공항 연구 그룹에서 출발

하여 1964년 도쿄대 우주항공연구소, 1981년 문부성 우주과학연구소
(ISAS)의 조직을 통해 그 전통이 이어졌다(渡邉浩崇 2019, 35).

하지만, 1952년 보안청 기술연구소의 미사일 조사연구와 1954년 방
위청에서 시작한 유도미사일 연구개발은 1958년 방위청 기술연구본
부를 거쳐, 그 후 방위성 기술연구본부에서 지속되었다. 하지만, 방위
관련 기관의 로켓 연구는 대륙간탄도미사일 연구개발을 하지 않는다
는 전수방위 원칙에 의해 제한받아왔다. 한편, 1956년 과학기술청 내
에 설치된 우주 관련 그룹은 1963년 과학기술청 항공우주기술연구소
(NAL), 1964년 과학기술청 우주개발추진본부가 1969년 특수법인화한
우주개발사업단(NASDA)을 통해 이어졌다. 이 조직들은 구 과학기술
청에서 주도한 우주개발 노력이었다(渡邉浩崇 2019, 35). 2003년에 출
범한 우주항공개발연구기구(JAXA)는 우주과학연구소(ISAS), 항공우
주기술연구소(NAL), 우주개발사업단(NASDA)이 통합한 것이다.

일본의 우주개발에 대한 정책은 1960년 우주개발심의회가 설치되
어 본격적으로 드러나게 된다. 이 심의회의 1962년 자문 1호에는 일본
의 우주개발은 평화 목적에 국한해 자율성을 존중하고, 공개의 원칙에
입각하며, 국제협력을 중시한다는 3원칙을 명시하고 있다. 1966년에
는 일본이 자력으로 인공위성을 발사한다는 정책목표를 세웠다. 이는
일본이 자체 로켓 개발로 인공위성을 발사하겠다는 목표를 분명히 한
것이었다. 하지만 1969년 '우주개발에 관한 미국과 일본의 협력에 관
한 교환공문'을 통해서 미국의 로켓기술 도입이 결정되었다. 로켓 자주
개발은 포기한 것은 아니지만, 우주개발사업단(NASDA)은 평화이용과
수출금지를 조건으로 미국으로부터 로켓기술을 이전받았다(이케우치
사토루 2021, 64).

1969년 우주개발사업단을 중심으로 인공인성 개발을 위한 자체

로켓 개발과 미국으로부터의 기술 이전이 이루어지는 시점에서 우주
개발에 대한 평화주의 원칙이 확립되었다. 우주개발산업단법은 1조에
'평화의 목적에 한하여 인공위성 및 인공위성 발사용 로켓의 개발, 발
사 및 추적을 종합적, 계획적, 효율적으로 실시한다'고 평화 이용의 목
적을 명시하고 있다. 한편, 국회에서도 '일본의 우주개발 및 이용의 기
본에 관한 결의'가 통과되었는데, '지구상의 대기권 주요 부분을 넘는
우주로 발사되는 물체 및 그 발사로켓의 개발, 이용은 평화의 목적에
제한'이 기술되어 있다. 1968년 국회에서 '평화'를 '세계적으로 비침략
과 사용 방법도 있지만, 일본에 대해서는 비군사를 의미한다'로 정의
한 이상, 우주의 평화적 이용은 '비군사'를 의미한다. 이는 정찰위성과
같은 방위 목적의 군사적 이용도 국회 결의에 위배되는 것으로 해석될
수 있다(이케우치 사토로 2021, 87-88).

일본은 미국으로부터의 기술 도입으로 1975년 N-1 로켓을 활용한
인공위성 발사에 성공하였다. 1970년대 이후 N-1, N-2, H-1, H-2로 이
어지는 로켓 개발을 전개하는 가운데, 국산화 비율을 상승시키려는 노
력을 꾸준히 하였다. 1984년 설계 시작되어 1994년 완성된 H-2는 국
산기술 100%를 목표로 추진되었다(渡邉浩崇 2019, 38).

로켓 개발을 중심으로 하는 냉전기 일본의 우주개발 정책에는 자
주 노선과 미국과의 국제협조 노선이 공존하는 가운데, 1960년대 제도
화한 평화적 이용의 원칙에 의해 강한 제약을 받고 있었다.

III. 탈냉전기 일본의 '비침략' 국방정책·우주정책

1. 탈냉전기 일본의 안보 환경 인식과 국방정책의 성격 변화

탈냉전기 일본의 국방정책은 '비군사'에서 '비침략'으로 변동되었다고 볼 수 있다. 결정적 계기는 걸프전쟁과 1992년 PKO법의 성립이다. '비군사' 관점에서 전수방위와 이를 위한 기반적 방위력 개념에 입각해 있던 냉전기 일본의 국방정책은 해외에서의 군사적 국제공헌을 허용하지 않았다. 탈냉전기에 국제공조 속에서 이루어진 걸프전쟁에 일본은 참여할 수 없었고, 이를 계기로 유엔의 평화유지활동과 같이 국제적으로 공인된 군사적 국제공헌은 '비침략' 차원에서 허용할 수 있다는 관점이 일본 내 확산되었고, 이러한 인식 변화가 PKO법 성립의 배경이 되었다(Hosoya 2019, 106-108).

탈냉전기에 들어 러시아는 더 이상 일본의 안보 위협 요인이 아니었다. 1995년 방위계획대강에서 러시아는 위협 요인으로 언급되지 않는다. 1995년 방위계획대강은 극동에서 러시아의 군사력 감소를 긍정적으로 기술하면서, 북한을 암시하는 새로운 군사적 위협을 언급하고 있다.[1] 대신에 북한의 핵미사일 개발은 탈냉전기 일본의 안보환경에 핵심적 위협인식의 위상을 지니게 되었다.

탈냉전기 '비군사'에서 '비침략'으로의 성격 변화는 1980년대와 마찬가지로 미일동맹 강화를 통해 추구된다. 〈방위계획대강1995〉, 1996년 미일안보정상회담, 1997년 미일방위가이드라인 개정으로 대변되는 탈냉전기 일본의 국방정책은 침략이 아닌 국방능력 제고와 미

---

1 "平成8年度以降に係る防衛計画の大綱について." https://worldjpn.grips.ac.jp/documents/texts/docs/19951128.O1J.html (검색일: 2022.3.19.)

일동맹 강화는 전수방위와 기반적 방위력 개념과 배치되지 않는다는 논리를 배경으로 한다.

탈냉전기 일본의 국방정책에서 중국의 위상은 미묘한 성격을 지니고 있었다. 1990년대 탈냉전기에 일본의 대중국정책은 기본적으로 관여적 협력지향적이었으며, 천안문 사태 이후 중국의 국제사회로의 복귀에 적극적으로 협력하였다. 하지만, 1990년대 일본 사회 내에는 강한 중국 위협인식이 대두되던 시기이기도 하다. 1990년대 일본의 중국 위협인식은 크게 두 부분에서 기인한다. 우선 중국의 급속한 경제성장에 대한 위협인식이 존재했다. 일본에서 중국의 경제성장에 대한 위협인식은 다시 두 부분으로 나뉜다. 중국의 경제성장이 중국 제품의 국가경쟁력 향상으로 이어져 세계시장에서 일본 기업을 넘어서는 중국 기업 출현 가능성이 있다는 고민과 함께 일본 기업의 중국에 대한 증대하는 직접투자 속에서 일본의 생산거점이 중국으로 이동해 일본 내에 산업공동화가 발생한다는 우려가 공존했다. 한편, 1990년대 중국은 군사적 근대화 속에서 안보적으로 지역의 안보환경을 저해하는 핵실험의 실시와 대만해협에서의 위기 조성의 모습을 보여주었고, 이러한 중국의 군사적 움직임은 일본 내에서 중국이 지역안보 환경을 저해할 가능성이 있다는 관측을 심화시켰다.

하지만, 중국에 대한 위협인식의 증가가 1990년대 일본이 미일안보관계 강화를 추구하는 핵심적 요인이었다고 단정하기는 쉽지 않다. 그렇다고 중국에 대한 대응 관점이 탈냉전기 일본의 국방정책에 부재했다고 말하기도 어렵다. 1990년대 안보 측면에서 중국의 두드러진 현상변경 시도는 핵실험과 대만해협에서의 위기 조성이었다. 하지만, 1990년대만 놓고 볼 때 영토분쟁 지역들이 포함된 남중국해와 동중국해의 해역을 자국 영해로 하는 영해법을 1992년에 채택하였고, 중국의 해양정책의 적극화는 1993년 등장한 클린턴 행정부의 아시아 정책에서 핵심 고려 사항 중의 하나가 되었다. 미일안보협력 강화의 미국 측 출발점이 되는 1995년 나이 리포트('동아시아·태평양지역에서의 미국의 안전보장전략')는 중국의 군사비 증대, 해군력의 증강, 핵실험, 군 근대화 노선의 장기적 목적의 불투명성, 남사군도의 영유권 문제 등을 언급하였다(소에야 요시히데 2006, 124). 대만의 리덩후이가 대만화 정책을 추구하면서 양안 관계의 긴장이 증폭되는 가운데, 1996년 3월 대만 총통선거 직전에 대만해협에서 중국은 대규모 군사작전을 실시하였고, 이에 미국은 항공모함을 파견하여 중국의 대만에 대한 군사적 위협을 용인하지 않겠다는 시그널을 보냈다. 대만해협에 파견된 미국 항공모함 중 한 척의 모항이 일본 요코스카항이라는 점은 양안문제, 그리고 미·중관계가 군사적 차원의 충돌로 전개될 경우, 이는 일본의 문제라는 점을 다시 부각시켰다.

하지만, 1995년 나이리포트, 1996년 4월 클린턴-하시모토 사이의 미일안보정상회담, 1997년 미일방위가이드라인의 개정이 목표하는 핵심은 중국이 아닌 북한의 핵미사일 개발이라는 점은 분명했다. 그러나, 나이 리포트의 중국의 군사 위협에 대한 기술과 대만해협 위기 직후의 미일안보정상회담의 개최라는 일정은 미일안보협력 강화의 배경에 중국에 대한 위협인식도 있다는 주장을 설득력 있게 한다. 1990년대 일본의 군사전략의 핵심은 북핵미사일 위협에 대응하는 미국과의 군사협력체제 강화라 할 수 있으나, 당시 미국과 일본의 많은 정책결정자들 머리 속에 군사협력체제 강화의 대응 대상에 중국이 포함되지 않는다고 단언하기는 어렵다.

1990년대 후반 보통국가론의 일본 내 국방정책 강화 주장은 북한 위협에 큰 도움을 받았다. 1998년 대포동 미사일 발사, 계속된 일본 영해로의 북한 선박 진입, 핵 개발의 지속 등은 북한에 대한 군사 위협에 대응하는 일본의 국방능력 제고 및 미일안보협력 체제 강화 주장의 근간이 되었다. 한편, 중국 위협인식은 2000년대 들어 두드러지게 된다. 2000년대 중국의 군사근대화에 대한 일본의 우려는 〈방위계획대강 2004〉에 다음과 같은 기술을 통해서 단적으로 드러난다.

> 이 지역의 안전보장에 큰 영향력을 가진 중국은 핵·미사일 전력이나 해·공군력의 근대화를 추진하는 동시에 해양에서의 활동 범위 확대 등을 도모하고 있어, 이러한 동향에는 앞으로도 주목해 나갈 필요가 있다.[2]

〈방위계획대강 1995〉에 포함되어 있지 않은 중국에 대한 군사적 우려가 〈방위계획대강 2004〉에는 분명하게 기술되어 있다. 중국이 해양을 중심으로 군사근대화에 적극적 노력을 기울인 것은 1990년대부터라 할 수 있다. 하지만, 1990년대에 중국의 해양에서의 군사 능력이 한계가 있었다면, 2000년대에는 일본의 근해까지 중국의 해양 군사 활동이 발견되는 상황이 되었다. 주목할 사례는 2004년 중국 원자력잠수함의 일본 영해 내 잠행 사례, 2005년 동중국해 가스전 부근에 중국의 함정 5척이 항해하고 가스전 시추시설을 선회한 사례, 2006년 오키나와 근해에서 중국 잠수함이 미 항공모항 주변에서 떠오른 사례 등이다. 이 사례들은 방위백서에 중국의 해양활동의 우려사항으로 기록되었다. 또한, 2008년 중국 국가해양국의 해양조사선 2척이 센카쿠 주변 영해에 들어와서 9시간 머무른 사례도 일본 방위 당국으로부터 주목

2   "平成17年度以降に係る防衛計画の大綱について." https://worldjpn.grips.ac.jp/documents/texts/docs/20041210.O1J.html (검색일: 2022.3.19.)

받았다.

하지만 〈방위계획대강 1995〉와 〈방위계획대강 2004〉 모두 전수
방위 원칙과 기반적 방위력 개념에서 이탈하지 않는다는 점에서 전면
적 보통국가화와는 일정한 거리가 있다. 물론 전수방위 원칙과 기반적
방위력 개념을 동일하게 사용한다 하더라도 냉전기의 '비군사'적 국방
정책과 차별화되고 있으며, 침략이 아닌 방위 차원의 국방능력에 대해
긍정적 태도에 입각해 있다는 점에서 '비침략'의 성격을 부여하는 것
이 타당해 보인다.

2. 탈냉전기 일본 우주정책의 성격 변화

탈냉전기 도래 시점에서 일본의 우주개발 정책은 국제안보환경이 아
닌 미일경제관계에 의해 큰 영향을 받았다. 로켓의 자주 개발 노선 추
구에 애로가 되는 미일위성조달합의가 1990년에 있었다. 미일위성조
달합의는 1980년대 미일 무역마찰의 결과였다. 1989년 미국의 USTR
은 슈퍼 301조에 의거해 일본의 인공위성, 슈퍼컴퓨터, 목재 3분야에
관한 미일 교섭을 요청하였고, 그 결과로 인공위성 정부조달에 관한 미
일 양국 합의가 1990년 6월에 도출되었다. 미일위성조달합의는 일본
정부 또는 공적 기구가 연구개발위성과 안보위성을 제외한 인공위성
을 조달할 때 국제경쟁입찰을 원칙으로 하는 것을 내용으로 한다. 즉,
일본 인공위성의 대부분은 통신, 방송, 기상 등의 분야에서 사용되는
공공기관 실용위성이 국제경쟁입찰에 의해 조달되어야 한다는 것이
다. 일본의 자주 개발 로켓이 가격경쟁력이 확보되지 않은 상황에서 미
일위성조달합의는 탈냉전기 일본 우주개발의 장애요소가 되었다(渡邉
浩崇 2019, 39).

한편 1980년대 이래로 우주의 평화적 이용에 대한 정부 해석이 변화하였다. 1960년대 평화적 이용의 의미는 '비군사'적이라는 점이 분명하였으나, 1985년 일본 정부가 통일 견해로 제시한 '일반화 원칙'은 우주의 비군사적 이용에서 벗어나고 있었다. '일반화 원칙'은 '일반적으로 이용되고 있는 기능이나 능력과 같은 위성이라면, 자위대가 사용하는 것은 가능'하다는 것이고, 이러한 이용이 1969년 국회 결의에 위배되는 것은 아니라는 것이다. 자위대가 미국의 정찰통신위성을 활용하는 것에 대한 법적 해석의 난점을 없애려는 의도가 있었다(이케우치 사토루 2021, 70-71). 위성의 비군사적 활용에서 벗어난다는 점에서 일반화 원칙은 우주 분야에서의 비군사 기조로부터의 이탈을 상징한다.

한편 미일위성합의는 일본의 위성산업 보호를 위해 공개입찰을 하지 않아도 되는 정보수집위성의 요구가 로켓과 위성 관련 개발 조직과 관련 산업계에서 강하게 대두된 배경이 되었다. 1990년대에 미일위성합의로 일본 위성 산업이 발전의 어려움을 겪고 있을 때, 정보수집위성은 이 상황을 변화시킬 수 있는 중요한 수단으로 여겨졌다. 정보수집위성 발사의 계기는 북한에서 제공해 주었다. 1998년 북한의 대포동 미사일 발사를 계기로 일본은 우주의 군사이용에 적극적인 모습을 보였으며, 그 결과 2003년 정보수집위성 제1호가 발사되었다. 정부수집위성이 우주의 평화적 이용에 대한 국회 결의에 모순되지 않느냐는 질문에 대해서 1998년 일본 정부는 정찰수집위성의 분석 능력이 상용위성과 동일한 수준이라면, 문제가 없다는 일반화 원칙에 입각해 설명하였다(이케우치 사토루 2021, 92).

상용위성 수준의 기술을 방위 목적으로 사용하는 것은 문제없다는 우주개발에 대한 탈냉전기 일본 정부의 기조는 평화이용 원칙에서 전면적으로 이탈하려는 자세는 아니었다. 국방능력이 침략을 목적으로 하지 않고, 민간에서 활용하는 수준의 기술이라면 평화적 이용이라고 볼 수 있다는 해석에 입각해 있었다.

IV. 2010년대 일본 국방정책의 '보통국가'로의 방향성

1. 중국 위협의 실체화

중국의 부상이 일본에 대한 안보적 위협으로 전환되는 결정적 계기는 2010년과 2012년 센카쿠 영토분쟁이었다. 2009년 민주당 하토야마 정권이 추구한 대중협력 정책 지향은 오래 지속되지 못하고, 2010년 센카쿠 충돌로 인해 일본의 외교안보정책에서 중국의 부상은 군사적 위협으로 크게 인식되게 되었다. 2010년 9월 센카쿠 해역에서 중국 어선과 일본 해상보안청 순시선의 충돌은 2010년대 중일관계의 성격을 규정하고 있다. 2010년 센카쿠 사건이 희토류 수출을 둘러싼 경제산업 문제로까지 확산된 후 외교적 수습의 길을 걸었다. 센카쿠에서의 중일 갈등은 2010년에 끝나지 않고, 2012년에 다시 반복되었다. 2012년 센카쿠를 둘러싼 중일 갈등은 일본 측의 현상변경 시도에서 기인했다는 점에서 성격을 달리한다. 2012년 4월 미국 해리티지재단에서 이시하라 신타로 도쿄도지사가 센카쿠의 3섬(우오쓰리, 기타지마, 미나미지마)을 도쿄도가 매입하겠다는 구상을 밝혔다. 이시하라의 목표는 도쿄도가 이 섬들을 매입한 후, 등대와 항만시설을 구축하는 현상변경의 시도였다. 노다 내각은 이시하라 도쿄도의 도서 매입의 외교적 혼란을 관리하기 위해 중앙정부가 매입하겠다는 논리를 세우고 중국을 설득하고자 하였으나, 이는 중국에 의해 수용되지 않았다. 일본 정부의 국유화

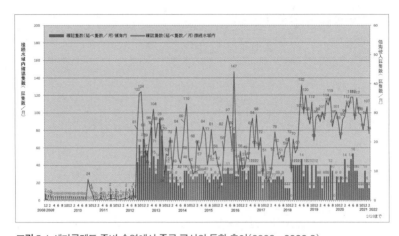

그림 5.1 센카쿠제도 주변 수역에서 중국 공선의 동향 추이(2008~2022.2)
출처: 일본 해상보안청 홈페이지(https://www.kaiho.mlit.go.jp/mission/senkaku/senkaku.html).

결정 이후, 양국관계가 악화되는 가운데, 중국 해양감시선이 상시적으로 센카쿠 열도 해역을 진입하는 계기가 되었다.

2010년 중국 어선과 일본 해양순시선 사이의 충돌 사건 세 달 후인 2010년 12월에 발행된 〈방위계획대강 2010〉에서 일본의 안보 환경에 대한 설명에서 중국에 대해서는 다음과 같이 언급하고 있다.

중국은 국방비를 계속적으로 증가시켜 핵·미사일 전력이나 해·공군을 중심으로 한 군사력의 광범위하고 급속한 근대화를 추진하여 전력을 먼 곳에 투사하는 능력 강화에 힘쓰고 있는 것 외에 주변 해역에서 활동을 확대·활발화시키고 있으며, 이러한 동향은 중국의 군사나 안전보장에 관한 투명성 부족과 맞물려 지역·국제사회의 우려 사항이 되고 있다.[3]

3 "平成23年度以降に係る防衛計画の大綱について." https://worldjpn.grips.ac.jp/documents/texts/JPSC/20101217.O1J.html (검색일: 2022년 3월 19일).

중국이 군사적 근대화와 해상에서의 적극성을 강화하고 있다는 내용은 〈방위계획대강 2004〉와 차이가 없다. 다만, 투명성 부족을 말하면서 '우려'를 표현하며 중국을 명확하게 문제적 존재인 것으로 기술하고 있다. 〈방위계획대강 2010〉의 가장 큰 변화는 전수방위 원칙의 토대인 기반적 방위력 개념이 동적 방위력 개념으로 대체되었다는 점이다. 〈방위계획대강 2004〉에서 동적 방위력 개념은 다음과 같이 표현되고 있다

> 오늘날의 안전보장 환경의 추세 하에서는 안전보장 과제에 대해 실효적으로 대처할 수 있는 방위력을 구축하는 것이 중요하다. 특히 군사과학 기술의 비약적인 발전에 따라 징후가 나타난 후 각종 사태가 발생할 때까지의 시간이 단축되는 추세이므로, 사태에 신속하고 빈틈없이 대응하기 위해서는 즉응성을 비롯한 종합적인 부대 운용 능력이 중요성을 더해 가고 있다. 또한 방위력을 단순히 유지하는 것이 아니라 평소 정보수집·경계감시·정찰활동을 포함한 적시·적절한 운용을 하여 우리나라의 의사와 높은 방위능력을 명시해 두는 것이 우리나라 주변의 안정에 기여하는 동시에 억제력의 신뢰성을 높이는 중요한 요소가 되고 있다. 이 때문에 장비의 운용수준을 높이고 그 활동량을 증대시킴으로써 보다 큰 능력을 발휘할 것이 요구되고 있으며, 이러한 방위력 운용에 착안한 동적인 억제력을 중시해 나갈 필요가 있다.[4]

동적 방위력 개념은 센카쿠를 비롯한 동중국해에서의 유사 상황에 대한 효과적 대응 방법에 필요한 국방능력 보유 필요성과 연결된

---

4   *Ibid.*

다. 중국의 부상에 대한 일본의 위협인식은 2010년과 2012년 센카쿠 충돌로 강화되었고, 이 위협인식은 일본 국방정책에 적극 반영되는 상황이 2010년대의 상황이다. 기반적 방위력 개념으로부터의 이탈이 제2기 아베 정권 이전에 민주당 정권 하의 〈방위계획대강 2010〉에서 이루어졌다는 점은 일본 국방정책의 성격 변화를 아베와 아베 정권 핵심 정책관여자들의 정책 선호로 환원될 수 없으며, 일본 정치권과 사회 내의 폭넓은 합의 기반이 존재하였음을 보여준다.

2012년 12월 등장한 제2기 아베 정권은 중국에 대한 위협인식 속에서 국방정책의 전면적 전환을 추구했다. 제2기 아베 정권기 일본의 중국에 대한 위협인식은 〈방위계획대강 2013〉에서 보다 자세하고 분명하게 기술되어 있다.

중국은 지역과 세계에서 보다 협조적인 역할을 수행하는 것에 강한 기대를 받는 한편, 지속적으로 높은 수준으로 국방비를 증가시켜 군사력을 광범위하고 급속히 강화하고 있다. 또한 중국은 그 일환으로 주변 지역에서 다른 나라 군사력의 접근 및 전개를 저지하고, 해당 지역에서의 다른 나라의 군사 활동을 저해하는 비대칭적인 군사 능력 강화에 힘쓰고 있는 것으로 보인다. 한편 중국은 이러한 군사력 강화의 목적이나 목표를 명확히 하고 있어 군사나 안전보장에 관한 투명성이 충분히 확보되어 있지 않다. 또 중국은 동중국해와 남중국해 등의 해역과 공역에서의 활동을 급속히 확대·활성화시키고 있다. 특히 해양에서의 이해가 대립되는 문제를 놓고는 힘을 배경으로 한 현상변경 시도 등 고압적이라고 할 수 있는 대응을 보이고 있으며 일본 주변 해상공역에서 일본 영해로의 단속적인 침입이나 일본 영공을 침범하는 동시에 독자적인 주장에 의거한 '방공식별구' 설정과 같은 공해

상공의 비행 자유를 방해하는 등의 움직임을 포함한 예기치 못한 사태를 초래할 수 있는 위험한 행위를 야기하고 있다. 이와 함께 중국은 군 함정이나 항공기의 태평양 진출을 일상화시켜 우리나라 북방을 포함한 활동 영역을 더욱 확대하는 등, 보다 넓은 범위의 해공역에서의 활동을 확대 활발히 하고 있다. 이러한 중국의 군사동향 등에 대해서는 일본이 크게 우려하고 있으며, 앞으로도 비상한 관심을 갖고 주시할 필요가 있다. 또, 지역·국제사회의 안전보장상에 있어서도 중국의 군사동향은 염려되는 바이다.[5]

중국에 대한 군사적 경계 인식과 더불어 〈방위계획대강 2013〉은 동적 방위력 개념을 통합기동방위력 개념으로 변화시켰고, 〈방위계획대강 2018〉은 다시 다차원통합방위력 개념으로 재정립하였다.

2. 법적 기반 정비와 미일동맹 강화

제2기 아베 정권기에 일본의 국방정책은 '보통국가화'의 방향으로 대폭 변화하였다. 현행 헌법에 대한 명문 개헌을 제외하면, 일본은 국방정책에서 기존의 제약적 제도 기반을 모두 실질적으로 무력화하거나 변화시켰다. 2013년 〈국가안전보장전략〉과 〈방위계획대강 2013〉을 내놓은 후, 2014년에는 집단적 자위권에 대한 헌법 해석을 변경하였고, 2015년에는 미일방위가이드라인을 재개정하였다. 이러한 제도 변화에 대한 국내 법적 제도 개편이 2015년의 안보법제 입법화였다.

자위권에 대한 일본 정부의 기존 해석은. 헌법 9조가 전쟁과 무력

5   "平成26年度以降に係る防衛計画の大綱について." https://worldjpn.grips.ac.jp/documents/texts/JPSC/20131217.O2J.html (검색일: 2022.3.19.)

행사를 포기하는 이상, 샌프란스시코평화조약 5조가 일본이 개별적 자위권과 집단적 자위권을 지니는 것으로 인정한다 하더라도, 개별적 자위권은 행사 가능하지만, 집단적 자위권은 행사할 수 없다는 것이었다. 내각법제국은 오랫동안, '집단적 자위권은 보유하고 있으나 헌법에 의해 그 행사는 허용되지 않고 있다'고 해석해왔다. 집단적 자위권에 대한 기존 해석은 미국의 군사작전에 일본의 자위대가 일체화되기 어려운 제도적 제약 요인으로 기능해왔다. 위협 요인의 증가로 인해 발생할 수 있는 미군에 대한 공격에 대해 일본이 대응할 수 없는 조건이 된다는 비판의 관점 속에 집단적 자위권 해석의 변경이 필요하다는 주장은 오랫동안 존재해왔다.

제1기 아베 정권기에 설립되었던 안보법제간담회는 집단적 자위권에 대한 제한적 해석으로 인해 문제가 되는 4가지 유형(공해상 미국 함정 방어의 경우, 미국으로 향하는 탄도미사일이 레이더에 탐지될 경우, 국제평화활동 수행 시 같은 활동에 종사하는 타국 군이 공격을 받을 경우, 국제평화유지활동에 참여하는 타국에 대한 후방지원에서 '무력행사와 일체화되지 않는' 후방지원이 어려운 경우)을 제시하였고, 제2기 아베 정권기에 다시 설립된 안보법제간담회는 제1기 아베 정권기 안보법제간담회의 결론을 활용하여 집단적 자위권의 제한적 해석에 변경을 가해야 하는 논리를 구축하고, 정부에 집단적 자위권 헌법 해석 변경을 제언하였다.

일본 정부는 안전법제간담회의 제언을 반영해서, "① 일본과 밀접한 관계에 있는 타국에 대한 무력공격이 발생하여, 이에 의해 일본의 존립이 위협받고, 내국민의 생명과 자유행복추구권이 근저에서 무너질 명백한 위험이 있는 소위 '존립위기사태'의 경우, ② 이를 배제하여 일본의 존립을 온전하게 하고, 국민을 지키기 위해 다른 적당한 수단

이 없을 때, ③ 필요최소한도의 무력을 행사하는 조건으로 집단적 자위
권을 용인한다"는 조건을 붙여서 집단적 자위권 행사가 가능한 것으로
헌법 해석을 변경하였다.

일본의 집단적 자위권 해석 변경은 미일 양국의 안보적 협력관계
를 밀접하게 하는 기초였으며, 2015년 미일방위가이드라인의 개정은
집단적 자위권 해석 변경에 따른 미일 안보협력 기제의 재설정을 의미
한다. 1977년 가이드라인은 일본에 대한 직접적인 무력공격에 대한 미
일 양국의 군사적 대응에 대한 지침이었고, 1997 가이드라인은 한반도
등에서의 군사분쟁을 '주변사태'의 개념으로 지칭하면서 주변사태 발
생의 경우 주일미군이 전방에서 작전을 전개한다면 자위대는 후방지
역 지원의 역할을 수행하도록 규정하는 것이었다. 2015 가이드라인은
미일안보협력의 대상 지역을 글로벌 차원으로 확대하고, 사이버 분야
와 우주 분야에도 심화시키는 것을 내세우고 있다.

제2기 아베 정권의 미일안보동맹 강화는 중국 위협에 대한 대응이
라는 점이 분명하고, 이러한 정책 방향성은 일본 국내정치 특히 자민당
내에서 광범위한 동의를 얻었다. 2010년대 아베 정권기 자민당 내 외
교안보 정책에서의 다양성의 부재는 미일안보동맹 강화로 인해 발생
할 수 있는 미국 군사전략에 대한 일본의 연루 위험을 피할 헷징 전략
의 국내적 여건이 약화되었다는 것을 의미한다.

3. 국방능력 제고 속 국제협조로의 경사

〈방위계획대강 2013〉은 통합기동방위력의 개념 속에서 육·해·공 자
위대의 전력 증강과 부대 개편을 제시했다. 육상자위대와 관련해서는
각 방면대를 총괄하는 총대사령부를 신설하고, 중요 지역 방공을 실효

성 있게 수행하기 위한 지대공 유도탄부대의 유지 등을 강조하였다. 해상자위대에서는 호위함부대, 잠수함부대, 초계기부대 등의 유지를 언급하는 한편, 항공자위대 관련으로는 경계관제부대, 전투기부대, 공중급유 및 수송부대, 지대공 유도탄부대 등의 편제 유지를 강조했다. 더불어 주변 해공역에 대한 안전 확보, 도서부에 대한 공격 대응, 탄도미사일 공격에 대한 대응, 우주 및 사이버 안보의 확보, 대규모 재해 대응 등의 역할 수행 목표도 포함되어 있다.

〈방위계획대강 2018〉은 육·해·공이라는 종래의 안보 영역에 더해 우주, 사이버, 전자파와 같은 새로운 영역에서의 방위능력을 유기적으로 결합하는 다차원통합방위력의 구축을 새로운 전력 증강의 목표로 제기했다. 육·해·공 자위대 합동부대로서 사이버 방어부대를 신편하고, 항공자위대에 우주 영역 전문부대를 창설한다는 방향을 제시했다. 이 외에 육상자위대 내에 도서방어용 고속활공탄 부대를 신편하고, 항공자위대에 4차 산업혁명의 성과를 반영하는 무인기부대를 보유한다는 방향도 포함하고 있다.[6]

우주정책과 관련해서 〈방위계획대강 2018〉은 우주 영역 전문부대의 창설 방침을 표명하였다. 이에 입각해, 일본은 2020년 5월 항공자위대 내에 우주작전대를 20명 규모로 창설하였고, 우주부대를 향후 200명 규모로 더 확대할 방침이다. 항공자위대의 우주부대는 기존에 일본이 운용하고 있는 광학위성 3기와 레이더 위성 4기에서 획득한 우주상황 정보를 관리하고, 이를 수상관저 및 방위성과 외무성 등 일본 안보부처들과 공유하고, 나아가 미국과 우주상황 정보 등을 공유하는 역할을 수행하게 될 것으로 관찰된다. 또한 공동부대로서 사이버방어

부대 강화 방침을 밝혔다.[7]

　국방능력 제고와 관련해서 제2기 아베 정권의 중요한 제도 변화는 〈무기수출3원칙〉의 폐지와 〈방위장비이전3원칙〉의 도입이다. 방위장비 이전을 원칙적으로 금지하고 사안별로 예외 적용을 추구하던 〈무기수출3원칙〉과는 달리 〈방위장비이전3원칙〉은 방위장비 이전을 기본적으로 허용하고, 사안별 금지의 제도틀이 된다. 제2기 아베 정권기의 방위예산 증가 추세 속에서 〈방위장비이전3원칙〉 도입이 일본 방위산업의 시장 확대로 이어질 것이라는 기대가 있었다. 하지만, 실제 제2기 아베 정권기의 방위예산 확대가 일본 방위산업의 수주 확대로 이어지지는 않았다. 이는 아베 정권기의 국방능력 제고의 핵심 부분이 미국으로부터의 무기 수입과 연결되어 작동했기 때문이다. 북한과 중국에 대한 위협인식에 대응하는 국방능력 제고는 미사일방위시스템 도입, 급유기 도입 등 미국으로부터의 수입으로 연계되는 항목이 많았고, 일본 정부는 국방능력 제고에서 자주 관점에서 국산화 노력에 힘을 기울이지 않았다(이정환 2021, 230-233). 국방능력 제고에서의 국제협조 노선으로의 경사 현상은 미일 군사 일체화를 보다 가속화하는 요인이기도 하다.

V. 안보화하는 일본 우주정책의 국제협조 중심성

1. 우주기본법·우주기본계획과 〈방위계획대강 2018〉

최근 일본의 우주정책은 2008년 제정된 우주기본법을 기점으로 안보

7　*Ibid.*

적 차원으로 우주를 바라보는 관점이 명확하게 수립되었다. 우주기본법은 우주의 평화적 이용을 국제표준에 가깝게 정의하고 있다. "우주개발이용은 달 및 그 밖의 천체를 포함한 우주공간의 탐사 및 이용에 있어서의 국가활동을 규율하는 원칙에 관한 조약 등의 우주개발이용에 관한 조약 및 그 밖의 국제약속이 정하는 바에 따르고, 일본 헌법의 평화주의 이념에 따라 이루어진다"는 2조 문구에서 언급된 조약은 1967년의 우주조약이다. 우주조약에서 정의하는 평화적 이용의 구체적 내용은 우주공간에 대량파괴병기 배치를 금지하고 천체상의 군사이용을 금지하는 것이다. 우주조약의 평화적 이용 원칙은 군사적 활용에 대한 근본적 반대 성격이 아니고, 침략에의 활용 금지라는 성격을 지니고 있다. 우주조약을 통해 일본의 2008년 우주기본법은 우주의 안보적 활용이 평화적 이용에 위배되는지에 대한 기존의 논쟁에 종지부를 찍었다(靑木節子 2021, 131).

2008년 우주기본법 성립 이후 내각에 우주개발전략본부와 우주담당대신 포스트가 설치되었다. 그후 2012년에 내각부에 우주전략실과 우주정책위원회가 설치되고 2016년 우주전략실이 우주개발전략추진사무국으로 정비되었다. 한편, 우주기본법에 의거해 2009년 수립된 제1차 우주기본계획 이후, 2013년 제2차 우주기본계획, 2015년 제3차 우주기본계획, 2020년 제4차 우주기본계획이 수립되었다.

제4차 우주기본계획은 제3차 계획과 마찬가지로 향후 10년간의 계획에 대한 공정표가 제시되었다. 제4차 우주기본계획의 가장 큰 특징은 우주기본계획에서 최초로 '전투' 단어가 언급되었다는 점이다. 제4차 우주기본계획은 최근 일본 우주정책의 안보화를 상징하고 있다(靑木節子 2021, 135).

제4차 우주기본계획은 4개의 목적과 이를 실현하기 위한 24개의

시책을 제시하고 있다. 제4차 우주기본계획의 4대 목표는 1) 우주안전
보장의 확보, 2) 재해대책, 국토강인화, 지구 규모 과제 해결에의 공헌,
3) 우주과학, 탐사에 의한 지식 창조, 4) 우주를 추진력으로 하는 경제
성장과 혁신의 실현이다. 우주안전보장의 확보 목적을 위한 시책으로
는 9개가 제시되고 있다. 1) 준천정위성 시스템, 2) X밴드방위 위성통
신망, 3) 정보수집 위성, 4) 즉응형 소형위성 시스템, 5) 각종 상용위성
의 활용, 6) 조기경계 기능, 7) 해양상황 파악, 8) 우주상황 파악(SSA),
9) 우주시스템 전체 기능 보증 강화가 그 9개의 시책이다(青木節子
2021, 136).

　　제4차 우주기본계획의 우주안전보장에 대한 내용은 〈방위계획대
강 2018〉의 우주 영역에서의 국방능력 강화 논의와 긴밀하게 연결된
다. 2018년 방위계획대강 개정 논의 단계에서부터 오노데라 이쓰노
리(小野寺伍典) 당시 방위대신과 아베 총리는 사이버, 우주 등의 새로
운 영역이 방위에 사활적으로 중요하다고 언급하여서, 〈방위계획대
강 2018〉에 사이버와 우주 영역이 포함될 것이라는 점이 이미 예견되
어 있었다. 〈방위계획대강 2018〉에서는 육, 해, 공의 기존 영역에, 우
주, 사이버, 전자파 세 영역을 더해 6영역에서 방위력을 유기적으로 융
합하는 것을 목표로 제시하였다. 우주 영역에 대한 구체적 대처 사항으
로 〈방위계획대강 2018〉은 1) 우주 영역을 활용한 정보 수집, 통신, 측
위 등의 각종 능력 향상, 2) 상시 계속적인 우주상황 감시(SSA) 체제의
구축, 3) 평시부터 유사시까지 모든 단계에 있어서 우주 이용의 우위를
확보하기 위한 능력 강화가 제시되었다(福島康仁 2019, 11).

　　우주 영역을 활용한 정보 수집, 통신, 측위 등의 각종 능력 향상은
위성 등을 통해서 육, 해, 공 작전수행 능력을 보조하는 기존의 '우주로
부터의 작전 지원' 개념에 입각해 있다면, 우주상황 감시(SSA)는 국방

에서 사활적으로 중요해진 우주에서의 국방 자산을 공격으로부터 방어하는 '전투영역으로서의 우주' 개념에 입각해 있다.

2. 우주상황 감시와 미일동맹

2020년 5월 항공자위대에 신규 편성된 우주작전부대는 2023년 본격적 운영을 목표로 20여 명 정도의 인원으로 출발하였다. 우주작전부대의 핵심적 과제는 우주상황 감시(SSA)이다. 일본의 위성들에 대한 직접적 공격이나 위성 운용에 대한 공격을 감시하는 것에 주목적이 있다.

위성에 대한 물리적 파괴 공격, 즉 대위성공격(ASAT)에 대한 무력 대응은 일본의 기존 방위개념에서도 국제법으로도 해석상 전혀 문제가 없으나, 전파방해 등을 활용한 위성 운용에 대한 공격 대응은 아직 국내법과 국제법 모두에서 회색지대의 이슈이다. 일본의 우주작전부대의 활동 영역 확대 과정에서 회색지대에 대한 대응의 범위에 대한 논의가 향후 진행될 것으로 전망된다. '전투영역으로서의 우주' 개념에서 위성에 대한 무력공격과 이에 대한 방어 문제는 중국과 러시아의 대위성공격 능력의 향상으로 인해 갈수록 중요성이 증가하고 있다. 중국은 2007년 자국의 노후 기상위성을 미사일 공격으로 파괴하면서 상당한 수준의 대위성공격 능력을 보유하고 있음을 보여주었다. 러시아는 2019년에 군사위성 코스모스 2532에서 자위성 코스모스 2543을 방출해서 미국 군사정찰위성 USA-245 궤도에 접근시킨 경험이 있다. 이러한 대위성공격에 대한 위협 증가 속에서 일본도 우주상황 감시를 통해 대위성공격에 대한 방어 체제 구축에 나서고 있다. 우주상황 감시의 일반적 방법은 지상에 설치한 광학망원경과 레이더를 이용한 감시이고, 미국 등은 이에 더해 SSA위성을 운용해서 중요 군사위성에 대한 공격 가능성을 감시하고 있다(青木節子 2021, 138-141).

　　일본은 우주상황 감시 능력에서 앞서 있다고 보기 어렵다. 이 상황에서 일본 정부는 우주상황 감시에서도 세계 최고 수준인 미국과의 협력 강화에 집중하고 있다. 미국은 동맹국, 우호국과의 우주감시네트워크 구축을 지향하고 있기 때문에, 일본의 미국과의 우주상황 감시 협력 강화 목표는 미국도 기대하는 바이기도 하다. 2008년 우주기본법으로 우주의 방위 목적 이용이 가능하게 된 이후 미일 양국은 우주에서의 안보 협력에 대한 논의를 지속해왔다. 2008년 미일우주정책협의에서는 안보 분야가 배제되어 있었지만 2009년 미일정상회담 합의 내용에 의거해서 2010년부터 안보 분야에 대한 미일우주협의가 정례화되어 실시되고 있다(青木節子 2021, 148).

　　일본의 우주작전부대 신규 편성 이전인 2019년 미일안보협의위원회 논의의 결과로 2023년 예정인 일본 측위항법준천정위성 미치비키 5호기에 미국 SSA센서를 탑재하는 것이 결정되었다. 미치비키 위성은 일본이 위성항법시스템을 미국으로부터 독립하는 자주 노선의 관점에서 자주 언급되지만, 현시점에서는 미국을 중심으로 하는 SSA네트워크에 일본 위성항법시스템이 포함되는 국제협조 노선의 강화를 상징하는 것으로 보인다. 더불어 2026년 발사로 계획하고 있는 일본의 SSA 위성도 미국의 SSA 네트워크에 포함될 예정이다(青木節子 2021, 150-152).

　　일본의 우주정책은 최근 중국에 대한 위협인식의 강화 속에서 안보화가 진전되고 있다. 그리고 그 안보화의 방법론의 대세적 흐름은 미일동맹에 입각한 국제협조 노선이라는 것이 선명하게 드러나고 있다.

VI. 맺음말

일본의 국방정책과 우주정책은 더이상 평화를 위한 제한적 활용이라
는 모양새도 취하고 있지 않다. '적극적 평화주의'는 평화를 위해서 국
방능력을 적극적으로 활용해야 한다는 논리를 가지고 있다. 냉전기에
비군사적 성격을 지니고 있던 일본의 국방정책과 우주정책은 전쟁방
기와 무력사용을 금지하는 헌법 조항을 가지고 있지 않은 다른 나라들
과 큰 차이점이 없게 변화되었다. 이러한 변화가 제2기 아베 정권기에
서 전면화되었지만, 그 변화는 일관된 방향성을 지니고 점진적으로 오
래 지속되어 왔다고 볼 수 있다. 이 과정에서 북한과 중국으로부터의
위협인식이 기폭제였다.

　　보통국가화한 일본의 국방정책과 우주정책은 공히 미일동맹 강화
방향으로 전개되고 있다. 냉전기에 비해 볼 때 자주 노선은 최근 일본
국방정책과 우주정책에서 유력한 선택지가 아니다. 냉정하게 볼 때, 냉
전기 일본의 안보환경은 자주 노선을 논할 수 있을 만큼 급박한 위험
성이 상대적으로 적었다고 볼 수 있다. 현재 일본의 중국에 대한 급증
한 위협인식 속에서 가장 효과적인 방법이 미일안보동맹 강화임은 분
명하다. 일본의 정책결정자들에게는 미일안보동맹 강화 속에서 미국
에의 연루 위험을 무릅쓰면서, 미국을 일본에 연루시키려는 기저 심리
가 있는 것으로 보이기도 한다.

참고문헌

박영준. 2015. "아베 정부의 보통군사국가화 평가: 국가안보전략서, 집단적 자위권,
　　　미일가이드라인, 안보법제에 대한 종합적 해석." 『아세아연구』 58(4): 6-41.
소에야 요시히데. 2006. 『일본의 미들 파워 외교: 전후 일본의 선택과 구상』. 오름.
이정환. 2021. "일본 아베 정권의 방위산업 전략 딜레마." 김상배 편. 『4차 산업혁명과 첨단
　　　방위산업: 신흥권력 경쟁의 세계정치』. 한울아카데미.
이케우치 사토루. 2021. 『일본의 우주개발: 평화에서 군사안보로』. 한은아 역. 박영사.

Drifte, R. 2003. *Japan's Security Relations with China Since 1989: From Balancing to
　　　Bandwagoning?* Routledge.
Hosoya, Yuichi. 2019. *Security Politics in Japan: Legislation for A New Security
　　　Environment.* Japan Publishing Industry Foundation for Culture.
Okazaki, H. 1982. "Japanese security policy: A time for strategy." *International Security*
　　　7-2: 188-197.

渡邉浩崇. 2019. "日本の宇宙政策の歴史と現状: 自主路線と国際協力." 『国際問題』 684: 34-43.
福島康仁. 2019. "安全保障からみた宇宙: 作戦支援から戦闘の領域へ." 『国際問題』 684: 5-14.
小澤治子. 2015. "日ソ関係と「政経不可分」原則." 五百旗頭真, 下斗米伸夫, A.V.トルクノフ,
　　　D.V.ストレリツォフ 編. 『日ロ関係史 : パラレル・ヒストリ_の挑戦』. 東京大学出版会.
中島信吾. 2006. 『戦後日本の防衛政策─「吉田路線」をめぐる政治・外交・軍事』.
　　　慶應義塾大学出版会.
青木節子. 2021. 『中国が宇宙を支配する日─宇宙安保の現代史─』. 新潮社.
"平成8年度以降に係る防衛計画の大綱について." https://worldjpn.grips.ac.jp/documents/
　　　texts/docs/19951128.O1J.html (검색일: 2022.3.19.)
"平成17年度以降に係る防衛計画の大綱について." https://worldjpn.grips.ac.jp/documents/
　　　texts/docs/20041210.O1J.html (검색일: 2022.3.19.)
"平成23年度以降に係る防衛計画の大綱について." https://worldjpn.grips.ac.jp/documents/
　　　texts/JPSC/20101217.O1J.html (검색일: 2022.3.19.)
"平成26年度以降に係る防衛計画の大綱について." https://worldjpn.grips.ac.jp/documents/
　　　texts/JPSC/20131217.O2J.html (검색일: 2022.3.19.)
"平成31年度以降に係る防衛計画の大綱について." https://worldjpn.grips.ac.jp/documents/
　　　texts/JPSC/20181218.O1J.html (검색일: 2022.3.19.)
"尖閣諸島周辺海域における中国海警局に所属する船舶等の動向と我が国の対処." https://
　　　www.kaiho.mlit.go.jp/mission/senkaku/senkaku.html (검색일: 2022.3.19.)

제6장 북한의 대외 인식과 전략: 김정은의 '정면돌파'

박원곤(이화여자대학교)

I. 머리말

대부분의 국가가 국내 정치와 연계하여 대외 인식과 안보 환경을 평가하지만, 북한은 특히 정권의 안정화와 공고화 측면에서 국제질서를 해석하고 적용하는 경향이 강하다. 대표적인 것이 주체사상이다. 소련과 중국이 갈등을 본격화하자 북한은 '자주'를 주창하면서 자국의 이익을 수호하기 위한 사상적 배경으로 주체사상을 창출하였다. 외부 환경 변화에 수동적으로 적응하는 것이 아니라 정권 유지에 유리한 원칙을 제시한 후 안보 환경을 주관적으로 해석하는 성향을 표출한다.

　이러한 북한의 대외 인식과 정책상 특징은 70년이 지난 현시점에서도 여전히 유효하다. 2012년 집권한 김정은은 자주를 표방하는 대외 정책을 주창하였지만, 시기와 상황에 따라 유효한 정책 선택을 해온 경향이 파악된다. 본고는 김정은이 집권한 지난 10년간 표출되어온 북한의 대외 인식과 전략을 분석한다. 연속과 단절 측면에서 변화에 주목하되, 최근 상황에 초점을 맞추고자 한다. 이를 위해 우선 김정은 이전 시기 북한의 대외 인식과 정책 원칙 등을 고찰한다.

II. 냉전·탈냉전 시기 북한의 대외 환경 인식과 목표

냉전기 북한은 '민주세력 대 반동세력'이라는 진영론적 입장에서 국제정세를 판단했다. 미국을 중심으로 하는 제국주의 진영과 소련을 중심으로 하는 국제 민주 진영 간 경쟁으로 인식했다. 미국이 주도하는 제국주의는 "강대국의 약소국에 대한 침략과 정복, 식민지 및 반식민지 주각에 대한 약탈"로 규정하였다. 반면 국제 민주 진영은 호상존중과 형제적 협력에 기초한 관계로 인식하였다(정병호 2013, 34). 북한은 이른바 '제국주의론'을 기본적 논리 틀로 대외 환경을 재단하는 성향을 표출하였다(서보혁 2014, 279).

그러나 중소 갈등으로 인해 사회주의 내 의견 대립이 격화하자, 주체성과 실리 추구로 전환하는 모습을 보였다. 중소 갈등을 마르크스·레닌주의에서 벗어난 '현대수정주의,' 과학적 접근 없는 신조에 기초한 '교조주의,' 제국적 특성을 나타내는 '대국주의' 등으로 비판하였다. 북한의 대외관계에 대한 이와 같은 인식은 1970년 11월에 열린 제5차 당대회에서 공식적으로 천명되었다. 사대주의, 수정주의, 교조주의를 반대하고 주체사상에 기초한 자주적 대외정책이 발표된다(정병호 2013, 34). 더불어 중소 양국 간 '시계추 외교'를 통해 최대치 실리를 추구하는 모습도 발견된다.

탈냉전 시기도 대외관계에서 자주를 여전히 중시하는 성향이 나타난다. 북한이 인식하는 자주화된 세계는 "지배와 예속, 간섭과 압력이 없는 세계이며 모든 나라와 민족이 자기 운명의 주인으로서 자주권을 완전히 행사하는 세계"이다. 이를 아래와 같이 설명하고 있다.

> 자주정치는 대외관계에서 완전한 자주권과 평등권을 행사하는 정치이다. 매개 나라와 민족은 국제사회 관계 속에서 자기 운명을 개척하여 나가는 것만큼 매개 나라가 국제사회의 성원국으로서 세계 정치무대에서 벌어지는 모든 문제들을 자기 인민의 리익에 맞게 처리할수 있는 당당한 권한을 가지고 응당한 역할을 하자면 대외관계에서 완전한 평등과 자주권을 행사해야 한다. 자주정치는 나라들 사이의 특권을 반대하고 령토안정과 주권에 대한 존중, 불가침, 내정불간섭, 평등과 호혜의 원칙에 기초하여 다른 나라들과의 관계를 발전시키는 정치

이다. 이처럼 자주정치는 자기 나라 혁명, 자기 인민의 리익을 첫 자리에 놓고 견결히 옹호하며 모든 문제를 자기 실정에 맞게 자체의 힘에 의거하여 풀어나가며 대외관계에서 완전한 자주권과 평등권을 행사하는 정치인 것으로 하여, 인민대중의 자주성을 철저히 옹호하고 실현하며 사회주의 강성대국을 정치적으로 확고히 담보한다(철학연구소 2000; 정병호 2013, 36).

다양한 해석이 가능하지만, 주체사상의 핵심 원칙이 여전히 반영되고 있는 것은 분명하다. 또한 자주성을 기본으로 새로운 국제질서를 정치, 경제, 군사 부문에서 수립해야 한다고 인식한다. 군사 분야의 경우 기본적으로 군사블록의 해체를 주창하면서 타국에 대한 군사 위협과 간섭 중지, 외국군의 주둔과 기지 설치 불허용, 비핵지대·평화지대 창설과 확대 등을 주장한다(정병호 2013, 39).

이 시기 대외정책과 관련하여 북한이 목표로 한 대표적인 국가상은 '강성대국'이다. 강성대국은 1998년 8월 로동신문 정론에서 처음 제기된 바 있다. 여기서 강성대국은 "국력이 강하고 모든 것이 흥하여 인민들이 세상에 부럼 없이 사는 나라"로 정의되었다. 북한은 1994년 김일성 사망과 1995년부터 본격화된 경제 어려움으로 대규모 아사자가 나오는 '고난의 행군'을 시작하였다. 1998년은 대내 어려움이 가장 심각했던 해로 '강성대국'론을 통해 이를 돌파하려 했다.

강성대국은 내적 통치 기제이면서도 세계정치관을 담고 있다. 강성대국은 다분히 세계정치 맥락에서 국가의 총합 국력이 대폭 증대됨을 의미한다. 강성대국에 나타난 세계관은 다음과 같다. "사회주의 강성대국은 인민대중의 본성적 욕구를 완전히 실현하기 위하여 투쟁하는 그 정당성과 불패의 생활력으로 하여 세계혁명적 인민들의 공감과 동경심, 절대적인 성원을 받으며 자기의 막강한 사상적, 경제 군사적 위력으로 하여 국제무대에서 그 누구도 무시할 수 없고 함부로 건드릴 수 없는 높은 대외적 권위를 가지고 영향력을 행사하는 나라이다"(철학연구소 2000, 39; 김계동 2012, 49). 이른바 "주체의 사회주의 강성대국"을 의미하는 것으로 북한이 외세의 지배와 예속을 배격하는 반제국주의 · 반대국주의가 반영되어 있다. 나아가 북한이 세계의 중심으로 정치 · 군사를 포함한 전 분야에서 으뜸이 되는 국가를 2012년까지 완성하겠다는 것이다. 이는 극단의 어려움을 겪고 있는 북한이 객관적 환경을 무시한 목표 설정을 통해 국내정치적 어려움을 돌파하고 안보 환경을 유리하게 해석하려는 시도였다.

강성대국은 사상, 정치 · 군사, 경제의 3가지 측면에서 접근하여 패배주의를 극복하고 체제를 안정화하는 목적이 있다. 이를 위해 우선 정치 · 사상 강국과 군사 강국을 건설한 후 경제 강국 건설을 도모한다. 이행 차원에서 "사상중시, 총대중시, 과학기술중시"의 3대 중시 노선이 제시되었다(김계동 2012, 48-50).

김정일 시기를 관통하는 선군정치도 세계 안보 환경을 주관적으로 인식하여 가공하고 있다. 탈냉전 사회주의 체제 붕괴와 1990년대 후반 경험한 '고난의 행군' 등으로 인해 체제에 심각한 위기가 도래하자 김정일은 다시금 '피포위 의식'을 소환하며 선군을 내세웠다. 미국을 위요한 한국 등 주변 세력이 여전히 북한을 압박하며 군사적 선제 공격을 감행할 수 있다는 위기를 고취시켰다. 이를 극복하기 위해서는 선군과 함께 '우리식 사회주의'를 통해 변화된 주변 환경과 무관하게 침략자와 맞서 체제를 옹호하며 싸워야 한다는 논리이다. 더불어 극심한 경제적 어려움도 선군으로 극복할 수 있다는 주장도 제기했다. 로동신문은 선군을 "오늘 사회주의 강성대국건설에서 중요한 것은 우리 경제를 추켜세우고 가까운 앞날에 우리나라를 경제 강국의 지위에 올려세우는 것이다. 이 거창한 과업은 선군정치를 통해서만 실현할 수 있다. 혁명군대는 혁명의 주력군, 돌격대로서 사회주의건설의 어려운 과제도 해제끼고 인민들을 영웅적 위훈에로 불러일으킨다. 선군정치에서 잃을 것은 침체와 답보뿐이고 얻을 것은 비약과 고조, 민족의 부흥이다"라고 규정한다(로동신문 1999/06/16; 김계동 2012, 52).

종합할 때 지난 기간 북한은 반제국주의론을 기반으로 자주를 내세우는 대외정책 기조를 유지해 왔다. 더불어 시기에 따라 강성대국과 선군 등을 통해 북한에 매우 위협적인 대외안보 환경을 부각하면서 주민 통제와 국내 정치 공고화를 모색했다. 부연하면 북한이 표출하는 대외안보 환경 인식은 객관적 측면도 있지만, 국내정치적 동학에 필요하게 재단되는 경향도 존재함을 알 수 있다.

III. 김정은 집권 초 북한의 대외 환경 인식과 전략

1. 기본 인식 틀

냉전 시기 북한이 대외 환경을 인식하는 기본 틀인 '제국주의론'은 김정은 시기에도 여전히 유효함이 확인된다. 북한은 "미국이 자신을 군사적으로 침략하고, 한반도와 아시아태평양지역에서 지배적 지위를 차지하려 하며, 반북 압살 책동이 앞으로도 계속될 것"이라고 주장한다(조선중앙통신 2014/01/01; 서보혁 2014, 279). 김정은 정권 출범 직후인 2012년 1월, 미국이 발표한 새 국방전략을 "미군 무력의 60%를 아시아태평양 지역에 배치하려 한다"면서 미국은 이를 위해 "적의 존재 또는 위협"이라는 명분을 찾고 있다고 주장한다(조선중앙통신 2012/09/07; 서보혁 2014, 279-230). 미국은 주한미군을 중국과 러시아를 견제하도록 역할을 규정하고 지역 군사패권을 위한 최전방 무력으로 전략 기동군화하고 있다고 인식한다(조선중앙통신 2012/09/07; 서보혁 2014, 279).

김정은 시기에도 북한의 대외전략 핵심 이념인 자주를 여전히 중시한다. 더불어 친선과 평화는 시기와 상황에 따라 우선순위와 내용이 바뀌는 모습이다. 김정은 정권 출범 후 2012~13년 공동사설을 통해 북한의 "자주권을 존중하는 세계 모든 나라와의 선린우호관계를 확대·발전시켜 나갈 것"이라고 밝혔다. 이 인식 틀은 대미관계에도 자주권 존중과 평등의 원칙으로 적용된다. 북한 외무성은 미국을 향해 자신은 "대화를 반대하지 않지만 핵몽둥이를 휘둘러대는 상대와의 굴욕적인 협상 탁자에는 마주 앉을 수 없다"고 하면서 "대화는 자주권 존중과 평등의 원칙에 기초해야 한다는 것이 시종일관한 입장"이라고 말한 바 있다(서보혁 2014, 280).

김정은 이전 시기부터 표출되는 것이지만, 특히 강화된 인식상 특징 중 하나는 기존 국제 규범의 불합리성을 강조하거나 자의적으로 해석하는 것이다. 북한은 인공위성 발사에 대한 유엔안보리 결의를 비난하면서 "안보리 결의보다 훨씬 더 우위를 차지하는 보편적인 국제법들이 우주의 평화적 이용 권리를 인정한다"고 주장한 바 있다(조선중앙통신 2012/04/17; 서보혁 2014, 283). 2013년 3월 당중앙위원회 전원회의에서 "핵보유국을 자처하면서 핵확산 방지, 아시아와 세계의 평화와 안전수호, 세계의 비핵화 노력을 공언"하기도 했다(조선중앙통신 2013/03/31; 서보혁 2014, 283).

2. 대미 및 안보 인식[1]

김정은 시기 대외 인식 틀을 형성하는 핵심 요인은 핵 개발과 연계된 대미관이다. 핵 개발의 필요성 차원에서 안보 환경에 대한 해석과 평가가 두드러진다. 큰 틀에서 김정은 시기 대미관계와 핵 개발은 2009년 북한이 발표한 다음의 원칙이 여전히 유효한 것으로 판단된다.

> 미국과의 관계정상화가 없이는 살아갈 수 있어도 핵 억제력이 없이는 살아갈 수 없는 것이 조선반도의 현실이다.…관계정상화와 핵문제는 철두철미 별개의 문제이다. 우리가 갈망하는 것이 있다면 조미관계정상화가 아니라 우리 민족의 안전을 더욱 믿음직하게 지키기 위한 핵 억제력을 백방으로 강화하는 것이다(조선중앙통신 2009/01/07).

핵포기와 대미관계 정상화를 교환하는 이른바 '외교 목적설'이 더는 설득력이 없음을 확인한 것이다. 6자회담이 지속되던 이전 해까지만 하더라도 북한은 미국의 월등한 군사력, 경제발전 필요성 등을 감안하여 핵을 포기하는 조건으로 대미관계 정상화를 포함한 안전보장을 모색했다고 해석할 수 있지만, 2009년을 기점으로 원칙이 전환된 것으로 판단된다(이종주 2019; 안경모 2016: 이정철 2013).

김정은 정권 출범 직후 2012년 미국과 2·29 합의를 체결하였지만, 4월 13일 북한이 장거리 로켓을 발사하고 이에 대해 미국 주도로 유엔 안전보장이사회가 개최되어 규탄 성명이 채택되자 파기되었다. 북한은 한반도 비핵화 선언의 무효를 선포하면서 강경한 대미 인식을

1　이 부분은 박원곤(2022a)에 수록된 내용 중 일부를 수정·보완한 것이다.

표출하기 시작하였다. 김정은은 2013년 1월 연설을 통해 "이제는 우리 인민들이 더는 허리띠를 조이지 않도록 경제건설에 집중하려던 우리의 노력에는 엄중한 난관이 조성"되었다며 "세계의 비핵화가 실현되기 전에는 조선반도 비핵화가 있을 수 없다는 것도 명백해졌다"고 밝혔다. 미국에 대항하여 "실제적이며 강도 높은 국가적 중대조치"를 취할 결심을 표명하고 "구체적인 과업을 제시"한다고 천명하였다(조선중앙통신 2013/01/26).

김정은의 발언 수위는 계속 상승하여 2013년 3월에는 "적들이 끝끝내 핵전쟁의 불구름을 몰아오고 있다"면서 "임의의 시각에 미국본토와 하와이, 괌도를 비롯한 태평양작전전구안의 미제침략군기지들, 남조선주둔 미군기지들을 타격할수 있게 사격대기상태에 들어갈 것"을 지시하였다(조선중앙통신 2013/03/29).

이 시점에서 북한은 새로운 전략으로 경제 및 핵 병진 노선을 2013년 3월 31일 당 중앙위원회 전원회의에서 선포하였다. 김정은은 병진 노선을 "사회주의 강성국가를 건설하기 위한 혁명노선"이자 "전략노선"으로 규정하였다. 그러나 동시에 "반미결전을 총결산"하는 "신념과 의지의 결정체"임을 강조함으로써 대미전략임도 밝혔다(조선중앙통신 2013/04/16; 서보혁 2014, 281). 미국에 대항하여 핵보유 의지를 확고히 하는 한편 경제발전도 병행함으로써 대미 대결에서 승리하겠다는 의지를 천명한 것으로 해석된다. 김정은은 병진노선 발표와 함께 '핵억제력'이라는 표현 대신 '핵무력'이라는 용어를 사용하여 보다 공격적인 핵전략을 추진함을 분명히 했다.

김정은은 지속적으로 대미 강경 인식을 표출하였다. 2014년 신년사를 통해 "조선반도에서는 우리 공화국을 압살하기 위한 적대세력들의 핵전쟁 책동으로 말미암아 일촉즉발의 전쟁위험이 조성되었다"면

서 "평화를 구걸하지 않고 강력한 자위적 힘으로 나라의 자주권과 평
화를 수호하고 민족의 존엄을 굳건히 지켜나갈 것"이라고 천명하였다.
아래와 같은 발언도 첨부하였다.

> "우리가 강력한 전쟁억제력을 보유하지 못했다면 조선반도에서는 미
> 제에 의해 핵전쟁의 불길이 열번도 더 일어났을 것이다. (중략) 현실
> 은 우리로 하여금 믿을 것은 오직 자기 힘밖에 없다는 확신을 가지게
> 하고 있다. (중략) 우리는 자주권 수호와 평화보장을 위해 핵억제력을
> 질량적으로 더욱 강화해나갈 것이다(조선중앙통신 2013/04/16; 서보
> 혁 2014, 282).

미국의 군사적 조치를 제국주의론 틀에서 인식하고 핵보유 정당
성을 주창한다. 미국이 한국에 제공하는 확장억제를 북한에 대한 공세
로 인식한다. 이를 통해 미국은 남한과 주변 지역에 무력을 확장하고
대규모 대북 핵전쟁 연습을 벌인다는 것이다(서보혁 2014, 291).

3. 핵 및 대미 전략[2]

김정은 시기 핵전략의 핵심은 우선 북한을 핵보유국으로 명확히 규정
하는 것으로 시작되었다. 2013년 4월 1일 북한은 최고인민회의 제12
기 7차 전원회의를 개최하여 『자위적 핵보유국의 지위를 더욱 공고히
할데 대한 법령』과 『우주개발법』을 채택함으로써 "핵보유국"으로 법
적 지위를 스스로 부여하였다. 동시에 "궁극적으로 핵무기 없는 세계

---

2   이 부분은 박원곤(2022a)에 수록된 내용 중 일부를 발췌한 것이다.

를 건설하기 위하여 투쟁하며 핵군비경쟁을 반대하고 핵군축을 위한 국제적인 노력을 적극 지지한다"면서 '책임있는 핵보유국'의 입장을 천명하였다(조선중앙통신 2013/04/01). 4월 13일에는 헌법 서문을 개정하여 "핵보유국, 무적의 군사강국"을 포함하였다.

이 시기 북한은 핵 능력 완성에 전념하면서 미국과 대화를 다음과 같은 이유로 사실상 거부하였다. 외무성 대변인 담화를 통해 북한은 "① 미국이 대북 적대정책과 핵위협 공갈을 포기하지 않는 한 진정한 대화는 오직 우리가 미국의 핵전쟁 위협을 막을 수 있는 핵억지력을 충분히 갖춘 단계에 가서야 있을 수 있고, ② 그에 대처하여 핵억지력을 질량적으로 강화하기 위한 강도 높은 조치가 계속 취해지게 될 것이고, ③ 앞으로 자국과 미국 사이에 군축을 위한 회담은 있어도 비핵화 관련 회담은 절대로 없을 것"임을 밝혔다(서보혁 2014, 284). 2012년 2·29 합의를 파기한 북한이 핵 능력 완성을 목표로 상정하고, 대미 대결 구도를 천명한 것이다.

또한 김정은은 '조선반도 비핵화'와 '북한 비핵화' 간 차이를 명확히 했다. 2013년 6월 북한은 갑자기 대미 대화를 제시하면서 '조선반도 비핵화'를 김일성과 김정일 유훈이라고 강조하였다. 북한이 정의한 조선반도 비핵화는 북한 비핵화는 물론 한국을 포함한 "조선반도 전역의 비핵화"이자 "미국의 핵위협을 완전히 종식시키는 철저한 비핵화"로 정의하면서 "외부의 위협이 완전히 종식될 때까지" 핵을 보유하겠다는 입장을 유지하였다(이상근 2017, 112-114).

IV. 한반도 평화프로세스: 2018~2019년[3]

1. 대외 환경 인식

북한은 2017년 11월 29일 화성-15형 대륙간탄도미사일 시험 후 "오늘 비로써 국가 핵무력완성의 역사적 대업, 로켓강국의 위업이 실현되었다"고 선포하고 2018년 대화 국면으로 전환한다(조선중앙통신 2017/11/29). 이후 2018년 평창 올림픽에 참가하면서 남북 및 북미 대화를 이끌어 가지만, 김정은의 대외 인식이 급격히 변했다는 증거는 찾기 힘들다. 2018년 1월 김정은은 신년사를 통해 평창 올림픽 참여를 발표하면서 동시에 "핵무기 연구부문과 로케트 공업부문에서는 이미 그 위력과 신뢰성이 확고히 담보된 핵탄두들과 탄도로케트들을 대량 생산하여 실전 배치하는 사업에 박차를 가해 나가야" 한다면서 핵보유 의지를 명확히 한 바 있다. 더불어 "그 어떤 힘으로도, 그 무엇으로써도 되돌릴 수 없는 강력하고 믿음직한 전쟁 억제력"을 보유했다고 천명하였다(조선중앙통신 2018/01/01).

2018년 6월 미국과 최초로 정상회담이 개최되고, 2019년 2월 하노이 회담 때까지 북한은 구체적인 대외 인식, 특히 대미 비방은 삼가는 모습을 연출한다. 그러나, 하노이 회담 결렬 이후 다시금 미국과 대결 관계로 회귀할 수 있음을 밝히기 시작한다. 김정은은 2019년 4월 12일 행한 시정연설을 통해 하노이 때 미국이 제시한 일괄타결안을 "일방적인 강도적 요구를 전면에 내들고 관계개선에 인위적인 장애를 조성하고 있는 미국의 시대착오적인 오만과 적대시 정책"이라면서 맹

렬히 비판하였다. 동시에 "미국이 올바른 자세를 가진다면 제3차 조미 수뇌회담"을 한 차례 더 할 용의가 있다고 밝혔다. 그러나 더 강력한 어조로 "지금 이 자리에서 생각해보면 그 무슨 제재 해제 문제 때문에 목이 말라 미국과의 수뇌회담에 집착할 필요가 없다는 생각을 하게 된 다"고 주장하였다(조선중앙통신 2019/04/13). 김정은의 마지막 언급은 하노이 회담 결렬 직후인 3월 1일 리용호 외무상이 "우리가 비핵화 조 치를 취해나가는데 있어 중요한 것은 안전 담보이지만 미국이 군사 분 야에 대한 조치를 하기는 부담이라고 보고 부분적 제재 해제를 상응조 치로 제기한 것"이라는 설명과 연동한다(Park 2019).

이후 8월 한미가 연합훈련을 시행하자, 대미 비난의 강도가 높아 졌다. 리용호 북한 외무상은 8월 23일 담화를 통해 "미국이 대결적 자 세를 버리지 않고 제재 따위를 가지고 우리와 맞서려고 한다면 오산이 다"라고 경고했다(조선중앙통신 2019/08/23).

종합할 때 이 시기 북한이 이전과 차별화되는 대외 환경 인식을 특별히 노출하지는 않았다. 다만 전통적으로 지속해 온 제국주의론에 기초한 대미 비방을 삼가는 모습이 연출되었다. 그러나 2019년 2월 하 노이 회담이 결렬되면서 점차 미국과 한국에 대한 비방의 수준이 높아 졌다. 특히 한국에 대해서는 2019년 8월을 기점으로 거친 비난이 이어 지면서 매우 호전적인 인식이 표출되었다.

2. 핵 및 대외 전략

여전히 논란의 여지가 있지만, 이 당시 북한은 비핵화 의지를 표출한 것으로 알려져 있다. 존 볼턴 전 백악관 안보보좌관 회고록에 따르면 2018년 김정은을 면담한 한국 대표단이 트럼프 대통령에게 북한 비핵

화 의지를 전달하였다. 또한 4월 27일 남북 판문점 회담 도보다리 산책
도중 김정은이 직접 "1년 내" 핵무기를 폐기하겠다는 의사를 표명했음
도 증언한다(Bolton 2020, 81).

　그러나 북한이 핵을 포기한다는 직접적인 증거는 찾기 힘들다. 오
히려 북한은 핵 능력을 완성하였고, 향후 지속해서 능력 배양이 가능하
므로 미국과 협상을 시작하여 일부를 포기하더라도 일정 수준 핵 능력
을 유지한 '핵보유국'으로 인정받고 핵 군축 회담으로 연계할 수 있다
는 의도가 있었다고 판단할 수 있다. 북한은 2013년 3차 핵실험 이후
이미 "소형화, 경량화, 다종화, 정밀화된 핵탄을 포함하여 모든 것을 다
가지고 있다"고 주장한 바 있다(로동신문 2013/03/21). 정확한 수준을
판단하기 어렵지만, 이후 4년간 지속된 핵 개발로 북한 핵 능력이 더
고도화된 것은 분명하다.

　그러나 북한이 이전과는 차별화되는 노선을 발표한 것도 사실이
다. 가장 대표적인 것은 경제 및 핵 병진 노선을 전환한 것이다. 북한은
남북정상회담을 일주일 남겨둔 상황에서 2018년 4월 20일 당 중앙위
7기 3차 전원회의를 개최하고 경제 및 핵 병진노선을 "결속"하고 '사
회주의 경제건설 총력 집중'을 새로운 전략노선으로 채택하였다. 더불
어 "4월 21일부터 핵시험과 대륙간탄도로케트 시험발사를 중지하고,
핵시험 중지를 투명성 있게 담보하기 위해 북부 핵시험장을 폐기한다"
라고 천명하였다. 앞서 분석했듯이 병진노선은 미국과 결전을 "총결
산"하는 반미 대결적 균형 전략임을 밝힌 바 있으므로 이를 "결속"한
것은 대미정책의 변화로도 읽힌다. 김정은은 "사회주의 경제건설에 유
리한 국제환경을 마련하기 위해 국제사회와 적극적으로 대화하겠다"
라는 의지도 표방하였다(조선중앙통신 2018/04/20). 더불어 지난 3월
한국 대북 특별사절 대표단에 구두로 밝혔던 핵과 대륙간탄도미사일

시험 중지를 공개적으로 밝힌 것도 전향적 입장이다.

북한이 미국과 협상을 통해 시도한 핵문제 접근 방식은 6월 싱가포르 합의에 가장 잘 나타나 있다.

표 6.1 6.12 공동성명과 6.11 로동신문 비교

6월 12일 북미 공동성명	6월 11일 북한 로동신문
1. 조선민주주의인민공화국과 미합중국은 평화와 번영을 바라는 두 나라 인민들의 염원에 맞게 <u>새로운 조미관계를 수립</u>해나가기로 하였다.	전 세계의 비상한 관심과 기대 속에 력사상 처음으로 진행되는 조미수뇌회담에서는 달라진 시대적 요구에 맞게 <u>새로운 조미관계를 수립</u>하고,
2. 조선민주주의인민공화국과 미합중국은 <u>조선반도에서 항구적이며 공고한 평화체제를 구축</u>하기 위하여 공동으로 노력할 것이다.	<u>조선반도의 항구적이며 공고한 평화체제를 구축</u>하기 위한 문제,
3. 조선민주주의인민공화국은 2018년 4월 27일에 채택된 판문점 선언을 재확인하면서 <u>조선반도의 완전한 비핵화</u>를 향하여 노력할 것을 확약하였다.	<u>조선반도비핵화</u>를 실현하기 위한 문제들을 비롯하여 공동의 관심사로 되는 문제들에 대한 폭넓고 심도있는 의견이 교환될 것이다
4. 조선민주주의인민공화국과 미합중국은 전쟁포로 및 행방불명자들의 유골발굴을 진행하며 이미 발굴 확인된 유골들을 즉시 송환할 것을 확약하였다.	

주: 밑줄 저자 첨부.
출처: The Trump White house(2018); 로동신문(2018/06/18).

〈표 6.1〉에서 볼 수 있듯이 4항을 제외하고 나머지 내용은 싱가포르 회담 바로 전날 북한이 로동신문을 통해 표방한 자신들의 회담 목표를 순서와 표현 수정 없이 그대로 반영하고 있다. 구체적 내용을 담지 않는 합의문은 보통 순서 없이 원칙만을 표방하지만, 싱가포르 합의문은 번호를 부여함으로써 순위를 매겼다.

이를 통해 북한은 비핵화 원칙 및 시간표를 분명히 할 수 있었다. 북한은 단계적·동시적 행동을 기본원칙으로 삼고, 추진 순서를 부과하여 북미관계 개선과 한반도 평화체제가 구축되어야 비핵화가 가능하다는 합의를 도출한 것이다. 북한은 후에 6월 싱가포르 회담의 의미를 비핵화로만 국한하지 않은 동등한 핵보유국으로서 안보 환경을 재설계하는 것임을 밝힌 바 있다. 2019년 3월과 5월 조선신보를 통해 북한은 2018년 북미 정상회담이 "비핵화 문제뿐 아니라 더 큰 주제를 다루는 평화담판"이고 "조선에 대한 미국의 그릇된 사고와 행동을 바로잡는 과정"으로서 미국 "패권주의에 종지부를 찍는 선택"으로 규정하였다(조선신보 2019/03/01; 조선신보 2019/03/15; 이종주 2019, 123). 북한은 미국이 추진했던 북한 핵을 제거하는 비핵화가 아닌 보다 근본적 차원에서 안보 환경 구도를 전환하려 한 것이다.

북한의 대미 입장은 싱가포르 합의 직후인 7월 당시 폼페이오 장관 방북 시 다시 한번 확인된다. 폼페이오 장관이 북한 핵의 CVID와 신고, 검증을 요구하자 북한은 외무성 대변인 담화를 통해 "싱가포르 공동성명의 모든 조항들의 균형적인 리행"을 주장하면서 폼페이오의 제안을 "강도적인 비핵화 요구"라고 신랄히 비판하였다(조선중앙통신 2018/07/07). 북한은 싱가포르 합의 순서대로 이행을 요구한 것이다. 8월 4일 아세안지역안보포럼(ARF)에 참석한 리용호 북한 외무상은 "[북미 간] 신뢰조성을 선행시키며 공동성명의 모든 조항들을 균형적으로, 동시적으로, 단계적으로 리행해 나가는 새로운 방식만이 성공할 수 있는 유일하게 현실적인 방도"라면서 북한의 입장을 재확인하였다. 북한은 9·19 평양공동선언에서도 싱가포르 합의 정신을 다시금 되새기면서 미국이 "상응조치를 취하면 영변 핵시설의 영구적 폐기와 같은 추가적인 조치를 계속 취해나갈 용의가 있음을 표명"한 바 있다(박원곤 2018). 문제는 이 과정에서 북한이 추구하는 비핵화 수준과 이에 따른 상응조치 등이 정확히 확인되지 않는다는 것이었다. 북미 간 실무

협의는 북한의 수동적 태도로 만남 자체가 어려웠고, 성사돼도 북측은 구체적 논의를 제한하였다.

가장 논란이 되었던 비핵화에 대한 정의는 2018년 12월 북한 스스로가 다음과 같이 밝힘으로써 정리되었다.

6·12 조·미 공동성명에는 분명 '조선반도 비핵화'라고 명시돼 있지 '북 비핵화'라는 문구는 눈을 씻고 봐도 찾을 수 없다.…미국은 조선 반도 비핵화를 '북 비핵화'로 어물쩍 간판을 바꿔놓음으로써 세인의 시각에 착각을 일으켰다.…우리의 핵 억제력을 없애는 것이기 전에 '조선에 대한 미국의 핵 위협을 완전히 제거하는 것'이 제대로 된 정의이다(조선중앙통신 2018/12/20).

3월 한국 대표단의 방북 이후 발표한 6개 항 중 3항에 포함된 비핵화의 전제 조건인 "북한에 대한 군사적 위협 해소"와 "체제 안전보장"이 "미국의 핵 위협을 완전히 제거하는 것"임을 분명히 한 것이다. 미국이 선조치를 해야만 의미 있는 북한 비핵화가 가능하다는 뜻이다.

사실 북한은 김정은 정권 출범 후 2013년부터 "핵전쟁 연습 중단", "남조선 주변지역의 핵전쟁 수단 전면 철수 및 재투입 단념" 등 미국이 한국에 제공하는 확장억제 철폐를 꾸준히 제기했다. 김정은 자신도 2016년 5월 7차 당대회 총화 보고에서 "남조선에서 침략군대와 전쟁장비를 철수시켜야 한다"고 밝힌 바 있다(로동신문 2016/05/08). 보다 구체적으로 2016년 7월 북한 정부 대변인 성명으로 발표한 조선반도 비핵화 5대 조건인 "(1) 남조선에 끌어들여 놓은 미국의 핵무기를 공개하라 (2) 남조선에서 핵무기와 기지를 철폐하고 세계 앞에 검증받으라 (3) 미국이 조선반도에 핵 타격 수단을 다시는 끌어들이지 않겠다고 담보하라 (4) 우리 공화국에 핵을 사용하지 않겠다고 확약하라 (5) 남조선에서 핵 사용권을 쥐고 있는 미군 철수를 선포하라"와도 맥을 같이한다(조선중앙통신 2016/07/06). 결국 북한이 2018년 대화를 수용하면서 주장한 비핵화는 미국이 한국에 제공하는 확장억제를 철회하는 것이 분명한 전제이고, 나아가 주한미군 철수도 포함 가능한 것이다.

다만 김정은은 2019년 1월 신년사를 통해 핵 포기는 아니지만, "이제는 핵무기를 만들지도 시험하지도 않으며 사용하지도 전파하지도 않을 것"임을 천명한 바 있다. 더불어 미국에 대해서는 "제재와 압박"을 중단하지 않으면 "새로운 길"로 나갈 수 있음을 밝혔다. 남한에 대해서도 "합동 군사연습" 중단과 "전쟁장비 반입"의 영구 중지를 요구하였다(조선신보 2019/01/01). 김정은의 연설은 최소 수준에서 미국과 대화 지속, 최대 수준으로 핵 포기 아닌 핵 보유 의사를 다시금 표명한 것으로 해석할 수 있다. 구축한 핵 능력을 폐기하는 것이 아닌 추가 생산 중단만을 표명했기 때문이다. 나아가 핵 능력 과시를 통한 대미 압박으로도 해석할 수 있다(김진하 2021, 166).

하노이 회담 결렬 이후 북한은 미국과의 협상에서 '적대시 정책 선철회'를 요구하기 시작한다. 김정은은 4월 12일 시정연설을 통해 "새로운 조미관계수립의 근본방도인 적대시 정책철회를 여전히 외면하고 있다"고 비판하였다. 그러면서 5월부터 다시금 중단거리 미사일 발사 실험을 본격화하였다.

북한의 결정적 입장 정리는 2019년 10월 개최된 스톡홀름 실무 회담에서 최종 확인된다. 북한 대표인 김명길은 "조선반도의 완전한 비핵화는 우리의 안전을 위협하고 발전을 저해하는 모든 장애물들이 깨끗하고 의심할 여지 없이 제거될 때에라야 가능하다"라면서 "우리가 요구한 계산법은 미국이 우리의 안전을 위협하고 발전을 저해하는 모든 제도적 장치를 완전무결하게 제거하려는 조치를 취할 때만이, 그리고 그것을 실천으로 증명해야 한다는 것이다"라고 주장했다. 그러면서 북한의 "발전권"과 "생존권"을 보장하라고 요구했다(연합뉴스 2019/10/06). 당시 미국은 회의에서 "싱가포르 공동성명의 4개의 핵심 사안 각각에 대해 진전을 이루기 위한 많은 새로운 계획에 대해 소개했다"고 밝혔으나 북한과 협의를 본격적으로 진행하기도 전에 김명길의 일방적 선언으로 대화는 결렬됐다. 북한은 결국 미국이 북한의 생존과 발전을 저해하는 모든 적대시 정책을 철회하기 전에는 의미 있는 대화가 없다는 최후통첩을 전달한 것이다.

북한이 2018~2019년 대미 대화와 대남 관계 개선을 통한 한반도 평화프로세스는 결국 하노이 회담이 결렬되면서 새로운 역동을 창출하지 못하고 중단되었다. 북한이 '조선반도 비핵화'가 아닌 '북한 비핵화'를 모색하고, 대남 관계를 온전히 회복하여 한반도 평화정착 제도화에 진정성이 있었는지는 여전히 논란이 되고 있다. 북한이 인식과 정책을 완전히 바꾼 '대전환'을 선택했는지, 아니면 가능성을 완전히 닫지는 않았지만 크게 기대하지는 않은 '제한된 대미 접근'을 시도했는지, 혹은 핵 능력을 고도화하기 위한 시간 벌기 차원에서 의도적 '기만'행위를 한 것인지 등에 대한 논의는 여전하다. 다만, 한반도 평화프로세스가 성취한 최소한의 업적은 시간이 지날수록 보다 부정되는 양상이 표출된다.

V. 북한의 '정면돌파': 2019년 12월~현재

1. 로동당 중앙위원회 7기 제5차 전원회의(2019년 12월): 정면돌 파전[4]

2022년 6월 현재 북한이 추구하는 노선은 2019년 로동당 중앙위원회 7기 제5차 전원회의를 통해 밝힌 '정면돌파전'에 기반한다. 정확한 명 칭은 "현정세와 혁명발전의 요구에 맞게 정면돌파전을 벌릴 데 대한 혁명적 노선"이다(로동신문 2020/01/01). 김정은이 직접 밝힌 정면돌 파노선의 목표는 "미국의 제재봉쇄책동을 총파탄"내는 것이다.

북한은 '자력갱생을 통한 정면돌파'를 기반으로 미국과의 장기전 을 선포하였다. 김정은이 직접 나서 "우리의 전진을 저해하는 모든 난 관을 정면 돌파전으로 뚫고 나가자. 이것이 전체 인민이 들고 나가야 할 투쟁 구호"라고 천명하였다. "당은 간고하고도 장구한 투쟁을 결심 했다"는 표현도 있다. 전원회의 발표문에서 자력이 23회, 정면돌파가 22회 언급되었다. 북한이 2019년 10월 스웨덴 스톡홀름 회담에서 요 구한 '발전권과 생존권'의 미국 선조치 입장을 견고히 하면서 미국이 이를 수용하지 않고 제재가 계속되더라도 이를 돌파해 내겠다는 의지 를 표명한 것이다. 김정은은 "모든 당조직들과 일군들은 시대가 부여 한 중대한 임무를 기꺼이 떠메고 자력갱생의 위력으로 적들의 제재봉 쇄책동을 총파탄시키기 위한 정면돌파전에 매진하여야 한다"고 언급 하였다(로동신문 2020/01/01).

이를 위한 구체적 수단으로 경제, 군사, 사상 등이 제시되었다. 우

---

4   이 부분은 박원곤(2020)의 내용을 중심으로 작성되었다.

선 전체 발표문의 삼분의 일 정도를 경제문제에 할애하고 자력갱생을 강조하였다. 미국이 북한 요구를 수용하지 않을 가능성이 높고 제재는 지속적으로 부과될 것이므로 북한은 자력갱생을 통해 이를 돌파하겠다는 것이다. 김정은이 "허리띠를 졸라매더라도 기어이 자력부강, 자력번영하여 나라의 존엄을 지키고 제국주의를 타승하겠다는것이 우리의 억센 혁명신념"이라면서 본인이 2014년 4월 "우리 인민이 다시는 허리띠를 조이지 않게 하겠다"고 한 약속을 철회한 것도 경제적 어려움으로 인한 긴장을 반영한다. 김정은이 적극적으로 추진한 경제건설 총집중노선에도 불구하고 경제제재로 인한 어려움이 지속되고, 자신의 2019년 하노이 정상회담에서 시도한 제재 해제가 실패하는 등의 패착을 가리기 위해 내각이 "경제사령부로서 책임을 다하지 못한다"면서 책임을 돌렸다. 이 외에도 "타성에서 탈피하지 못하고 있다", "폐단이 산적됐다", "부진하다" 등의 비판이 가해졌다(로동신문 2020/01/01). 김정은은 경제적 어려움을 자신의 패착이 아닌 미국과 내각, 일부 경제 일꾼의 책임으로 돌리면서 '고난의 행군'을 준비시켰다.

　　군사 측면에서는 북한이 유예한 핵실험과 대륙간탄도미사일 실험을 재개할 수 있다는 여지를 표명했다. 김정은은 "이제껏 우리 인민이 당한 고통과 억제된 발전의 대가를 깨끗이 다 받아내기 위한 충격적인 실제 행동에로 넘어갈 것"이라고 경고하면서 "이제 세상은 곧 멀지 않아 조선민주주의인민공화국이 보유하게 될 새로운 전략무기를 목격하게 될 것이라고" 위협하였다. 트럼프 대통령의 ICBM 발사와 핵실험 금지선에 대해서는 북한의 전향적인 신뢰구축 조치에 불구하고 미국은 연합군사훈련과 전략자산 전개 등을 지속하는 상황에서 "지켜주는 대방도 없는 공약에 우리가 더이상 일방적으로 매여있을 근거가 없어졌다"고 밝혔다. 명백히 핵과 대륙간탄도미사일 발사 실험 재개를 공포하지는 않았으나 동시에 유예를 지속할 '근거'도 없음을 밝힘으로써 해석 여부에 따라 가능성을 열어 두었다. 전략무기 개발을 지속하겠다는 의지도 보였다. 김정은이 "전략무기개발사업도 더 활기차게 밀고나가야 한다"면서 "이제 세상은 곧 멀지 않아 조선민주주의인민공화국이 보유하게 될 새로운 전략무기를 목격하게 될 것이라고" 위협하였다 (로동신문 2020/01/01).

사상 강화도 강조하였다. 김정은은 "시대와 혁명발전의 요구에 맞게 당을 조직사상적으로 더욱 강화"해야 한다면서 "정치사상 교양의 공세적" 전개를 통해 "자력자강의 투사"로 전 인민을 무장시켜야 한다고 밝혔다. 전원회의가 채택한 결정서 5항은 "반사회주의, 비사회주의와의 투쟁을 강화하고 도덕기강을 세우며 근로단체조직들에서 사상교양사업을 짜고 들것"으로 채택되었다(로동신문 2020/01/01).

북한은 정면 돌파하되 미국과의 판을 완전히 깨지는 않고자 했다. 미국의 태도에 따라 협상의 여지를 열어 두었다. "우리의 억제력강화의 폭과 심도는 미국의 금후 대조선립장에 따라 상향조정될 것"이라는 언급을 통해 역설적으로 미국의 정책에 따라 북한의 핵능력 발전이 조정될 수 있다는 여지를 남겼다. 특히 북한의 영어 발표문에는 상향조정 대신 "적절히 조정(properly coordinate)"으로 보다 완화된 표현을 담았다. "충격적인 실제 행동," "전략무기 목격" 등으로 위협하였으나 구체성은 결여된다(로동신문 2020/01/01). 북한이 협상의 여지를 두지 않고 판을 확실히 깰 의도였다면 핵과 미사일 실험 유예의 즉각적인 철폐, 전략무기라는 표현 대신 핵무기, 핵무기 대량 생산, 북미협상 중단 등의 직접적인 표현을 사용했을 것이다. 일부 모호하며 조건이 부여된 표현 등은 미국과의 협상을 염두에 둔 것이다. 그런데도 다양한 해석이 가능하도록 함으로써 전략적 모호성을 유지하여 협상력을 높이고자 한 것으로 분석된다.

전원회의를 통해 북한은 핵보유 의지를 보다 명확히 했다. 북한은 "[김정은이] 미국이 대조선적대시정책을 끝까지 추구한다면 조선반도 비핵화는 영원히 없을것이라는것, 미국의 대조선적대시가 철회되고 조선반도에 항구적이며 공고한 평화체제가 구축될 때까지 국가안전을 위한 필수적이고 선결적인 전략무기개발을 중단없이 계속 줄기차게 진행해나갈 것임을 단호히 선언하시였다"고 밝힘으로써 사실상 핵보유 의지를 재천명하였다(로동신문 2020/01/01). 이 발표는 2018년 12월 주장과 동일하며, 미국의 대한국 확장억제를 철회하라는 주장이다. 한미가 수용할 수 없는 주장을 전제로 삼은 것은 비핵화 이행 의지가 없다는 것으로 해석 가능하다.

핵보유 의지와 연계하여 북한이 협상을 핵군축으로 유도하려는 의지조차도 약화하였다. 2018년 협상이 시작된 이래 북한의 협상 전략은 사실상 핵보유국으로 인정받는 상황에서 미국과의 핵군축 협상을 하는 것으로 해석되었다(Richey 2019). 전술한 2018년 12월 20일 북한의 발표는 이러한 북한의 의도를 실제적으로 확인시켜 주었다. 그러나 2020년 1월 1일 전원회의 발표문에서는 "[미국이] 세계적인 핵군축과 전파방지를 위한 우리의 노력에도 찬물을 끼얹고 있다"고 비난하면서 군축 협상조차도 부정적인 입장을 피력하였다(로동신문 2020/01/01).

2. 8차 당대회(2021년 1월): 정면돌파의 재확인

2019년 12월 확정된 '정면돌파전'은 북한 체제상 가장 상위기구로서 5년간 국가 정책 방향을 정하는 당대회를 통해 2021년 사실상 재확인되

었다. 북한은 2020년 8월 19일 조선로동당 중앙위원회 제7기 6차 전원
회의를 통해 2022년 1월 8차 당대회 개최를 결정하면서 "계획된 국가
경제의 장성 목표들이 심히 미진"하여 "새로운 국가경제발전 5개년 계
획을 제시"한다고 공포하였다. 그러나 북한 경제의 어려움은 내적 문
제도 있으나 비핵화가 진전되지 않은 결과로 제재가 지속되는 요인이
더 크다. 새로운 경제계획을 선포할 공간과 내용이 충분치 않을뿐더러
큰 효과를 기대하기 힘든 상황이다. 따라서 북한이 1월에 당대회를 개
최하는 것은 대내 기반을 다지는 의미도 있으나, 대외정책, 특히 대미
전략에 비중을 둔 것으로 예상되었다. 특히 8차 당대회 1월 개최는 로
동당 규약상 맞지 않는다(차두현 2021, 16). 2010년 개정된『조선로동
당규약』에 따르면 당대회 6개월 전에 공표해야 한다. 2016년 5월 당대
회는 이 규약에 따라 2015년 11월에 일정이 발표되었으나 8차 당대회
는 5개월 전에 발표됨으로써 규약을 어겼다. 이를 감안하여 북한은 8
차 당대회 때 규약을 개정하여 "수개월전"으로 바꾸었다. 따라서 규약
을 어기면서까지 개최한 것은 1월에 해야 할 이유가 있음을 추정할 수
있다. 종합할 때 북한이 8차 당대회를 '무리하게' 1월에 개최한 것은
제재, 코로나, 자연재해 등 삼중고에 처한 내부를 단속하면서 대외정
책, 특히 새로 출범하는 바이든 행정부에 메시지를 전달하려는 목적으
로 이해된다. 북한은 1월 초 당대회를 통해 대미노선을 발표하고 20일
출범하는 바이든 행정부의 대북정책에 영향을 주는 '주도권' 행사를
모색한 것으로 판단된다. 북한이 자신들의 노선을 선제적으로 밝혀 바
이든 행정부의 대북정책에 반영토록 하는 방식이다.

1) 대미 메시지

8차 당대회 결과는 예상대로 경제적 어려움을 극복하기 위한 새로운

정책이나 비전이 구체적으로 제시되지 않고 핵전력과 재래식 군사력 등 주로 군사 분야의 업적이 보다 강조되는 양상을 표출했다. 다만 내적 기강 확립을 위해 경제적 어려움의 결함을 '주관'에서 찾아야 하고, 사상무장, 연이은 전원회의에서 비판 등을 통해 내부적 통제와 내핍 등을 강조하였다. 예를 들어, "세도 및 부정부패" 척결은 7차 당대회에서도 제기되었으나, "반사회주의 요소"는 8차 당대회에서 부각되었다.

북한은 8차 당대회를 통해 두 가지 핵심 메시지를 미국에 발신했다. 첫째, 북한은 바이든 신행정부와도 대북 적대시 정책의 철회 없이는 의미 있는 관계를 추진하지 않을 것임을 밝혔다. 미국을 "전쟁괴수," "최대의 주적"으로 규정하고 "미국에서 누가 집권하든" "제압하고 굴복시키는데 초점을 맞추고 지향시"킬 것임을 천명하였다(조선중앙통신 2021/01/09). 2019년 10월 북한이 요구한 발전권과 생존권을 아우르는 적대시 정책을 미국이 선제적으로 철회하지 않으면 관계 개선에 나서지 않겠다는 입장을 재표명한 것이다.

둘째, 핵 포기 의지가 없음을 분명히 하고 오히려 핵을 최대한 고도화할 것임을 천명하였다. "책임있는 핵보유국으로서 침략적인 적대세력이 우리를 겨냥해 핵을 사용하려 하지 않는 한 핵무기를 남용하지 않을 것임을 다시금 확인"한다고 밝혔다. "국가핵무력건설대업의 완성과 계속되는 발전," "군사기술적강세를 불가역적인 것으로 되게 하고," "군력강화에서 만족이란 있을수 없다"면서 "우리의 국가방위력은 새로운 발전의 궤도를 따라 부단히 강화되여야 한다"고 주장한다(조선중앙통신 2021/01/09). 이에 따라 핵무기 소형화, 전술무기화를 선포하면서 대륙간탄도미사일 명중률 제고, 다탄두미사일 및 초음속미사일과 핵잠수함 개발, 수중발사핵전략무기 보유 의지 등도 밝혔다. 특히 주목되는 것은 군사정찰위성을 확보하겠다는 것과 2019년 5월부터 공개한

신형무기체계 일부를 '첨단핵전술무기'로 발전시킨다는 것이다. 전자
는 위성발사로 칭하면서 대륙간탄도미사일 시험을 감행하겠다는 예고
로 판단할 수 있다. 신형미사일을 핵전술무기로 활용하겠다는 것은 재
래전과 핵전의 구분 없는 전쟁을 수행하겠다는 의미로 단순한 무력 충
돌이 핵전쟁으로 확전될 가능성을 열어둔 도발적 행보이다.

　　이러한 북한의 의지는 열병식에서 다시금 표출되었다. 8차 당대회
후 열병식은 대내적으로 북한 주민에게 김정은의 업적을 과시하는 한
편 미국에 보내는 메시지도 포함하였다. 국내적으로는 경제성과 미달
을 군사력, 특히 핵능력 과시를 통해 상쇄하려 하였다. 열병식에서 공
개한 2종류의 신형미사일을 통해 북한을 핵보유국으로 인정하고 핵군
축 협상을 하자는 메시지를 보냈다. 잠수함발사탄도미사일(SLMB) 북
극성 5ㅅ의 경우 8차 당대회 때 밝힌 핵잠수함 추진계획과 함께 북한
이 핵투발 수단의 최종판인 핵추진 잠수함 발사 핵미사일을 보유하겠
다는 의지의 천명으로 해석할 수 있다. 이 무기체계는 생존력이 보장되
는 2차 공격 능력의 핵심으로 미 본토를 대상으로 하고 대륙간탄도미
사일보다 미 본토 공격 능력이 월등하다. 북한의 요구를 받아들이지 않
을 경우 미국 본토가 위험해질 수 있음을 보여준 행보로 판단된다. 북
한이 보여준 KN-23, 북한판 이스칸데르 미사일 개량형은 8차 당대회
에서 밝힌 전술핵무기를 현시한 것이다. KN-23은 사거리 600km에서
1,000km로 한국과 일본 공격이 가능한 무기로서 북한판 ATACMS(다
연장로켓)인 KN-24와 함께 핵탄두 탑재가 가능한 것으로 알려져 있다.
KN-23은 냉전 시 미국과 소련이 중거리핵전력(INF) 협정을 맺은 주
대상이 되는 무기체계이다. INF는 재래전에서 활용되는 형태의 무기
를 핵전력화할 경우 우발적 국지 충돌이 핵전쟁으로 이어질 수 있음을
방지하기 위해 미소가 추진했던 조약이다. 따라서 북한은 KN-23의 전

술핵무기화를 통해 미국과 핵군축 협상을 하겠다는 의지를 보인 것으로 판단한다. 이러한 북한의 군사적 능력 과시 및 중시는 2018년 4월 "결속"한 "경제건설 및 핵무력 병진 노선"을 소환하여 "핵·재래식 무력 및 경제 건설 병진 노선"으로 확장한 것으로도 해석 가능하다.

북한의 무력 과시는 대내적 요인도 작동한다. 경제 분야에서 실적을 내지 못하므로 주민들의 자부심을 고취하기 위해 군사 분야를 내세운 것이다. 김정은 당비서 추대 결정서에서 "국가 핵무력 완성의 역사적 대업을 빛나게 실현해 우리조국을 세계적인 군사강국으로 전변시켰다"고 주창하였다.

2) 대외 및 대미 정책

8차 당대회를 통해 북한은 미국과의 관계 개선보다는 "힘에 의한 대등한 외교"를 추구함으로 천명하였다(김진아 외 2021, 9). 7차 당대회 때 "우리를 우호적으로 대한다면 관계를 개선할 수 있다는 용의"가 있다고 밝힌 것과 상이한 입장이 표출되었다. 중국, 러시아, 쿠바, 베트남 등 사회주의 국가 간 연대를 강조한 반면 자유주의 국가와의 관계 개선 의지는 언급되지 않았다. 대미관계를 포함하여 외교무대에서 '인정' 받기보다는 다시금 '자주성에 기초한 상호주의 외교'를 강조한 것으로 해석된다. 이러한 북한의 입장은 바이든 행정부의 자유민주주의 가치 외교를 의식한 반작용일 수도 있다.

그러나, 북한은 미국과의 '새로운 관계 개선' 의지를 완전히 철회하지는 않았다. 미국을 "혁명발전의 기본 장애물"로 규정한 것은 미국과의 문제 해결이 사회주의 강국건설에 필수적인 것을 인정한 것으로도 해석할 수 있다. 트럼프 대통령과 체결한 싱가포르 선언을 "새로운 조미관계 수립을 확약하는 공동선언"으로 지칭하면서 긍정적으로 평가한 것도 미국과 관계 개선 가능성을 염두에 둔 것일 수 있다.

종합할 때 북한은 바이든 행정부 들어서도 '버티기' 전략을 구사하면서 "힘겨운 정면돌파"를 천명한 것으로 판단된다. 2019년 12월 "미국의 제재 봉쇄 책동 분쇄"를 천명한 '정면돌파'를 다시 한 번 확인한 것이다. 미국의 행동 변화 때까지 자력갱생을 통해 내부를 다지면서 무력 과시를 통한 압박을 병행하는 정책을 모색한다. 미국을 상대로 한 목표는 북한을 사실상(de facto) 핵보유국으로 인정하고, 적대시 정책을 철회하며, 일부 핵전력만 줄이는 핵군축 협상에 나서는 것으로 해석할 수 있다. 전술한 바와 같이 북한이 8차 당대회 때 자세히 밝힌 핵무기 '개발목록'은 일부 무기체계 개발에 드는 비용, 시간, 성공 여부 등을 감안할 때 핵군축 협상 시 활용하기 위한 것일 수 있다. 북한이 원하는 핵군축 협상은 일방적 감축이 아닌 상응조치를 강력히 요구하는 형태가 될 것으로 예상된다. 더불어 북한의 단기 대미정책 목표는 한미 연합훈련과 전략자산의 전개 중단일 것이다.

북한이 다양한 무기체계를 현시하고 개발을 공포한 것은 미국이 협상에 신속하게 임하라는 압박 메시지로도 읽을 수 있다. 북미 협상이 안 되면 북한의 핵과 재래식 무력은 계속 증강된다는 점을 상기시켜 시간이 미국 편이 아니라는 메시지를 보낸 것이다. 북한은 시간 싸움에서 밀리지 않겠다는 상징적 행보를 보이기 위해서라도 먼저 미국에 대화를 요청하거나 제의하지는 않을 것으로 판단된다.

북한은 보다 철저한 상호주의를 강조한다. 8차 당대회 때 대미정책의 "강대강, 선대선" 원칙을 밝힌 것처럼 상호주의를 강조하면서 비핵화와 평화대화에 미국의 선조치를 요구한다. 특히 군사력에 대한 자신감을 바탕으로 바이든 행정부의 압박과 제재를 통한 북한 협상 유도에 맞대응할 것임을 천명한 것으로 판단한다.

3. 2022년 북한: 급진화와 핵보유국 인정

2022년 6월 현재 북한은 작년 1월 8차 당대회 때 확인한 정면돌파전을 지속하고 있다. 특히 대외정책을 포함한 전반적인 국가 정책이 보다 '급진화'되는 양상이 확인된다. 경제에 대한 비중이 줄어든 형태로 2018년 '결속'했던 병진노선이 다시금 소환되기도 한다. 탈군사화에서 군사화로 환원되는 모습이다.

　우선 2021년 8차 당대회 때 강조된 사상투쟁이 본격화되고 실제 구현되고 있다. "비사회주의·반사회주의 책동을 분쇄"한다는 천명과 함께 반동사상문화배격법과 청년교양보장법 등으로 실행되고 있다. 2021년 12월 열린 8기 4차 전원회의에서도 "법기관들의 역할을 높"이고 "사회주의 법률제도"를 강화하겠다는 의지를 재천명하였다. 동시에 "국가부흥, 인민복리"라는 구호와 함께 집단주의를 강조한 애국주의를 강조하는 보수화 경향이 나타난다. 가장 큰 비중으로 다뤄진 농업 분야에서 농민들의 생산 의욕을 고취하는 개혁조치를 언급하지 않음으로써 국가 중심성에 기반한 집단주의가 노정되었다.

　대미전략의 경우 8차 당대회 이후 이른바 "이중기준"이 새로운 원칙으로 등장하였다. 북한은 제8차 당대회에서 "최대 주적인 미국을 제압하고 굴복하는데 초점"을 맞추고 "핵기술 고도화, 핵무기 소형 경량화·전술 무기화, 초대형 핵탄두 지속 생산을 공포"한 바 있다. 이를 본격화하면서 한국을 비롯한 국제사회가 더는 문제를 제기하지 못하도록 이중기준 논리를 펼치고 있다. 2021년 9월 김여정은 담화를 통해 이중기준 철회를 요구하였다. 김여정은 이중기준을 "자기들의 류사행동은 평화를 뒤받침하기 위한 정당한 행동이고 우리의 행동은 평화를 위협하는 행동으로 묘사하는 비론리적이고 관습적인 우매한 태도”로 정의하였다. 더불어 북한이“국방과학발전 및 무기체계개발 5개년계획”이 있다면서 이에 따라 자위력 확보 차원에서 무기 개발을 한다고 강변한다. 따라서 한국과 국제사회는 자신들의 정당한 무기 개발을 《도발》이라는 막돼먹은 평”을 하고 있다고 비난했다(조선중앙통신 2021/09/15). 실제 북한은 위협 세력을 특정하지 않으면서 미사일 도발을 지속하고 있다. 예를 들어 2022년 미사일 도발을 연속하면서 “국가전략 무력의 현대화 과업,”“나라의 전쟁억제력 강화,”“검열사격훈련” 등으로 규정했다. 화성-8형 미사일 발사 후에는 “극초음속미싸일 부문에서의 련이은 시험성공은 당 제8차대회가 제시한 국가전략무력의 현대화과업을 다그치고 5개년계획의 전략무기부문 최우선 5대과업 중 가장 중요한 핵심과업을 완수한다는 전략적 의의를 가진다”라고 밝혔다(조선중앙통신 2022/01/06). 미국과 한국 등 적대세력을 특정한 도발이 아니라 5개년 계획에 따라 “국가의 자주권과 안전”을 지키려는 국제사회에서 통용되는 일상적 행위라는 것이다.

북한 내 가장 높은 수준인 김정은이 나서서 이를 확인한 바 있다. 2021년 11월 11일 개최된 국방발전전람회 ‘자위-2021’ 기념 연설에서 김정은은 현 정세를 다음과 같이 판단하였다(조선중앙통신 2021/11/11). “조선반도에 조성된 불안정한 현 정세하에서 우리의 군사력을 그에 상응하게 부단히 키우는 것은 우리 혁명의 시대적 요구이고 우리들이 혁명과 미래 앞에 걸머진 지상의 책무로 된다.” 그러면서 “강력한 군사력 보유 노력은 평화적인 환경에서든 대결적인 상황에서든 주권국가가 한시도 놓치지 말아야 하는 당위적인 자위적이며 의무적 권리이고 중핵적인 국책으로 되어야 한다”고 강조했다. 이어 “무적의 군사력을 보유하고 계속 강화해나가는 것은 우리 당의 중대 정책”이라고 주장했다. 한국과 미국에 대한 비판도 잊지 않았다. 김정은은

"남조선에서 '도발'과 '위협'이라는 단어를 '대북전용술어'로 쓰고 있다"며 "상대방에 대한 불공평을 조장하고 감정을 손상시키는 이중적이고 비논리적이며 강도적인 태도에 커다란 유감을 표하며 우리의 자위적 권리까지 훼손시키려고 할 경우 이를 용납하지 않을 것이며 강력한 행동으로 맞설 것"이라고 경고했다. 미국에 대해서도 "최근 들어 우리 국가에 적대적이지 않다는 신호를 빈번히 발신하고 있지만 적대적이지 않다고 믿을 수 있는 행동적 근거는 하나도 없다"고 평가하면서 "미국은 아직까지도 잘못된 판단과 행동으로써 지역의 긴장을 산생시키고 있다"고 강조한다. 그러면서 "명백한 것은 조선반도지역의 정세 불안정은 미국이라는 근원 때문에 쉽게 해소될 수 없게 되어있다"는 인식을 표출했다.

여기서 주목해야 할 것은 엄중한 국제정세를 지적하고 한미를 도발적으로 인식하며 군사력의 중요성을 강조하면서도 8차 당대회 때와는 달리 "남한이나 미국이 우리의 주적은 아니며 주적은 전쟁 그 자체"라고 밝힌 것이다. "분명코 우리는 남조선을 겨냥해 국방력을 강화하는 것이 아니다"라는 말도 덧붙였다. 종합하면 김여정이 9월 밝힌 이중기준을 김정은이 보다 구체화한 것으로 볼 수 있다. 기본 안보 환경 인식을 유지하면서도 구태여 한국과 미국을 주적이 아니라고 표현한 것은 이중기준 논리를 강화하는 시도로 해석된다. 종합할 때 북한의 이중기준 철회 요구는 핵보유 정당화 담론이다. 대외 환경과 무관하게 제도화된 계획에 따른 도발의 일상화를 통해 합법적 자위권을 강변하여 핵보유국 인정을 추구하는 노력으로 해석할 수 있다.

핵 정책과 관련하여 북한에 나타나는 또 다른 특징은 군비경쟁과 세력균형 논리를 차용하여 핵보유 정당화를 추구하는 것이다. 북한 리태성 외무상은 2021년 9월 "미국·남조선 동맹이 계속 강화되는 속에서 종전선언은 지역의 전략적 균형을 파괴하고 북과 남을 끝이 없는 군비경쟁에 몰아넣는 참혹한 결과만을 초래하게 될 것"이라고 경고한 바 있다(조선중앙통신 2021/09/24). 같은 논리로 9월 김여정은 "남한의 군비증강은 대북 억제력 확보로 미화하는 이중기준을 내들고 한반도 지역에서 군사력의 균형을 파괴하려 들지 말아야 한다"면서 "(한미동맹 강화는) 북과 남을 끝이 없는 군비경쟁에 몰아넣는 참혹한 결과만을 초래"한다고 주장하였다(조선중앙통신 2021/09/25). 같은 맥락에서 김정은도 2021년 9월 29일 최고인민회의 시정연설에서 "국방부문에서 조선반도지역의 불안정한 군사적 상황을 안정적으로 관리하고 적대세력들의 군사적 준동을 철저히 억제할 수 있는 위력한 새 무기체계개발에 박차를 가하고 있다"고 밝혔다(조선중앙통신 2021/09/29). 북한은 이중기준과 연계하여 핵·미사일 개발이 한반도·동북아 군비경쟁과 세력균형 차원에서 자위적 조치로 강변하고 있다. 북한은 핵을 "보검"으로 칭하면서 위협 대비를 위해 어쩔 수 없이 개발·보유한다는 수동적 의미에서 벗어나 세력균형과 역내 안정에 기여한다는 능동적 의미로 전환하는 양상이다. 또한 북한은 핵을 북한 체제 발전단계와도 연동한다. 2021년 1월 8차 로동당 전원회의에서 "국가 핵무력 건설은 사회주의국가 건설 행정에서 반드시 선차적 점령해야 할 전략적이며 지배적 고지"라고 밝힌 바 있다.

2022년 6월 현재 북한은 사실상(*de facto*) 핵보유국 인정을 목표로 한다고 판단한다. 연초부터 미사일 발사 '질주 중'이고 한국, 일본, 괌을 사정권으로 하는 중단거리 전략핵과 미 본토를 타격할 수 있는 대륙간탄도미사일을 망라한다. 특히 2019년 5월부터 북한이 공을 들여온 KN-23, 24와 새로이 선보인 장거리 순항미사일, 극초음속 미사일 등은 기존 한미 미사일 방어체계를 사실상 무력화할 수 있다. 북한은 역내 전술핵 전력을 완비하여 핵보유국으로서의 위상을 확실히 하려는 것으로 판단된다. 고도화된 미사일을 다수 보유하고 실전 배치한 상황에서 이를 완전히 제거하는 것은 사실상 어렵기 때문이다. 동시에 미국을 타격할 ICBM 개발도 지속하는 모양새이다.

바이든 행정부의 대북정책이 보이는 빈 공간도 북한은 최대한 활용하고 있다. "잘 조정된 실용적 접근"으로 명명된 바이든 행정부의 대북정책이 2021년 5월 공개되었지만, 1년이 지난 현 시점에서 제대로 작동하지 못하고 있다. 북한과 어떤 의미 있는 접촉도 부재하고, 북한이 지속하는 미사일 도발도 억제하지 못한다. 따라서 미국 내에서 이미 바이든 행정부의 대북정책은 "실패" 혹은 "실종"이라는 평가가 제기된다(박원곤 2022b).

바이든 행정부의 구체적인 북한 비핵화 내용은 알려지지 않고 있지만, 기본적으로 북한과 협상을 통해 비핵화 목표를 설정하고 로드맵을 구축한 후 단계적·점진적으로 상응조치와 함께 비핵화 조치를 추동하는 것으로 이해된다. 그러나, 문제는 이러한 방식은 이미 지난 시기 제네바 합의와 9·19공동성명, 2·13합의, 10·3합의 등을 통해 시도했으나, '검증'의 벽을 넘지 못하고 실패한 바 있다. 관련하여 다양한 대북정책 방향이 미국 내에서 제시되고 있다. 논의를 종합할 때 현 상황에서 바이든 행정부가 가장 우선시하는 것은 북한의 대륙간탄도미사일(ICBM) 개발 중지에 맞춰져 있다. 미국 내 대북 강경파조차도 북한을 완전히 비핵화하는 것은 어렵다면서 우선적으로 ICBM에 집중하는 "제한적 핵군축"을 주창한다(박원곤 2022b).

북한은 이 틈을 파고든다. 지난 3월 24일 화성 17형으로 밝히면서 ICBM을 발사하여 2018년 4월 스스로 약속한 핵과 ICBM 실험 유예를 파기했다. 향후 북한은 모라토리엄을 연장하는 조건으로 제재 해제를

요구할 가능성이 있다. 이러한 북한의 요구가 수용된다면 제재에 특화
된 북한 경제는 살아나고, 미국과 협상을 재개하더라도 최대한 시간을
끌면서 사실상의 핵보유국 위치를 점하게 될 수 있다.

VI. 맺음말

북한이 김일성 시기부터 '자주'를 화두로 민족주의에 기반한 반미제국
주의를 주창해 온 전통은 김정은 시기에도 여전히 지속된다. 다만, 북
한이 과연 자주와 주체라는 원칙을 대외정책의 근간에 두고 실제 어느
수준에서 반영하는지는 논란이 된다. 특히 김정은은 출범 후 10년 동
안 선대의 이념과 차별화되는 사상을 발전시키고 있는 것으로 판단된
다. 김일성·김정일주의를 완전히 대체하지는 않지만, 인민대중제일주
의와 우리국가제일주의로 대표되는 이념이 등장하고 있다.

　　그러나 대외정책 특히 대미전략과 핵 정책 등은 일부 부침이 있지
만, 일관된 인식과 정책 방향이 다음과 같이 확인된다. 첫째, 북한은 대
미관계 개선과 핵문제를 분리한다. 미국이 북한과 국교를 맺고 안전보
장을 해주면 북한이 핵을 포기할 것이라는 외교목적설은 더는 유효하
지 않다. 2009년 북한이 북미관계 정상화와 핵보유를 분리한 후 김정
은 시기에도 여전히 적용하고 있다. 둘째, 북한 비핵화와 조선반도 비
핵화의 차이를 분명히 하면서 미국이 한국에 제공하는 확장억제 해제
를 요구한다. 선후 관계도 점차 미국이 선조치를 해야 북한이 핵 협상
에 임할 수 있다는 입장으로 변했다. 2019년 2월 하노이 회담 결렬 이
후 북한은 한미연합훈련과 미국의 전략자산 한반도 투사 영구 중단 등
확장억제의 핵심이 제거되지 않는 한 대화는 없다는 태도를 고수한다.

셋째, 대내외 정책에서 '급진화'가 표출된다. 김정은 집권 후 일부 시도되었던 경제, 사상, 대외관계에서 일부 전향적인 모습은 점차 소멸 중이다. 2019년 하반기 선포된 정면돌파전 이후 북한은 모든 분야에서 김정일 시기 선군을 연상케 하는 급진화로 회귀하는 모습이다.

결론적으로 북한 변화 가능성은 난망하다. 오히려 급진화의 길로 들어선 북한은 더 강화한 반제국주의 인식을 기반으로 핵을 결코 포기하지 않으며 상대를 굴복시키려는 강경정책을 지속할 가능성이 크다.

참고문헌

김계동. 2012. 『북한의 외교정책과 대외관계: 협상과 도전의 전략적 선택』. 서울: 명인문화사.

김진아 외. 2021. "북한 8차당대회 분석과 안보·외교분야 함의." 『국방논단』 1835.

김진하. 2021. "김정은 대북외교 담론분석: 대미전략을 중심으로." 『전략연구』 28(2): 161-188.

박원곤. 2018. "6.12 북미 공동성명 이행실태 평가 및 향후 과제." 『국가안보전략』 71.

_____. 2020. "북한의 전략과 한미공조." 『국가전략』 5(1): 29-53.

_____. 2022a. "연속된 '균형'(balancing): 김정은 시기 대미전략 10년." 『한국국가전략』 7(2): 153-191.

_____. 2022b. "바이든 행정부의 대북정책: 현실과 이상의 혼란." 『정세와 정책』 13. 세종연구소.

서보혁. 2014. "김정은 정권의 혼합외교: 선군인가, 선경인가." 우승지 편. 『김정은 시대의 정치와 외교』. 서울: 한울.

안경모. 2016. "북한의 대외전략 분석(2008-2016): '편승'에서 '균형'으로의 변화를 중심으로." 『국가전략』 22(4): 5-32.

이상근. 2017. "김정은 리더십과 북한의 대외정책." 『한국과 국제정치』 33(4): 91-128.

이정철. 2013. "미국의 재균형화와 북한의 수정주의 국가화." 『유라시아연구』 10(4): 135-158.

이종주. 2019. "북한 핵정책의 변동(2009-2017): '전면적인 내부적 균형'의 핵정책 형성." 『국제정치논총』 59(1): 87-126.

정병호. 2013. "주체사상과 북한외교정책: 사상적 기조가 외교정책에 미친 영향을 중심으로." 『인문사회 21』 4(1): 23-52.

차두현. 2021. "북한 8차 노동당대회 분석." 『이슈브리프』. 아산정책연구원.

철학연구소. 2000. 『사회주의 강성대국 건설사상』. 평양: 사회과학출판사.

Bolton, John. 2020. *The Room Where It Happened: A White House Memoir*. New York: Simon & Schuster.

Park, Won Gon. 2019. "No Way Out?: US-North Korea Denuclearization Negotiations." *Global NK Commentary*. East Asia Institute.

Richey, Mason. 2019. "Lessons from North Korean Denuclearization: Implications for Nonproliferation, Arms Control and the Nuclear Taboo." *38 North*, June 6.

The Trump White house. 2018. "Joint Statement of President Donald J. Trump of the United States of America and Chairman Kim Jong Un of the Democratic People's Republic of Korea at the Singapore Summit." https://trumpwhitehouse.archives. gov/briefings-statements/joint-statement-president-donald-j-trump-united-states-america-chairman-kim-jong-un-democratic-peoples-republic-korea-singapore-summit/ (검색일: 2021.11.14.)

제2부   안보환경 변동에 대한 한국의 대응

제7장   동북아지역 관련 주변 4강의 전략의 충돌과 한반도 군사안보

부형욱(국방연구원)

최근 들어 전략 수준의 논의에서 '인도-태평양'이 담론을 주도하고 있지만 그 속에서도 '동북아시아'의 무게는 여전하다. 이는 밀리터리 밸런스 2021에서 보여준 전 세계 국방비 지출 통계에서도 드러난다. 밀리터리 밸런스에 의하면 아시아, 북미, 러시아 및 유라시아가 전 세계 국방비에서 차지하는 비중이 66.4%이다. 전 세계 국방비의 2/3가 이 지역에서 지출된다는 얘기다(IISS 2021, 23). 이렇게 막대한 예산의 대부분이 동북아 안보와 관련되어 있다. 미중 전략경쟁이 군사경쟁의 모습을 띠어 가고 있으며, 미국과 중국을 중심으로 한 군사적 네트워크와 전략적 밀착이 추진되고 있기 때문이다. 과거 냉전 시기와 비슷한 '판' 이 그려지고 있다는 분석이 과한 것이 아니다. 이러한 전략구도의 변화가 한반도 안보에 어떤 영향을 미칠 것인가? 본고는 이러한 질문에 답하기 위하여 작성되었다. 이러한 논의를 진전시키기 위해 우선 현재의 상황을 평가하고, 그 이후에 한국의 전략적 방향성에 대해서 논의한다.

I. 미중 군사경쟁 시대 전략의 충돌

1. 중국의 군사적 부상과 미군의 대응

9·11 이후 미국이 대테러 전쟁에 국력을 쏟아 붓는 동안 중국은 경제를 발전시키면서 군사력을 대폭 강화했다. 과거에는 미군에 비해 보잘것없는 전력을 보유하던 중국이었지만 이제는 군사력 투사범위를 저 멀리 해상으로까지 뻗치기 시작했다. 이들 전력은 태평양 지역에 있는 미군 전력에 위협이 되었다. 중국은 INF 조약(중거리핵전력폐기조약) 당사자가 아니었기에 지상에서 발사하는 중거리미사일 전력을 강화하

는 데 아무런 제지도 받지 않았다. 이 점이 미국의 불만을 야기했다.

  중국이 건설한 중거리미사일전력 중 DF-17, DF-21과 같은 미사일은 미군 항공모함을 타격할 수 있는 능력을 갖추게 되었다. 미군 항공모함이 중국의 중거리미사일에 피격되어 침몰하는 상황도 예상할 수 있게 된 것이다. 이는 미국의 대통령이 감수할 수 있는 위험의 범위를 넘어선다. 미군은 이러한 악몽과 같은 상황을 피하기 위해 많은 고심을 했다. 공해전투(air-sea battle) 개념을 논의한 것도 실상 미군의 자산을 중국의 중거리미사일로부터 보호하기 위한 것이었다. 해·공군 자산을 활용하여 선제적으로 중국의 반접근·지역거부 전력을 무력화하기 위한 개념이었던 것이다. 그러나 중국의 군사력이 현대화되면서 대륙 깊숙이 있는 중국군의 중거리미사일 전력을 무력화하는 일은 너무나 위험한 과업이 되어버렸다. 미군은 값비싼 항공자산과 해상자산의

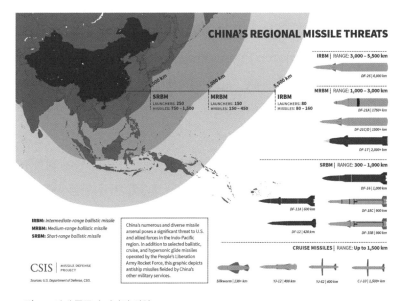

그림 7.1 역내 중국의 미사일 위협
출처: CSIS(https://missilethreat.csis.org/missile-maps-infographics/#jp-carousel-6273)

안전이 담보되지 않은 채 작전을 수행해야 했기 때문이다. 이러한 군사 작전은 핵전쟁으로 비화될 가능성도 높일 것으로 평가되었다(부형욱 2019).

미군은 안전이 확보된 지상에서 대량으로 값싸게 중국군의 군사 자산을 타격할 수 있는 수단이 필요했다. 그 해답이 지상발사 중거리미사일이다. INF 조약 파기로 미국은 자유롭게 중거리미사일을 생산할 수 있게 되었다. 전쟁 발발 시 지상발사 미사일은 전술적 활용도가 높다. 공중이나 해상에서 발사되는 미사일보다 많이 쏠 수 있고, 빨리 쏠 수 있다. 발사 차량을 이곳저곳에 분산시킬 수 있어 전술적 이점도 있다. 물론 이 때문에 중거리미사일의 역내 배치는 핵전쟁의 가능성을 높인다. 아이러니한 측면이라 할 수 있다. INF 조약 파기 후인 2019년 8월, 애스퍼 미 국방장관은 핵이 탑재되지 않은 중거리미사일을 아시아에 배치하는 방안을 언급했다(동아일보 2021/12/16). 그러나 중국의 핵미사일 전력은 재래식 미사일 전력과 혼재되어 있다. 재래식 탄두를 장착한 미국의 중거리미사일이라 할지라도 중국의 핵전력을 위협하게 되는 것이다. 어떤 경우에도 재래전이 핵전으로 비화될 가능성을 높여준다.

INF 조약 파기 이후 유럽에 중거리미사일을 배치한다는 논의보다 인도-태평양 지역에 배치를 고려한다는 얘기가 먼저 나온 것은 매우 낯선 광경이었다. 그만큼 미국이 인도-태평양 지역의 군사력 균형에 신경을 쓴다는 것이었다. 미국은 중거리미사일을 괌에서 시작하여 동맹국에 배치하는 계획을 검토하고 있다. 동맹국의 의사를 타진하겠지만 매우 소란스러운 상황이 예견된다. 벌써 한국, 일본이 거론되었다. 물론 한국은 중국에 너무 가까이 있어 오히려 배치 고려 대상에서 제외될 가능성도 있다. 그러나 이는 지나치게 희망적인 추론이다. 이러

한 정황을 고려하면 미중 간 전략경쟁은 군사경쟁으로 비화되고 있다
는 점은 분명해 보인다.

2. 중국 견제 군사 네트워크의 모색

2010년대 초부터 미국은 중국의 군사적 부상에 본격적으로 대응하려
했다. 그러나 때마침 닥친 금융위기로 국방비 자동삭감 조치를 취할 수
밖에 없었고, 2020년대에 들어서는 코로나-19 상황에 처하게 되었다.
미국에게는 불운한 시기라고밖에 달리 설명할 방법이 없을 지경이다.
바이든 행정부는 자신들이 추구하는 전략적 의도와 역량의 불일치를
간파했다. 중국의 군사적 부상에 대응하기 위해서 동맹국을 연결하는
견제네트워크를 구축하는 전략을 추진한 이유는 여기에 있다. 중국 견
제를 위한 네트워크 구축 과정에서 부각된 것이 쿼드(QUAD), 오커스
(AUKUS)이며, 또 파이브-아이즈(Five Eyes)다.

　동맹국을 연결하는 네트워크 구축은 미국이 취할 수 있는 정책대
안 중 비용 대비 효과가 가장 큰 대안이다. 미국은 '가치'를 공유한다는
명분을 내세웠다. 그러나 많은 나라들은 과거 미국이 자유주의적 국제
질서와 같은 '가치'에 높은 우선순위에 올려놓고 추진한 대외 군사정
책들 대부분이 실패했음을 기억하고 있다. 이라크, 아프가니스탄, 리비
아, 시리아 사태의 결과가 좋은 사례다. 이들 사례 외에도 자유주의적
국제질서 수호를 명분으로 추진된 미국의 대외정책은 미국 스스로에
게 큰 타격으로 돌아왔으며, 동맹국들에게는 큰 부담을 주었다.

　이 때문에 미국의 가장 가까운 동맹국들도 대중국 견제 네트워크
가 군사 네트워크로 변모되는 것을 우려하였다. 일부 전문가들은 미국
이 대중 견제에 사활을 거는 군사정책이 계속 추진되면 가까운 미래에

미중 간에 직접적인 군사충돌 혹은 대리전이 발생할 수도 있다는 전망도 내놓았다. 냉전 종식 이후 나토(NATO) 확장이 그루지야, 우크라이나에서의 분쟁을 야기한 것과 유사한 형태로 인도-태평양 지역에서 군사충돌이 초래될 가능성이 높다는 것이었다.

자유주의적 국제질서를 옹호하는 동맹국을 연계하여 이에 도전하는 중국을 견제하겠다는 미국의 대외정책은 일견 중국을 국제질서에 순치시키기 위한 연성균형(soft-balancing) 전략으로 보일 수 있다. 그러나 그 본질은 경성균형(hard-balancing) 전략이며, 이는 점차 강한 군사 네트워크를 형성하는 방향으로 이행할 것으로 전망된다. 이러한 미국의 전략은 인도-태평양사령부의 미니한(Mike Minihan) 장군이 미 국방대학원 세미나에서 중국의 군사력에 대응하기 위해 한-미-일-호주의 전력을 엮는 네트워크 구상에 대해 논의한 것에서 잘 드러난다(Kristensen 2020). 미군이 보유한 첨단 전력은 중국군을 능가하지만 인도-태평양 지역은 미 본토와 멀리 떨어져 있기 때문에 동맹국을 연결하는 네트워크 구축은 미국 입장에서 현명한 선택일 수 있다.

물론 이와 다른 관측도 있다. 예를 들면 지난 2021년 11월에 이뤄진 미중 정상 간 화상회담이 화기애애하게 끝났던 사실을 상기시킨다. 당시 미국 바이든 대통령은 '하나의 중국을 지지'하며, '대만의 독립을 지지하지 않는다'고 발언하였다. 그러나 이와 정반대의 동향이 더 자주 있었다는 점을 기억해야 한다. 지난 2021년 3월 데이비드슨(Philip Davidson) 인도-태평양사령관이 의회 청문회에서 향후 6년 내에 중국이 대만을 공격할 것이라고 전망하였고, 밀리 합참의장은 대만이 공격받으면 미국과 미국의 동맹국들이 지원할 것이라고 말한 바 있다(아시아경제 2021/3/10). 이러한 맥락에서 보면 미중 정상회담에서 바이든 대통령이 인권, 대만, 무역문제 등 첨예한 대립·갈등 이슈를 모두 꺼내

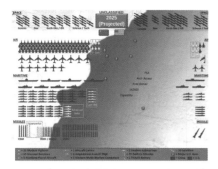

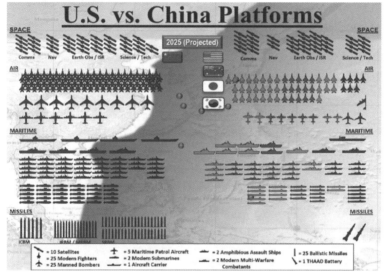

그림 7.2 미국의 대중 견제 군사 네트워크 구상

출처: Minihan, NDU 발표자료(2020)[1] 재작성.

들었다는 점은 의미심장하다. 더구나 바이든 대통령은 대만에 대해서
도 현상변경이나 무력사용에 대해서 강력한 반대 의사를 표했다. 시진
핑 주석에게 인권문제로 압박을 가한 것은 덤이라고 할 수 있겠다. 이
러한 일련의 언급들은 미중 간 전략경쟁의 강도는 점점 고조되고 있

[1]   https://us-lti.bbcollab.com/collab/ui/session/playback/load/7cf6bb5c7aaa4aa9930
d7bd7b8df0b00

고, 미중이 "신냉전"적 상황으로 치닫는 것이 아닌가라는 관측에 더욱 힘을 실어주고 있다.[2]

3. 신냉전의 가능성과 역내 군비경쟁의 심화

2019년 3월, 세 번째 '현존하는 위험 위원회(Committee on the Present Danger)'가 출범했다. 미국의 안보 커뮤니티에서 영향력 있는 학자 및 전문가들이 결성한 민간단체다. 중국 위협론을 강하게 부각시켰다. 미국의 국가이익이 중대한 기로에 섰을 때마다 창설되어 활발한 활동을 했던 이 위원회의 상징적 의미를 잘 되새겨볼 필요가 있다. 미국 내 대중국 위협론은 시간이 지날수록 거세지고 있고, 이에 대한 민주, 공화 양당의 입장이 거의 일치한다. 과거에 있었던 두 번의 현존하는 위험 위원회의 활동 시기와 냉전의 이행 시기가 개략적으로 겹친다는 사실은 우리가 눈여겨봐야 할 대목이다.[3]

최근 들어 신냉전 관련 담론이 활성화되고 있다. 브랜드와 개디스 (Brands and Gaddis 2021)에 의하면 냉전을 '상당 기간 지속되는 국제적 경쟁관계'로 정의한다. 그리고 이런 맥락에서 보면 인-태 지역에서

2 최근 우크라이나 침공 사태 관련 의견 교환을 위해 추진된 미중 정상 간 화상통화에서도 바이든 대통령은 중국이 러시아를 지원할 경우 후과가 있을 것임을 경고하였다.

3 첫 번째 '현존하는 위험 위원회'는 6·25 전쟁이 발발하자 2차대전 이후의 군비축소 분위기를 반전시키고자 했던 미국 보수 진영이 1950년에 창설했다. 이 위원회는 국방비가 대폭 증가되고 핵심 인사들이 아이젠하워 행정부에 입각한 후 흐지부지되었다. 두 번째 '현존하는 위험 위원회'는 카터(Jimmy Carter)가 대선에서 승리한 다음날 발족됐다. 1976년 미국의 보수는 카터 당선인을 불안한 시선으로 바라봤기 때문이었다. 카터는 핵없는 세상을 만들려 했고, 군비경쟁을 종식시키려 굳게 마음먹었다. 국방비도 대폭 감축하려 했다. 사실상 이익단체인 이 위원회는 영향력 있는 보수 인사들로 충원되었고 임기내내 카터 행정부를 괴롭혔다. 1980년 대선에서는 카터의 안보 무능을 부각시켰다. 레이건이 승리하자 이 단체 멤버 중 33명이 레이건 행정부로 들어갔다.

신냉전이 진행되고 있다고 말한다. 물론 이들은 역사적이고 학술적인 의미에서 '냉전'은 특정 시기, 즉 1945년에서 1947년, 그리고 1989년에서 1991년을 지목한다고 본다. 이런 의미의 '냉전'기에는 진영 간 양극성이 증가하고, 비판이 격화되며, 민주주의 체제와 독재체제의 구분이 보다 명확해졌다. 이들은 인-태 지역에서 이런 의미의 '냉전'이 진행되고 있다고 보지는 않는다. 그럼에도 인-태 지역에서 신냉전이 진행되고 있다는 점을 애써 부인하지는 않는다. 이와 달리 미어샤이머 (Mearsheimer 2021)는 보다 적극적으로 신냉전이 도래했다고 주장한다. 현재 인-태 지역에서 미국과 중국은 군사 네트워크 구성, 새로운 무기개발 등에서 극심한 경쟁 상태에 있다고 보기 때문이다.

앞서 언급한 바와 같이 미국과 중국의 군사경쟁은 다방면에서 진행되고 있다. 미사일 경쟁은 그 중요한 부분이다. 중국은 역내 주둔 미군과 미군의 해상세력이 중국 본토 인근에 접근하지 못하게 하거나 자유로이 항행하지 못하도록 DF-17, DF-21 미사일로 대표되는 반접근/지역거부 전력을 증강하자 미국은 동맹국과 우방국에 미사일 전력을 배치하는 방안을 고려하기 시작했다는 것은 앞서 언급한 바와 같다. 이러한 미국의 계획의 일면을 보여주는 것이 〈그림 7.3〉이며, 미국은 한국, 일본 등 역내에 있는 동맹국과 우방국에 미군의 지상발사 미사일체계를 3중으로 배치하여 중국을 견제하려 한다.

역내에서 미사일 네트워크를 구축하려는 구상과 미사일 방어의 확장, 그리고 이를 극복하려는 극초음속 미사일 개발 경쟁은 필연적으로 남방 3각과 거기서 확장되는 네트워크의 형성을 의미하게 된다. 미사일 방어 역량 강화와 이를 극복하려는 극초음속 미사일 개발 경쟁은 미중 간 미사일 경쟁이 불러온 새로운 현상이다. 중국은 러시아로부터 S-400 미사일 요격체계를 구입했고, 미군은 괌에 이어 한국에 사드를

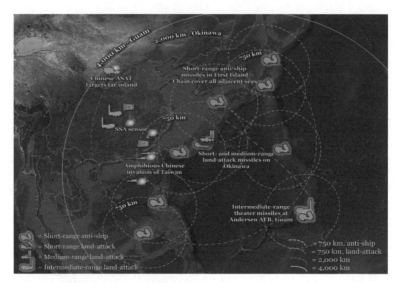

그림 7.3 미국의 미사일 네트워크 구축 방향

출처: Breakingdefense.com（https://breakingdefense.com/2019/06/how-us-allies-can-keep-an-electronic-eye-on-china/）

배치하고, 일본과 미사일 방어 관련 협력관계를 강화해나가는 등의 움직임을 보여주고 있다. 이와 같이 미국과 중국은 미사일 역량 강화와 미사일 방어 역량 강화를 병행하고 있으며, 이 과정에서 중국은 러시아와 협력을, 미국은 일본 및 한국과 협력을 강화하고 있다.

한편 미국, 러시아, 중국은 현존하는 미사일 방어체계를 근본적으로 극복할 수 있는 극초음속 미사일 개발에도 힘을 쏟고 있다. 극초음속 미사일은 탄도 미사일과 유사하거나 더 빠른 속도를 내면서도 상대편에서 예측 가능한 탄도 궤적을 따르지 않기 때문에 기존의 미사일 방어체계로는 요격이 불가능한 것으로 알려져 있다. 〈표 7.1〉은 기존 탄도 및 순항 미사일과 극초음속 미사일 간의 차이를 보여준다.

극초음속 미사일이 가지는 이러한 특성 때문에 미국, 러시아, 중국은 빠른 시일 내에 이를 전력화하기 위한 노력을 진행하고 있다. 미국

표 7.1 극초음속 미사일과 탄도 및 순항 미사일 비교

구분	한글	탄도미사일	극초음속 활공비행체	순항미사일	극초음속 순항미사일
	영문	Ballistic Missile(BM)	Hypersonic Gliding Vehicl (HGV)	Cruise Missile (CM)	Hypersonic Cruise Missile (HCM)
속도 (speed)		초기, 중기: 초음속 종말: 극초음속	극초음속	아음속 또는 초음속	극초음속
기동성 (maneuverability)		X	O	O	O
고도 (altitude)		대기권, 외기권	대기권	1km 내외	성층권 (20~30km)
엔진(Engine)		Rocket	Rocket	Turbojet, Ramjet	Scramjet
미사일방어 (Missile Defense)		가능(고고도: SM-3, 중고도: THAAD, 저고도: PAC-3)	제한	가능 (저고도: PAC-e)	제한

출처: 김대업(2021).

은 ACF-183 미사일을, 러시아는 지르콘 미사일을, 중국은 DF-17 미사일을 개발하고 있다. 이들 미사일 개발 현황을 도시한 것이 〈그림 7.4〉

그림 7.4 미국, 러시아, 중국의 극초음속 미사일

출처: Dailymail.com(https://www.dailymail.co.uk/news/article-10104635/Who-winning-hypersonic-missile-race-Beijings-entry-fray-leaves-Russia-scrambling.html)

이다.

　미사일과 미사일 방어 네트워크 구축 그리고 극초음속 미사일 개발 경쟁이 뜨거워지는 와중에도 핵무기 개발 경쟁은 상대적으로 안정적인 모습을 보이고 있는 것은 특이한 현상이다. 이는 2021년 시점의 전 세계 핵 보유량을 살펴보면 잘 알 수 있다.

표 7.2 2021년 세계 핵 전력 현황

World nuclear forces, January 2021

Country	Deployed warheads*	Other warheads**	Total 2021	Total 2020
USA	1 800	3 750	5 550	5 800
Russia	1 625	4 630	6 255	6 375
UK***	120	105	225	215
France	280	10	290	290
China		350	350	320
India		156	156	150
Pakistan		165	165	160
Israel		90	90	90
North Korea****	...	[40–50]	[40–50]	[30–40]
Total	3 825	9 255	13 080	13 400

출처: SIPRI Yearbook 2021.

　미국과 러시아는 핵탄두 보유 수량을 감축하고 있는 가운데 중국은 핵탄두 보유량을 소량 늘리고 있을 뿐이다. 물론 향후에도 이러한 점진적인 증가가 예상되는 것은 아니다. 미 국방부가 2021년에 발간한 중국군사력 보고서에 의하면 중국은 2027년까지 700개의 핵탄두를 보유할 것으로 예상하고 있으며, 2030년까지 1000개의 핵탄두를 보유하게 될 것이라고 보고 있다. 이 정도의 핵 보유는 현재까지의 추세를 훨씬 벗어나는 것이다(Office of the Secretary of Defense 2021, 14). 북한도 핵 관련 활동에 주력하고 있는 모습이다.

인-태 지역에서의 군사적 움직임은 중국의 군사적 부상과 이에 대한 미국의 대응으로 요약되며, 이는 중러의 밀착으로 이어지게 되었다. 중러 간의 밀착은 미중 경쟁이 수면 위로 떠오르면서 진즉에 시작되었는데, 최근 우크라이나 사태를 거치면서 더욱 강화되고 있다. 한편 북한은 핵미사일 역량을 강화하면서 중러 밀착 구도의 한쪽에 편승하는 반사적 효과를 누리려 하고 있다. 북한은 2021년 말 당 중앙위 8기 전원회의에서 제8차 당 대회에서 발표한 국방과학발전 및 무기체계개발 개발 5개년 계획을 지속 추진하겠다고 밝혔다. 2022년 1월부터는 미사일 시험발사를 지속하면서 자신들의 의도를 구체적인 행동으로 보여주고 있다.

II. 신냉전적 전략상황과 한반도 안보

1. 미중 군사경쟁과 한미동맹에의 도전

2010년대에 들어와서 동맹의 글로벌 및 지역적 역할이 강조되고, 주한 미군의 전략적 유연성 문제가 대두되면서 동맹의 역할 재정의 문제가 크게 부각되기 시작했다. 이런 맥락에서 2013년 한미동맹 60주년 기념 공동선언에서 한미는 안보협력을 넘어 다방면에서 협력하는 '포괄적 전략동맹'으로 규정하고, 한반도를 넘어 글로벌 동맹 및 가치동맹으로서의 성격을 강하게 표방한다. 한편 트럼프 행정부 시기에 들어와서는 미중 전략경쟁이 심화되면서 동맹국을 연결하는 군사 네트워크 형성 움직임이 본격화되었다. 이러한 추세는 바이든 행정부 들어서도 큰 변화가 없다.

2021년 5월의 한미 정상회담에서는 중국 견제에 일정 부분 동참하는 선택을 함으로써 한미동맹이 한반도를 넘어서 지역 내에서의 역할을 인정하는 모양새를 보여주었다. 이와 같이 한반도의 전략상황은 한미동맹의 지역역할 확대와 관련하여 한국 정부의 의도적인 선긋기가 없을 경우, 대중 견제역할에 자동 연루될 것임을 예고하고 있다. 대중 군사 견제 네트워크의 동참은 한국이 미중 전략경쟁의 최전선에 있고, 한미동맹이 북한 핵 위협에 대응하는 것을 연결고리로 하여 추진될 가능성이 있다. 북한이 전략도발을 감행할 경우, 미군은 주한미군 보호와 한국에 대한 방위공약을 명분으로 상기의 군사자산을 한반도에 배치하려 할 것이다. 북한 도발이 미국의 의도 구현을 더욱 용이하게 하는 정치적 효과가 있다는 것이다. 미국의 주요 싱크 탱크들은 INF 파기 이후 주한미군이 갖고 있는 ATACMS를 교체한다는 명분 하에 미 육군이 양산을 앞두고 있는 사거리 500~750km의 프리즘(PrSM) 미사일, 사거리 1600km의 전략장사정포의 유력한 배치 지역으로 한반도를 꼽고 있다. 프리즘 미사일의 한반도 배치는 중국의 군사적 대응을 불러올

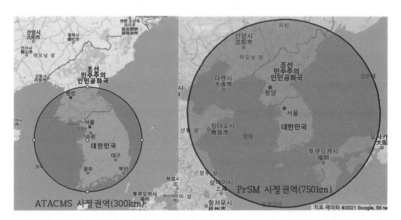

그림 7.5 프리즘(PrSM) 미사일과 ATACMS 사정권 비교
출처: 저자 작성.

것이다.

한편 합동긴급작전요구(JEON)에 의거하여 사드 발사대 원격배치, 사드-패트리어트 연동이 거의 완료된 상황이고, 일반환경영향평가에 따라 사드 정식 배치도 추진될 것이다. 이른바 성주에서 보고 평택에서 쏘는 게 가능해지는 것이다(조선일보 2021/3/14). 여기에 윤석열 정부

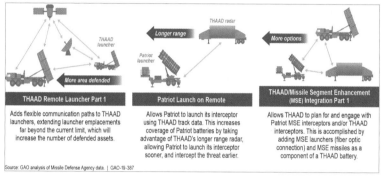

그림 7.6 합동긴급작전요구(사드 업그레이드)의 3단계 과업
출처: GAO 보고서(GAO-19-387).

가 추진할 가능성이 있는 사드 추가 배치까지 얹어지면 상황은 더 복잡해진다.

이것이 전부가 아니다. 일각에서는 북핵 위협에 대응하기 위해 핵 공유(전술핵 재배치)를 촉구하는 여론도 형성되고 있기 때문이다. 한국의 신정부는 지난 대선 캠페인 과정에서 수차례 강조했듯이 상황이 악화되면 이러한 고강도 북핵 대응 조치를 실제로 추진할지도 모른다. 물론 미국이 당장 이에 호응할 것 같지는 않다. 그러나 역내 전략상황이 악화된다면 미국이 지금과는 다른 판단을 할지도 모른다. 문제는 북핵에 고강도 대응을 한다는 것이 중국의 반발을 불러올 것이 확실시된다는 점이다. 한반도의 전략상황은 한국 정부의 의식적인 선긋기가

없을 경우, 한국이 대중 견제역할에 자동 연루될 것임을 예고하고 있
다. 트럼프 행정부 시기 미국기업연구소(AEI)의 에버스타트(Eberstadt
2019)를 비롯한 일부 전략가들이 주장하듯이 북한을 향해 추가될 미군
의 전략자산은 대중 견제에도 활용될 수 있다.

　중국을 국제규범에 순치시키기 위한 연성균형의 일환으로 미국이
추진하는 다양한 동맹 및 우방국 네트워크의 본질은 군사력 균형을 맞
추려는 경성균형 전략이다. 이 때문에 한국의 국익은 연성균형의 지점
에서 멈추는 것이나 미국의 전략적 의도가 경성균형의 방향으로 가 있
는 만큼 현실적으로 한국이 취할 수 있는 선택의 여지는 크지 않다. 한
국은 한미동맹과 북핵 상황을 고려하여, 한-미-일-호주 간 다국적 훈
련에 일부 참가하는 등 연성균형을 넘어 경성균형 전략에 어느 정도
부응하는 모습을 보일 수밖에 없는 처지이다.

　그러나 향후 한국이 현재의 수준을 넘어서 중국을 군사적으로 견
제하는 네트워크에 깊이 가담하는 것으로 보일 수 있는 행동을 (예를
들면, 프리즘 미사일 한반도 배치 등) 한다면 스스로를 위험에 빠뜨리는
선택이 될 수도 있다. 그렇다고 소위 말하는 '전략적 모호성'을 견지하
는 것에 대한 선택에 대한 대가도 분명히 있을 것이다. 한국 정부가 한
미동맹 강화와 다른 방향으로 움직이려는 선택을 고려한다면 엄청난
정치적 반대에 직면하게 될 것이며, 이러한 정치적 반대가 확산되는 가
운데 만약 미군이 주한미군을 일부 감축하여 인-태 지역의 다른 곳으
로 배치하려 한다는 징조가 나타나기라도 한다면 그로 인한 정치적 후
폭풍은 심대할 것이다. 이와 같이 미중 군사경쟁 시대에서 '포괄적 전
략동맹'으로 선포된 한미동맹이 구체적으로 어떻게 작동되느냐와 관
련하여 큰 도전에 직면해 있다고 하겠다.

2. 선제의 유혹과 남북 군비경쟁의 심화

인도-태평양 전역을 무대로 미중 전략경쟁이 심화되고 있는 상황에서 한반도에서는 군비경쟁이 가열차게 진행되고 있다. 현재 남북한은 반 에베라(Van Evera)가 말하는 '국가 행동을 결정하는 변수는 단순히 총 량적 수준에서 추정되는 상대적 힘이 아니라 개별 상황에서 사용되는 특정한 군사적 힘'이라는 맥락에 부합하는 행동을 하고 있다고 요약할 수 있다.

한반도 군비경쟁 상황은 남북 공히 공격, 특히 선제공격의 이점을 강조하는 군사전략을 채택하고 있다는 문제점이 있다. 북한은 말할 것 도 없거니와 남한도 작계 5015에서 자위권적 선제타격 개념 채용, 북 한이 핵무기 사용이 임박했다고 판단 시 선제타격을 위한 계획을 보유 하고 있다. 또 최근 한국군의 북핵 대응 군사력 건설 재원의 대부분은 거부적 억제전력(킬 체인, KAMD) 육성에 쓰이고 있다. 킬 체인은 선제 타격 개념을 포함하는 전력인데, 이는 북한으로 하여금 핵무기를 사용 하지 않으면 핵을 잃게 될 수도 있다는 강박에 빠지게 하는 결과를 초 래(use it or lose it)할 우려가 있다.

북한은 핵무기의 공격성을 강조하고 공격적 성격의 미사일 전력 개발 등 재래식 전력 현대화를 계속 추진하고 있다. 핵무기는 가공할 파괴력이 가지는 공격성에도 불구하고 결과적으로는 방어의 목적에 가장 유용하다. 억제력으로 작용하기 때문이다. 그러나 북한은 전술핵 개발을 시사하는 등 핵무기의 공격성, 실제 사용 가능성을 암시하는 행 보를 지속하고 있다. 이에 더하여 경제난 때문에 재래식 전력 현대화가 사실상 불가능한 상황임에도 공세적 성격을 과시하는 무기체계 개발 에 역점을 두고 있다. 남북 공히 역대급 군비경쟁을 보여준 지난 몇 년

을 되돌아보고 예측 가능한 앞날을 생각건대, 향후 상당 기간 한반도에
서 군비경쟁이 지속될 가능성은 매우 높다고 할 것이다.

남북 간 군비경쟁과 관련하여 특별한 관심을 둬야 할 부분은 미사
일 전력이다. 다른 재래식 전력은 남북 비교 시 한국이 명백한 우위에
있기 때문에 베일에 가려져 있는 핵무기의 운반수단인 미사일 전력을
살펴보는 것이 중요하다. 북한은 공군력이 너무나 낙후되어서 자신들
이 보유하고 있는 핵무기를 투발할 수단은 미사일밖에 없는 실정이다.
북한 미사일의 총 수량은 800기 내외로 알려져 있으며, 상당히 다양한
종류의 미사일이 개발되고 있다.

표 7.3 북한 미사일 현황

구분	명칭	종류	사거리	특이사항
고체 추진 탄도 미사일	독사(KN-02)	단거리(SRBM)	120-170km	
	북극성-1형	SLBM	1200km	잠수함 발사
	북극성-2형	준중거리(MRBM)	1200-2000km	북극성-1형 지상발사형
	북극성-3형	SLBM	1900km	
	북극성-4형/5형	SLBM	2000km 이상	북극성-3형 업그레이드
	단거리 SLBM	SLBM	450km 내외	수중발사 KN-23
	KN-23	SRBM	450km	북한판 이스칸데르
	KN-24	SRBM	410km	북한판 ATACMS
액체 추진 탄도 미사일	스커드B/C	SRBM	300km/500km	화성-5/화성-6
	스커드-ER	MRBM	1000km	스커드 사거리 확장
	노동	MRBM	1200-1500km	화성-7
	대포동-1/대포동-2	IRBM/ICBM	5000km/1만km	스커드 엔진 기반
	무수단	IRBM	3000km	KN-07
	KN-08/KN-14	ICBM	1만 km 내외	화성-13(무수단 엔진)
	화성-12	IRBM	4500km	KN-17(백두산 엔진)
	화성-14	ICBM	1만 km 이상	백두산 엔진
	화성-15	ICBM	1만 km 이상	백두산 엔진
	화성-17	ICBM	시험발사 미실시	열병식 등장 괴물 ICBM
	화성-8	극초음속 미사일	2000km 이상	백두산 엔진 기반
순항 미사일	실크웜(KN-01)	대함 미사일	110-160km	제트엔진(액체)
	금성-3(KN-19)	대함 미사일	130-250km	제트엔진(액체)
	장거리 순항미사일	지대지 미사일	1500km	제트엔진(액체)

출처: CISI의 Missile Defense Project 웹 페이지 등 공개된 자료를 취합하여 저자 작성.

북한의 미사일 전력은 상당히 위협적이다. 그러나 중요한 사실은 북한이 보유하고 있는 미사일 중 스커드와 노동 점유율이 절대적(극단적으로는 80~90% 수준일 것으로 평가)인 것으로 추정된다는 점이다. 이 미사일들은 액체추진 탄도미사일이어서 앰플화가 진행되어 과거보다 발사 준비 시간이 짧아졌다 하더라도 고체추진 탄도미사일보다는 신속성이 떨어질 것으로 보인다. 이는 북한 미사일 전력의 큰 약점이다.

한편 그 동안 많은 군사전문가들이 북한 미사일 전력에 관심을 갖고 살펴봐야 하는 이유로 꼽아 왔던 것들은 이들 미사일에 핵탄두를 장착할 가능성이 있다는 점, 수량이 상당하다는 점 등이다. 그런데 최근 들어 북한 미사일 배치 지역에 대한 관심이 높아지고 있으며, 지리적 이격에 따른 미사일 전력 운용 방식에—예를 들어 고각 발사, 저각 발사 혹은 정상각도 발사, 동시다발적 발사(salvo) 등—많은 관심이 집중되고 있다.

북한의 미사일 벨트는 3개 구역으로 이루어져 있다. 첫 번째 지역은 전술 수준 미사일 벨트로 DMZ에서 50~90km 북방 지역인데, 이 지역에는 대부분의 스커드 및 일부 노동미사일이(SRBM/일부 MRBM) 배치되어 있으며, 이 지역에서 수도권 타격 시에는 고각 또는 저각 발사가 불가피하다. 두 번째 지역은 작전 수준의 미사일 벨트로 DMZ에서 90~150km 북방 지역이다. 이 지역에는 상당수의 노동 미사일 및 이와 유사한 사거리의 미사일이(MRBM) 배치되어 있다. 세 번째 지역은 전략수 준 미사일 벨트로 DMZ에서 150km 이상 북방(평북, 자강도, 양강도) 지역인데, 최초에는 다수의 노동 미사일이 배치되었으나 최근 들어서는 IRBM, ICBM 등이 배치되어 있는 것으로 추정된다.

북한 핵개발과 미사일 위협 증가에 대응하여 남한은 미사일 개발과 양산, 미사일 방어 역량을 강화시켰다. 그 결과 미사일의 총 수량이

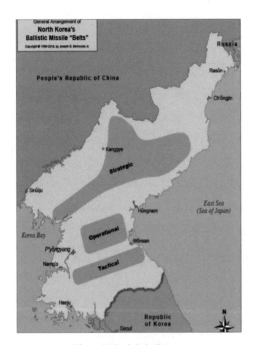

그림 7.7 북한 미사일 벨트
출처: 미국 전략국제문제연구소(CSIS) 홈페이지.

획기적으로 증가되어 북한보다 수량 측면에서 우위를 점하게 되었다. 한미 미사일 지침이 파기되어서 이제는 사거리와 탄두 중량에서도 자유롭게 되었다. 이러한 남한의 미사일 수량 증가는 미사일 방어역량 강화와 맞물려서 북한의 핵·미사일 위협을 실질적으로 억제하는 효과를 거둘 것으로 예상된다.

남북 간의 미사일 전력 증강을 위한 경쟁과 미사일 방어역량 강화를 중심으로 한반도에서는 당분간 군비경쟁이 치열하게 진행될 것이다. 최근 우크라이나 사태로 유럽 안보상황이 긴박하게 움직이고 있고, 중동에서는 이란이 도발적 행동을 하고 있음에도 미국이 선뜻 문제해결자로 나서지 못하고 있다. 북한은 이처럼 곤경에 처한 미국의 입장을 십분 활용하여 도발적인 움직임을 취할 것으로 예상된다. 이것이 북한이 원하는 상황 조성, 예를 들자면, 핵보유국 지위 확보, 제재완화, 협상재개를 강제하는 데 특효약이라고 보기 때문이다. 미국은 북한의 도발적 행동에 대응하여 동맹에 대한 안보 공약 이행을 명분으로 한반도에 새로운 무기체계를 배치하려 할 것이다. 이들 무기체계는 북한만을 사정권에 넣는 것이 아니라 중국 또한 겨냥하는 효과를 내게 될 것이므로 중국이 이에 반응하지 않을 수 없다. 중국이 압력을 행사하면 한국은 이에 반응하지

표 7.4 남한 미사일 현황

구분	명칭	종류	사거리	특이사항
고체 추진 탄도 미사일	ATACMS	단거리(SRBM)	300km	200여 기 도입 보도
	현무-1	단거리(SRBM)	180km	-
	현무-2 A/B	단거리(SRBM)	300km/500km	-
	현무-4-1	단거리(SRBM)	800km	2톤 탄두 ?
	현무-4-2	함대지	?	-
	현무 ?	단거리(SRBM)	?	8톤 탄두 미사일?[4]
	현무-4-4 ?	SLBM	?	-
순항 미사일	현무-3 A/B/C	지대지 미사일	500/1천/1.5천 km	제트엔진(액체)
	해성-2	함대지 미사일	-	제트엔진(액체)
	해성-3	잠대지 미사일	-	제트엔진(액체)
공대지 미사일	타우르스	공대지 미사일	500km	200여 기 도입 보도
	슬램-ER	공대지 미사일	약 300km	-

출처: 공개된 자료를 취합하여 저자 작성.

않을 수 없게 될 것인데, 결국 한미일 안보협력 강화, 군비증강, 미국에 밀착하는 길을 걷게 될 것이다. 어느 것이 먼저랄 것 없이 가까운 미래에 이러한 연쇄반응이 일어날 것이고, 그 결과로 신냉전적 전략상황, 역내 신북방3각 대 남방3각 구도 형성, 한반도에서의 군비경쟁 심화로 이어질 것이다.

III. 한국 군사안보의 지향점

1. 군사적 휘발성 높은 환경 하에서의 자강 노선

2010년대에 본격화된 미중 전략경쟁이 이제는 군사경쟁으로 이행되

4　카네기 재단의 앤킷 판다(Ankit Panda) 연구원은 2021년 12월 통일연구원 개원 30주년 기념 세미나에서 한국군이 8톤 탄두 미사일을 개발하고 있다고 밝혔다.

고 있고, 이러한 구도 변화가 신북방3각, 남방3각 구도의 형성 가능성을 높이면서 역내 전략환경이 격동의 소용돌이 속으로 빠져들고 있다. 이제 인도-태평양 지역에서 언제 어디서 대규모 군사작전이 현실화되어도 이상하지 않을 정도로 군사적 휘발성이 높아지고 있음을 절감할 수 있다. 이러한 상황에서 한국은 북핵 문제 해결을 위한 방향과 한미동맹 견고화를 위한 방향, 한중 간 전략적 협력동반자관계 유지라는 이질적인 정책목표를 추진해야 한다. 한국의 선택이 신북방3각, 남방3각의 세력균형에 중대한 영향을 미칠 것이고, 한국의 미래에도 엄청난 파급효과를 가져올 것이다.

이렇듯 휘발성 높은 전략상황에서 한국은 어떻게 처신해야 할까? 진보, 보수를 막론하고 위기관리에 전념해야 한다. 전쟁은 너무나 파괴적이기 때문이다. 북한과의 군비경쟁을 적정한 수준에서 조절하고, 우발충돌이 일어나지 않도록 관리하는 것이 첫 출발점이다. 지금 한반도는 공자(攻者) 우위의 전략환경 하에 있다. 남북은 공히 공격형 무기 개발에 열을 올리고 있으며, 상대를 향해 거친 언사를 주고받고 있다. 2018년에 꽃 피웠던 평화프로세스의 기억이 멀게 느껴질 정도다. 이러한 상황이 그대로 흘러가게 놔둬서는 안 된다. 남북이 냉정을 되찾아 9·19 군사합의의 정신은 되살릴 필요가 있으며, 최근 들어 가열되고 있는 남북 간 미사일 개발 경쟁을 적정 수준에서 관리할 수 있도록 남북 군사당국 간 대화가 필요하다.

최근 들어 지난 문재인 정부 시기의 대북정책을 두고 크게 논란이 되고 있지만 이 점은 기억해둘 필요가 있다. 당시 문재인 정부는 연합훈련 조정 등의 카드를 활용하여 북핵 협상의 재개와 북한의 군사 도발을 자제시키려 했지만 국내 및 동맹정치의 여건이 이에 우호적이지 않았다. 일례로 에이브럼스(Robert Abrams) 사령관 같은 미군 고위층들은 대북 억제를 강조하며, 연합훈련 정상 실시를 강조하였고, 이는 한국의 대중들에게 큰 영향을 주었다. 그 결과 한국 정부는 연합훈련의 통 큰 조정을 통하여 자신의 대북전략을 온전히 시험할 기회를 얻지 못했다. 문재인 정부는 한반도 평화프로세스를 진전시켜야 미중 전략경쟁의 부정적 효과에서 조금이라도 자율성을 확보할 수 있다고 판단했기에 한편으로는 북한을 달래고, 다른 한편으로는 미국의 전략에 일부 부응하면서 상황을 관리하는 선택을 했던 것으로 보인다.[5] 윤석열 정부는 이와는 다른 정책지향을 표방하고 있는 것으로 파악된다. 그럼에도 윤석열 정부 또한 위기관리의 시각에서 한반도와 역내 전략상황을 관리할 수 있어야 할 것이다.

한반도를 넘어 지역 수준으로 시야를 옮기면 미중 군사경쟁이 초래하는 부정적 효과에 휘말리지 않도록 노력할 필요가 있다. 미중 간 우발 군사충돌에 연루되지 않도록 회피 전략을 구동하는 방안을 고려해야 한다는 것이다. 그렇지 못할 경우 한국은 미중 전략경쟁의 부정적 효과를 오롯이 감내해야 하는 상황에 처할 수 있다. 앞서 논의한 바와 같이 미국은 '가치'를 공유하는 동맹 및 우방국을 규합한다는 명분을 내세우지만 군사적 측면에서 읽히는 미국의 정책은 중국 견제에 동맹국의 비용과 희생을 요구하는 전략이다. 미국의 동맹국들은 미국이 말하는 '가치' 수호의 명분을 거부하기가 어려운 상황이지만 그렇다고 미국이 주도하는 중국 견제 네트워크 편입을 쉽게 선택할 수도 없다. 중국으로부터 직간접적인 보복에 노출될 것이기 때문이다.

---

5   문재인 정부 하에서 한국군은 탤리스만 세이버, 퍼시픽 뱅가드와 같은 다국적 훈련에 적극적으로 참여하기 시작한 것은 이런 맥락에서 해석될 수 있다. 즉 다국적 훈련 참여로 대중 견제를 위한 네트워크 다지기라는 미군의 전략적 의도에 부응하면서 그 반대급부로 연합훈련에 대한 융통성을 확보함으로써 한국 정부의 대북정책에 기여하는 효과를 맞교환한 것으로 이해할 수 있다는 것이다.

이렇듯 동맹의 이익과 자신들의 국익이 경합하는 상황에서 일각에서는 전략적 모호성을 견지하라 하고 다른 쪽에서는 전략적으로 명료한 선택을 해야 한다고 주장한다. 각기 그 방향만이 국익을 수호할 수 있는 방안이라는 논거다. 그러나 사실은 어느 쪽을 선택하든 한국은 어차피 힘든 과정을 견뎌내야 할 것으로 보인다. 윤석열 정부는 문재인 정부보다 상대적으로 한미동맹을 더욱 강조하여 국내 정치적으로 안정감을 주고, 대중 레버리지를 확보하려 하겠지만 상황이 녹록하지만은 않을 것이다.

윤석열 정부를 괴롭힐 문제는 산적해 있다. 몇 가지 이슈만 열거해보자. 미중관계가 대결적 상황으로 이행될 경우, 전략적 유연성 문제는 대만 유사시 주한미군 차출 문제로 비화되면서 파괴적인 정치이슈가 될 것이다. 북한의 도발적 행동이 촉매가 되어 가까운 미래에 추진될 수 있는 프리즘 미사일 한반도 배치 문제는 사드로 인한 한한령을 넘어서는 중국의 보복을 불러올 것이다. 이런 와중에 미군의 전략자산, 특히 핵 공유 문제는 잘 풀리지 않을 것이다.[6] 미군도 이러한 고강도 조치를 주저하고 있기 때문이다. 미국이 주한미군을 감축하여 역내 분산 배치를 결정할 가능성도 있다. 미군 입장에서는 한국과 일본에 집중된 인-태 지역 주둔 미군의 분산 배치가 필요하다. 이것이 중국에 대한 군사적 비용부과(cost-imposing)에 유리하기 때문이다. 이 경우 전략적 명료성을 택한 결과가 주한미군 감축이냐는 비판에 휩싸일 수도 있다.

그렇다면 이제 어떻게 해야 하는가? 먼저 북한이 핵·미사일 증강

---

6   린드와 프레스(Lind and Press 2021)는 "미국이 나토에 전술핵을 제공했는데, 이건 여전히 국제법적으로 허용되는 일인지 의문시된다. 게다가 전술핵은 현대화된 잠금장치를 갖고 있어 미국 지도자의 견고한 통제권 하에 있다. 다른 핵 자산보다 동맹국에 배치된 전술핵이 (확장억제의) 신뢰성을 높여주는 건 아니다"라고 평가했다. 린드와 프레스 외에도 전술핵 재배치(핵공유)의 군사적 가치가 크지 않다고 보는 이들은 상당하다.

의 길로 폭주하기 때문에 우리도 이에 대응하여 강력한 국방력을 건설하지 않을 수 없다. 대외적으로는 미중 군사경쟁이 심화되면서 전략적 명료성을 표방하더라도 미국이 우리의 이익을 보장해주는 방향으로 움직여주지 않을 가능성이 높아지기 때문에 자강의 길을 가지 않을 수 없다. 진보와 보수 진영에서 얼마나 다양한 논리가 만들어질지 가늠할 수 없지만 군사적 측면에서의 답은 이미 정해져 있다. 안보태세의 완전성에 대한 우려를 불식시키기 위해서 전력증강을 지속적으로 추진하여 우리의 능력을 보충하는 군사적 노력을 전개해야 한다는 것이다.

그렇다면 자강을 향한 군사적 노력은 어떤 분야에 집중되어야 할까? 다양한 분야에서 군사역량 확충이 필요하겠지만 최근 역내 동향을 볼 때 가장 역점을 둬야 할 분야는 미사일 능력과 미사일 방어능력, 그리고 이를 뒷받침할 수 있는 공중과 우주 기반의 감시·정찰자산 확보이다. 북한이 이 분야에서 비대칭성을 심화시키려 하고 있고, 주변국은 압도적인 군사역량을 보유하고 있기 때문에 최후의 순간에 응징보복을 할 수 있는 역량을 현시할 필요가 있다. 또한 현대전의 템포가 워낙 빠르기 때문에 이를 뒷받침하기 위해서는 원거리에서 대규모의 보복을 감행할 수 있는 역량을 갖추는 것이 필요하다. 이러한 맥락에서 최근 한국군이 미사일사령부를 모태로 전략사령부를 창설하고 우주 기반의 작전역량을 확충하려는 움직임을 보이는 것은 적절한 방향설정이라고 할 수 있다.

2. 한반도 위기관리: 공존의 모색

2021년 9월 30일자 로동신문은 김정은 위원장이 최고인민회의 시정연설에서 '신랭전'이라는 표현을 사용한 사실을 보도하였다. 로동신문 보도 내용은 다음과 같다.

"오늘 세계가 직면한 엄중한 위기와 도전들은 한두 가지가 아니지만 보다 근본적인 위험은 국제평화와 안정의 근간을 허물고 있는 미국과 그 추종세력들의 강권과 전횡이며, 미국의 일방적이며 불공정한 편 가르기 대외정책으로 하여 국제관계구도가 〈신랭전〉 구도로 변화되면서 한층 복잡다단해진 것이 현 국제정세 변화의 주요 특징이라고 볼 수 있다고 분석하시였다."

이와 같이 북한 지도부는 미중 전략경쟁이 신냉전으로 이행되고 있다고 보고, 이를 비판적으로 평가하고 있지만 필자는 북한 지도부가 신냉전 구도가 김정은 체제 공고화에 큰 도움이 될 것으로 전망하고 있다고 본다. 미중 신냉전 구도는 김정은 체제 견고화에 유리하기 때문이다. 북한 지도부는 과거 냉전 시기 미소 간의 대결구도가 동북아, 한반도에서 강하게 작동되었을 때, 북한 체제가 안정되고 김일성 권력이 공고화되었던 사례를 떠올리고 있을 것이다.

실제로 미중 전략경쟁이 심화되면서 북한의 지전략적 가치는 증대되었다. 북중이 단기간에 밀착되었고, 북중 관계가 다시 순망치한의 관계로 회귀했다. 또한 북한은 2017년에 이미 핵무기 완성을 선언하면서 한반도에서의 군사력 균형에서 자신감을 확보하였고, 중국과 밀착될 수 있는 기회를 포착하였다. 북핵 위협이 고도화되었고, 북중이 밀착되어 제재의 효과가 약화될 우려가 있어 비핵화의 추동력이 약화될 것이기 때문에 우리에게는 악재이다. 그렇지만 이러한 상황이 역설적으로 한반도에서 전면적인 전쟁 가능성을 낮추고 전략적 안정을 가져올 수 있는 일말의 가능성은 남아 있다. 여기에는 위기상황과 남북한 간 군비경쟁을 적정 수준에서 잘 관리해야 한다는 전제가 따라 붙는다.

윤석열 정부는 공자(攻者) 우위의 전략환경이 촉발하는 군비경쟁을 잘 조절하고, 정치적 레토릭으로라도 '선제'를 자제해야 한다. 남북 공히 자신들이 추구하는 군사력이 과잉억제를 촉발하고, 우발전쟁의 위험을 증가시킬 수 있다는 '군사적 각성'이 필요한 시기이기 때문이다. 절대안보만 강조되는 상황에서 군비경쟁은 피할 수 없고, 안보딜레마 상황을 극복할 수 없게 된다. 윤석열 정부가 북한에 대해 강경한 정책노선을 취하더라도 융통성도 필요하다. 상대의 존재가 우리의 생존과 제로섬적 관계에 있음을 암묵적으로라도 전제해서 정책을 추진하면 위험하다. 남북이 서로 제로섬적 관계가 아닐 수 있다는 자각에 기초한 협력안보를 추구하지 않는 한 상황은 악화될 것이다.

협력안보는 적과의 관계를 상정하는 점에서 안보협력과 다르다. 안보협력은 동맹·우방국과 하는 것이고 협력안보는 적국·위협국과 공생의 기회를 창출하기 위해 협력하는 것이다. 협력안보의 목표는 협력적 수단을 통한 위협의 예방에 있다.[7] 한반도의 군사력 균형은 '북한, 재래식 전력 취약+대량살상 무기 육성 vs. 한국, 재래식 전력 첨단화+대량살상무기 무보유 상황'으로 요약되며, 남북 공히 취약점이 있다. 이 상황에서 군비경쟁으로 무한정 내달리지 말고 취약성을 공유하면서 군사적인 안정성을 구현하자는 것이 한반도형 협력안보의 모습이다. 군사력 건설을 자제하자는 것이 아니다. 파괴적인 수준으로 내달리지 말자는 것이다. 남북은 한반도에서 협력안보가 가능하다는 점을 인식하

7　협력안보는 긴급처방을 목적으로 하는 집단안보와도 다르다.

고 협상을 통해 전쟁 가능성을 낮추고 군사적 예측 가능성을 높이는 데
주력해야 한다. 그래야 파괴적인 전쟁과 군비경쟁으로의 질주를 막을
수 있다. 지금은 적대적 공존이라도 추구해야 하는 엄중한 상황이다.

참고문헌

김대업. 2021. "극초음속 미사일의 개발전략과 운용개념." 『합동군사연구』. 합동군사대학교.

김정섭. 2015. "한반도 확장억제의 재조명: 핵우산의 한계와 재래식 억제의 모색." 『국가전략』 21(2): 5-40.

박일송·나종남. 2015. "하이브리드 전쟁(Hybrid War): 새로운 전쟁양상?" 『한국군사학논집』 71(3): 1-32.

부형욱. 2019. "미국의 INF 조약 탈퇴 배경과 안보적 함의." 『국방일보』(8월 14일).

폴 브래큰. 2012. 『제2차 핵시대』. 이시은 역. 서울: 아산정책연구원.

동아일보. "에스퍼 "중거리미사일 亞 배치 검토"… 北-中-러에 동시 경고." https://www. donga.com /news/article/all/20191216/98814928/1

아시아경제. "美 태평양사령관 "中, 6년내로 대만 침공할 수도."" https:// www.asiae.co.kr/ article/2021031015292073539

조선일보. "성주 레이더가 北미사일 보면, 평택서 쏜다… 사드의 진화." https://www. chosun.com/politics/politics_general/2021/03/14/CUYYRNHL4VDG BFOTZGYT QOKBY4/

Brands, Hal and John Lewis Gaddis. 2021. "The New Cold War America, China, and the Echoes of History." *Foreign Affairs* (November/December). https://www. foreignaffairs.com/ articles/united-states/2021-10-19/new-cold-war

Eberstadt, Nicholas. 2019. "For perhaps the first time, America seems to be outmaneuvering Team North Korea." *New York Times*, August 15. https://www. nytimes.com/2019/08/15/opinion/kim-jong-uns-terrible-horrible-no-good-very-bad-year.html

Hoffman, David. 2010. *The Dead Hand*. New York: Random House Inc.

IISS. 2021. *Military Balance* 2021.

Kort, Ryan W. et al. 2019. "Twenty-First Century Nuclear Deterrence: Operationalizing the 2018 Nuclear Posture Review." *JFQ* 94 (August).

Krepinevich Jr., Andrew F. 2015. "How to Deter China." *Foreign Affairs* (March/April). https://www.foreignaffairs.com/ articles/china/2015-02-16/how-deterchina

Kristensen, Hans. 2020. "Red Storm Rising: INDO-PACOM China Military Projection." FAS. https://fas.org/blogs/security/2020/09/pacom-china-military-projection/

Levine, Nathan. 2018. "Why America Leaving the INF Treaty is China's New Nightmare." *National Interest* (Oct.). https://nationalinterest.org/blog /buzz/whyamerica-leaving-inf-treaty-chinas-new-nightmare-34087

Lieber, Keir A. and Daryl G. Press. 2013. *Coercive Nuclear Campaigns in the 21st*

Century. U.S. Naval Postgraduate School.

Lind, J. and D. Press, D. 2021. "Five Futures for a Troubled Alliance." *Korean Journal of Defense Analysis* (Sep.).

Mearsheimer, John J. 2021. "The Inevitable Rivalry America, China, and the Tragedy of Great-Power Politics." *Foreign Affairs* (November/December) https:// www. foreignaffairs.com/articles/china/2021-10-19/inevitable-rivalry-cold-war

Mount, Adam. 2019. "Conventional Deterrence of North Korea." Federation of American Scientists.

Mueller, John. 2010. *Atomic Obsession*. New York: Oxford University Press.

Office of the Secretary of Defense. 2021. *Military and Security Developments involving the People's Republic of China, 2021*. Department of Defense.

Posen, Barry R. 2014. *Inadvertent Escalation: Conventional War and Nuclear Risks*. Ithaca: Cornell Universtiy Press.

제8장   공격방어균형으로 본 미러 전략무기 경쟁과 한국

조동준(서울대학교)

* 이 글은 서울대학교 통일평화연구원 창립 15주년 기념 학술회의(2021.4.20.)에서 발표된 "미국 미사일방어체계의 등장 이후 글로벌 전략균형의 변화"를 발전시켜 작성하였다.

I. 머리말

코로나-19 국면 아래 세계 핵전력의 선두주자 간 전략무기 경쟁의 징후가 계속되고 있다. 2022년 4월 20일 러시아는 사르맛(RS-28 Sarmat) 미사일 시험발사에 성공했다. 이 미사일은 발사장치에 대한 공격을 회피할 수 있는 방어 능력을 갖추고 있으며 비행 중 궤적을 바꿀 수 있는 극초음속활공체(Avangard hypersonic glide vehicle)와 결합될 수 있기에, 현존 최고 방어 능력과 최고 공격 능력을 갖추었다고 평가된다(Wright 2022). 2022년 하반기부터 러시아의 주력 핵전력을 구성하는 RS-36M 미사일(1988년 실전 배치)이 신형 미사일로 대체될 예정이다. 러시아의 신형 미사일이 현존 미국의 선제 타격과 미사일 방어망을 회피할 수 있어, 미러 간 전략균형에서 변화가 생긴다.

미국은 지상발사 장거리 핵미사일, 장거리 전략폭격기, 탄도미사일 발사용 잠수함 등 3대 핵전략의 증강을 동시에 검토하고, AGM-86B 공중 발사 크루즈미사일을 장거리원격미사일(Long Range Stand Off Weapon, LRSO)로 대체하려 한다. 트럼프 행정부는 2021년 회기연도 예산에 핵전력 현대화를 위한 연구개발 용도로 총 147억 달러를 책정했었고(Office of Management and Budget 2020), 바이든 행정부는 2023년 회기연도 예산 중 344억 달러를 현대화를 준비하는 예산으로 책정했다(Office of Management and Budget 2022, 53-55). 미국은 2023년 신형 대륙간탄도미사일 발사를 앞두고 있고, 이 신형 미사일은 미국의 주력 핵전력을 구성하는 LGM-30 Minuteman 미사일(1970년 실전 배치)을 대체하게 된다(Tirpak 2021).

중단거리미사일과 순항미사일 분야에서는 치열한 경쟁이 진행되고 있다. 러시아는 상대방이 감지하지 못한 상태에서 핵공격을 감행할 수 있는 핵추진 순항미사일 부레베스니크(바다제비), 초음속 핵무기, 핵무기를 장착한 수중 드론 등을 최종 실험하는 단계를 마쳤고 실전 배치를 앞두고 있다(조동준 2021; O'Reilly 2020; Obsborn 2020).[1] 러시아는 통상무기를 활용한 공격이 국가 존망의 위험을 초래한다면 핵무기를 먼저 사용할 수 있음을 공식적으로 천명했다(Executive Order of the President of the Russian Federation No.355, 2020.6.2). 국가 존망의 위험("when the very existence of the state is in jeopardy")이라는 전제조건이 있지만, 러시아는 핵무기를 먼저 사용할 수 있는 범위를 넓혔다.[2] 현재 시점에서는 러시아의 중거리미사일 능력과 순항미사일이 미국보다 우위에 있다고 볼 수 있다.

세계 핵전력 순위에서 중간에 있는 국가들도 핵능력을 강화하는 조짐을 보인다. 먼저, 중국은 전략핵폭격기 Xian H-20와 공중발사 핵미사일을 동시에 개발한다(Panda 2018; Episkopos 2021). 중국의 전략핵폭격기가 아시아와 태평양에 배치된 미국의 주요 군사자산을 사정거리 안에 두게 되기에, 중국의 핵전략 강화는 아시아-태평양의 안

---

1   부레베스니크(Буревестник) 미사일은 소형 원자로에서 나오는 동력에 의하여 추진되며, 아주 오랫동안 지표 가까이에서 음속에 준하는 속도로 순항하다가, 러시아 통제본부의 지시에 따라 목표물을 타격할 수 있다. 지표 근처 위를 순항하기에 기존 탐지 체계로 포착하기 어렵고, 한번 이륙하면 핵연료가 소진될 때까지 수년간 공중에 머무르며 공격 태세를 유지할 수 있다. 미국과 동맹국은 이 미사일을 천붕(天崩, SSC-X-9 Skyfall)이라 부른다. 스테이터스-6(Статус-6) 미사일은 소형 원자로에서 생산되는 동력을 이용하여 수년간 바닷속에서 운항하기 때문에 음파로 탐지할 수 없고, 방사능 피해 능력을 최대로 키운 코발트 핵탄두도 장착할 수 있도록 개발되고 있다.

2   구소련/러시아는 1982년부터 1993년까지 핵무기를 먼저 사용하지 않겠다고 약속했다. 반면, 냉전 후 러시아 경제의 붕괴로 통상전략에서 열세가 심화되자, 러시아는 1993년 핵확산금지조약 당사국이고, 핵무장을 하지 않고, 핵무기보유국과 동맹을 맺지 않는 국가에게는 핵무기를 사용하지 않겠다고 약속함으로써 통상무기 공격 시 핵무기를 먼저 사용할 수 있는 길을 암시했다. 더 나아가 2020년 러시아는 통상무기 공격 시 핵무기를 사용할 수 있는 조건을 명시했다.

보 지형에 영향을 미칠 수밖에 없다. 또한, 핵잠수함전략을 증가하고 있고 핵탄두의 숫자도 늘리고 있다고 추정된다. 동시에 현존 핵전력을 보호하고 발사 준비 시간을 단축하기 위한 조치로 장거리 핵미사일을 보관하는 시설(silo)을 설치하고 있다(Kristensen Korda 2021a, 320). 영국과 프랑스도 핵탄두 증가와 신형 잠수함을 포함한 핵전력의 현대화를 추진하고 있다(Johnson 2021, 72-77; Vavasseur 2021). 영국과 프랑스의 핵교리가 공세적으로 바뀌지는 않았지만, 양국의 핵전력 현대화는 선두국의 핵능력 강화와 연결되어 있다.

최근 전략무기 경쟁은 냉전 후 핵통제 관행에 부합하지 않아 보인다. 미국과 구소련은 1960년대 초반부터 핵통제에 관여했었고, 1980년대 중반부터 2018년까지는 공격용 핵무기의 개발과 도입을 상호 자제했다. 양국의 협력은 핵무기가 전면전을 방지하는 데 기여할 수 있다는 '핵평화(nuclear peace)' 또는 "핵낙관론" 가설로까지 발전되었다(Lavoy 1995; Waltz 1990, 740). 반면, 최근 전략무기를 둘러싼 양국 관계는 핵군비경쟁의 조짐까지 보인다. 양국 간 전략무기 통제의 고리인 신전략무기감축협정(New START)이 종료 이틀을 앞두고 연장될 정도로 양국 간 이견이 존재한다(Reuters Staff 2020). 양국이 초음속 중거리미사일 개발을 경쟁적으로 진행하는 현상이 보여주듯이, 장거리 전략무기를 제외한 분야에서는 양국 간 경쟁이 진행되고 있다.[3] 미러 경쟁에 덧붙여 중국이 핵전투태세를 강화하고 발사준비 상태를 유지하는 훈련을 진행하고 있다(US Defense Department 2021, 91). 이런 변

---

3   2021년 6월 미러 정상회담 이후 양국은 전략안정성을 위한 대화를 2회 진행하였고 실무 전문가회의도 가동하고 있지만, 양국 간 의견 차이가 크다. 미국은 전략핵무기 발사용 미사일의 숫자를 줄이고 전술핵무기를 통제하려는 반면, 러시아는 미국의 미사일방어를 포함하여 전략안정성에 영향을 미치는 제반 요인을 검토하려고 한다. 양국 간 이견과 최근 우크라이나 사태로 인하여 미러 간 전략무기감축과 통제를 위한 대화가 불투명하다.

화는 중국도 핵무기의 실전 사용에 대한 관심과 준비가 증가하고 있음을 의미한다.

2022년 현재 세계적으로 전략균형은 어떤 상태에 있는가? 왜 미국과 러시아는 핵통제에서 벗어나려는 징후를 보이는가? 왜 중국은 핵전략을 강화하려고 하는가? 이 글은 상기 세 질문에 답하고자 한다. 구체적으로 이 글은 세 부분으로 구성된다. 첫째, 2022년 전 세계 전략균형의 지형도를 기술한다. 장거리 전략무기 영역에서는 상대적으로 안정성을 보이지만, 중거리 전략무기 영역에서 경쟁이 진행됨을 보인다. 둘째, 현재 진행되는 전략경쟁의 조짐을 이해하기 위해 '공격-방어론(defense-offense theory)'을 검토한다. 무기체계의 공격성과 수비성을 판별할 수 있는 정도와 공격 또는 방어가 상대적으로 이점을 가지는지에 대한 믿음에 따라 군비경쟁의 양상이 달라질 수 있다는 '공격-방어론'의 주장이 현재 미러관계를 이해하는 데 도움을 주기 때문이다. 마지막으로 현재 미러 전략관계의 불안정의 원인을 미국의 정밀유도무기체계의 발전과 미사일방어에서 찾는다. 미국은 방어적 목적으로 미사일방어체계를 구축했고 군사적 활동으로 인한 부수적(collateral) 피해를 줄이기 위하여 정밀유도무기체계를 발전시켰지만, 러시아와 중국은 이를 공격적 수단으로 전용될 위험을 인지하고 대응수단을 발전시켰다. 러시아와 중국의 대응은 미국의 안보불안을 자극하여 미국마저 전략무기 개발을 모색하게 되었다.

II. 세계 전략무기 배치 현황

이 절은 현재 전략무기의 지형을 기술한다. 미국과 러시아는 2021년 2

월 3일 신전략무기감축협정을 5년 연장하기로 합의함으로써 전략무기
경쟁을 당분간 피할 수 있게 되었다. 전략무기를 둘러싼 미국과 러시아
관계가 외형적으로는 안정되어 보이지만, 장거리 전략무기의 현대화
계획, 중거리 핵무기 분야에서 미러 간 경쟁, 미러 경쟁으로 인한 중국
과 북한의 반응이 연쇄적으로 진행되고 있다.

1. 외형적으로 안정 vs. 현대화로 인한 불안정

냉전기 미국과 구소련은 명시적으로 핵균형을 추구하지는 않았지
만, 1960년대 이후 사실상 핵균형을 유지했다. 미국의 핵무기 보유는
1967년 31,225기, 구소련의 핵무기 보유는 1986년 40,159기를 정점
으로 점차 줄었다. 냉전 종식 후 미국과 러시아는 1991년 전략무기감
축협정 I(START I, 1994.12.5-2009.12.5),[4] 2002년 전략공격무기감축
협정(Treaty Between the United States of America and the Russian
Federation on Strategic Offensive Reductions, 2003.6.1-2011.2.5)[5]으
로 전략자산을 통제하고 핵전쟁 준비태세를 조절했다. 2011년 신전
략무기감축협정(Treaty Between the United States of America and

---

4 대륙간탄도미사일, 잠수함발사탄도미사일, 장거리 폭격기의 총 숫자를 1600개로 제한하
   고, 핵탄두의 보유량을 최대 6,000개(이 가운데 대륙간탄도미사일과 잠수함발사탄도미
   사일에 탑재할 수 있는 핵탄두는 최대 4,900개, 이동발사대 위에 있는 대륙간탄도미사일
   에 탑재할 수 있는 핵탄두는 최대 1,100개, 러시아 SS-18에 탑재할 수 있는 탄두는 최대
   1,540개로 제한)로 제한했고, 탄도미사일의 투사중량(throw-weight)을 최대 3,600톤으
   로 제한했다 (Treaty Between the United Sttes of America and the Union of Socialist
   Soviet Republics on Further Reduction and Limitation of Strategic Offensive Arms
   3조 1항).
5 미국과 러시아는 실전 배치된 핵탄두의 숫자를 1,700-2,200개로 정했다. 실전 배치된 핵
   탄두의 숫자를 통제함으로써 우발적 사고의 위험을 줄였다.

표 8.1 2022년 전략배치 현황

	실전 배치		예비	보관중	총탄두
	전략	전술			
러시아	1588	0	2889	4497	5977
미국	1644	100	1964	3708	5428
프랑스	280	n.a.	10	290	290
중국	0	n.a.	350	350	350
영국	120	n.a.	75	195	195
이스라엘	0	n.a.	90	90	90
파키스탄	0	n.a.	165	165	165
인도	0	n.a.	160	160	160
북한	0	n.a.	~20	~20	~20
합계	~3,632	~100	~5,708	~9,440	~12,705

출처: Kristensen and Korda(2022).

the Russian Federation on Measures for the Further Reduction and Limitation of Strategic Offensive Arms, 2011.2.5-2026.2.5)으로 미사일과 장거리폭격기를 최대 700대까지, 핵탄두를 최대 1,550기까지 실전 배치하고, 미사일 발사대와 전략폭격기를 최대 800대까지 보유하기로 했다. 신전략무기감축협정이 2021년 2월 5년 더 연장됨으로써 미국과 러시아 사이에서 전략무기 통제가 최소 5년 지속될 예정이다.

미국과 러시아를 제외한 핵국가의 보유량은 매우 적다. 영국과 프랑스가 핵무기를 실전 배치했지만 보유한 핵무기가 300대를 넘지 못하는 것으로 추정된다. 중국, 이스라엘, 파키스탄, 인도, 북한이 핵무기를 보유하지만, 실전 배치 상태를 유지하지 못한다. 북한을 제외하면, 핵국가의 핵무기 보유량은 지난 20년 동안 큰 차이를 보이지 않는다. 핵무기 보유량을 자국 안보를 지키는 적정선에서 유지하고 있다.

외형적으로 전략균형이 안정적으로 유지되고 있는 듯 보이지만, 장거리 전략무기 분야에서 미국과 러시아가 현대화를 진행하고 있다.

미국의 경우 1979-88년 사이 생산된 LGM-30 G Minuteman III 대륙
간탄도미사일이 육상에 기반한 전략무기를 구성한다. 대륙간탄도미
사일에 탑재된 핵탄두도 1970년대 개발되었다.[6] 장거리폭격기 B-52H
Stratofotress는 1961년 최초 배치되었고 B-2A Spirit는 1994년 최초
배치되었다.[7] 잠수함발사탄도미사일 UGM-133A Trident II는 1990년
에 최초 배치되었다.[8] 핵미사일 발사용 오하이오급 잠수함은 1981년부터
실전 배치되었다(Kristensen and Korda 2021b, 44-45).

　　미국이 보유한 전략무기체계가 대부분 노후되었기에, 트럼프 행
정부는 출범 이후 핵전력 현대화와 증강을 모색했다.[9] 2020년 2월 트
럼프 대통령은 '핵전력 현대화'를 위한 예산을 공식적으로 요청하여,
지상발사 장거리 핵미사일, 장거리 전략폭격기, 탄도미사일 발사용 잠
수함 등 3대 핵전략의 증강을 동시에 추진했다. 핵전력 현대화를 위한
연구개발 용도로 총 147억 달러를 요청했는데, 구체적으로 콜럼비아
급 잠수함 개발에 44억 달러, 장거리 전략폭격기 개발에 28억 달러, 지
상발사 장거리핵미사일 개발에 15억 달러가 할당되었다. 핵전력의 제
어와 통제를 담당하기 위한 체계를 개발하는 데 42억 달러도 책정되었

6　2020-21년 사이 미국이 수차례 대륙간탄도미사일 시험발사를 진행하였는데, 현재 배치
　된 노후 미사일이 기술적 결함 없이 작동됨을 보이기 위함이다(Air Force Global Strike
　Command Public Affairs 2021).
7　미국이 B-52H 87기를 보유하고 있는데, 그 중 76기만 실전 배치되어 있고, 46기가 핵무
　기를 탑재할 수 있다. B-2A를 20기 보유하는데, 그 중 16기가 핵무기를 탑재할 수 있다.
　이처럼 미국은 소수 장거리 폭격기를 유지하고 있다.
8　잠수함발사탄도미사일에 배치된 핵탄두는 비교적 최신형으로 1990년 배치된 W88,
　2008년에 배치된 W76-1, 2018년에 배치된 W76-2로 구성된다.
9　트럼프 행정부는 새로운 핵무기를 개발하기 위한 미임계핵실험도 진행하였다. 미임계핵
　실험이 밖으로 드러나지 않아 대중의 관심을 끌지 못하지만, 선진국의 미임계핵실험은
　실제 핵실험에 버금간다. 미국이 얼마나 많이 미임계핵실험을 진행했는지 정확히 모르
　지만, 실험 중 사고로 인하여 트럼프 행정부의 등장 이후 2017년 10월과 2019년 2월 최
　소 2차례 미임계핵실험이 진행되었다는 점이 드러났다.

다. 바이든 행정부는 핵전력현대화 계획을 계승하여 핵전력의 현대화를 추진하고 있는데, 향후 30년 동안 최소 1조 2500억 달러가 소요될 예정이다(Arms Control Association 2017). 2023년 회기연도에만 핵전력 현대화를 위한 연구로 170억 달러를 의회에 요청했다.

러시아는 이미 전략무기를 현대화하고 있다. 육상에 배치된 대륙간탄도미사일은 1997년 최초 배치된 SS-27 계열로 바뀌어 이동발사대로 움직이는 SS-27 Mod-2가 육상 핵전략의 핵심이 되었다. 극초음속 활강 미사일을 탑재할 수 있는 RS-28 Sarmat 대륙간탄도미사일은 2020년 4월 시험발사에 성공했고, 2022년 하반기에 실전 배치될 예정이다. 2007년 최초 배치된 SS-N-23 M1이 잠수함발사탄도미사일에 기반한 핵전력에서 이미 주종이 되었고, 2014년 최초 배치된 SS-N-32가 구형 잠수함탄도미사일을 대체하고 있다. 장거리폭격기의 현대화는 아직 본격적으로 진행되지 않아, 1984년 최초 도입된 Bear-H6/16 전폭기와 1987년 최초 도입된 Blackjack 전폭기로 구성된다(Kristensen and Korda 2021c, 90-92).

최근 중국의 핵능력 강화도 주목할 만하다. 중국은 최근 장거리폭격기를 개발하고 있다. 이미 대륙간탄도미사일과 잠수함발사탄도미사일을 실전 배치한 상태에서 중국은 전략폭격기를 개발하여 '3대 핵전력'을 완성하려 한다(Huang and Zheng 2020). 또한, 향후 10년 안에 잠수함발사탄도미사일을 장착한 신형 잠수함 8척을 추가 배치할 계획을 가진다. 이미 실전 배치된 5척에 더해 잠수함 13척이 잠수함발사탄도미사일을 탑재하게 된다. 대륙간탄도미사일도 증가하여 현재 260기(추정치)에서 10년 후 최소 400기로 증가할 것으로 예상된다. 더 나아가, 중국의 핵태세가 '피격 후 대응발사(launch-under-attack)'에서 '피격경보 즉시발사(launch-on-warning)'로 바뀌는 징후를 보인다. 오래

전부터 중국이 핵공격을 받으면 핵무기로 보복하겠다고 천명함으로써 상대방의 공격을 억제하려 했었다. 이에 비하여, 최근 중국은 상대방의 핵공격을 탐지하면 핵무기를 발사할 수 있는 태세를 준비하고 있다 (Office of the Secretary of Defense 2020, 85-89).[10]

러시아가 개발한 Avangard 극초음속 활공체는 전략균형에 심각한 변화를 초래할 수 있다. 이 비행체는 미사일에 탑재되어 비행하다가 미사일 본체에서 분리된 후 궤적을 바꿀 수 있기에, 현존 미국의 미사일 방어망으로 요격하기 어렵다(Sayler 2022, 14). 러시아는 이미 구형 대륙간탄도미사일 UR-100UTTKh은 물론 현 러시아의 주력 핵전력을 구성하는 R-36M2에 극초음속 활공체를 탑재하는 시험을 마쳤다. 미래 러시아 핵전력의 핵심이 될 사르맛 미사일에도 극초음속 활공체가 탑재될 예정이다. 장거리탄도미사일과 극초음속 활공체를 결합하는 러시아의 시도는 미국의 방어 능력을 약화시키기 때문에, 단기적으로 전략균형의 추가 러시아로 기우는 효과가 발생한다(Reny 2020). 러시아의 극초음속 활공체에 대응하는 미국의 기술혁신이 뒤따라오지 않으면, 세계 전략균형이 장기간 러시아에게 유리하게 진행될 수 있다.

2. 순항미사일과 중거리핵전력에서 치열한 경쟁

중거리핵전력조약(Intermediate-Range Nuclear Forces Treaty, 1988.6.1-2019.8.2)이 2019년 종료되었다. 1988년 미국과 구소련은 이 조약을

---

10 2020년 5월 북한로동당 중앙군사위원회 제7기 제4차 확대회의는 "전략무력을 고도의 격동상태에서 운영하기 위한 새로운 방침"을 검토했다. 북한식 "고도의 격동상태"는 "high-alert"의 번역어로 매우 빠른 시간 안에서 사용할 수 있는 상태를 의미한다. 북한도 핵무기의 실전 배치를 모색하고 있는 듯하다(조동준 2020).

맺어 500km에서 5,500km인 중거리 지상발사형 중거리 탄도, 순항미사일을 폐기했었다. 30년 넘게 중거리 핵전력을 안정적으로 통제하던 중거리핵전략조약이 종료됨으로써 미국과 러시아는 이 분야에서 새로운 경쟁 국면에 접어들었다. 중거리핵전력이 전술무기와 전략무기로 사용될 수 있기에,[11] 중거리핵전력조약의 폐기는 향후 전략무기 경쟁에서 심각한 영향을 초래할 수밖에 없다.

INF조약의 폐기 전 미국과 러시아는 모두 중거리미사일을 탐색/개발했다. 먼저 러시아의 경우를 보면, 2007년 러시아가 최소 시험한 9K720 Iskander(R-500) 미사일의 사거리가 최대 2000km라고 추정된다. Iskander-M 발사체계가 통상 사거리 400km 단거리미사일을 탑재하지만, 무기 중량을 줄이는 대신 추진력을 강화한 R-500 미사일을 탑재할 경우 사거리가 증가될 수 있기 때문이다. 2014년 Iskander-M 발사체계의 실전 배치가 확인되었지만, 오바마 행정부는 이를 크게 문제 삼지 않았다(Horlohe 2015, 100-104). 2011-12년 중거리에 떨어진 표적을 맞출 수 있는 RS-26 탄도미사일을 시험 발사했다(Woolf 2019, 17-24). 러시아는 초음속미사일을 개발하여 이미 실전 배치하였다. 해상, 육상, 수중잠수함에서 발사할 수 있는 지르콘(3M22 Zircon) 미사일은 음속 9배 속도로 이동하고 1000km 반경에 있는 지상 또는 해상 목표물을 공격할 수 있다(BBC 2019; Karnozov 2019). Mikoyan MiG-31K에서 발사할 수 있는 킨잘(Kh-47M2 Kinzhal) 미사일은 음속 12배

---

11   전술무기와 전략무기의 구별은 무기의 사용 용도에 따라 구별된다. 전략무기는 상대방의 군사, 경제, 정치력의 원천을 타격하는 무기이고, 전술무기는 전장에서 상대방의 군사력을 무력화시키는 무기이다. 예를 들어, 미국의 잠수함탄도미사일 UGM-133A Trident II는 군사 목표를 타격하는 전술무기로 사용될 수도 있고, 상대국 국력의 원천을 타격할 수 있다. 2019년 미국은 잠수함발사탄도미사일에 저출력 W76-2 탄두를 탑재했는데, 5~7kt 정도로 낮은 파괴력을 가진다. 저출력 W76-2 핵무기는 전술무기로 추정된다.

속도로 이동하고 200Km 반경에 있는 지상 목표물을 공격할 수 있다. 러시아의 중거리 전력이 2019년 실전 배치되었다는 점은 중거리핵전략조약 아래서도 중거리미사일을 개발하고 있었다는 반증이다.

러시아가 개발하는 원자력추진 부레베스니크 순항미사일과 Poseidon 수중 드론은 사거리 개념을 아예 초월한다. 부레베스니크 미사일은 핵연료가 소진될 때까지 수년 동안 지표 위 30Km에서 비행하다가 러시아 관제센터의 명령으로 타격할 수 있다. 부레베스니크 순항미사일은 시험발사 단계에 있는데, 1-2년에 실전 배치될 전망이다. Poseidon 수중 드론(Status-6)은 잠수함에서 발사되어 핵연료가 소진될 때까지 수중을 비행하다가 목표물을 타격할 수 있는 무기로 2019년 12월 실전 배치되었다(Farley 2018; TASS 2019). 초사거리 순항미사일과 수중 드론은 신전략무기감축협정에 포함되지 않는 신형 무기체계이다.

미국도 INF조약에 위반된 행위를 했다. 첫째, 미국이 미사일방어체계를 시험하기 위하여 노후된 대륙간탄도미사일 LGM-30 Minuteman II 미사일의 사거리를 1,000km로 변경한 후 목표로 사용했다. 원래 Minuteman II 미사일이 대륙간탄도미사일로 개발되었지만, 러시아가 RS-26 미사일을 중거리미사일로 사용할 수 있음을 보였듯이, 미국도 대륙간탄도미사일을 중거리미사일로 개조 사용할 수 있는지 여부를 시험했다고 볼 수 있다. 둘째, 미국이 개발한 드론은 미사일과 항공기의 구별을 어렵게 만들었다. 미국이 보유한 현용 군용 드론의 사거리가 최대 160km 남짓하지만, 기술발전으로 사거리가 증가할 수 있다. 자폭형 드론은 단거리 유도 순항미사일과 큰 차이가 없는 상태인데, 사거리 증가로 중거리미사일에 버금가는 효과를 가져올 수 있다. 셋째, 미국의 미사일방어체계에 사용되는 요격용 SM-3 미사일(사거리 600km)이다. SM-3 미사일을 발사할 수 있는 MK-41 미사일 발사대는 당연히 INF조약의 규제 아래에 있었다(Woolf 2019, 26-29).

초음속 (활공) 미사일은 중국까지 확산되었다. 중국이 2019년 10월 공개한 DF-17은 지상 이동발사대에 탑재된 초음속 활강 미사일로 사거리가 2,000km로 추정된다(Liu 2020). 2010년대 중국이 신형 미사일을 개발한다는 징후가 현실화되었는데, 2020년 10월 이미 실전 배치되었다는 미확인 보도가 간헐적으로 나오고 있다(EurAsian Times Desk 2020). 중국은 공중에서 발사하는 신형 초음속 미사일도 시험하고 있다(Huang and Zheng 2020; Liu 2020). 시험발사 후 3-4년 내 실전 배치하는 현상이 다시 일어난다면, 2-3년 후 신형 중국산 초음속 미사일을 보게 될 수 있다. 중국이 핵무기를 탑재하는 초음속 미사일을 보유하게 된다면, 미중 간 전략균형에 큰 변화를 초래할 수 있다.

III. 안보모순과 핵무기의 전략방어균형

이 절은 현재 전략균형 위기의 원인을 파악하기 위하여 안보모순의 위험이 공격방어균형에 따라 달라지는 현상을 검토한다. 핵무기의 공격방어균형에 대한 관점 변화와 전략적 안정성을 논의한다.

1. 조건적 안보모순[12]

안보모순은 한 국가의 일방적 대외안보 추구가 자신의 대외안보를 오

---

12   이 절은 졸고(조동준 2004, 27-28)의 일부 내용을 사용하여 작성되었다.

히려 저해하는 결과를 초래하는 현상을 지칭한다. 비록 한 국가가 상대
국을 공격할 의사가 전혀 없는 상태에서 자국의 대외안보를 증진시키
려 군비, 영토,[13] 동맹 등을 확장한다면, 상대국은 이를 공격적 의도인
지 혹은 방어적 의도인지 알지 못하지만 공격적 의도에 기인한다고 가
정한다. 현상으로 드러난 대외안보 추구의 근저에 깔린 의도를 알지 못
하면서도 공격적 의도를 가진다고 가정하는 이유는 (1) 방어적 군비,
영토, 동맹의 확장이 공격으로 전환될 수 있고, (2) 방어적 대외안보 추
구가 공격으로 전환될 때 이를 적극적으로 방지할 수 있는 국가주권을
초월하는 권위체가 없기 때문이다. 이런 상황에서 일국의 방어적 대외
안보 추구도 상대국의 방어적 대외안보 추구로 이어질 수 있다. 따라
서 한 국가의 대외안보 추구는 상대국의 대응으로 인하여 자국의 대외
안보를 저해할 수 있다. 이처럼 국가주권을 상위하는 권위가 존재하지
않은 국제관계에서 한 국가의 대외안보 추구는 의도하지 않는 자가당
착으로 이어질 수 있다(Herz 1966[1962], 231; Jervis 1978, 186-194;
Snyder 1984, 461-466).

안보모순은 대외안보 추구의 자가당착으로만 그치지 않는다. 상
대방의 의도를 분별할 수 없는 상황에서 자가당착적 대외안보 추구
는 전쟁이라는 원하지 않은 결과로 이어질 수도 있다. 자국의 대외안
보 추구에 대응하기 위한 상대국의 노력으로 자국의 대외안보가 약화
되는 악순환이 계속되면, 상호불신이 조장되고 확대된다. 상호 방어적
의도에 기반하여 대외안보 추구를 위한 활동을 한다고 하더라도, 상대

---

13   영토 확장 혹은 영향권(sphere of influence) 확대가 대외안보위협으로 필연적으로 이
      어지지는 않지만, 대외안보상황에 유의미한 변화를 초래한다면 상대방의 반작용을 초래
      할 수 있다. 19세기 미국의 서부 진출은 유럽국가의 대외안보상황에 변화를 초래하지 않
      았기 때문에 유럽 국가들이 관심을 가지지 않은 반면, 18세기 러시아의 폴란드 진출은 오
      스트리아제국의 대외안보에 영향을 미칠 수밖에 없었기 때문에 폴란드 분할로 이어졌다.

방의 의도를 알지 못하는 상황에서 현상으로 드러나는 상대방의 공격
능력 강화로 인하여 상대방에 대한 두려움과 불신은 커진다. 상호 증
폭된 두려움과 불신은 상대방의 능력이 증대되기 전에 상대방을 공격
하는 선제 무력충돌로 이어질 수 있다(Butterfield 1951, 19-21; Herz
1966[1962], 241). 이처럼 안보모순 상황을 고려하지 않은 일방적 행
동은 공멸까지 초래할 수 있다.

공격방어균형은 안보모순의 정도가 공격과 방어 간 균형에 따라
달라질 수 있음에 주목한다. 만약 양자관계 또는 국제체제 수준에 공격
보다는 방어가 유리하다는 믿음이 공유되어 있거나 상대방이 방어에
유리한 무기체계를 도입한다면, 방어적 성격을 가진 군비증강이 군사
적 위협으로 인식되지 않는다. 반면, 방어보다는 공격이 유리하다는 믿
음이 공유되어 있는 상태에서 상대방이 공격에 유리한 무기체계를 도
입한다면, 공세적 의미를 가진다고 여겨지는 군비증강은 군사적 위협
이 된다. 따라서 일방의 안보를 증진시키려는 노력이 상대방에게 안보
위협으로 인식되는 정도는 조건에 따라 다를 수 있다(Jervis 1978, 186-
194; Nilsson 2012, 476-478).

2. 핵무기의 공격방어균형

핵무기가 공격과 방어 중 어느 쪽에 더 적절한가? 저비스는 냉전이 열
전으로 비화되지 않은 현상을 핵무기의 공격방어균형과 기술 변화로
설명하면서, 핵무기의 용도에 대한 생각이 변화하는 현상에 초점을 맞
춘다(Jervis 1978, 211-214). 핵무기가 초기 '전략폭격'의 수단으로 인
식되어 공격에 유리한 무기체계로 여겨졌지만,[14] 핵무기의 과도한 파
괴력 때문에 공격에 적합하지 않는 무기체계로 점차 인식하게 되었다.

핵무기의 엄청난 파괴력 때문에 역설적으로 핵무기가 공격용 무기로 사용되기 어렵다는 점에 주목한 연구자들은 핵무기를 보복용 무기로 사용할 수 있는 가능성을 열어둠으로써 전쟁을 억제하는 수단으로 쓸 수 있음에 주목했다. 아래 문단은 핵무기의 파괴력이 가져온 역설을 보여준다.

> 어떤 정치적 목적이 (핵무기가 유발하는) 군사적 비용을 정당화할 수 있는가? 전쟁과 관련하여 이 질문을 첫 번째로 물어야 한다. (핵무기가 유발하는) 군사적 비용이 매우 클 것으로 예상될 때, 예외적으로 중요한 정치적 목적만이 군사적 수단(=핵무기)을 사용할 만한 가치를 가진다. … 어떤 시각과 … 목적이 전멸의 위험을 정당화할 수 있겠는가?(Jervis 1989, 24).

핵무기를 보복 수단으로 남겨둠으로써 전쟁을 막을 수 있다는 믿음은 핵억제론으로 이어졌다. 1940년대 후반 연구자의 주장 수준에서 시작된 핵억제론은 1950년대 미국의 핵전략이 되었고, 1970년대 후반에는 구소련에서도 수용되었다(Freedman and Michaels 2019[1981], 107-120, 411). 내부적으로 상이한 시각과 목소리가 있었지만, 미국과 구소련의 공식 담론에서 1970년대 후반 이후 핵무기는 방어용 무기로

14　핵무기의 큰 파괴력이 상대방을 압도하기 때문에 핵무기가 공세적 또는 방어적으로 사용될 수 있다는 '신화'가 2차대전 직후 미국에서 형성되었다. 이 '신화'는 핵무기 투하 후 일본이 항복한 역사적 사건에서 유래하는데, 핵무기의 파괴력과 상대방의 공포 유발 간 인과관계에 초점을 맞춘다(Wilson 2013, 21-53). 핵무기의 파괴력과 상대방의 공포 간 인과관계를 확장하면, 방어적 측면에서 핵무기가 상대방의 도발을 차단하는 수단, 공세적 측면에서는 위기와 협상에서 상대방의 양보를 얻어내게 하는 압박 수단으로 활용될 수 있다고 추론할 수 있다. 이 '신화'는 1949년 구소련의 핵무기 보유와 함께 미국 학계와 군부에서는 급속히 사라졌다.

설정되었다. 즉, 핵무기가 공격에 유리한 무기가 아니라 방어에 유리한 무기라는 믿음을 양국이 공유하였다. 핵후발주자도 이 믿음을 대체로 수용하면서, 국제체제 수준에서는 핵무기는 방어용 무기로 받아들여졌다.

핵무기가 방어와 연결된다는 믿음이 공유되면서, 핵보유국은 핵무기의 숫자, 투발 체계의 기술과 숫자, 핵준비태세의 약화 등을 공동으로 도모하면서 핵무기의 안정성을 높이려 했다. 미국과 구소련은 두 합의로 핵균형을 유지하려 노력했다. 첫째, 양국이 충분하게 2차 공격력을 확보하여 상호확증파괴 상태에 놓였다. 양국은 상대방의 공격을 받은 후에도 잔존 핵무기로 보복하여 상대방에게 파멸적 피해를 줄 수 있는 상태를 유지하려 했다. 2차 공격력의 충분성에 대한 합의가 없었기에 양국의 핵무기 보유고 경쟁은 피할 수 없었는데, 상대방의 선제공격을 탐지한 후 공격을 받기 전 상대방에게 보복할 수 있는 '경보즉시발사' 능력을 구비하면서 핵무기 보유량 경쟁을 멈추었다. 상대방의 공격을 탐지한 후 빠르게 대응할 수 있게 된다면, 2차 공격력마저도 확보하지 않아도 된다. 미국은 1960년대 '경보즉시발사' 체계를 갖추고 구소련도 1982년 이 체계를 갖추면서, 양국의 핵통제와 안정적 균형이 가능했었다.

둘째, 양국은 탄도탄요격미사일규제조약(Anti-Ballistic Missile Treaty, 1972—2002)을 맺어 미사일방어체계를 구축하지 않기로 상호 약속했다. 1960년대 양국은 전략무기를 보호하기 위하여 미사일방어체계를 개발했는데, 미사일방어체계를 구축하는 기술적 어려움과 경제적 부담, 핵경쟁의 위험을 종합적으로 고려하여, 미사일방어체계를 확대 발전시키지 않았다. 양국은 핵공격에 서로를 노출시킴으로써 핵무기의 파멸적 상황을 피하고자 전쟁을 막으려 했다. 양국이 국내정치적 이유로 명시적으로 언급한 적이 없지만 '공포의 균형(balance of terror)'이 안정으로 이어지도록 협력했다.

IV. 미국의 미사일방어체계와 전략균형의 변화

이 절은 현재 전략균형 위기의 원인으로 미국의 미사일방어체계를 검토한다. 미국은 자국의 안보를 위하여 미사일방어체계를 도입했지만, 이는 미국의 정밀타격 능력과 함께 상대국의 안보불안을 야기했다. 이에 대응하여 러시아와 중국은 미국의 미사일방어체계를 회피하기 위한 공세적 무기개발에 관여했다. 이런 상호작용이 현재 전략균형의 위기로 이어졌다.

1. 미국의 방패

냉전 후 미국의 정밀타격 능력이 전략균형의 안정성을 감소시켰다. 인공위성을 통한 탐지와 목표 설정, 유도무기를 이용한 타격이 결합되면서, '외과수술적 타격'을 진행할 수 있게 되었다. 1991년 1차 걸프전쟁에서 정밀타격 능력이 희미하게 선보였고 2차 걸프전쟁 이후 정밀타격이 일상화되었다. 군사 공격 중 의도하지 않는 민간인 사망을 줄여야한다는 인도주의적 주장이 정밀타격을 옹호했지만, 정밀타격이 전략자산을 무력화시킬 수 있기에 전략균형을 불안정하게 만들었다. 특히, 소수 핵무기로 최소 억지를 추구하던 국가에게 미국의 정밀타격 능력은 큰 위험이 되었다.

더 나아가, 2002년 미국은 탄도미사일을 요격하는 무기체계를 만들지 말자는 탄도탄요격미사일규제조약에서 탈퇴하였다. 미국은 미사일 공격으로부터 자국을 보호하기 위하여 탄도미사일을 요격하는 미사일을 금지하는 족쇄로부터 벗어났다. 미국을 안전하게 만들겠다는 구상이 미국인의 강한 지지를 받았기에, 정권이 바뀌어도 후임 행정부로 그대로 이어졌다. 미사일방어체계를 구축하려는 시도 앞에서는 당파적 차이가 없다.

미국이 구축한 미사일방어체계는 일견 난공불락의 방어막처럼 보인다. 탄도미사일의 발사를 섬광으로 탐지하고 궤적을 추적하다가, 해상에 배치된 SM3 미사일과 지상에 배치된 요격미사일로 파괴한다. 중간단계에서 요격하지 못한 미사일이 대기권으로 재진입하면 사드와 페이트리엇 미사일로 요격한다. 미국은 수차례 SM3 미사일과 지상에 배치된 요격미사일로 탄도미사일을 격추하는 능력을 보임으로써, 미사일방어체계가 작동되고 있다는 점을 보여주었다. 미국은 방패를 구축했다.

2. 러시아와 중국의 창

2004년부터 미국이 미사일방어체계를 구축하자, 러시아와 중국의 핵전략이 무기력해보였다. 미국이 러시아 또는 중국을 선제공격하고 미국의 방어막으로 러시아 또는 중국의 핵무기를 중간에서 요격한다면, 러시아와 중국의 핵무기는 미국에게 보복 공격을 가하는 수단이 되지 못한다. 따라서, 러시아와 중국의 핵무기가 미국의 선제공격을 억제할 수 없게 된다. 결국, 러시아와 중국이 일방적으로 미국의 핵공격에 노출되기 때문에, 강대국 간 핵균형에 기반한 안정 상태를 유지하지 못하게 된다. 러시아와 중국은 미국 주도의 핵정책을 따라갈 수밖에 없는 상황이었다.

러시아와 중국은 상대방의 요격 시도를 피하거나 공격력을 강화한 무기체계를 개발함으로써 미국의 미사일방어체계에 대응했다. 푸틴 대통령이 '무적 핵무기(invincible nuclear weapons)'로 소개한 5개 무기체계(부레베스니크 미사일, 포세이돈 수중 드론, 아방가르드 극초음속 활강 미사일, Zircon 미사일, RS-28 Sarmat 대륙간탄도미사일, 비행기에서 발사되는 Kinzhal 극초음속 미사일) 모두 미국의 현존 미사일방어체계를 회피하는 데 초점을 맞추고 있다(김선한 2018; BBC 2018). 러시아는 미국의 방패를 뚫거나 우회하는 무기체계로 미국의 미사일방어체계에 대응하고 있다. 중국이 개발하는 초음속 미사일이 현재는 항공모함을 포함한 해상 전력을 무력화하는 데 초점을 맞추고 있지만, 장거리 미사일에 초음속 활공체를 결합하는 방식을 탐색함으로써 미국의 미사일방어체계에 맞서는 방향으로 움직이고 있다.

2021년 11월 30일 VTB 은행의 자회사인 VTB Capital이 후원한 투자 포럼에 참석한 푸틴 대통령은 미국의 미사일방어체계 전진배치가 러시아로 하여금 초음속 무기를 개발하게 하였다고 아래와 같이 설명했다.

> (미국의) 탄도탄 요격체계가 폴란드와 루마니아에 실전 배치되는 상황에 이르렀다. 양국에 배치된 MK-41 발사대[15]는 토마호크 미사일을 장

---

15   Mark-41 수직발사체계는 함정에서 적기를 요격하거나 적함을 파괴하는 용도로 사용되는 RIM-66과 RIM-67 미사일, 함정에서 탄도미사일을 요격하는 RIM-161 SM-3 미사일(Standard Missile 3), 함정에서 적기나 적함, 탄도미사일을 요격하는 용도로 사용되는 RIM-174 미사일, 함정 또는 잠수함으로부터 지상의 목표물을 타격하는 Tomahawk 순항미사일, 함정에서 잠수함을 요격할 수 있는 RUM-139 VL-ASROC 미사일, 함정에서 적기를 요격하거나 미사일을 요격하는 용도로 사용되는 RIM-7 Sea Sparrow 미사일과

착할 수 있다. 이는 우리(러시아)에게 위협이다. … 이에 대응하여 우리(러시아)는 극초음속 무기를 개발해야만 했다. 극초음속 무기 개발이 우리(러시아)의 반응이다(TASS 2021).

이처럼 '공격-방어론'이 지적한 핵균형의 불안정 조건이 미러관계에서 현실화되었다. 핵균형은 기술 발전에 따라 상이한 방향으로 움직일 수 있는 가변적 상태이다. 상대방의 공격으로부터 핵공격력을 보존하는 방어 능력이 증가하면, 핵안정이 공고해진다. 상대방의 선제공격으로부터 핵무기를 보존할 수 있다면, 소수 핵무기만으로도 상대방의 선제공격을 사전에 막을 수 있다. 이 경우, 핵무기를 방어적 목적으로 사용할 개연성이 커지고, '전략적 안정'은 더욱 공고해진다.

반면, 상대방의 핵무기를 정확하게 파괴하는 공격 능력이 증가하면 전술핵무기로 상대방을 공격할 유인이 커지기에, '전략적 안정'이 약해진다. 상대방의 보복 공격을 우려하여 아예 공격을 시도하지 않아 평화를 유지하기보다는, 상대방의 핵능력을 먼저 없애버릴 수 있는 무기가 바로 옆에 있기 때문이다. 또한, 군비경쟁이 재개될 위험이 높아진다. 아국이 보유한 핵무기가 상대방의 정밀 타격으로 파괴될 위험이 크기 때문에, 핵탄두를 늘려 보복 능력을 유지하려는 유인이 강해진다. 아국의 입장에서는 방어적 목적으로 핵탄두의 보유량을 늘리지만, 상대방은 이를 공격적 의도로 잘못 해석할 수 있다(Liber and Press 2020, 70-76).

현재 진행되는 핵경쟁의 징후는 공격력의 증가와 방어력의 동시

RIM-162 개량형 미사일(Evolved Sea Sparrow Missile, ESSM) 등을 발사할 수 있는 장치이다. 러시아는 폴란드와 루마니아에 배치된 MM-41 발사대가 미사일방어체계의 일부이며 중거리핵협정을 위반한다고 주장했다.

증가로 촉발되었다. 미국이 정밀타격으로 상대방의 중요한 군사자산을 파괴할 수 있는 능력을 갖추고 미사일방어체계를 구축하자, 미국과 갈등관계에 있는 강대국은 세 가지 방향으로 움직인다. (1) 핵무기를 보존하는 대책을 세우거나, (2) 미국의 방어막을 뚫는 무기를 개발하거나, (3) 탄두의 파괴력 또는 낙진 피해를 의도적으로 키운 무기를 도입하고 있다. 러시아와 중국의 신무기는 방어 능력보다는 공격 능력을 강화한다. 러시아는 미국의 미사일방어망을 회피하는데 주력하고, 중국은 극초음속 활강 미사일로 미국의 방어망을 회피하고, 중국이 핵무기 보유량을 늘리고 '경보즉시발사' 체제를 도입한다.

V. 맺음말

현재 진행되는 핵군비경쟁의 징후는 기술발전과 미국 국내정치가 결합되면서 시작되었다. 핵공포의 균형이 현실적으로 작동하지만 국내정치논리로 용납될 수 없는 상태에서 미사일방어체계 구축을 위한 기술적 조건이 구비되자, 미국은 미사일방어체계를 구축하게 되었다. 부시 행정부의 출범 이전 미사일방어체계에 대한 지지는 40-50% 수준이었지만(Chambers 2000; Moore 2001), 부시 행정부의 등장과 9·11 테러 이후 미사일방어체계는 미국 내 주류 담론이 되고 실제 정책으로 이어졌다(Lelffler 2011, 35-36). 당시에도 미사일방어체계가 초래할 수 있는 불안정에 대한 지적이 다양하게 제기되었지만, 미국 내 국내정치적 환경에서 충분히 고려되지 못했다.

　미국의 정밀타격 능력과 미사일방어체계는 러시아와 중국의 안보 불안으로 이어졌다. 미국이 적국의 미사일 대부분을 정밀타격으로 1차적으로 파괴할 수 있고 1차 공격에서 살아남은 적국의 잔존 핵무기를 중간에서 요격할 수 있다면, 미국은 선제공격을 상대적으로 쉽게 결정할 수 있게 된다. 반면, 미국을 상대해야 하는 국가의 입장에서는 미국발 위협에 일방적으로 노출된다. 이런 안보불안 상황에서 러시아와 중국은 미국의 미사일방어체계를 회피하는 무기체계를 개발하게 되었다. 또한 최악의 경우 1차 공격을 받게 되더라도 잔존 핵전력을 유지하기 위하여 미국의 정밀타격으로 인한 피해를 줄이기 위한 방어체계와 기만체계에 관심을 기울이게 되었다.

미국이 촉발한 핵군비경쟁의 징후는 한반도에까지 영향을 미치고 있다. 북한은 2020년 5월 조선로동당 중앙군사위원회 제7기 제4차 확대회의에서 "전략무력을 고도의 격동상태에서 운영하기 위한 새로운 방침"을 논의했다. 발사준비상태 핵무기(high-alert nuclear weapon)는 통상 탐지부터 발사까지 30분 안에 끝낼 수 있는 상태에 있어야 한다.[16] 북한은 핵무기의 활용 가능성을 높이고 있다. '경보즉시발사'가 가지는 위험이 크기에 이를 폐지하자는 사회운동이 있지만, 북한은 반대 방향으로 움직인다(조동준 2020).[17]

---

[16] 미국과 러시아는 탐지부터 발사까지 15분이 걸리지 않는다. 영국과 프랑스도 일부 핵무기를 발사준비 상태에 두는데, 탐지부터 발사까지 30분 정도 걸린다고 알려져 있다.

[17] 핵무기를 발사준비 상태에 두는지 여부는 크게 두 가지 이유에 따라 결정된다. 첫째, 기술적·경제적 능력이다. 탐지부터 발사에 이르는 과정 중 어느 한 곳에서 실수가 발생하면 너무 큰 피해가 발생하기 때문에, 오발사고를 막기 위하여 핵무기 부품을 분리시켜 놓는 선택이 안전하다. 핵무기를 전투준비 상태로 유지하면서 오발사고를 막으려면, 인공위성과 레이다를 통하여 상대방의 공격을 탐지하고, 핵무기를 사용하겠다는 결심에서 오류를 최소로 줄여야 하고, 결심 후 발사까지 과정을 통제해야 한다. 탐지부터 발사에 이르는 모든 과정에서 오류를 줄이기 위해서 고도의 기술과 방대한 시설 투자가 필요하다. 경제력과 기술력이 없이는 핵무기를 발사준비상태로 장기간 유지하기 어렵다. 둘째, 핵무기를 사용하는 방식을 정하는 핵교리다. 예를 들어 중국은 핵무기를 최후 방어수단으로 설정하기 때문에 핵무기를 발사준비상태에 두지 않는 반면, 미국과 러시아는 상대방의 핵선제공격에 대하여 반드시 핵무기로 보복 공격을 할 수 있는 상태를 유지함으로

북한은 왜 핵무기를 발사준비 상태에 두기로 결정했을까? 이 질문에 답하기 위해서는 두 측면을 보아야 한다. 첫째, 북한의 핵무기 숫자이다. 북한의 핵무기 보유량은 다른 국가에 비하여 매우 적다. 북한이 핵무기를 소량 보유한 상태에서 상대방의 선제공격을 받으면, 북한의 핵전력이 모두 사라질 위험이 있다. 즉, 상대방의 선제공격을 받고도 보복할 수 있는 2차 공격력이 사라진다. 이 상태에서 북한의 핵무기는 상대방의 공격을 사전에 막는 효과가 있지만 유사시 상대방이 선제공격할 위험을 포함한다.

둘째, 북한의 핵교리다. 북한은 상대방의 공격을 사전에 막기 위한 수단으로 핵무기를 보유한다고 공식적으로 언급한다. 상대방이 핵무기를 먼저 사용하지 않고 다른 형태의 무기로 공격하는 경우에도 핵무기를 사용할 수 있는 가능성을 열어둔다. 더 나아가, 2012년부터 2017년 상반기까지는 핵선제공격의 가능성을 열어 두었다. 핵무기를 "만능의 보검"으로 표현하면서, 여러 용도로 핵무기를 사용할 수 있다는 의사를 밝혔다. 2017년 하반기 이후 북한의 핵교리가 상대방의 공격을 사전에 막기 위한 억제로 복귀했지만, 북한은 핵무기를 사용할 수 있는 여지를 다른 나라에 비하여 넓게 잡는다.

써 상대방의 핵선제공격을 사전에 막으려고 한다. 이처럼 핵무기를 사용하는 교리에 따라 핵무기의 전투준비 상태가 달라진다.

참고문헌

김선한. 2018. "푸틴이 공개한 러시아의 차세대 '슈퍼 무기' 5종." 『연합뉴스』(2018.3.2).

조동준. 2004. "자주의 자가당착." 『국제정치논총』 44(3): 25-49.

_____. 2020. "발사준비상태인 북한 핵무기." 한반도평화연구원 이슈브리프(2020.05.28).

_____. 2021a. "美 미사일방어체계 구축에 러 핵추진 순항미사일 개발." 『국방일보』(2021.1.17).

_____. 2021b. "미국 미사일방어체제의 등장 이후 글로벌 전략균형의 변화." 서울대학교 통일평화연구원 창립 15주년 기념 학술회의(2021.4.20.).

Air Force Global Strike Command Public Affairs. 2021. "Minutesman III Test Launch Showcases Readiness of U.S. Nuclear Forces' Safe, Effective Deterrent." U.S. Strategic Command (2021.8.11.).

Arms Control Association. 2017. "The Trillion (and a Half) Dollar Triad?" Arms Control Association Issue Brief (2017.8.18).

BBC. 2018. "Russia's Putin Unveils 'Invincible' Nuclear Weapons." *BBC News* (2018.3.1).

_____. 2019. "Russia deploys Avangard Hypersonic Missile System." *BBC News* (2019.12.27).

Butterfield, Herbert. 1951. *History and Human Relations*. London: Collins.

Chambers, Chris. 2000. "Majority of Americans Continue to Support Nuclear Missile Defense System." Gallup (2000.7.24).

Episkopos, Mark. 2021. "Why China's Mysterious Stealth H-20 Bomber Could Be a Real Threat." *The National Interest* (2021.5.26).

EurAsian Times Desk. 2020. "China Deploys Hypersonic DF-17 Missiles With The Aim Of Invading Taiwan – Taiwanese Media." *EurAsian Times* (2020.10.19).

Farley, Robert. 2018. "Russia's Status-6: The Ultimate Nuclear Weapon or an Old Idea That Won't Die?" *The National Interest* (2018.1.20).

Freedman, Laurence and Jeffrey Michaels. 2019[1981]. *The Evolution of Nuclear Strategy* (4th editon). London, UK: Palgrave MacMillan.

Glaser, Charles L. 1997. "The Security Dilemma Revisited." *World Politics* 50(1): 171-201.

Herz, J. 1966[1962]. *International Politics in the Atomic Age*. New York: Columbia University Press.

Horlohe, Thomas. 2015. "The Mysterious Case of the Russian INF Treaty Violation." *Sicherheit und Frieden* 33(2): 99-105.

Huang, Kristin and William Zheng. 2020. "China Boosts Its Attack Range with Launch of Mysterious New Yypersonic Cruise Missile, Insiders Say." *South China Morning*

Post (2020.10.19).

Jervis, Robert. 1978. "Cooperation Under the Security Dilemma." *World Politics* 30(2): 186-214.

_____. 1989. *The Meaning of the Nuclear Revolution: Statecraft and the Prospect of Amageddon.* Ithaca, NY: Cornell University Press.

Johnson, Boris(UK Prime Minister). 2021. *Global Britain in a Competitive Age: The Integrated Review of Security, Defense, Development and Foreign Policy.* London, United Kingdom: APS Group.

Karnozov, Vladimir. 2019. "Putin Reveals Zircon Mach 9 Missile Specification." *Aviation International Law online* (2019.2.22).

Kristensen, Hans M. and Matt Korda. 2021a. "Nuclear Notebook: Chinese Nuclear Forces." *Bulletin of The Atomic Scientists* 77(6): 318 – 336.

_____. 2021b. "United States Nuclear Weapons, 2021." *Bulletin of the Atomic Scientists* 77(1): 43-63.

_____. 2021c. "Russian Nuclear Weapons, 2021." *Bulletin of the Atomic Scientists* 77(2): 90-108,

_____. 2022. "Status of World Nuclear Forces." *Federation of American Scientists* (March 2022).

Lavoy, Peter R. 1995. "The Strategic Consequences of Nuclear Proliferation." *Security Studies* 4(4): 695-753.

Lelffler, Melvyn P. 2011. "9/11 in Retrospect: George W. Bush's Grand Strategy, Reconsidered." *Foreign Affairs* 90(5): 33-44.

Lieber, Keir A. and Daryl G. Press. 2020. *The Myth of the Nuclear Revolution.* Ithaca, NY: Cornell University Press.

Liu, Xuanzun. 2020. "China's Hypersonic Cruise Missile Sees Technological Breakthrough: Reports." *Global Times* (2020.6.8).

Moore, David W. 2001. "Public Supports Concept of Missile Defense." Gallup (2001.5.7).

Nilsson, Marco. 2012. "Offense—Defense Balance, War Duration, and the Security Dilemma." *Journal of Conflict Resolution* 56(3): 467-489.

Office of Management and Budget. 2020. *A Budget for America's Future.* Washington, D.C.: US Government Printing Office.

_____. 2022. *Budget of the U.S. Government, Fiscal Year 2023.* Washington, D.C.: U.S. Government Publishing Office.

Office of the Secretary of Defense. 2020. *Military and Security Developments Involving the People's Republic of China 2020.* Washington, D.C.: U.S. Government Publishing Office.

O'Reilly, Luke. 2020. "Russian Nuclear-Powered Missile Able to Orbit Earth Indefinitely Among Threats to UK, Defence Chief Warns." *Evening Standard* (2020.9.13).

Osborn, Andrew. 2020. "Putin Says Russian Navy to Get Hypersonic Nuclear Strike

Weapons." *Reuters* (2020.7.26).

Panda, Ankit. 2018. "Revealed: China's Nuclear-Capable Air-Launched Ballistic Missile." *The Diplomat* (2018.4.10).

Reny, Stephen. 2020. "Nuclear-Armed Hypersonic Weapons and Nuclear Deterrence." *Strategic Studies Quarterly* 14(4): 47-73.

Reuters Staff. 2020. "Russia, U.S. Remain Divided Over Extending Last Nuclear Arms Pact." *Reuters* (2020.10.14).

Sayler, Kelley M. 2022. "Hypersonic Weapons: Background and Issues for Congress." *Congressional Research Service* (2022.10.27.).

Synder, Glenn H. 1984. "The Security Dilemma in Alliance Politics." *World Politics* 36(4): 461-495.

TASS. 2019. "Russian Navy to Put over 30 Poseidon Strategic Underwater Drones on Combat Duty." *TASS* (2019.1.12.).

_____. "'We Had to': Putin Emphasizes Russia Was Compelled to Develop Hypersonic Weapons." *TASS* (2021.12.1.).

Tirpak, John A. "New GBSD Will Fly in 2023; No Margin Left for Minuteman." *Airforce Magazine* (2021.6.14.).

US Defense Department. 2021. *Annual Report to Congress: Military and Security Development Involving the People's Republic of China 2021*. Washington, D.C.: Office of the Secretary of Defense.

Vavasseur, Xavier. 2021. "France Launches Third Generation SSBN Program – SNLE 3G." *NavalNews* (2021.2.21).

Waltz, Kenneth. 1990. "Nuclear Myths and Political Realities." *American Political Science Review* 84(3): 731-745.

Wilson, Ward. 2013. *Five Myths about Nuclear Weapons*. Boston, MA: Houghton Mifflin Harcourt.

Woolf, Amy. 2019. "Russian Compliance with the Intermediate Range Nuclear Forces (INF) Treaty: Background and Issues for Congress." Congressional Research Service Report R43832 (2019.8.2.).

Wright, Timothy. 2022. "Russia's New Strategic Nuclear Weapons." The International Institute for Strategic Studies (2022.6.16.).

제9장 전통안보 차원에서 본
한국의 군사안보적 대응과 전망:
'전쟁거래이론'을 중심으로

장기영(경기대학교)

* 이 글의 내용은 장기영(2022), "'전쟁거래이론'을 통해 바라본 한반도 안보환경 변화와 평화
구축 방안 연구"(『정치·정보연구』 25권 2호)를 토대로 수정하였다.

I. 머리말

최근 동북아 국제정치에서는 미중 패권경쟁처럼 강대국 간 힘의 대결 양상과 역사 및 영토 문제 등이 전개됨에 따라 국가 간 갈등이 고조되고 있다. 특히 북한의 핵무장과 일련의 미사일 발사 실험으로 한반도뿐만 아니라 동북아 전체의 안보환경이나 경제통상환경 역시 예측하기 어려운 양상이 전개되고 있다. 동북아 정세의 높은 안보 불안정성을 고려할 때 한반도 평화를 위협하는 안보적 문제는 무엇인가? 나아가 향후 한반도 평화체제를 구축하기 위해서 한국은 어떠한 군사안보적 대응전략을 추구해야 하는가? 이 연구에서는 '전쟁거래이론(bargaining theory of war)'이라는 합리주의적 접근법(rationalist approach)을 통해 국가 간 '거래결렬(bargaining failure)'을 야기하는 세 가지 주요 원인들을 중심으로 현재 한반도의 안보를 위협하는 요인들을 규명하고, 나아가 이러한 문제들을 완화시킬 수 있는 군사안보적 방안이 무엇인지 생각해 보고자 한다.

전쟁거래이론은 전쟁의 시작, 전개, 종결 및 결과 등을 분쟁 당사자들 사이의 단일한 거래 과정의 일부로 간주하고 있으며, 국가 간 전쟁뿐만 아니라 내전이나 테러리즘과 같은 다양한 분쟁 행위를 분석하는 데 있어서도 활용되고 있다. 따라서 전쟁거래이론에서 강조하는 전쟁을 유발하는 세 가지 요인들을 통하여 한반도 안보환경에 대해 분석하고 전망하는 것은 많은 장점을 지닌다. 첫째, 전쟁거래이론은 전통적인 억지이론(deterrence theory)이나 나선모형(spiral model)과도 잘 부합될 뿐만 아니라(Reiter 2003)[1] 국제관계의 구조적인 변화보다는 분

1 　전통적인 억지이론은 전쟁은 탐욕(greed)에서 발생하는 반면, 나선모형은 전쟁은 두려움(fear)에서 발생한다고 가정한다.

쟁 당사자들 간 상호 인식이나 전략을 중요시하기 때문에 신현실주의 또는 신자유주의와 같은 기존의 거대이론들(grand theories)과는 다른 새로운 시각을 제공해 줄 수 있다. 둘째, 전쟁거래이론에서 파생된 많은 개념과 가설들은 다양한 분쟁 사례에서 연구되고 있는 반면 동아시아 안보 연구에서는 상대적으로 찾아보기 힘들다. 특히 전쟁거래이론은 분쟁 당사자들 사이의 '전략적 상호작용(strategic interactions)'을 중요시 하고 있기 때문에 남북한 또는 한반도를 둘러싼 여러 강대국들간 상호작용 속에서 한반도 안보환경을 분석하기에 상대적으로 용이하다. 따라서 이 연구는 전쟁 및 분쟁에 대한 합리적 접근법을 바탕으로 한반도 안보환경과 평화체제 구축 가능성에 관하여 생각해 본다.

　　이 연구는 다음과 같은 순서로 구성되어 있다. 우선 제2절에서는 기존의 전쟁거래이론이 분쟁이나 전쟁이 일어나는 원인에 대하여 어떻게 설명하는지 알아본다. 다음 제3절에서는 많은 전쟁거래이론 및 모형에서 전쟁의 원인으로 설명하는 세 가지 거래문제들(bargaining problems)을 바탕으로 한반도에서 남북 간 평화구축이 왜 어려운지에 대하여 설명한다. 제4절에서는 평화구축을 위한 남북 간 '거래'를 성사시키기 위해 한국은 향후 어떠한 군사안보적 대응을 해야 하는지에 대하여 생각해 본다. 마지막으로 결론에서는 본 연구의 내용을 요약하고 이에 대한 이론 및 정책적 함의를 제시한다.

II. '전쟁거래이론'과 국제관계

많은 국제정치학자들은 전쟁은 왜 일어나는가에 대한 근본적인 질문에 대답하기 위하여 노력해왔다. 예를 들어 헌팅턴(Huntington 1996)

과 같은 학자들은 전쟁을 일으키는 국가들의 종교적 차이나 문명 또는 문화의 충돌 등을 주장하였고, 잠재적 적국에 대한 적대감, 오랫동안 반목해온 역사, 경제적 불균형 등도 종종 전쟁의 원인으로 언급되어 왔다. 반면에 왈츠(Waltz 1959)는 『인간, 국가 그리고 전쟁(*Man, the State, and War: A Theoretical Analysis*)』에서 전쟁이 일어나는 다양한 원인들을 설명하기 위해 '인간 본성', '국내 체제', '국제적 무정부성'이라는 세 가지 분석수준을 제시한 바 있다. 하지만 이러한 관점들과는 달리 모든 분쟁은 본질적으로 거래상황(bargaining situations)이라고 했던 토마스 셸링(Schelling 1960)을 시작으로 모로우(Morrow 1989)나 피어론(Fearon 1995)과 같은 학자들은 전쟁을 '합리적인 거래'의 관점에서 바라보기 시작하였다. 예를 들어 피어론(Fearon 1995)의 '전쟁거래이론(bargaining theory of war)'은 전쟁은 많은 사람들의 생명과 재산을 잃게 만드는 높은 비용이 수반되며 따라서 전쟁은 사후적(실제 전쟁 이후에)으로 항상 비효율적(*ex post* inefficient war)이라는 가정에서 시작된다. 즉, 만일 분쟁 당사자가 전쟁 결과를 미리 알고 있다면 해당 행위자가 전쟁에 참가했을 때보다는 더 나은 결과를 얻을 수 있는 협상안을 전쟁 이전에 사전에 합의할 수 있다는 의미이다.

〈그림 9.1〉은 피어론(Fearon 1995)의 전쟁거래이론을 압축해서 보여준다. 〈그림 9.1〉에서 행위자 A와 B를 특정 분쟁 이슈에 대하여 대립하고 있는 남한(A)과 북한(B)으로 상정해 볼 수 있다. 예를 들어 북핵 해법에 대한 0~1 이슈 척도를 상정했을 때, 북핵문제에 대한 남한과 북한의 효용을 각각 x와 1-x라 정의하면 북핵문제에 대한 남한의 이상점은 1이 되고 북한의 이상점은 0이 된다. 남한의 이상점 1은 북한이 핵을 무조건적으로 완전히 철폐하는 것으로 남한의 최상의 결과(또는 북한의 최악의 결과)이며, 북한의 이상점 0은 북한이 핵 능력을 아

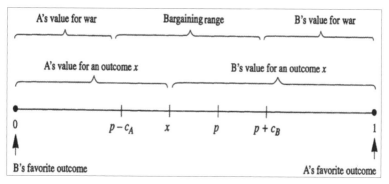

그림 9.1 전쟁거래이론과 남북한의 거래범위(bargaining range)
출처: Fearon(1995).

무런 제한 없이 확장할 수 있는 상태로서 북한의 최상의 결과(또는 남
한의 최악의 결과)를 나타낸다. 만약 남과 북이 전쟁을 하게 되면 승패
와 상관없이 양 당사자는 생명과 재산을 대가로 전쟁비용을 치르게 되
며, 남한의 전쟁비용을 c_A 북한의 전쟁의 비용을 c_B로 가정한다($c_A > 0$,
$c_B > 0$). 끝으로 남과 북이 전쟁할 때 남한이 승리(북한이 패배)할 확률은
p, 패배(북한이 승리)할 확률은 1-p로 가정한다.

　따라서 〈그림 9.1〉에서 전쟁을 할 때 얻을 수 있는 남한의 기대효
용은 EU(남한|공격)=$p(1-c_A)+(1-p)(0-c_A)$=$p-c_A$이며, 북한의 기대효용
은 EU(북한|공격)=$p(0-c_B)+(1-p)(1-c_B)$=$1-(p+c_B)$이다. 결과적으로 〈그
림 9.1〉에서 남한의 경우 북한과의 타협을 통해 얻을 수 있는 효용 x가
$p-c_A$보다 큰 경우, 즉 $p-c_A$보다 큰 지점에 위치하는 어떠한 협상도 전
쟁보다는 선호하게 될 것이다. 반면에 북한의 경우는 $1-x \geqq 1-(p+c_B)$,
즉 $p+c_B$보다 작은 어떠한 지점에 위치하는 협상도 전쟁보다는 선호하
게 된다. 즉, 남과 북은 $p-c_A$와 $p+c_B$ 사이에 위치하는 협상을 모두 전쟁
보다 선호하기에 남북한의 거래범위는 [$p-c_A$, $p+c_B$]가 된다. 전쟁거래
이론에서는 일반적으로 거래범위가 넓을 때 전쟁을 피할 수 있는 확률

이 높아진다고 하고 거래범위가 협소할 때에는 반대로 군사적인 긴장이나 전쟁이 일어날 가능성이 높아진다고 주장한다.

전쟁거래이론에 따르면 크게 1) '정보 문제(information problem)' 또는 불확실성 문제, 2) '약속이행의 문제(commitment problem)', 3) '이슈 불가분성(issue indivisibility)'이라는 세 가지 문제가 분쟁 당사자들로 하여금 비효율적인 전쟁을 피할 수 없게 만드는 주요 요인으로 압축될 수 있다(Fearon 1995). 이러한 세 가지 '거래 문제(bargaining problems)'들은 분쟁 당사자 간 거래범위 [p-c$_A$, p+c$_B$]를 좁히거나 거래범위가 존재한다고 해도 양 당사자가 타협하지 못하게 만드는 요인을 의미한다. 우선 합리적인 행위자로서의 국가들은 정보 문제 또는 불확실성 문제로 인해 전쟁에서 무엇을 잃고 무엇을 얻을 수 있는지에 대해 서로 다른 결론에 이르게 되어 합의가 어렵게 된다고 볼 수 있다. 예를 들어 분쟁 국가들은 전쟁에서 이길 확률에 영향을 미치는 상대적인 군사력(military capability)이나 분쟁 상대국이 분쟁 이슈에 대하여 얼마나 단호한지에 대한 결의(resolve)에 대하여 불확실성을 갖고 있기 때문에 결과적으로 전쟁에 이르게 되는 경우가 있다. 둘째, 분쟁 당사국들 모두가 합의를 원한다고 하더라도 양측 간에 약속이행에 대한 신뢰가 부재하다면 합의 내용 역시 충실하게 이행될 것이라는 믿음을 갖기 어렵다. 만약 현재 상황에서 거래가 이행된다고 하더라도 추후 변화된 상황에서는 약속이 지켜지지 않을 것이라고 믿는다면 현재 논의되는 합의를 어렵게 만들 것이다. 마지막으로 분쟁 대상 자체가 본질적으로 거래 대상이 되지 않는 것이라면 전쟁 위험은 악화될 수 있다. 일반적으로 학자들은 민족적 감정이 결부된 영토에 대한 분쟁이나 종교 갈등 문제를 불가분의 것으로 인식하는 경우가 많다.

이와 같이 전쟁거래이론은 분쟁 당사자들 사이 궁극적으로 거래를 결렬시키는 전략적 상호작용에 중점을 두고 있다. 예를 들어 주류 국제관계이론 중의 하나인 현실주의는 국가들의 선호(state preferences)가 본질적으로 균질하다고 가정하고 국가들의 모든 분쟁을 힘(power)을 추구하는 투쟁으로 간주하는 반면 전쟁거래이론은 국가들의 선호가 이질적이라고 가정하며 이는 곧 전략적 상호작용을 분석하는 근간이 될 뿐만 아니라 분쟁 또는 평화라는 결과에 영향을 끼친다고 볼 수 있다. 전쟁거래이론은 전략적 상호작용에 기반을 두고 많은 국내외 전쟁, 내전, 테러리즘 등의 분석에 광범위하게 적용되고 있을 뿐만 아니라 나아가 한반도 안보환경을 새롭게 분석할 수 있는 중요한 이론적 분석틀 역시 제공할 수 있다.

III. 세 가지 '거래문제들'을 통해서 본 한반도 안보환경

이 절에서는 많은 전쟁거래이론에서 거래가 결렬되어 전쟁이 일어나게 만든다고 주목하는 세 가지 거래문제(bargaining problems)를 중심으로 한반도에서 평화구축이 왜 어려운지에 대하여 설명한다.

1. 심각한 '정보 문제(information problem)'

〈그림 9.1〉에서 남북한 사이 거래범위는 전쟁에서 승리할 확률인 p와 전쟁비용인 c의 함수로 구성되어 있다. p와 c는 각각 북한의 상대적 '군사력'과 '단호함(resolve)'에 대한 것으로 이에 대한 불확실성은 한반도 안보환경에 많은 영향을 끼친다. 현재 북한에 대해서 가장 중요

한 불확실성은 북한의 핵무기 개발 및 ICBM/SLBM 개발 등에 대한 정보의 부재이며 이는 북한 위협을 끊임없이 가중시키는 요소라고 할 수있다. 북한은 핵실험과 ICBM 시험발사를 잠정적으로 중단한 후에도 2019년 중반부터는 잠수함발사탄도미사일(SLBM)과 신형 단거리 탄도미사일 시험발사를 실시했고, 2020년 10월 조선로동당 창건 제75주년 기념 열병식에서는 "다탄두 탑재가 가능한 것으로 추정되는 신형 ICBM"(화성-17형)을 공개하였다(동아일보 2021/10/16).[2]

최근 아산정책연구원과 미국 랜드연구소가 공동으로 발표한 '북한 핵무기 위협대응'이라는 보고서에 따르면 북한은 2027년 최대 242개 핵무기와 수십 기의 ICBM을 보유할 수 있을 것이라는 전망을 하고 있다. 전문가들의 평가에 따르면 만약 북한이 이 정도 수준에 이르게 된다면 북한은 선제 핵 공격을 포함한 강도 높은 무력 도발을 감행할 수 있는 단계에 도달하게 된다고 볼 수 있다고 한다(동아일보 2021/4/14). 구체적인 분석은 〈표 9.1〉에서와 같다. 해당 보고서는 북한이 핵개발을 통해 얻고자 하는 것은 정치적 또는 물질적인 보상이 아니라 궁극적으로 핵무장 국가가 되는 것이라고 말한다. 최근 북한의 김정은은 2021년 1월 로동당 8차 대회에서 극초음속 미사일뿐만 아니라 초대형 핵탄두, 고체연료 대륙간탄도미사일, 핵잠수함, 수중발사핵무기와 같은 신무기 개발에 대하여 공언한 바 있다. 강한 군사력은 협상 테이블에서 얻을 수 있는 파이(pie)의 크기를 의미하므로 북한 역시 자신들의 군사력에 대하여 대외적으로 과장할 유인을 갖는다.

문제는 남한의 경우 북한의 핵심 군사력에 대하여 정확한 정보를 갖기가 매우 어렵다는 점이다. 이와 관련하여 동맹국인 한국과 미

---

2   https://www.donga.com/news/Politics/article/all/20211016/109740442/1

표 9.1 2027년 북한 핵전력 전망

핵무기	151-242개
대륙간탄도미사일(ICBM)	수십 기
플루토늄	30-63kg
고농축 우라늄(HEU)	175-645kg

북한은 핵무기를 어떤 방식으로 활용할 것인가

1. 협박·강압·억지를 위한 핵무기 사용: 핵 협박으로 서해 북방한계선(NLL) 포기하게 하고, 서해5도 점령 이후 핵무기를 사용한다고 위협함.
2. 제한적 핵무기 이용: 서울을 핵 인질로 두고 주요 도시에 대하여 핵 공격 감행함. 일본도 표적이 되며, 만약 미군 사상자가 수천 명이 된다면 미군이 한국에서 철수하게 됨.
3. 핵무기를 사용한 전면전: 40-60개의 핵무기로 한국의 목표물을 기습 공격한 뒤 한국의 항복을 받아냄.
4. 한국에 대한 확장억지(핵우산) 이간: 북한이 미국 본토를 핵으로 타격할 수 있는 능력 때문에 미국은 한국에 대하여 핵우산 보장을 주저함.
5. 핵무기 확산: 외환보유고가 부족할 경우 핵무기를 수출함.

출처: 아산정책연구원·랜드연구소(동아일보 2021/4/14 재인용)[3]

국 양국 사이에 북한의 핵심적인 무기개발 및 핵실험에 관한 전략 첩보(strategic intelligence)에 대하여 정보의 비대칭성이 존재한다는 사실에 주목할 필요가 있다. 현실적으로 미국은 전 세계 군사위성의 90퍼센트를 통제하고 있으며, 한국은 북한에 대한 시각정보(visual intelligence, VISINT)의 98퍼센트와 신호정보(signals intelligence, SIGINT)의 약 90퍼센트를 전적으로 미국에 의지하고 있기 때문에 미국이 북한에 대한 특정 군사정보를 의도적으로 과장하거나 숨기는 방식으로 한국의 국내정치 또는 국제정치에 영향을 미칠 가능성이 존재한다(Chang 2022). 예를 들어 2005년 미국은 동맹국인 한국과 일본에게 북한이 핵무기 제조의 핵심물질인 핵사플루오라이드를 리비아

3 https://www.joongang.co.kr/article/24034447#home

에 판매했다고 말하였다. 그러나 사실 리비아에 해당 물질을 팔았던 국가는 파키스탄이었음이 드러났다. 미국은 한국과 일본이 북한이 야기하는 위협의 심각성을 미국이 인식하는 만큼 충분히 인식하지 않았기에 전략적으로 잘못된 군사정보를 두 동맹국에게 제공한 것이다(Mearsheimer 2011, 38).

북한의 군사력에 대한 불확실성 외에 북한이나 중국의 '단호함'에 대한 불확실성 역시 한반도를 둘러싼 안보환경에 중요한 영향을 끼칠수 있다. 예를 들어 과거 한국전쟁 당시 미국의 정책결정자들은 단호함에 대한 평판 구축이 중국에게 있어 얼마나 중요한지 깨닫지 못하였다. 당시 중국 외상이었던 저우언라이(周恩來)는 10월 1일 유엔군(당시 국군도 유엔군에 배속됨)의 38선 돌파를 긴급하게 보고 받은 즉시 "중국 인민은 이웃 나라가 제국주의 국가로부터 침략을 받았을 경우 가만히 있지 않을 것"이라고 경고하였다. 그 이튿날 저우언라이는 베이징 주재 인도 대사를 불러 "만일 미군이 38선을 넘으면 중국은 의용병 형태로 참전할 것이다"라고 말하였고, 해당 발언은 곧 미국과 영국에 전달되었지만 미국과 영국은 중국의 한국전쟁 참여 가능성을 무시한 적이 있다(오마이뉴스 2017/8/26).[4] "만약 한국(북한)이 무너지면 다른 지역에서도 차례대로 침략을 당할 것이다"(Mercer 2013, 245)라는 인식하에서 형성된 중국의 결연함을 미국은 오판하였다는 것이다.

중국의 경우와 비슷하게 특정 이슈에 대한 북한 정권의 단호함 역시 정확하게 추정하기에는 불확실한 부분이 많다. 예를 들어 남한의 통일부가 개성 남북공동연락사무소 폭파에 강력한 유감을 표명한 것에 대한 반발로 북한 조선중앙통신은 2020년 6월 17일 논평에서 "남조선

---

4   http://www.ohmynews.com/NWS_Web/View/at_pg_w.aspx?CNTN_CD=A000235
     3454

통일부가 깊은 유감과 강력한 항의이니, 판문점 선언의 위반이고 합의서의 일방적 파기이니, 응분의 책임이니 하는 등에 닿지도 않는 잡소리들을 쏟아내었다"며 "입 건사를 잘못하면 그에 상응하여 이제는 삭막하게 잊혀져 가던 서울 불바다설이 다시 떠오를 수도 있고 그보다 더 끔찍한 위협이 가해질 수 있겠다"고 공개적으로 위협하였다(동아일보 2020/6/18).[5] 이와 같은 북한의 공개적 위협과 관련하여 북한 정권이 표명한 단호함의 진의를 정확하게 알기는 어렵다.

마지막으로 한반도 안보환경에 영향을 미칠 수 있는 여러 강대국들의 존재도 정보의 문제를 더욱 심각하게 만든다. 일반적으로 '거부권 행위자(veto players)'의 수가 많아질수록 관련 양 국가들 사이에서 받아들여질 수 있는 협상 영역은 줄어들고 '정보 비대칭성(information asymmetries)' 문제가 더욱 심각해질 수 있다고 한다(Cunningham 2006). 한반도 안보환경은 남북한 양자 외에 다수의 강대국들의 전략적 이해관계가 얽혀 있기 때문에 북한의 군사력과 단호함에 대한 불확실성은 강대국 행위자들로 인하여 배가된다. 이는 한반도 평화 구축을 위해서는 남북한 사이뿐만 아니라 한반도를 둘러싼 강대국들 사이의 상충되는 갈등 역시 조정할 필요가 있기 때문이다. 한반도를 둘러싼 미국, 중국, 러시아 등과 같은 강대국들은 상황에 따라 자국이 '패싱'될지도 모른다는 우려를 할 것이며 이러한 우려를 불식시키고 이들 사이의 갈등을 조정하는 것이 중요하다. 예를 들어 일본은 북한 납북자 문제 등을 가장 최우선으로 해결되어야 할 것을 요구하며 한반도에서 전개될 수도 있는 남북한의 어떠한 '거래(bargaining)'에도 반대할 수 있다. 최근 출간된 볼턴의 회고록 *The Room Where It Happened*(2020)

은 북미 정상회담 직전 일본의 불편한 심정에 대하여 언급하고 있다. 2018년 5월 4일, 정의용 안보실장이 판문점 남북 정상회담 결과 설명을 위해 비공개로 백악관을 방문한 날, 일본 안보 사령탑인 야치 쇼타로 국가안보 국장도 뒤이어 볼턴을 따라왔으며 야치 국장은 "서울에서 뿜어져 나오는 기쁨에 맞서고 싶어 했다"며 남북관계 개선 기대감에 대한 일본의 불편한 심기를 전했다고 한다(MBC 2020/06/20).[6] 따라서 다수의 강대국들의 이해관계까지 고려한다면 남북 간 '거래'를 둘러싼 안보환경의 불확실성은 더욱 높아진다고 볼 수 있다.

2. '약속이행 문제(commitment problem)'

남북한의 '거래범위(bargaining range)'가 충분히 넓고 남북 모두 실제로 합의를 통한 평화를 원한다고 하더라도 양측 간에 약속이행에 대한 신뢰가 부재하다면 평화구축을 위한 양자 합의가 어렵다고 할 수 있다. 이처럼 한반도 안보환경과 관련하여 남북 양자 간 '정보 문제'뿐만 아니라 '약속이행 문제'가 언제 더 심각해질 수 있는지 생각해 보는 것역시 향후 한반도 안보환경 변화를 전망하는 데 있어 많은 정치적 함의를 지닌다.

우선 남북한 모두 정권 교체로 인하여 국가의 정책 선호 변화 가능성이 예상될 때 약속이행 문제가 심각해질 수 있다. 북한이나 남한에서 정권 교체 가능성이 높다면 현재 남북한 사이에 합의가 이루어질 조건이 형성되었다 하더라도 추후 약속이행에 대한 신뢰가 부재하기에 평화구축을 위해 '거래'하기가 어려워진다. 북한 정권의 체

6   https://news.v.daum.net/v/20200620202705326

제안정성은 특히 최고지도자 및 지도부가 교체되는 시기에 불확실성이 높아지기 때문에 한국 정부의 입장에서는 북한의 군비개발 현황뿐만 아니라 체제안정성에 대한 서로 다른 불확실성이 존재한다고 볼 수 있다(Chang and Lee 2018). 과거 김일성 사후 북한체제 안정성에 대한 한국 안보 전문가들의 전망은 동아시아 안보환경이 급격하게 변화했음에도 불구하고 이들이 갖고 있었던 원래의 생각을 바꾸지 못하였다. 이는 많은 안보 전문가들이 이른바 '동기화된 추론(motivated reasoning)'을 통해 북한을 바라보기 때문에 발생한다고 한다(Hermann and Choi 2007). 또한 북한의 입장에서도 남한의 '남남갈등(south-south conflict)' 문제 역시 약속이행에 대한 신뢰에 부정적으로 영향을 끼칠 수 있다.[7] 한국에서 정치적 지지기반이 다른 진보정권과 보수정권이 서로 교체되면 이에 따라 대북정책 역시 많은 변화를 가져오는 것이 보통이다. 진보정권은 대북문제를 대화와 협력을 통해 해결하려는 경향이 있는 반면 보수정권은 이러한 대북정책을 유약한 정책으로 간주하는 경향이 있다. 따라서 남한 정권의 변동으로 인한 대북정책 변화 가능성 역시 남북한의 '거래'를 막는 부정적인 요인으로 작용할 수 있다. 결과적으로 북한 정치엘리트들의 신변 문제나 남북한 내의 정권 교체 가능성 등을 포함하여 남북한 합의를 일관적으로 추진할 수 있는 정치적 환경이 조성되지 않는다면 양자 간 약속이행 문제가 더욱 심각해진다고 보여진다.

둘째, 남북한 사이 상대적 군사력 변화 가능성이 크다고 여겨질 때 약속이행의 문제는 더욱 심각해진다. 현재 남북한 간 '거래'가 타결될 수 있다고 해도 향후 군사력 차이의 변화가 심각해지면 군사력이 상승

---

7 한국에서는 북한과 관련된 문제가 사회적 균열의 핵심에 존재하고 있으며 이를 매우 부정적인 함의를 지닌 '남남갈등'이라는 용어로 지칭해 왔다.

한 당사자는 자신에게 더욱 유리한 거래범위 안에서 새로운 거래를 추진할 수 있기 때문에 현재 형성된 '거래범위' 내에서 협상을 타결할 유인이 줄어든다. 따라서 대규모의 신속한 군사력의 변화는 심각한 약속이행의 문제를 야기하여 전쟁 발발 가능성이 높아지게 된다(Powell 2006). 현재 북한은 핵과 대륙간탄도미사일과 관련하여 이미 미국을 실제적으로 위협할 수 있는 기술적인 목표를 거의 달성하였으며, 핵과 미사일 위협의 다량화·고도화·정밀화를 위한 기술발전에 더욱 치중하고 있다. 따라서 시간이 지남에 따라 한국과 미국은 북한과 협상을 타결하기 위해서 현재보다 더 많은 것을 양보할 수밖에 없기에 북한 입장에서는 현 시점에서 '거래'를 타결할 유인이 현저하게 줄어든다고 할 수 있다.

마지막으로 약속이행에 관한 부정적인 평판 역시 남북한 간 약속이행 문제를 심각하게 만든다고 할 수 있다(장기영 2020). 북한은 국제정치 상황에 따라 비핵화 이슈를 '협상칩(bargaining chip)'으로 사용해 왔기 때문에 한국 입장에서 북한은 약속이행 문제가 심각하게 우려된다고 볼 수 있다. 김일성 사후 1994년 권좌에 오른 김정일은 1994년, 2000년, 2005년, 2007년 핵무기 및 핵미사일 종결에 동의하였으나 이후 북한은 비밀리에 핵실험과 미사일 개발을 지속해 왔다. 비핵화 문제 외에도 북한은 2019년 하노이에서 열린 북미 정상회담 결렬 이후 2018년 남북한 간 합의한 남북 교류사업들에 대해 이행하지 않았다. 비무장지대 공동유해발굴도 합의나 남북 민간 선박의 한강하구 공동이용도 합의하였으나 지켜지지 않았다(한겨레 2019/4/18).[8] 따라서 한국 정부가 현재 시점에 북한과의 '거래'에 동의한다고 하더라도 북한

---

8   https://www.hani.co.kr/arti/opinion/column/890576.html

이 추후 거래 내용을 얼마나 이행할 것인가에 대해 끊임없이 의구심이 생길 수밖에 없다.

북한의 입장에서도 과거의 경험상 한국이나 미국의 정권이 바뀌고 나서 이전의 약속을 이행하지 않은 경우가 있었기에 한미 양국을 신뢰하기 어렵다. 예를 들어 미국의 빌 클린턴 대통령은 1994년 10월 '북미 간 제네바 기본합의'를 통하여 북한이 영변 원전 가동을 중지하는 3개월 이내에 북미 수교협상을 개시하고 북한에 영변 원전 발전량의 400배에 해당하는 전기를 제공하겠다고 약속하였다. 그러나 중간 선거에서 당시 야당이었던 공화당이 다수당이 되자 3개월 내 북미 수교협상을 개시하겠다는 이전의 약속을 지킬 수가 없었다. 이후 한반도에너지 개발기구(KEDO)를 통하여 경수로 공사가 지속되었던 상황에서 미국의 조지 부시 대통령은 북한이 농축 우라늄 핵폭탄을 개발한다는 새로운 의혹을 제기하여 KEDO의 원전 공사는 중단되다. 이후 핵활동을 재개한 북한을 6자회담의 틀로 복귀시킨 후 2005년 9·19 공동성명을 통해 북한은 모든 핵무기를 파기하고 NPT로 복귀하는 대신 미국은 한반도 평화협정을 지지하고 북한에 대한 핵무기 공격을 하지 않겠다고 약속하였으나 결과적으로 미국은 방코델타아시아의 북한 비자금을 이유로 대북제재를 재개하였다(동아일보 2019/08/19).[9] 이처럼 남북 또는 북미 간 과거의 경험을 통해 형성된 부정적인 평판은 객관적인 '거래범위'가 존재한다고 하더라도 양자 간 합의하기 어렵게 만드는 주요 요소라고 할 수 있다.

---

9   http://news.donga.com/3/all/20170819/85890387/1

3. '이슈 불가분성 문제(issue indivisibility problem)'

〈그림 9.1〉에서 기술한 피어론(Fearon 1995)의 '전쟁거래이론'은 분쟁 당사자들이 크기가 1인 파이를 서로 나누는 상황을 가정하고 있다. 하지만 분쟁 대상 자체가 합의를 통해 양보하기가 어렵고 본질적으로 거래 대상이 되지 않는 것이라면 남북한 모두 '전부 아니면 전무(all or nothing)'의 제로섬 게임을 펼치려는 상황이 전개될 수도 있고 따라서 한반도에서 전쟁 위험은 더욱 커질 수 있다.

첫째, 북한이 핵무기를 북한 체제의 생존과 분리될 수 없는 것으로 인식하고 있다면 비록 북한이 경제제재를 피하기 위해 비핵화 회담에 참여한다고 하더라도 비핵화 회담에 진정성으로 임할 가능성이 적으며 결과적으로 핵을 포기하지 않을 것이다. 북한은 현재 비핵화 단계에 따라 보상을 원하는 '스몰딜(small deal)' 방식을 선호하고 있기 때문에 표면상 북핵 자체가 불가분한 이슈는 아니라고 생각된다. 다만 북핵과 대륙간탄도미사일 개발은 〈그림 9.1〉에서 남한(A)이 이길 확률 p를 상대적으로 낮출 수 있다. 전쟁에서 이길 수 있는 확률이 낮아진다는 것은 '거래범위'를 북한(B)에게 유리하도록 왼쪽으로 이동하게 만드는 것을 의미하며, 이는 평화체제 구축을 위해서 북한에게 더 많은 것을 양보해야 한다는 것을 의미한다.

또한 일각에서는 북한의 인권남용 문제를 제기하는 것 역시 북한 체제의 정당성에 대하여 근본적으로 도전하는 것이기 때문에 남북관계를 증진하는 데 있어 바람직하지 않다고 주장한다. 만약 이러한 주장이 맞다면 인권문제처럼 북한 체제의 정통성과 관련이 있는 이슈는 거래의 대상이 되기 어렵다고 볼 수 있으며 이에 남북한은 양자 합의에 의한 해결이 어려울 수 있다. 그러나 2002년 고이즈미 준이치로 총리

의 방북과 평양선언 이후 고이즈미 총리는 북한의 김정일 국방위원장
이 납북자 문제에 대해 인정하고 사과했다고 발표한 사례를 보면 인권
과 같은 분쟁 이슈 자체가 표면상 절충할 수 없어 보인다고 하더라도
많은 이면보상(side payment)이 주어진다면 본질적으로 나누어질 수
없는 이슈는 아니라고 여겨진다(Powell 2006).

IV. '전쟁거래이론'과 한반도 평화구축 방안

이처럼 '전쟁거래이론'을 통해서 바라본 한반도 안보환경은 불안정성
이 매우 높다고 볼 수 있다. 이 절에서는 남북 양자 간 '거래결렬'을 야
기하는 '정보 문제', '약속이행 문제', '이슈 불가분성 문제'를 완화시키
고 평화구축을 위한 거래를 달성하기 위해 한국은 향후 어떠한 군사안
보적 대응을 해야 하는지에 대하여 생각해 본다.

1. '정보 문제' 완화

심각한 '정보 문제'는 북한의 '군사력', '의도'(intent)와 '단호함'에 대
한 불확실성 때문에 발생한다. 우선 북한의 군사력에 대한 많은 정보를
얻기 위해서는 특히 북한의 핵무기 개발과 ICBM/SLBM 개발 및 실험,
배치 등에 대한 전략첩보능력(strategic intelligence capability)을 향상
시키는 것이 중요하다. 최근 한국은 무게 5톤인 한국형 중고도 무인기
를 개발하고 있으며, 무게 10톤인 고고도 무인기인 미제 글로벌 호크
(Global Hawk) 4대 1세트를 1조 3천억 원에 구매하였다. 아울러 고해
상도를 위하여 KOMPSAT-6과 KOMPSAT-7 위성들을 도입하고 있다

(Bowers and Hiim 2020, 21, 23). 이처럼 한국의 전략첩보능력이 향상 된다면 북한과의 상대적 군사력에 대한 불확실성을 어느 정도 완화시 킬 수 있을 뿐만 아니라 미국에 대한 군사적 의존도도 일정 부분 완화 될 수 있을 것이다.

반면에 북한의 군사력에 대한 불확실성 외에 북한 정권의 의도 에 대한 불확실성은 한국이 북한의 핵심권력층 내부에 침투할 수 있는 충분한 인간정보(HUMINT)를 갖추지 않는 이상 완화되기 어렵다. 전 CIA 연구자였던 수미 테리(Sue Mi Terry)는 "북한의 관료들은 서로 대 화하지 않으며, 김정은이 수백 명 이상의 사람들을 숙청해 왔다. 따라 서 관료들은 아무도 누구를 믿어야 할지 알지 못하며, 관료 개개인들은 높은 지위에 오르거나 친구 집단을 만들고자 하지 않는다. 비밀은 생존 의 일부분이다"라고 말한다. 이처럼 북한의 핵심세력에 대한 고급 정 보가 결여되어 있기에 2011년 12월 북한의 김정일이 죽었을 때도 북 한이 이에 대하여 공표하기 전까지 한국을 포함한 다른 국가들은 이에 대하여 알 수 없었다(Financial Times 2020/4/28).[10] 북한의 고위층 동 향을 알 수 있는 믿을 수 있는 인간정보 체계가 거의 부재하다면 공식 석상에서의 북한 최고지도자의 언행, 북한의 군사행위 및 군사교리 등 을 통하여 북한 정권의 의도를 간접적으로 평가할 수밖에 없다.

마지막으로 〈그림 9.1〉에서 남북의 거래범위 $[p-c_A, p+c_B]$에서 북 한의 '단호함'과 관련된 전쟁비용(c_B)은 높아질수록 거래범위를 한국 에 유리하게 오른쪽으로 이동하게 만들고, 한국의 '단호함'과 관련한 전쟁비용(c_A)이 높아질수록 거래범위를 북한에 유리하게 왼쪽으로 이 동하게 만든다. 일반적으로 한국의 전쟁비용은 높을 수밖에 없다. 많

---

10   https://www.ft.com/content/242d2197-bb60-4521-8387-402781375557

은 군사 전문가들은 미국이나 한국이 북한의 핵·미사일 시설을 겨냥
하여 군사 공격을 감행할 경우 극히 제한된 대북 선제타격이라고 하
더라도 북한의 반격으로 남한에 수만여 명에 이르는 사상자를 발생시
킬 수 있다고 말한다. 미국 민간 연구기관인 노틸러스 연구소 보고서
에 따르면 북한이 휴전선 일대에 배치한 자주포와 방사포 등의 재래식
무기로 한국의 주요 시설을 공격할 경우 몇 시간 내로 3000여 명의 사
상자가 발생하게 되고 민간인을 겨냥한다면 3만여 명 이상의 사망자
가 발생한다고 한다(매일경제 2017/7/7).[11] 전쟁이 일어날 경우 예상되
는 한국의 경제적 피해는 〈표 9.2〉와 같다. 영국의 경제리서치기관인
캐피털 이코노믹스(Capital Economics)가 2017년 5월에 발표한 보고
서에 의하면 한반도에서 전쟁이 일어난다면 한국 GDP(2016년 기준)
의 50%에 해당되는 약 7000억 달러가 소멸되고 만약 한반도 전쟁 결
과 북한 김정은 정권을 붕괴시킨다고 하더라도 남북한을 통일하는 데
소요될 통일비용 역시 약 1조 달러가 필요하다고 추정하였다(머니투네
이 2017/9/29).[12] 물론 이는 한반도 전쟁 가상 시나리오에 근거에 도출
된 수치이며, 정치지도자에 따라 전쟁피해에 대한 주관적인 판단은 다
를 수 있다.[13]

반면에 권위주의 국가인 북한은 북한 사회 전체가 치러야 할 전쟁
피해를 반드시 정권 차원에서 인식하는 전쟁비용으로 인식하지 않을

---

11 https://www.mk.co.kr/news/world/view/2017/07/456694/

12 https://news.mt.co.kr/mtview.php?no=2017092813300036232

13 예를 들어 미국의 전기 작가인 더그 웨드가 발간한 *Inside Trump's White House*에서는
일반적인 전문가들의 견해에 따르면 미국이 북한과 전쟁을 하면 전쟁 사망자가 10만 명
에서 20만 명이 발생한다고 분석하였지만, 당시 미국 대통령이었던 트럼프는 서울이 휴
전선 바로 근처에 있고 북한은 핵무기 외에 대포 1만 개를 갖고 있기에 전쟁이 일어나면
3천만 명에서 1억 명의 사상자가 발생할 수 있다고 인식하였다고 전한다(Wead 2019).

표 9.2 한반도에서 전쟁이 일어날 경우 예상되는 한국의 경제적 피해

항목	예상 피해 내용 및 규모
세계 GDP	1% 감소 (한국 GDP 50% 감소 시)
한국 GDP	50% 감소 (1950년 한국전쟁 시 86% 감소)
전쟁 비용	최소 1조 달러 (이라크 전쟁 기준)
재건 비용	미국 GDP의 30%~75% 국가부채 증가
통일 비용	약 1조 달러 (북한 정권 몰락 시)
미국 물가	최소 1% 상승
피해 산업	전자산업, 자동차산업, 조선업, 해운업 등

출처: 머니투데이(2017/9/29) 인용.

수 있기에 북한의 전쟁비용 또는 분쟁이슈에 대한 '단호함'에는 상대적으로 더 많은 불확실성이 존재한다. 〈그림 9.2〉는 한국 통계청이 '코호트 요인법(Cohort Component Method)'을 통해 북한 식량난이 북한 인구에 미친 영향을 추정해서 보여주고 있는데, 이에 따르면 북한이 1990년대 중반 이후 10여 년간 식량난으로 약 61만 명의 인구 손실을 본 것으로 판단된다. 또한 '고난의 행군'(1996-2000년) 시기에는 33만여 명이 죽어갔음을 보여준다(중앙일보 2010/10/3).[14] 엄청난 식량난과 사회적 피해에도 불구하고 북한 체제가 붕괴되지 않고 세습체제를 유지해 오고 있는 것을 보면 북한 정권이 인식하는 전쟁비용은 북한 전체가 감당해야 할 객관적 손실과는 다른 셈법이 가능할 수도 있다. 따라서 북한 사회 전체보다는 북한 정권에 직접적으로 타격을 줄 수 있는 전쟁비용(c_B)을 늘리는 것이 향후 한반도 평화정착에 있어 매우 중요하다.

마지막으로 남북 간 평화구축을 위한 '거래'를 다자적 관계 속에

14   https://www.joongang.co.kr/article/4695274#home

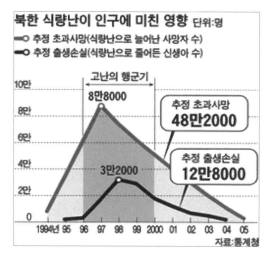

그림 9.2 북한 식량난이 북한 인구에 미친 영향

서 관련 국가들의 이해관계를 조율하려는 시도는 정보 문제를 더욱 심각하게 만들 수 있다. 이는 과거 6자회담과 같은 다자적 접근법이 북핵문제를 해결하는 데 궁극적으로 실패한 이유와도 관련이 있다. 과거 6자회담 당시 미국의 부시 정부는 북핵문제보다는 테러와의 전쟁을 더욱 중요시하였고, 중국은 자국의 경제발전이 더 중요했기 때문에 주변국들의 안정을 우선시하였고, 러시아는 아시아에서 자국의 경제적 영향력을 확대하고자 했으며, 일본은 북한으로부터 안보위협을 낮추는 데 일차적인 관심이 있었다(Park 2005; 이재준 2021). 6자회담의 실패에서 얻을 수 있는 교훈은 구체적인 거래 내용에 대한 거부권 행위자들의 수를 최소한으로 줄이는 것이 협상의 결렬을 막을 수 있다는 점이다. 현재 남북 양자 간 거래에 직접적으로 영향을 끼칠 수 있는 국가들은 미국, 중국, 일본, 러시아와 같이 한반도 주변의 강대국들이라고 볼 수 있다. 이들이 남북 당사자와 이해관계를 달리할 때 '심각한 정보 문제' 속에서 남북 간 중첩된 거래범위(overlapping bargaing range)

를 찾기가 어려울 수 있다.

2. '약속이행 문제' 완화

심각한 정보 문제 외에 남북 간 '약속이행 문제' 완화 역시 한반도 비핵화 및 평화체제 구축을 위하여 중요한 문제라고 할 수 있다. 우선 한국의 입장에서 북한 정권의 '의도에 대한 불확실성'은 심각한 '약속이행의 문제'를 야기할 수 있다. 만약 북한의 최고지도자인 김정은이 '온건한 유형(moderate type)'이라면 적절한 정치적 조건과 보상하에 비핵화에 대한 약속을 지키는 유인을 가질 것이다. 또한 한국이나 미국의 이익에 근본적으로 도전하지 않고 북한의 이익을 어느 정도 보장받는 합리적인 선에서 절충안을 모색할 것이다. 반면에 김정은이 '강경한 유형(hostile type)'이라면 어떠한 조건에서든지 핵보유를 통해 대내외 정치적 위협에 대한 정권의 안보를 도모하고 유사시 핵위협을 통해 외교적 실리를 추구하거나 실제로 대남 또는 대미 공격을 가하는 행위를 할 수 있다. 문제는 한국의 보수 정권과 진보 정권이 북한 정권 또는 지도자의 '유형(type)'에 대하여 다른 방식으로 평가해 왔다는 점이다. 대내적으로 큰 정치적 충격이나 갑작스러운 정책변화를 거치지 않고 비교적 순탄한 정권 교체가 이루어진 북한에 비해 한국의 경우에는 집권세력의 변화에 따라 대북정책이 많은 영향을 받는다.

과거 김대중·노무현 정부는 진보정권으로서 북한에 대하여 적극적인 관여정책을 추진하였다. 두 진보정권의 대북정책은 북한이 '민족적 동반자'라는 인식을 기반으로 교류협력을 강화하였다. 이러한 관여정책은 금강산 관광과 개성공단 등의 성과도 있었지만 북핵고도화를 막지는 못하였다. 이어 등장한 보수정권인 이명박 정부는 이전 진보

정권의 대북정책을 '북한에 대한 조건 없는 보상'이라고 비판하며, 새롭게 상호주의에 입각한 '비핵·개방 3000'을 내세우면서 북한이 만약 핵을 포기하고 개혁·개방에 나선다면 북한의 1인당 국민소득을 3000 달러에 이르도록 지원할 것이라고 주장하였다. 그러나 이명박 정부에 서는 2010년 천안함 사건과 연평도 포격사건이 일어나면서 남북관계 는 최악이 되었다. 2013년 출범한 박근혜 정부의 대북정책은 '한반도 신뢰 프로세스'였으며, 국제사회와 공조하여 북한에 대한 압박과 대화 를 병행하며 상호신뢰문화를 정착하려고 했으나 결과적으로 2016년 개성공단을 폐쇄하고 남북 간 긴장이 고조되었다. 2017년 출범한 문 재인 정부는 다시 '평화'를 강조하면서 일련의 남북정상회담을 통해 '완전한 비핵화' 및 '종전선언' 등을 추진하였으나 결과적으로 북한의 실질적 변화에까지 이르지는 못하였다. 결과적으로 북한의 비핵화 문 제만을 고려할 때 한국의 보수·진보 양 진영의 대북해법은 모두 효과 적이지 않음이 드러났다(경향신문 2022/3/19).[15] 향후 '약속이행의 문 제'를 완화하기 위해서 한국 정부는 이른바 '동기화된 추론(motivated reasoning)'에 근거한 대북정책이 아니라 보수·진보 어느 진영이 집 권하더라도 쉽게 변화하지 않은 일관적인 대북정책을 수립할 필요가 있다.

이처럼 한국 정부가 대북정책을 수립하는 데 있어 '남남갈등'을 일으키지 않고 북한에 대해 초당적으로 접근하는 것도 약속이행의 문 제를 완화하는 데 도움이 될 수 있다. 그러나 북한 역시 특히 약속이 행에 관한 부정적인 평판을 형성해 왔다고 볼 수 있다. 사토리(Sartori 2005)에 따르면 최근 일어났던 분쟁에서 허세(bluffing)를 부렸던 국

---

15 https://m.khan.co.kr·politics/north-korea/article/202203190944001

가는 "허세 평판(reputation for bluffing)"이 형성되어 해당 국가는 다른 국가들과 소통하는 것이 어려워지며 외교적 목적을 달성하는 데 어려운 경향이 있다고 한다. 따라서 향후 북한 정권 역시 약속을 지속적으로 지킬 수 있는 정치적 환경을 조성하는 것이 필요하다. 일차적으로 중국의 대북지원이 계속되는 한 북핵위협을 해결하기 위한 제재 및 강압의 효과는 반감될 수밖에 없기 때문에 중국이 전략적으로 대북제재 효과를 상쇄하지 않도록 해야 한다.

아울러 비핵화 문제와 관련해서는 심각한 약속이행의 문제가 존재하는 한반도 안보환경을 고려했을 때 '포괄적 합의와 단계적 이행'을 향후 약속이행의 문제를 완화하는 방법으로 유용하게 추진할 수 있다(최강·신범철 2019). 현재 미국은 비핵화에 대하여 일관되게 '일괄타결식 빅딜'을 주장하고 있다. 이는 북한이 과거 비핵화 이슈를 '협상칩'으로 사용해 왔기 때문에 영변을 포함한 모든 핵 시설의 신고·폐기·검증과 모든 대량살상무기 동결·폐기 등 '완전한 비핵화'와 '제재 해제'를 맞교환하려고 한다. 반면에 북한은 비핵화 단계에 따라 보상을 받으려는 '스몰딜' 방식을 선호하고 있다(조선일보 2019/3/19).[16] 북미 간 비대칭 군사력을 고려할 때 비핵화는 북한 군사력이 현저하게 약화되는 결과를 초래하기 때문에 북한은 비핵화 과정 이후 미국과 한국의 약속이행 문제를 심각하게 우려할 것이다. 따라서 비록 하노이 회담 결렬 이후 북미 양자에게는 받아들여지지는 않았지만 현실적으로 '포괄적 합의와 단계적 이행'은 약속이행의 문제를 완화시켜 북핵문제를 해결할 수 있는 현실적인 방안이 될 수 있다.[17]

---

16   https://news.chosun.com/site/data/html_dir/2019/03/19/2019031900186.html
17   현재 남북한 간 군사력 대치가 너무 근접한 거리에서 이루어지고 있기 때문에 약속이행의 문제가 더욱 심각하게 남북 간 거래를 막고 있다. 따라서 비핵화 문제와 별도로 군사

3. '이슈 불가분성 문제' 완화

마지막으로 이슈 불가분성 문제는 표면상 절충할 수 없어 보인다고 하더라도 많은 이면보상이 주어진다면 본질적으로 나누어질 수 없는 이슈는 아니라고 주장하였다(Powell 2006). 과거 김정일 사망 조문 문제, 김정은 3대 후계세습의 정당성, 북한 인권법 통과 문제 등의 사건에 대해서는 북한 체제의 정당성과 관련되어 있기에 한국 사회 내에서도 보수와 진보 진영 사이 심각한 견해 차이를 보였고, 서로 다른 정치집단 간 불신과 갈등의 폭을 넓힌 적이 있다. 이와 같은 의제들은 남북 간 거래에서도 접점을 찾기가 어렵다고 여겨진다. 비록 불가분하게 보이는 이슈가 많은 이면보상을 통하여 궁극적으로 협상에 의한 타결이 가능한 '가분'한 이슈가 된다고 하더라도 최소한 이러한 문제들이 남북 간 거래를 막는 주요 의제로 등장하여 다른 거래를 어렵게 만들지 않도록 조심해야 한다. 예를 들어 일본인 납치나 북한 인권문제 관련한 의제를 중요시하는 일본의 입장과 대북 전단살포 문제와 같은 탈북단체 등 보수세력의 입장이 남북 간 거래의 주요 의제가 되는 것은 전략적으로 피해야 할 것이다.

V. 맺음말

일찍이 클라우제비츠(Clausewitz)는 전쟁은 정치의 일부분이며 정치적 목적을 달성하기 위한 수단이라고 말하였다. 전쟁거래이론 역시 노

적으로 남북 사이의 약속이행의 문제를 완화하기 위하여 현재의 DMZ를 포함하는 확대된 완충지역(buffer zone)을 만드는 방안도 고려해 볼 수 있다.

사분쟁이 노사 간 거래의 과정인 것처럼 전쟁의 발발, 진행, 종결 등에 대한 일련의 과정을 분쟁 당사자들 간 정치적 목적을 달성하기 위한 거래의 과정으로 설명한다. 지난 30년 동안 거래와 전쟁에 관한 많은 연구들은 전쟁거래이론이 논리적으로 일관적이며 국제정치이론 정립에 많은 기여를 해왔음을 보여주었으나 몇몇 사례를 제외하고는 한반도 안보환경에 관한 분석에 거의 사용되지 않았다고 볼 수 있다. 이에 이 연구는 남북의 전략적 상호작용(strategic interactions)을 중요시하는 전쟁거래이론을 통해 전통안보 차원에서 한반도를 둘러싼 안보환경의 변화 가능성에 대하여 생각해 보았다.

이 연구는 구체적으로 '전쟁거래이론'에서 '거래결렬'의 주된 원인으로 간주하는 '정보 문제', '약속이행 문제', '이슈 불가분성 문제'를 통해 한국의 군사안보를 위협하는 주요 요인들을 규명하고, 나아가 평화구축을 위한 남북 간 '거래'를 달성하기 위해 한국은 향후 어떠한 군사안보적 대응을 해야 하는지 설명하였다. 전쟁거래이론에서는 일반적으로 거래범위가 넓을 때 전쟁을 피할 수 있는 확률이 높아진다고 하고 거래범위가 협소할 때에는 반대로 군사적인 긴장이나 전쟁이 일어날 가능성이 높아진다. 따라서 향후 한국 정부는 남북 간 거래범위가 협소해지지 않게 유지해야 하며, 가급적 거래범위가 전략적으로 한국에 유리하게 형성될 수 있도록 노력할 필요가 있다. 또한 거래범위가 존재하더라도 거래를 결렬시킬 수 있는 약속이행의 문제에도 선제적으로 대처할 필요가 있다. 마지막으로 남북 간 '불가분'하게 보이는 이슈들은 가급적 주요 의제로 상정되는 것을 피해야 할 것이다.

참고문헌

이재준. 2021. "6자회담 실패에 대한 제도주의적 분석." 『통일정책연구』 30(1): 69-96.

장기영. 2020. "2018년 북미 핵협상 과정을 통해서 본 중견국 안보외교의 가능성과 한계: 미국 트럼프 대통령의 정책 선호 변화를 중심으로." 『미래정치연구』 10(1): 155-183.

최강·신범철. 2019. "워싱턴 한미 정상회담의 재구성." 『이슈브리프』 아산정책연구원. 1-13.

Bowers, Ian and Henrik S. Hiim. 2021. "Conventional Counterforce Dilemmas: South Korea's Deterrence Strategy and Stability on the Korean Peninsula." *International Security* 45(3): 7-39.

Chang, Kiyoung. 2022. "'I Know Something You Don't Know': The Asymmetry of 'Strategic Intelligence' and the Great Perils of Asymmetric Alliances." Forthcoming at the *British Journal of Politics and International Relations*.

Chang, Kiyoung and Choongkoo Lee. 2018. "North Korea and the East Asian Security Order: Competing Views on What South Korea Ought to Do." *The Pacific Review* 31(2): 245-255.

Cunningham, David E. 2006. "Veto Players and Civil War Duration." *American Journal of Political Science* 50(4): 875-892.

Fearon, James D. 1995. "Rationalist Explanations for War." *International Organization* 49(3): 379-414.

Herrmann, Richard K. and Jong Kun Choi. 2007. "From Prediction to Learning: Opening Experts' Minds to Unfolding History." *International Security* 31(4): 132-161.

Huntington, Samuel P. 1996. *The Clash of Civilizations and the Remaking of World Order*. Simon & Schuster.

Mearsheimer, John. 2011. *Why Leaders Lie*. Oxford University Press.

Mercer, Jonathan. 2013. "Emotion and Strategy in the Korean War." *International Organization* 67: 221-252.

Morrow, James. 1989. "Capabilities, Uncertainty, and Resolve: A Limited Information Model of Crisis Bargaining." *American Journal of Political Science* 33: 941-972.

Park, John S. 2005. "Inside Multilateralism: The Six-Party Talks." *Washington Quarterly* 28: 73-91.

Powell, Robert. 2006. "War as a Commitment Problem." *International Organization* 60: 169-203.

Reiter, Dan. 2003. "Exploring the Bargaining Model of War." *Perspectives on Politics* 1(1): 27-43.

Sartori, Anne E. 2005. *Deterrence by Diplomacy*. Princeton University Press.

Schelling, Thomas. 1960. *The Strategy of Conflict*. Cambridge. MA: Harvard University

Press.

Waltz, Kenneth N. 1959. *Man, the State, and War: A Theoretical Analysis*. New York: Columbia University Press.

Wead, Doug. 2019. *Inside Trump's White House: The Real Story of His Presidency*. NY: Hachette Book Group.

제10장   복합안보위기 시대 포스트 베스트팔렌 체제 가능성의 모색

조은정(국가안보전략연구원)

I. 머리말

> "미국의 진정한 면모는 새로운 지평을 탐험하고
> 새로운 영토를 개척하는 데 있다."
>
> 도널드 트럼프 대통령(2018.6. 우주위원회 회의)

도널드 트럼프 미국 대통령은 2018년 6월 미국 우주위원회 회의에서 미국은 우주에 진출한 것만으로 만족할 것이 아니라, 우주에서 패권적 지위를 유지하기 위한 노력을 지속적으로 기울여야 한다고 밝힌 바 있다(AP 통신 2018). 미중 패권경쟁은 인도·태평양, 지구를 넘어 우주에서도 심화되고 있으며, 미중과 달리 상호 경쟁 구도에 있지 않은 러시아, 유럽, 일본, 인도, 한국, 북한 등 선진국부터 후발국들까지 많은 국가들이 항공우주력 향상 대열에 동참하고 있다. 이들의 동기는 무엇일까? 과거 국가가 주도해 온 이른바 '올드 스페이스' 시대에는 단순히 우주 자산을 통한 억지력의 증대나 정보 수집 능력의 강화에 그쳤다. 그러나 오늘날 항공우주력의 의미는 단순히 기술경쟁을 통한 국가 주권의 완성을 위한 도구에 그치지 않는다. 가상과 현실, 국가안보와 인간안보를 넘나드는 복합안보위기 시대에 효과적인 대응을 가능하게 하는 중요한 안보 플랫폼이자, 미래 먹거리를 창출하는 새로운 경제 비즈니스 모델로서 고유의 영역을 빠르게 확장하고 있기 때문이다. 민간 기업이 주도하는 '뉴 스페이스' 시대에는 '복합안보 플랫폼' 구성과 그 조직 및 운영 원리를 재편할 기회가 창출되고 있으며 이는 국가권력이 앞으로 민간권력과 긴밀한 협력 없이는 주권·안보 게임에 참여하기 어려워질 것임을 시사한다. 지난 4반세기 국제정치를 지배해 온 베

스트팔렌 체제가 향후 우주를 무대로 한 주권 게임에서도 유효한 조직
원리로 작용할지는 아직 미지수이다. 이 점에서 한반도의 미래는 항공
우주산업의 성패에 달려 있다고 해도 과언이 아니다. 이 같은 문제의식
아래 이 연구는 최근 안보 환경 변화의 성격과 이에 따른 미래 한반도
의 복합안보위기 가능성을 짚어보고 이에 대한 효과적인 대응에 우주
항공산업이 기여할 부분은 무엇인지 분석해 보도록 한다.

II. 미래 안보위협의 특징: 복합안보위기

1. 안보위협의 다변화와 상승하는 상호작용

오늘날 국제사회는 종래의 군사 안보위협과 미래전에 따른 신무기 체
계로 인한 새로운 군사 안보위협, 기후변화와 질병 등과 같은 비군사적
위협 요인 등 다양한 종류의 안보위협에 직면하고 있다. 기후변화와 그
에 따른 재난재해 및 기후난민의 발생, 변종 바이러스의 세계적 대확산
과 백신 불평등, 저출산 고령화에 따른 경제활동 및 군사활동 인구의
감소처럼 소위 '메가트렌드'라고 불리는 굵직한 사회변동이 오늘날 국
가의 안위와 개인의 생존을 위협할 수 있는 새로운 안보위협으로 부상
하고 있다.
　가령 기후변화와 그에 따른 재난재해가 현실화되면서 다양한 경
로로 기존의 국제질서를 위협하고 있다. 기후변화와 관련하여 전 세계
에서 가장 권위 있는 단체인 '기후변화에 관한 정부 간 협의체(IPCC)'
가 2021년에 발표한 6차 실무 보고서(Working Group I)에 따르면, 북
극의 빙하 면적은 1979년 이래 10년마다 평균 13%씩 줄어들었으며,

2000년 이후 해빙 속도는 더욱 빨라져 지난해 늦여름 북극 해빙 면적
이 과거 1천 년 역사 이래 가장 작았다(IPCC 2021). 이는 19세기 관측
면적의 1/2 수준으로 줄어든 것이다. 보고서는 2050년 이전 어느 해
여름에는 북극해 빙하가 모두 녹을 것이라 전망하였다(IPCC 2021). 남
극과 북극에서 관측된 얼음 면적의 급격한 축소는 집중호우, 폭설, 한
파, 폭염, 가뭄 등 이상기후 징후들을 쏟아내고 있다. 이는 북극 지대
뿐 아니라 전 지구적으로 생태계가 교란되고 생물다양성이 위협받을
위기에 처해 있음을 시사한다(연합뉴스 TV 2022.5.25.). 실제로 빙하
기 공룡의 멸종에서 보듯이 급격한 기후변화는 생물 멸종의 주요 원
인으로 꼽히며 이는 오늘날에도 마찬가지로 적용된다(UN 2020). 지
구 기온이 섭씨 2도가 상승할 때마다 생물 종의 약 15~40%가 위기에
처하는 것으로 알려져 있다(UN 2020). 2010년에 발표된『유엔 생물
다양성협약보고서』에 따르면 기후변화로 1970년~2006년 사이에 약
31%의 종이 지구상에서 자취를 감췄으며, 이를 수치로 환산하면 매년
25,000~50,000종의 생물이 멸종한 것에 해당한다(UN 2020). 북극곰
과 남극 펭귄뿐만 아니라 종종 '에스키모'라 통칭되는 북극 지대를 기
반으로 살아온 민족들도 생활의 터전을 위협받고 있으므로 기후변화
로 인한 생존의 위기는 종을 가리지 않고 닥친 현실이라고 할 수 있다.

위기 인식은 종뿐만 아니라 지역도 가리지 않는다. 식량안보가 대
표적 예이다. 이상기온으로 작황이 고르지 못하자 국제 곡물 수급에 차
질이 빚어지면서 선진국(북)과 개발도상국(남)을 가리지 않고 식량안
보위협이 고조되고 있다. 가령 2019년 겨울부터 2020년 봄에 걸쳐 남
미에서 나타난 라니냐 현상으로 아르헨티나에 가뭄이 발생하였고 이
는 최근 국제 콩 가격 상승에 영향을 미쳤다.[1] 동시에 중국이 국내 콩
(대두) 생산량은 줄어드는 대신 수요량은 증가하여 수요량의 80%를

수입량으로 충당하였다(김종인 2022, 174). 더욱이 대표적인 곡창지대인 우크라이나와 러시아가 전쟁으로 밀 생산 및 공급에 차질이 생기면서 세계 각국의 식량난은 더욱 가중되는 상황이다. 이처럼 극심한 수요와 공급의 불균형은 2022년 초 밀(톤당 475.46달러)과 콩(톤당 295.56달러), 옥수수(톤당 584달러) 등 주요 곡물 가격을 역대 최고치까지 견인하였다. 1년 전 같은 시기와 비교하여 밀은 84%, 옥수수는 31%, 콩은 22% 가격이 상승하였다(원재정 2022). 이 같은 식량 가격의 상승은 즉각적으로 인플레이션을 유발하는 한편, 계층 간 그리고 국가 간 빈부격차를 확대함으로써 식량안보로 인한 국제 불안정성이 고조되고 있는 실정이다.

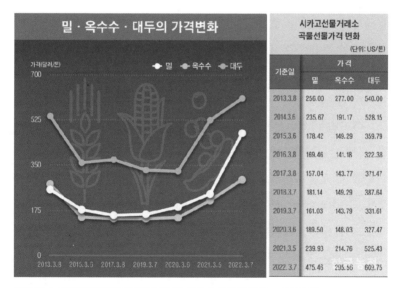

그림 10.1 국제곡물선물가격 변화 추이-밀, 옥수수, 대두(2013.3~2021.3)
출처: 원재정(2022).

1 　옥수수, 밀, 콩은 1848년 농산물 선물거래를 목적으로 하는 시카고선물거래소의 대표적인 거래 곡물로서 국제지표로 활용된다.

국제정치적으로는 해수면 상승, 해안선의 침식으로 인한 지형 변경 등은 근대국가의 구성 요소 중 하나인 영토 분쟁을 심화할 것으로 전망된다. 트럼프 대통령의 그린란드 구매 발언 이후 최북단의 전략적 요충지인 그린란드를 둘러싸고 미-러-덴마크 간 긴장도가 높아지고 있다(류지복 2020). 북극의 빙하가 모두 녹으면 현재 덴마크령인 그린란드는 북극에서 가장 가까운 육지이며 북극해를 사이에 두고 두 강대국인 미국과 러시아가 마주보고 있다. 이상기온이 계속되어 북극해에 뚜렷한 변화의 징후가 포착되면 이번 우크라이나 침공에서도 보듯이 지전략상 그린란드를 선점하거나 중립지대화하려 할 것이다. 또한 북극해에서 유빙의 위험성이 줄어들어 항해가 원활해지면 러시아의 해상 진출이 용이해지므로 지난 300여 년간 이어온 구미의 전통적 대러 봉쇄 전략이 자연스럽게 무너지게 된다. 나아가 중국이 남중국해에서 영유권을 주장한 것처럼 북극해에서 가장 긴 해안선을 보유한 러시아가 북극해로의 영유권을 주장한다면 미러 간 물리적 충돌은 불가피해 보인다.

이처럼 기후변화는 단지 환경문제에 국한되지 않고 지구 생태계와 경제 공급망 및 지전략적 경쟁에 이르기까지 다양한 영역에 걸쳐 영향을 미치고 있다(수평적 효과). 또한 그 파급효과는 개인 간에는 계층별, 국가 간에는 글로벌과 로컬 수준 등에서 동시다발적이고 다차원적으로 발생하고 있다(수직적 효과). 그 결과 기후위기는 종과 지역 및 국적, 계층을 초월한 지구적 대재앙이 될 가능성이 높다. 문제는 이 같은 연쇄적 악순환이 기후 위기 이슈 하나로 그치지 않을 것이라는 점이다. 인구절벽과 기술 발전에 따른 새로운 종으로서 인공지능의 출현 가능성, 우주 환경의 변화 등 향후 부상할 다양한 종류의 신흥안보 이슈가 야기할 복합 연쇄작용은 지금으로서는 예상하기 어렵다(도종윤

2017).

2. 안보위협의 고도화: 민간의 참여와 인식 지평의 확대

안보위협의 다변화뿐만 아니라 고도화 경향도 간과할 수 없다. 2021
년 3월 영국은 『통합검토보고』에서 러시아의 하이브리드 위협이 웹사
이트를 해킹하는 수준에 머무르지 않고, 국가 시스템 전체를 마비시키
는 수준으로 확대될 것이라 전망한 바 있다(UK Cabinet Office 2021).
이는 인간(해커, 사이버 부대)이 인공지능(AI)으로 대체될 것이기 때문
이다. 사이버 부대가 AI로 대체되면 손쓸 틈도 없이 일순간에 전기, 난
방, 통신, 물류 등 주요 국가 기간시설을 시작으로 국가 시스템 전체가
마비될 수 있다. 이 같은 우려의 핵심엔 사이버 공간과 현실 공간 사이
의 낮아진 턱이 자리잡고 있다. 지금까지 사이버와 현실을 구분해 왔지
만, 최근 발생한 '콜로니얼 파이프 라인 해킹 사건(2021.5)'과 '솔라윈
즈 해킹 사건(2020.12)'에서 보듯이 사이버 공격으로 인한 물리적 피해
및 경제적 손실이 실질적으로 국가 주권을 위협하는 수준으로 나타나
고 있다(조은정 2022). 미국 사이버안보 전문가들은 위와 같은 사이버
공격들에 대해 '사이버 진주만' 혹은 '사이버 9·11'의 가능성을 제기한
다(조은정 2022). 이에 바이든 행정부는 랜섬웨어 대응을 위한 행정명
령 발표 및 국제 공조를 강화하는 등 사이버 억지력(cyber deterrence)
증진에 노력을 기울이고 있다(조은정 2022).
　　가상공간이 이미 인지적으로 현실적 안보공간으로 포함된 것과
마찬가지로 우주공간 역시 빠르게 현실적 안보공간으로 포섭되고 있
다. 즉, 이전 세기에는 존재하지도 않았던 사이버공간과 존재를 인지할
수 없었던 우주공간이 21세기 기술의 발전으로 체감할 수 있는 현실

로(tangible reality) 재조직되었다. 서로 다른 이유로 인류의 인식 지평 밖에 있던 사이버와 우주공간이 "현실"로 인식되면서 이제는 사이버 와 우주, 기존의 "현실" 공간의 구분이 무의미할 정도로 통합되어 하나 로 움직이고 있다. 이 같은 경향은 민간 영역에서 특히 두드러진다.

테슬라가 대표적인 예이다. 테슬라는 전기에너지를 동력으로 하 는 컴퓨터화된 차체를 독자적인 위성을 통해 실시간 업데이트와 추적 이 가능하도록 시스템화되었다. 혁신에 환호하는 세계 각지의 소비자 들이 구매한 테슬라는 미국의 적국과 동맹국을 가리지 않고 누비며 지 리정보 및 교통정보 등을 실시간으로 자체 위성과 공유함으로써 고부 가가치의 빅데이터를 빠르게 축적하고 있다. 만일 테슬라 위성이 오류 를 일으켜 지구의 운전자들이 사고를 당하게 된다면, 우주 사고일까? 사이버 사고일까? 혹은 교통사고일 뿐인걸까? 인류의 인식 지평이 확 장됨에 따라 플랫폼 기업의 복잡성은 더더욱 강점으로 부각될 것이다.

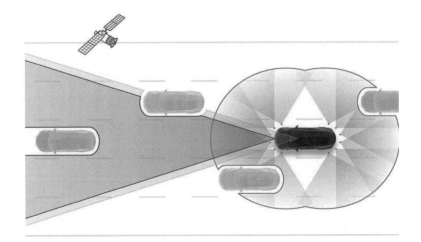

그림 10.2 플랫폼 기업의 복합성
출처: 구글 이미지.

이는 향후 이 같은 플랫폼 기업의 강점을 본뜬 정부 조직이나 국가의 형태 설계를 예고하고 있다.

만일 이 같은 일이 사고(accident)가 아니라 의도된 사건(event)이라면, 그것도 어느 특정 국가 전체를 대상으로 단기간에 전력이 집중된 악의적 시도라면 과연 어떤 일이 벌어질까? 이에 대한 답은 이 글이 작성되고 있는 와중에 벌어진 우크라이나-러시아 전쟁에서 일부 엿볼 수 있다. 2014년 크림반도 병합 시 하이브리드 전쟁으로 큰 성과를 거둔 러시아는 2022년 우크라이나 전쟁에서도 하이브리드 전쟁을 전격적으로 추진해 왔다. 그러나 러시아는 이번 전쟁에서 그 사이 4차 산업혁명에 따른 ICT기술 발전과 스마트폰 확대로 전 세계가 초연결 사회에 진입한데다, 코로나19 위기로 디지털 전환이 전 지구적으로 가속화되었다는 사실을 간과하였다. 러시아의 우크라이나 침공 상황은 시민들의 스마트폰과 소셜미디어를 통해 실시간으로 중계되었고 그 결과 러시아는 개인과 기업 등 시민사회의 공분을 샀다. "반전주의"와 "코스모폴리탄 의식"의 부상은 소위 "방구석 화이트 해커"들의 참전을 유도하면서 대중적 차원에서 "가상"과 "현실"이라고 구분하던 경계를 허물었으며, 군과 민간의 구분조차 무너뜨린 최초의 전쟁이 되었다. 다시 말해, 우주전과 사이버전, 현실공간과 가상공간을 구분하는 것은 이미 무의미해졌다. 이른바 복합안보위기 시대 "참여 전쟁"이 도래한 것이다.

지난 세기까지 전쟁은 전쟁터에서 직업 군인들 간의 무력 대결로 인식되어 왔지만 이번 세기 전쟁은 더 이상 전쟁터에서만 이루어지는 것이 아니며, 군인들에 의해서만 수행되지도 않는다. 이번 우크라이나-러시아 전쟁에서 세계 시민들(cosmopolitans)은 일상 속에서 자신의 비용과 시간을 할애하여 전쟁에 동참하며, 총 대신 스마트폰을 든 이 시민들에 의해 전황이 뒤바뀔 수도 있다는 사실을 확인했다. 이 같은 세계 시민들의 전쟁에 대한 적극적 관여는 단순히 반전과 평화와 같은 가치에만 기반하지 않고 실질적인 수단을 가지고 물리적 영향력을 행사하는 데까지 이르고 있다는 점에서 1960-70년대의 반전운동과 분명히 구별된다. 다음에서는 복합안보위기를 관리하는 주체로서 전통적 안보 주체인 군이 과연 어떠한 역할을 수행할 수 있을지 가능성과 한계를 검토한다.

III. 복합안보위기 시대 군의 역할과 국방혁신의 필요성

이처럼 신흥안보위협 요인은 사회 불안 및 인권과 같은 인간안보뿐 아니라 전통적 국가안보에 이르기까지 폭넓게 영향을 미치고 있다(수평적 영향). 또한 신흥안보위협 요인은 해당 지역뿐 아니라 세계적 차원에서 동시에 작용함으로써(수직적 영향) 안보위협은 점차 복합화되고 있다. 그러나 이 같은 '복합안보위기'에 국가 및 국제사회는 과연 효과적으로 대처하고 있는지 의문이다. 앞서 설명하였듯이 이번 러시아-우크라이나 전쟁에서도 보듯이 전쟁의 판도를 바꿀 만한 영향력을 보유한 시민과 기업 등 민간 부문들은 자신들의 손해와 불편을 감수하면서까지 적극적으로 이번 전쟁에 개입 내지 참여하고 있다. 향후 대북정책에 있어서도 이 같은 초연결 사회에서 민간의 사이버 참전을 중요한 고려 사항으로 인식하여 방비책을 만들 필요가 있을 것으로 분석된다.

그렇다면 전통적 안보 주체로 여겨져 온 국가와 군은 신흥안보 대응에 어떻게 기여해 왔는가? 여전히 우리가 직면한 신흥안보위협 대응에 가장 적합한 안보 주체들인가? 아니라면 대안은 무엇인가? 궁극적으로는 복합안보위기에 대응하는 주체로 개인과 스타트업 등 시민사회 전체로 확대되리라 2절에서 설명한바, 이하 3절에서는 전통적 안보 주체인 군의 변화 필요성에 초점을 맞춰 논의하도록 한다.

1. 군의 복합안보위기 관리 적합성

복합안보위기 시대 국가와 군이 위기관리에 가장 적절한 주체인가라는 질문에 대답은 다음의 한계로 유보적일 수밖에 없다. 신흥안보위협은 초국경적이고 심지어 초자연적 특성을 띠므로 근대국가체계 아래서 영토 주권의 한계가 분명한 일국이 해결 혹은 대응한다는 발상 자체가 애당초 무리라고 지적된다. 더욱이 기후변화로 야기되는 각종 자연재해와 그로 인한 대규모 (환경, 경제) 난민의 발생, 경제 위기 등 미래에 발생할 수 있는 소위 '신흥안보적 위협'은 예측불허하고 '적'이 가시적이지도 않아 국가 간 폭력적 분쟁(전쟁) 대응을 위해 만들어진 '군대'가 어떤 역할을 할 수 있을 것인지에 대한 의구심이 크다. 특히 기존의 가장 큰 안보위협이었던 '전쟁'과 달리 '자연재해'로 희생될 대상은 '전투원'이나 '국가'가 아니라 국적과 인종, 성별을 불문한 개인(civilians), 즉 미래 주요 안보위협의 성격이 변화함에 따라 전통적인 안보 주체였던 군대가 가장 효율적인 대응 주체가 아닐 수 있다는 것이다.

동시에 현재 신흥안보위협에 대응하는 데 군을 비롯한 기존의 안보 주체들을 대체할 만한 다른 대안이 미비하다는 점에서 이들의 장점을 살려 혁신을 하자는 주장에 더욱 무게가 실린다. 이론상 다자안보협력체 혹은 지역안보공동체 설립이야말로 전 지구적 위협에 대응하는 가장 확실한 방법임은 분명하다. 그러나 현실은 여전히 불완전한 주권의 회복을 통한 근대국가체제 완성을 갈구하는 국가들의 허구적 결핍으로 말미암아 소위 고위 정치영역(high politics)이라고 하는 '안보' 부문에서 초국가적 협력은 미진한 상태이다. 이러한 현실을 감안할 때, 근대국가체제하 가장 효율적인 조직인 '군대'의 역할에 주목하지 않을 수 없다. 그러나 신흥안보위협의 시대에 군대가 유의미한 역할을 수행하기 위해서는 역할의 재규정 및 기술·조직·인식의 혁신은 불가피하다.

국방혁신의 선두주자로 일컬어지는 영국은 이 같은 위협에 대비해 교육과정 개편을 통해 AI 전문가 육성을 독려하고 있으며, 정보기관과 국방부는 STEM(Science, Technology, Engineering, Mathematics) 전공자들을 인적자원으로 확보하기 위해 이례적으로 각 기관의 수장들이 직접 대학을 순회하는 등 인재 모셔가기에 열을 올리고 있다(UK Ministry of Defence 2020a; NSI 2018). 또한 영국은 대내적으로 국내 (안보) 기관들과, 대외적으로는 미국 및 나토 동맹국들과 '체계들의 체계(System of systems)'를 구축하는 데 동참하고 있다(UK Ministry of Defence 2020b). '체계들의 체계' 개념은 1990년대 탈냉전기 미국에서 있었던 RMA 논의(《QDR-1997》) 중 소개되었으나 당시에는 추상적인 수준에 그쳤다가 오늘날 메타버스(metaverse)라는 보다 보편적인 개념으로 재부각되고 있다(신진안 2004).

2. 군의 혁신 방향

만일 군이 신흥안보위협에 대응하는 적임자로 거듭나기 위해서는 다음 세 가지 부문에서 개혁은 불가피하다. 첫째, 미래를 보는 눈을 갖는 능동적이고 창의적인 인재의 육성이다. 현재와 같은 자율성이 배제된 경직된 지휘체계와 초분업화되어 구성원 간 단절을 심화시킨 오늘날의 조직과 문화로는 미래를 예측하는 것이 무의미하다. 오히려 지금 세대에서 30년 뒤 미래를 예측하는 것보다 미래 세대를 키워 열린 눈으로 예측과 대응 능력을 높이는 것이 보다 효과적인 대비책이다. 2022년의 현세대는 이를 위한 자양분과 토양을 마련해주는 것이 최선책으로 보인다.

둘째, '체계들의 체계'를 구축함으로써 대응 수준을 높이는 한편, 네트워크상(선의 집합 혹은 면) 어느 한 행위자나 기관(점)에 안보 밀도가 높아지지 않도록 분산 관리하여, 구조적으로 위험을 회피할 수 있는 입체적 구성이 시급하다(예: 테슬라의 조직 구조). 우크라이나 개별 전투원들이 소통과 협력으로 대규모 러시아 전차군단에 개인화기인 재블린을 가지고 효과적으로 대응하고 있는 것을 통해 알 수 있다. 반대로 지휘관의 독점적 권한 아래 움직이는 러시아군은 지휘관의 사망으로 우왕좌왕하며 궤멸되는 모습을 보이는 데서도 알 수 있다.

셋째, 근대적 (안보위협) 인식체계로부터의 탈피를 가속화할 필요가 있다. 미래전은 소수의 핵심 브레인들이 메타버스라는 공간을 매개로 상상하는 대로 기획되고 설계될 가능성이 높다. 한국이 이번에 미래 안보 아키텍쳐 설계에 참여하지 못하면, 또다시 이를 위해서는 메타코그니션(meta-cognition)의 도입이 필수적이다. 예전처럼 소수의 인재에 메타코그니션의 임무를 지우는 것은 의미가 없다. 메타코그니션은 하는 것이 아니라 되는 것이며, 배우는 것이 아니라 깨닫는 것이다. 따라서 조직 전체가 메타로 사고하고 움직일 수 있는 수준으로 인식의 차원을 높여야 한다. 이것이 가능해지면 오늘날 군이 우려하는 인구절벽으로 인한 병력자원의 감소는 자연스럽게 해소될 것이다.

이 모든 혁신은 궁극적으로 군이 '국가안보'에서 '인간안보'에 초점을 맞춘 '구조(rescue) 능력'의 배양을 촉구하고 있다. 기존 근대국가체제 하에서 군대가 살상 도구화되었던 데 반해, 탈근대체제 하에서 군대는 (국적 불문하고) 생명을 보호하는 역할을 시민들로부터 요청받았다. 민의에 따라 결정되고 시민의 세금으로 정부 조직이 운영되는 민주주의 사회에서는 더더욱 군대가 스스로 존립 이유를 적극적으로 피력할 수밖에 없다. 이 점에서 통합안보위기를 맞아 군과 정보기구 등 전통적 안보 주체들은 기관별 역할 분담보다 기관 간 역할 통합을 통한 작전수행능력을 제고할 필요가 있다.

실제로 군은 이 같은 시대의 요구에 부응하여 지상, 공중, 해상, 우주, 사이버·전자기 등의 영역을 활용하여 시간, 공간, 수단 등을 동시에 활용하는 「다영역을 활용한 동시방위」 전략을 정립하려고 한다. '동시방위' 달성을 위해서는 '정보(intelligence)' 통합이 필수적이다. 21세기 빈번히 발생되는 테러리즘과 자연재해, 팬데믹 등의 신흥안보위협의 경우 수습(점점 더 불가능해지고 있음)보다 예방이 중요해진 만큼 예측 능력의 확보가 더욱더 중요해졌다. 이에 따라 '정보'의 동시적 생산, 분석, 배분, 활용 능력은 필수적이다. 안보 정책 수립 단계에서 가장 기초가 되는 '정보력'은 단순히 '수집'에 그치지 않는다. 드러나는 표식들의 맥락을 읽어내고 그 너머의 일을 예측하는 '분석'을 하며, 이 같은 분석 결과를 적재적소에 '배분'하고 각 기관별 분석 내용을 '수합'하여 '통합 분석'하고 '교차 검증'하는 등 수많은 정제 단계를 거쳐야만 비로소 신뢰할 수 있는 '정보'가 얻어진다. 이는 예측에 기초한 미래 비전 설계, 비전에 기반한 전략 수립과 전력 보강, 이를 위한 예산 편성 등 장기간에 걸친 안보 계획의 최초 밑그림에 해당한다는 점에서 중요하다. 궁극적으로 군의 '다영역 동시방위'가 공동체 안보를 최상으로 유지하는 데 목적이 있다는 점에서 육해군 및 경찰청과 국정원 등 안보기관 간 통합적이고 유기적인 정보 통합 및 협업이야말로 선행되어야 할 요소이다.

이 같은 최근 기관 간 협업 경향은 기존 안보 주체들에 국한되지 않는다. 기술 발전에 힘입어 근대에 '분업화'된 주체/분야별 경계가 탈근대 시대 복합안보 플랫폼의 도입으로 허물어지고 외교·안보뿐만 아니라 사회·경제·문화 전반에 걸쳐 '통합'이 이루어지고 있다. 이 점에서 '협업'은 거스를 수 없는 시대적 대세이다. 협업은 단순히 아군들 사이에서 유효하지 않다. 전 지구적 자연재해와 팬데믹 앞에서는 과거의 적들과도 협업이 불가피해졌으며, 인구절벽과 기술의 발달로 인간과 기술의 협업이 확대되고 있다.

이 같은 추세에 따르면 미래 '인간'이 전투에 직접 투입될 가능성은 낮을 것으로 보인다. 여기서 '인간'은 유전자편집기술(예: "수퍼솔저")이나 우월장기이식(예: "백만불의 사나이," "트랜스포머")과 같은 생체공학적 기술이 전혀 가미되지 않은 자연상태의 개체를 뜻한다. 이러한 기술이 보편화된 시점에는 더더욱 인간적 요소가 배제된 다양한 형태의 전투로봇들이 전투의 전면에 나서게 될 것이다. 그러나 2050년경 전투로봇은 여전히 인간과의 "협업"을 통해서만이 효능을 발휘할 수 있을 것이다. 시간이 흐를수록 '협업'이란 개념이 무색할 정도로 기계와 인간은 한 몸이 되어 '사물과의 동맹'이 보편적인 개념으로 자리 잡을 것이다. 보편화된 사물과의 동맹은 개체의 능력을 고도화할 것이다. 이처럼 초고도화된 개체들은 함께하되, 따로 작전을 수행할 수 있는 자율성에 대한 요구가 커질 것이다. 이들의 자율성이 공동의 목표를 구현하는 데 기여하는 방향으로 작동하기 위해서는 앞서 두 번째 개혁요소로 언급한 '체계들의 체계' 설계가 필수적으로 선행될 필요가 있다.

결국, 이 같은 안보위협의 성격 변화와 안보 지형의 변화에 따라 기존의 안보 체계는 혁신이 불가피하다. 첫째, 대응 주체의 변화이다.

위협이 일상화된 지금 전쟁에 대비하여 결성된 군만 안보를 전담하기에는 비효율적이다. 상시적이고 지속적인 위협에 노출된 오늘날 사회 구성원이 모두 안보 주체로 전환되는 것은 시간문제이다. 또한 위협의 복합화로 국가 간 전쟁이라는 가시적인 폭력에 특화된 현재의 군으로는 효과적인 대응이 어렵다는 한계 역시 존재한다. 둘째, 대응 자원의 변화이다. 고령화와 출생율 급감으로 병력자원이 부족해졌을 뿐만 아니라 대량살상무기와 무인자율무기의 확산 등 신무기체계의 개발로 인간 병력이 무용화되고 있기 때문이다. 셋째, 대응 방법의 변화이다. 미중러와 북한 등 (사실상) 핵국들로 둘러싸인 한반도 상황에서 위기 발발 후 대응은 무의미해졌다. 각종 환경 악재도 마찬가지이다. 결국 선제적 예방 조치를 위한 정보 수집과 분석 단계가 사후적 조치보다 중요해졌다. 이 점에서 항공우주력의 중요성이 더욱 부각되고 있다.

IV. '뉴 스페이스' 시대 포스트 베스트팔렌 체제의 가능성

1. 뉴 스페이스 시대 항공우주산업의 특징

뉴 스페이스는 주체와 목적 면에서 '올드 스페이스'와 구분된다. 냉전기 미소 체제 경쟁으로 시작된 '올드 스페이스'는 무기체계에서 우월적 지위의 획득, 국가 위상 제고 등 국가적 차원의 목표 달성을 위해 국가가 우주개발을 주도하였다. 이 시기 항공우주력의 개발은 다양한 용도의 우주무기 개발에 치중해 있었다. 1) 우주에서 지상을 공격하는 무기, 2) 지상에서 우주를 공격하는 무기, 3) 우주에서 우주를 공격하는 무기 등이다(이정호 2019, 2). 이에 반해 뉴 스페이스는 우주여행이나 우주 광물의 채집, 초고속 인터넷 망의 구축, 입체적 지리정보의 실시간 구축, 우주 쓰레기 처리 등 상업적 용도나 지구의 기후변화 관찰을 위한 연구 용도, 시민단체의 정부 및 군사 활동을 모니터링하기 위한 사회운동의 용도 등 다양한 주체와 목적으로 진행되고 있다.

이로부터 도출할 수 있는 뉴 스페이스 시대 첫 번째 특징은 민수와 군수의 경계가 불분명해지고 있다는 사실이다. 단순히 핵기술처럼 수단이 민수와 군수적 특성을 동시에 띠는 데(dual-use technology) 그치지 않고, 기업이 원래 의도한 목적과 상관없이 구축한 플랫폼이 불특정 다수의 사용자들에 의해 다양하게 활용되고 있다. 또한 기술 발전이 군수에서 민수로 확산되던 올드 스페이스 시대와 달리 민수에서 군수로 확산되고 있는 특징이 발견된다. 기술개발 계획도 기존의 탑-다운 방식이 아니라 스타트업과 마찬가지로 보텀-업 방식으로 이루어지고 있다는 점이다. 가령 네이버와 테슬라는 어떤 회사인가? 2절에서 살펴본 바와 같이 단순히 인터넷 검색엔진과 자동차 회사라고 할 수 있을까?

또한 뉴 스페이스 시대에 항공우주 스타트업은 첨단기술 도입을 통해 비용 절감을 실현하고 있다. 올드 스페이스 시대 로켓 발사에 1kg당 평균적으로 약 1만 8500달러(약 2100만 원)가 소요됐다면, 2019년 스페이스X의 팰컨 9호는 약 5000달러(약 575만 원)─종전의 1/4 가격만이 필요해졌다(조동연 2021, 42). 스페이스X의 일론 머스크는 추후 발사체의 완전 재사용이 가능해지면 우주로 물건을 보내는 운송비가 kg당 13달러 수준으로 떨어질 것이라 말했다(조동연 2021). 이는 해외로 물건을 보내는 것보다 저렴한 것으로, 많은 기업들이 우주에서 새로운 기회를 꿈꾸도록 만들었다. 미국 투자은행 모건스탠리는 2019년을 우주항공산업의 원년으로 선언하며, 민간기업의 주도로 2040년에는 우주항공산업의 시장 규모가 1조 1,000억 달러(약 1,265조 원)까지 성장할 것으로 내다봤다(윤신영 2020; 조동연 2022). 유럽의 항공운송 분야 2050년 비전서인 *Flightpath 2050*에 따르면, 세계적으로 항공운송 성장률은 연간 4~5% 증가하고, 중동/아시아 지역은 이보다 훨씬 높아질 것으로 전망된다(윤신영 2020; 조동연 2022). 미래 민간 비행체는 틸트로터기, 저소음 단거리 이착륙기(Quiet Short Take-off & Landing, QSTOL), 지역 간 및 사업용 항공기(Regional & Business Aircraft), 원격조종 무인항공기 시스템과 같이 고객의 요구에 따라 다양화될 것으로 예측되었다(윤신영 2020; 조동연 2022). 이처럼 철저히 시장 원리에 입각한 항공우주 기업들은 경제성과 효율성 면에서 국가 주도의 우주 개발 성과를 앞지르고 있다. 뉴 스페이스 시대를 열 수 있었던 것은 소위 4차 산업혁명이 도래하여 인공지능, 사물인터넷(IoT), 자율주행, 3D프린팅 등 첨단기술 개발의 성과가 항공우주 비즈니스 모델로 응집된 덕분이었다.

  우주산업에 있어서 가장 획기적인 결과를 냈던 우주관광의 경우 급격한 발전 속도로 인해 2030년에는 시장 규모가 40억 달러에 이를 것으로 예상된다. 그뿐만 아니라 국내의 경우만 보더라도, 2035년 구축 완성을 목표로 하는 한국형 위성항법시스템(Korean Positioning System, KPS)은 구축에 천문학적인 예산이 들어감에도 불구하고 이러한 사업이 중요한 이유는 단지 미국에 대한 의존도를 줄이겠다는 데 기인하지 않는다. KPS는 미래 신사업으로 불리는 드론, 도심항공 모빌리티(Urban Air Mobility, UAM), 자율주행자동차 등의 분야에서 위성항법 정확도와 안전성을 갖출 수 있도록 지원하여, 향후 미래가치가 높은 사업을 육성하는 데 필수적인 인프라 역할을 하기 때문이다. 뿐만 아니라 KPS 개발로 인한 고용 창출과 경기 부양 효과도 상당할 것으로 기대된다.

뉴 스페이스 시대의 또 다른 차별성은 접근 방법에서 찾을 수 있다. 올드 스페이스 시대 항공우주 기술은 극비에 부쳐져 우방국들과도 공유되지 않았다. 그러나 뉴 스페이스 시대에는 미국의 3차 상쇄전략으로 대변되는 오늘날 각국의 국방혁신에서 보듯이 동맹국들 간 협업을 통해 비용을 절감하는 한편 상호운용성을 높이기 위한 노력을 기울이고 있다(박준혁 2017). 이는 미국의 쇠퇴로 중국과 러시아 등 수정주의 세력에 맞서 기존 질서를 단독으로 유지할 수 없다는 것뿐 아니라, 뉴 스페이스 시대 항공우주력이 다양한 첨단기술을 탑재한 플랫폼 산업인 만큼 복잡해진 전선(戰線)을 어느 누구도 혼자 감당할 수 없는 시대적 변화에 따른 것이기도 하다. 이 같은 기술의 공유와 동맹 간 연대는 뉴 스페이스의 특징 중 하나로 꼽히지만 미중 경쟁으로 대표되는 지정학 2.0의 부활과 4차 산업혁명 및 민간기업들이 주도하는 항공우주 기술의 발달로 촉발되었다고 볼 수 있다.

2. 항공우주력에서 포스트 베스트팔렌 체제 가능성

강대국이 그들만의 리그로 배타적으로 우주 개발을 추진하던 올드 스페이스 시대에는 신대륙 발견이나 미 서부 개척과 마찬가지로 우주 영토를 선점하고 주권을 행사할 것으로 전망되었다. 그러나 위에서 설명한 바와 같이 주체와 개발 목적, 비용, 기술 공유 등 다양한 측면에서 '올드 스페이스' 시대와 차별적인 '뉴 스페이스' 시대의 도래로 민간의 항공우주산업으로 진입장벽을 낮춤으로써 탈지구정치에 대한 기대를 높이고 있다. 심지어 베스트팔렌 체제의 해체를 가속화할 가능성도 부상하고 있다. 그 가능성은 이미 블록체인 기술의 개발로 국가의 독점적 화폐주조권(seigniorage)이 사이버 공간의 개인들과 공유된 데에서도 확인된다. 미국과 같은 기축통화국이 독점적으로 누리던 경제적 이익이었던 '세뇨리지 효과(seigniorage effect)'를 사이버 공간에서는 기술로 무장한 개인들이 암호화폐 주조 및 발행을 통해 누리고 있다. 암호화폐 발행과 거래를 통해 얻는 불로소득에 대해 정부가 세금을 매기고 규제를 취할 움직임을 보이자 암호화폐 사용자들이 크게 반발하였다. 암호화폐의 의미는 탈중앙화에 있는데 국유화된 암호화폐는 기존의 화폐와 차별성이 없기 때문이다.

마찬가지로 민간 주체가 항공우주력과 ICT기술의 발전을 주도하고 대중에 그 기술이 확산되어 보편화된다면 항공우주산업에 대한 국가 통제권은 사용자의 안전을 극대화하고 사업자 간 이익충돌 가능성을 최소화하는 수준으로 축소될 것이라 전망된다. 지난해 기아자동차는 회사명을 '기아(KIA)'로 바꾸고 모빌리티 사업 참여를 공식화하였다. 또한 현대자동차 그룹은 무인 자율자동차에 그치지 않고 수상 택시 및 일명 플라잉카, 에어택시, 드론택시 등으로 지칭되는 UAM(도심항공교통)에 이르기까지 육해공 탈것을 하나의 플랫폼에서 서비스화하려는 계획을 구체화하였다. UAM은 활주로 없이 수직 이착륙이 가능한 소형 항공기로 친환경 에너지를 사용하여 교통 혼잡을 해결하고 탄소중립을 달성하는 신개념 이동 서비스이다(조동연 2021, 199).

그러나 정부도 빠르게 진화하는 기술 환경에 발맞춰 통제력을 유지하고자 새로운 제도와 법령을 정비하고 있다. 가령 문재인 정부는 37개 기관이 참여하는 민관협력체인 'UAM 팀코리아'를 2020년 6월 24일에 발족한 바 있으며, 윤석열 정부는 취임 첫 달 '2025년 UAM 상용화'를 위한 'UAM 특별법'을 국회에 제출하였다(이희조 2022). 이는 기술 발전으로 시장과 기업의 사업 영역이 확대됨에 따라 자칫 놓칠 수 있는 국가의 통제권을 잃지 않으려는 의지로 해석된다.

이 점에서 현재 민간 부문이 기술개발을 선도하고 있다고 하지만 과연 국가의 심장부를 꿰뚫을 만큼 예리하고 견고한 창이 될 수 있는 지 기존의 국제정치학자들은 의문을 제기한다. 오히려 기존의 베스트 팔렌 체제를 강화할 가능성도 배제할 수 없다. 항공우주산업의 선도국들 대부분이 과거 식민지를 경영해 본 제국의 역사를 가지고 있으며 이들의 식민지 점유 및 착취를 정당화한 '국제법'을 공유하고 있다. 유럽 제국들은 17, 18세기 식민지의 토지 지위는 유럽 문명국의 토지 지위와 동일 선상에서 취급하지 않았고 유럽인들이 따라서 자유롭게 선점할 수 있다고 간주하였다(전재성 2019, 320). 이는 유럽 너머의 세계에서 유럽 국가들 간 맺어진 베스트팔렌 조약이 적용되지 않았음을 뜻한다. 19세기 말 '실효적 선점 개념'이 등장하면서부터는 식민지를 국제법적으로 승인된 국가 혹은 행정체제로 편입시키는 방법으로 점유를 정당화하기 시작하였다(전재성 2019, 322). 유럽 공법에서 치외법권의 영역에 놓여 있던 아프리카와 아시아의 식민지들은 20세기 초에는 유럽 제국들의 행정체제의 일부로서 주권을 일부 할양받았다면, 2차대전 이후에는 독립을 통해 비로소 주권을 획득할 수 있었다. 물론 그 주권 역시 식민을 경험한 각국이 동의하는 방식으로 이루어지지 않았기 때문에 70여 년이 지난 지금도 완벽한 주권을 획득하기 위한 주권 경쟁이 구식민지 국가들에서 벌어지고 있다.

이 같은 역사적 맥락을 우주에도 적용해 보자면 기대보다 우려가 앞서는 것은 당연하다. 영토 문제는 전쟁과 즉결되기 때문이다. 역사상 한 제국이 다른 제국을 정당한 적(敵)으로 인정하고 치른 전쟁은 없었다(슈미트 1995). 제국들 간 한 번도 공존을 허용하지 않은 과거 역사에 비추어 볼 때 현실적으로 무주공산으로 여겨지고 있는 우주공간에

대한 각국의 치열한 경쟁은 암울한 미래를 먼저 떠올리게 한다. 이미
우주공간은 수명을 다한 인공위성과 발사체 잔해 등 9,600톤에 가까운
떠다니는 우주 쓰레기로 우주공간에서 안전이 위협받을 정도로 우주
경쟁이 치열하다. 특히 한국처럼 식민을 경험한 국가로서는 앞으로 우
주공간을 강대국들의 우주 식민주의에 동참 여부를 두고 딜레마에 빠
질 수밖에 없다.

그렇다면 이러한 딜레마로부터 한국이 취할 정책적 입장에는 어
떠한 것이 있는가? 이 글에서는 기술력에 비례하는 우주공간에 대한
'규범력(normative power)'의 확대가 필요하다고 제안한다. 우주공간
은 사이버 공간, 해저, 해양, 극지대, 신기술 표준 등과 함께 대표적으
로 규범이 훼손되었거나 미비한 채 남겨진 회색지대 중 하나이다. 이처
럼 '규범의 공백' 지대에 대하여 한국은 '공존'은 없고 '경쟁'만 있던 제
국주의 시절의 역사가 반복되지 않도록 유사입장국가들과 함께 국제
우주법 제정에 적극적으로 나설 필요가 있다. 현재 국제우주법은 국제
항공법에 비해 매우 미비한 상태라는 점에서 기회로 판단된다.

우선 주체 면에서 항공 분야는 공적기구(ICAO)와 사적기구(IATA)
가 공히 활발히 항공 제반 업무를 수행하고 있는 데 반해, 국제항공법
은 'UN 외기권의 평화적 이용에 관한 위원회(COPUOS)'라는 UN 산
하 위원회를 통해 법 제정이 이루어지고 있다(김한택 2008; 유준구
2018). 더욱이 항공법상 영공은 배타적으로 국가들의 주권이 행사되고
있는 반면에, 우주법에서 우주는 국가들이 달과 모든 천체에 관한 우주
활동에 관하여 자유를 가진다고 규정되어 있다(김한택 2008). 1979년
'달조약(Moon Treaty)'에서 달과 다른 천체를 '인류공동유산'으로 선
언하는 등 국제우주법은 특정 국가가 특정 천체를 배타적으로 점유할
수 없음을 기본 기조로 하고 있다(김한택 2008). 이 같은 법적 차이점

에도 불구하고 항공우주산업이 발전함에 따라 영공과 우주, 항공법과 우주법 간의 경계가 모호해지면서 문제들이 발생하여 이를 해결할 국제법적 논의가 시급히 필요하다. 만일 배타적 주권을 기반으로 만들어진 항공법이 우주법을 합병하는 방식으로 통합된다면 우주 개발국들 간 마찰을 빚을 가능성이 높다. 실제로 UN에서 만들어진 5개 대표 국제우주법 중 하나이며 유일하게 우주공간에서 실체적 대상(달)을 두고 만들어진 '달 협정' 비준국은 총 13개국에 불과하며 그마저 모두 비우주개발국들이다(이준 2016, 5). 서명국 중 프랑스만이 유일하게 우주개발국인데 미비준 상태이다. 미국, 러시아, 영국, 한국, 일본, 중국, 이란, 인도 등 우주개발국들은 미가입 상태이다(김한택 2010). 이 국가들은 현재로서는 달 개발에서 국제법적 구속을 전혀 받지 않는다. 사실 나머지 조약들도 항공법에 비해 구속력이 떨어지는데다 상징적인 조치로만 존재하고 있다.

표 10.1 UN 5개 우주 관련 조약

조약명	체결일/발효일	비준국/서명국(수)	한국 발효일
우주조약[2]	1967.1.27./1967.10.10	100/26	1967.10.13.
구조협정[3]	1968.4.22./1968.12.3.	91/24	1969.4.4.
책임협약[4]	1972.3.29./1972.9.1.	88/23	1980.1.14.
등록협약[5]	1974.11.12./1979.9.25.	55/4	1981.10.15.
달 협정[6]	1979.12.5./1984.7.11.	13/4	미서명/미비준

출처: 이준(2016, 5).

2 '달과 기타 천체를 포함하는 외기권의 탐색과 이용에의 국가의 활동을 규율하는 원칙에 관한 조약'(1967).
3 '우주인의 구조와 귀환 및 우주에 발사된 물체의 반환에 관한 협정'(1968).
4 '우주물체에 의해 발생한 손해에 대한 국제 책임 협약'(1972).
5 '우주에 발사된 물체의 등록에 관한 협약'(1975).
6 '달과 다른 천체에서 국가 활동 규제 협정'(1976).

이 같은 기존의 국제우주법의 한계를 보완하기 위해 유럽연합은 2008년 '우주활동 행동규범(ICOC)' 초안을 작성한 후 한국 등 우주활동을 하는 유사 입장 국가들과 그룹을 구성하여 교섭해왔다(이준 2016, 9-10). 그러나 중국과 러시아 등은 ICOC에 유보적이며, '외기권 무기배치금지조약(PPWT)'처럼 국제적으로 구속력 있는 문서의 채택을 주장하고 있다(이준 2016, 10). 이처럼 우주공간에서도 규범을 두고 국가 간 각축전이 심화되고 있다. 따라서 우주공간이 일국의 배타적 영유가 인정되지 않는 '국제공역(international commons)'으로서 국제법적 지위는 EU와 미국을 중심으로 하는 자유주의 세력과 중국, 러시아 등 권위주의 세력 간의 경쟁으로 지속적으로 훼손되어 무정부적 상태(anarchy)에 빠질 가능성이 높아 보인다. 우주공간에서 심화되고 있는 무정부 상태가 신흥 항공우주 개발국인 한국에 기회로 작용하는 방법은 양 진영의 가교로서 보다 현실적이면서 구속력 있는 국제우주법 창설을 위한 환경 조성과 기술 표준화 등 기반 생태계 구축을 주도할 필요가 있다.

V. 맺음말: 탈지구정치 시대 항공우주력의 역할

모빌리티와 우주인터넷, 위성항법시스템, 우주동력시스템 등 놀라운 기술의 발전으로 탈근대(post-modern), 탈휴먼(post-human)에 이어 탈지구(post-Earth) 시대가 도래하고 있다. 항공우주력은 단순히 기술 경쟁을 통한 국가주권 완성의 도구에 그치지 않는다. 복합안보위기 시대 복합안보대응을 가능하게 하는 중요한 플랫폼이자, 새로운 국제정치 조직 및 운영 원리를 실험할 절호의 기회를 제공할 수 있다. 즉, 베스트팔렌 체제를 넘어 탈영토적 국제정치를 시작할 수 있는 기술적 발판을 제공하고 있다는 점에서 항공우주력 및 ICT 기술 발전의 의의를 찾을 수 있다.

그러나 현실은 탈지구시대는커녕 여전히 근대적 사고에 머물러 있다. 기술발전 속도에 비해 인류의 인식과 공간 지평은 여전히 구시대에 머물러 있어 항공우주력을 근대 국가주권 완성을 위한 도구로 여기는 한계가 발견된다. 이 같은 현실과 인식 간 격차는 빠르게 다변화 및 고도화되고 있는 안보위협에 대한 진단과 효과적인 처방법을 모색하는 데 큰 걸림돌이 되고 있다. 이 같은 전통적 베스트팔렌 체제에 입각한 '영토' 인식은 서론에서 언급한 미국 트럼프 대통령의 발언에서도 확인된다. 그러나 뉴 스페이스 시대 우주는 어느 국가도 독점권을 주장할 수도 있지 않을뿐더러 군사적 용도뿐 아니라 연구와 상업적 용도 등 다양한 잠재력을 품은 우주공간은 지구인들에게 열려 있는 공간이다. 오늘날 국가가 항공우주력 제고를 위해 민간 부문과 협력을 위해 경쟁적으로 유망한 스타트업 모시기에 혈안이 되어 있는 것이 이를 방증한다. 나아가 올드 스페이스 시대에 국가기밀로 치부되었던 항공우주 기술은 우방과 경쟁이 아니라 협력을 통해 발전을 도모하고 있다는 점에서 새로운 형태의 안보 패러다임 등장을 예고하고 있다고 볼 수 있다.

한국에 있어 항공우주력의 발전은 한반도, 동아시아, 인도·태평양 등 유한한 지구공간에서 무한한 우주공간으로 공간적 상상력을 발휘함으로써 새로운 차원의 지전략 수립과 미래 탈지구정치에 대비할 인식론적 발판을 마련한다는 데서 가장 큰 의미를 찾을 수 있다. 베스트팔렌 협정, 정전협정, 샌프란시스코협정 등 한국이 참여하지 못한 국제협약들에 구속된 결과 한반도는 전략적 자율성에 제약이 따랐다. 그러

나 항공우주력의 개발에 한국이 동참한다면 탈지구시대 우주시대 '체
계의 체계', 즉 탈지구정치의 조직 원리 및 운영 원리를 구성하는 데 참
여할 기회를 기대해 볼 수 있을 것이다. 이번 러시아-우크라이나 전쟁
에서도 보듯이 전쟁의 판도를 바꿀 만한 영향력을 보유한 시민과 기업
등 민간 부문들은 자신들의 손해와 불편을 더 이상 감수하지 않는다는
점에서 표면적으로 드러난 것보다 더욱 적극적으로 이번 전쟁에 개입
내지 참여하고 있다고 볼 수 있다.

향후 대북정책에 있어서도 한반도 유사시 심화되고 있는 초연결
사회에서 민간의 사이버 참전을 중요한 고려 사항으로 인식하여 방비
책을 만들 필요가 있을 것으로 생각된다. 즉, 단순히 복합안보위기에
대응하기 위한 위기관리 플랫폼의 구축에 그치지 않고 우주를 무대로
한 주권 게임에 구성 단계에서부터 적극적으로 관여할 수 있는 기회가
열릴 수 있다는 점에서 한반도의 미래는 항공우주산업의 성패에 달려
있다고 해도 과언이 아니다.

참고문헌

김종인. 2022. "식량안보." 『글로벌 신흥안보 Review』. 서울: 국가안보전략연구원.

김한택. 2008. "국제법상 항공법과 우주법의 비교연구." 『항공우주정책』 23(1): 83-109.

김한택. 2010. "달 협정 30년: 회고와 전망." 『국제법학회논총』 55(1): 79-99.

도종윤. 2017. "신체 없는 종(種)의 등장과 국제정치학: 존재의 현시와 항목화." 『복잡성과 복합성의 세계정치』(세계정치 26).

류지복. 2020. "미, 트럼프가 사고싶다한 그린란드에 자금지원...떨떠름한 덴마크." 『연합뉴스』 (4.24.).

박준혁. 2017. "미국의 제3차 상쇄전략: 추진동향, 한반도 영향전망과 적용방안." 『국가전략』 23(2): 35-65.

슈미트, 칼. 1995. 『대지의 노모스: 유럽 공법의 국제법』. 최재훈 역. 서울: 민음사. (Schumitt, Carl. 1950. *The Nomos of the Earth in the International Law of Jus Publicum Eruopaeum.*)

신진안. 2004. "정보화시대 미국의 군사혁신: QDR-1997의 군사혁신 비전과 현실." 서울대학교 외교학과 석사학위논문.

원재정. 2022. "국제곡물가격 얼마나 치솟았나." 『한국농정』(3.12.) http://www.ikpnews. net/news/articleView.html?idxno=46836 (검색일: 2022.5.20.).

유준구. 2018. "우주안보 국제규범 형성의 쟁점과 우리의 과제." 『정책연구시리즈』 2018-22. 국립외교원 외교안보연구소.

윤신영. 2020. "10년 안에 급변할 우주산업...선도 도약 기회 놓치지 말아야." 『동아사이언스』 (6.29.).

이정호. 2019. 『우주 위협 동향과 미래』. 대전: 국방과학연구원.

이준. 2016. "ICOC(우주활동 행동규범) 제정을 위한 국제동향 분석." 한국법제연구원 Global Issue Paper 16-20-⑬.

이희조. 2022. "도심 '드론택시' 상용화 속도...'UAM 특별법' 이달 국회제출." 『매일경제』 (5.12.). https://www.mk.co.kr/news/economy/view/2022/05/421371/ (검색일: 2022.5.25.).

전재성. 2019. 『주권과 국제정치: 근대 주권국가체제의 제국적 성격』. 서울: 서울대학교 출판문화원.

조동연. 2021. 『우주산업의 로켓에 올라타라』. 서울: 미래의 창.

_____. 2022. "뉴 스페이스와 국가안보 패러다임의 전환." STEPI Future Horizon+ 4(51): 22-37.

조은정. 2022. "영미의 사이버 안보전략." 국방대학교 안전보장연구소 연구과제. 2022년 11월 출간 예정.

AP 통신. 2018. "트럼프 대통령, 우주군 창설 계획 발표." (7.10.).

""기후변화 위급 상황" 세계 과학자들 집단 경고." 『연합뉴스 TV』 (2022.5.25.)

International Panel on Climate Change(IPCC), Climate Change 2021: The Physical Science Basis (6 Aug 2021), 'Summary for Policy Makers', A.2.3.; A.2.4; B.2.1 https://www.ipcc.ch/report/sixth-assessment-report-working-group-i/ (검색일: 2022.3.23.).

NSI 2018: National security and investment.

UK Cabinet Office. 2021. "Global Britain in a Competitive Age: The Integrated Review of Security, Defence, Development and Foreign Policy." (3.16.).

UK Ministry of Defence. 2020a. *The MOD Science and Technology Strategy 2020.* (10.19.).

UK Ministry of Defence. 2020b. *IOpC25: The Integrated Operating Concept 2025.* (9.30.).

UN, "The Global Biodiversity Outlook 5(GBO-5)." (2020.9.15.) https://www.unep. org/resources/report/global-biodiversity-outlook-5-gbo-5 (검색일: 2022.5.25.).

UN, "Agreement on Governing the Activities of States on the Moon and Other Celestial Bodies (달과 다른 천체에서 국가 활동을 규제하는 협정)." 1976.

UN, "Convention on Registration of Objects Launched into Outer Space (우주에 발사된 물체의 등록에 관한 협약)." 1975.

UN, "Convention on International Liability for Damage Caused by Space Objects (우주물체에 의해 발생한 손해에 대한 국제 책임 협약)." 1972.

UN, "Agreement on the Rescue of Astronauts, the Return of Astronauts and the Return of Objects Launched into Outer Space (우주인의 구조와 귀환 및 우주에 발사된 물체의 반환에 관한 협정)." 1968.

UN, "Treaty on principles governing the activities of States in the exploration and use of ourter space, including the moon and other celestial bodies (달과 기타 천체를 포함하는 외기권의 탐색과 이용에의 국가의 활동을 규율하는 원칙에 관한 조약)." Moscow, London and Washington, 1967.

찾아보기

418

지은이

신범식 서울대학교 정치외교학부 교수
국립모스크바국제관계대학(MGIMO) 정치학 박사
2023, 『메가아시아의 형성과 동학』(편저) (서울: 진인진)
2022, 『유라시아의 지정학적 중간국 외교』(편저) (서울: 사회평론아카데미)
2020, 『북·중·러 접경지대를 둘러싼 소지역주의 전략과 초국경 이동』(편저) (서울: 이조)

전재성 서울대학교 정치외교학부 교수
미국 노스웨스턴대학교(Northwestern University) 정치학 박사
2020, 『동북아 국제정치이론: 불완전 주권국가들의 국제정치』(서울: 한울)
2019, 『주권과 국제정치: 근대 주권 국가체제의 제국적 성격』(서울: 서울대학교 출판문화원)

김한권 국립외교원 아시아태평양연구부 교수
미국 아메리칸대학교(American University) 국제관계학 박사
2020, 『미중 전략적 경쟁』(공저) (서울: 페이퍼로드)
2019, 『뉴노멀 시대 미중관계와 한국의 대북통일 전략』(공저) (서울: 통일연구원)

서동주 유라시아정책연구원 부원장
연세대학교 정치학 박사
2022, 『미중 전략경쟁 시대의 유라시아』(공저) (서울: 민속원)
2022, 『유라시아를 향한 한국의 도전』(공저) (파주: 이조)
2021, 『러시아의 사이버 안보』(공저) (서울: 사회평론아카데미)
2014, 『러시아현대정당사』 (서울: 국가안보전략연구소)

이정환 서울대학교 정치외교학부 교수

미국 캘리포니아주립대학교(University of California at Berkeley) 정치학 박사

2022, "일본 경제안보정책 정책대립축의 이중구조"

2020, "미일 안보동맹의 강화와 일본 국내정치"

박원곤 이화여자대학교 북한학과 교수

서울대학교 외교학과 박사

2022, "Kim Jong Un's Policy Direction or "Line": Heading for Radicalization"

2022, "연속된 '균형'(balancing): 김정은 시기 대미전략 10년"

2021, "미국의 대중정책과 바이든의 등장: 연속과 변화의 이중 교합"

2021, "퀴바디스(Quo Vadis) 아메리카: 미국의 쇠퇴와 바이든의 등장"

부형욱 국방연구원 안보전략연구센터장

미국 버지니아공과대학교(Virginia Tech) 공공정책학 박사

2022, 『코로나19의 거버넌스와 중견국 외교』(공저) (서울: 사회평론아카데미)

2021, 『신국제질서와 한국 외교전』(공저) (서울: 명인문화사)

조동준 서울대학교 정치외교학부 교수

미국 펜실베이니아 주립대학교(Pennsylvania State University) 정치학 박사

2022, 『김정은 집권 10년』(서울: 통일평화연구원)

2022, 『세븐 웨이브』(공저) (서울: 북이십일)

장기영 경기대학교 국제학과 교수

미국 메릴랜드 주립대학교(University of Maryland at College Park) 정치학 박사

2022, "'I Know Something You Don't Know': The Asymmetry of 'Strategic Intelligence' and the Great Perils of Asymmetric Alliances"

2022, "The Spatial Diffusion of Suicide Attacks"

2021, "Social Media Use and Participation in Dueling Protests"

조은정 국가안보전략연구원 연구위원
영국 워릭대학교(University of Warwick) 정치학 박사
2022, 『미래전 전략과 군사혁신 모델』(공저) (서울: 한울아카데미)
2022, 『영국의 인도태평양 전략: 역사적 배경과 전략적 의도』(서울: 국가안보전략연
구원)